JN063196

保税ハンドブック

改訂 **9** 版

日本関税協会

はじめに

　昨今では、スマートフォンの普及やコロナ禍における巣ごもり需要に伴ってEC市場が大きな成長を見せていて、小口宅配貨物が飛躍的に増加するなど、顧客ニーズや物流形態の多様化、DXの進展等、保税業務をめぐる環境やニーズは、大きく変化しています。

　また、需要への迅速な対応により商機を逃さないようにするためにも、国際物流においていっそうのスピードが求められているということもあり、貿易取引における手続きの簡易化・迅速化を図りたいとする内外の要請はますます高まってきています。

　このため、適正・迅速な通関を目指して通関手続の簡易化・合理化が進められてきていますが、これと並行して、保税制度についても、「保税搬入原則の見直し」、「国際的なオークション等における保税地域の活用」等のさまざまな措置が講じられてきています。

　一方、国際物流におけるセキュリティの確保と効率化の双方を実現するとともに、我が国の国際競争力を強化するための施策として、保税制度についても、貨物のセキュリティ管理とコンプライアンスの体制が整備された事業者に対する特例措置（AEO制度）である「特定保税承認者制度」や「特定保税運送者制度」が導入されています。

　このような貿易ビジネスにおける保税地域の活用、諸施策が有効に機能するためには、何よりも、保税業務に携わる方々が保税制度やその手続きに精通されることが肝要です。

　本書は、保税制度の概要、保税関係の細部にわたる具体的な手続き等を分かりやすく解説し、さらにその根拠法令や関連する税関様式等を参照できるようにしました。保税業務に携わる方々が保税制度やその手続きへのご理解を深めていただくうえで、本書が少しでもお役に立てれば幸いに存じます。

2022年10月

公益財団法人 日本関税協会

本書を利用される皆様へ

1．本書は、指定保税地域の貨物管理者又は保税蔵置場、保税工場若しくは総合保税地域の許可を受けた者（いわゆる倉主）の保税実務を担当する方々のために編集しました。

2．本書の第1編（解説と関係法令）は次のような構成になっています。
   第1章　保税制度の概要
   第2章　保税地域における貨物の管理等
   第3章　保税蔵置場①　保税蔵置場の制度
   第4章　保税蔵置場②　保税蔵置場の実務
   第5章　保税工場
   第6章　総合保税地域
   第7章　保税運送①　保税運送の制度
   第8章　保税運送②　保税運送の実務
   第9章　収容・公売
   第10章　配合飼料等製造工場
   第11章　NACCSを利用した保税関係手続

3．初めて保税実務に従事される方は、まず第1章によって保税制度の概要を理解し、第2章以降は実務にあたりながら内容を確実に把握してください。また、第2編（保税関係通達集）には保税関係の通達と税関様式を掲載しておりますので、必要に応じてご参照ください。

4．本書においては、次のような略称を使用しています。
   法＝関税法、令＝関税法施行令、関基＝関税法基本通達
   定率法＝関税定率法、定率令＝関税定率法施行令
   関定基＝関税定率法基本通達

5．本文中、税関様式番号等の後に［　］で示した数字（例えば［**p.287**］）は、その様式等が掲載されている本書の頁を示しています。

6．本書に関するお知らせ（正誤、内容の変更等）は、下記の当協会のホームページに掲載しておりますのでご参照ください。
   URL：https://www.kanzei.or.jp/

目　次

第1編　解説と関係法令 ··· 1

第1章　保税制度の概要 ··· 2
1．保税地域制度の紹介 ··· 2
　(1)保税地域とは ··· 2
　(2)保税地域の種類 ··· 2
　(3)指定保税地域 ··· 3
　(4)保税蔵置場 ··· 4
　(5)保税工場 ··· 8
　(6)保税展示場 ··· 8
　(7)総合保税地域 ··· 9
　(8)保税制度と類似する制度 ··· 10
2．保税運送制度 ··· 12
　(1)保税運送制度の概要 ··· 12
　(2)保税運送の承認 ··· 13
　(3)保税運送の手続きを要しない外国貨物等 ······························· 13
3．外国貨物の収容制度 ··· 14

第2章　保税地域における貨物の管理等 ··································· 15
1．貨物の搬出入手続 ··· 15
　(1)輸入貨物(積戻し貨物を含む) ··· 15
　(2)輸出貨物 ··· 17
2．貨物の取扱い ··· 18
　(1)貨物の取扱制度の概要 ··· 18
　(2)貨物の取扱いの具体的な内容 ··· 19
　(3)貨物の取扱いに関する許可申請手続 ··································· 19
3．見本の一時持出 ··· 20
　(1)見本の一時持出制度の概要 ··· 20
　(2)見本の一時持出の手続き ··· 21
　(3)見本の一時持出と輸入通関 ··· 22
4．外国貨物の廃棄 ··· 22
5．外国貨物を置くことの承認(蔵入承認) ··································· 24
　(1)蔵入承認 ··· 24
　(2)蔵置期間 ··· 25

6．関税の納付義務 ··25
　(1) 許可を受けた者の関税の納付義務 (倉主責任) ··················25
　(2) 関税の納付義務の免除の手続き ································26
7．亡失の届出 ···27
　(1) 外国貨物が亡失した場合の届出 ································27
　(2) 届出の手続き ···28
8．記帳義務 ···29
　(1) 帳簿の作成と保存の義務 ··29
　(2) 記帳事項 ···30
　(3) 記帳に際しての留意事項 ··33
　(4) 電磁的記録による帳簿の保存 ·······························35
9．貨物管理に関する社内管理規定の整備 ·······················36
10．貨物や施設に関する報告 ···36
11．保税地域に対する処分 ··37
　(1) 外国貨物の搬入停止等の処分 ·································37
　(2) 処分の手続き ···39
　(3) 保税業務に関する違反に対する罰則 ······················39

第3章　保税蔵置場①　保税蔵置場の制度 ····················41
1．保税蔵置場の許可 ··41
　(1) 保税地域の設置 ··41
　(2) 保税蔵置場の許可の要件 ··41
2．特定保税承認者制度 (AEO保税承認者制度) ···············45
　(1) 制度の概要 ···45
　(2) 承認の要件 ···45
　(3) 特例措置 ···47
　(4) 承認の失効 ···49
　(5) 承認の取消し ···51
3．保税蔵置場の許可の失効 ···52
　(1) 許可の失効 ···52
　(2) 許可の失効原因 ··53
　(3) 留意事項 ···54
4．保税蔵置場の許可の取消し等 ·······································54
　(1) 許可の取消し等 ··54
　(2) 処分事由 ···54
5．保税蔵置場の許可の承継 ···56
　(1) 許可の承継 ···56

　(2)許可の承継の具体例 ･････････････････････････････････････ 57

第4章　保税蔵置場②　保税蔵置場の実務 ････････････････････ 58
1．保税蔵置場の許可 ･･･ 58
　(1)保税蔵置場の許可の申請手続 ･･･････････････････････････ 58
　(2)保税蔵置場の許可の際の条件の付与 ･･･････････････････ 59
　(3)保税蔵置場の許可の期間とその更新 ･･･････････････････ 60
2．特定保税承認者の承認 ････････････････････････････････････ 61
　(1)特定保税承認者の承認申請手続 ････････････････････････ 61
　(2)外国貨物の蔵置等を行おうとする場所に係る届出の手続き ･･････ 62
　(3)承認の更新手続 ･･･････････････････････････････････････ 63
3．貨物の収容能力の増減等の届出 ･･･････････････････････････ 64
　(1)貨物の収容能力の増減等の届出 ････････････････････････ 64
　(2)貨物の収容能力の増減等の届出の手続き ･･･････････････ 64
4．休業又は廃業の届出 ･･････････････････････････････････････ 66
　(1)休業又は廃業の届出 ･･･････････････････････････････････ 66
　(2)休業又は廃業の届出の手続き ･･･････････････････････････ 66
5．許可の承継の承認 ･･ 67
　(1)保税蔵置場の許可を承継することの承認の手続き ･･････ 67
　(2)条件の付与 ･･･ 67
6．保税地域の許可手数料 ････････････････････････････････････ 68

第5章　保税工場 ･･ 70
1．保税工場の機能 ･･ 70
2．保税工場の許可 ･･ 71
　(1)保税工場の許可の要件 ････････････････････････････････ 71
　(2)保税工場の許可の方針 ････････････････････････････････ 71
　(3)保税工場の許可申請手続 ･･････････････････････････････ 72
3．保税工場の許可の特例 ････････････････････････････････････ 73
4．保税工場に係る保税蔵置場のみなし許可 ･････････････････ 74
5．保税工場の併設蔵置場 ････････････････････････････････････ 75
6．移入れの承認 ･･ 76
7．保税作業の届出 ･･ 77
8．保税作業に使用することができる貨物 ･･･････････････････ 78
9．内外貨混合使用 ･･ 78
10．製造歩留り ･･･ 79
11．保税工場外作業 ･･･ 80

12．指定保税工場の簡易手続 ························· 81
13．保税工場の補完制度 ····························· 82
 (1) 振替免税 ································· 82
 (2) 課税原料品による製品を輸出した場合の戻し税 ····· 83
14．保税工場における記帳義務 ······················· 84

第6章　総合保税地域 ······························· 86
1．総合保税地域の許可 ····························· 86
 (1) 総合保税地域の許可の基準 ···················· 86
 (2) 総合保税地域の許可の申請手続 ················· 88
 (3) 許可の取消し等 ··························· 88
2．総合保税地域における貨物の管理 ················· 89
 (1) 総合保税地域における行為 ···················· 89
 (2) 総合保税地域における貨物管理 ················· 90

第7章　保税運送①　保税運送の制度 ················ 95
1．一般的な保税運送 ····························· 95
 (1) 外国貨物の運送 ··························· 95
 (2) 保税運送の承認 ··························· 95
 (3) 保税運送の手続きを要しない外国貨物 ············· 96
 (4) 保税運送の承認を受けることができない外国貨物 ····· 97
 (5) 包括保税運送制度 ························· 97
2．保税運送の特例 ····························· 98
 (1) 特定保税運送者制度 ························· 98
 (2) 特定保税運送者 ··························· 99
 (3) 特定保税運送者の承認の要件 ·················· 100
 (4) 承認の失効 ····························· 102
 (5) 承認の取消し ··························· 103
3．郵便物の保税運送 ····························· 105
 (1) 郵便物の通関手続 ························· 105
 (2) 郵便物の保税運送 ························· 105
4．難破貨物等の運送 ····························· 106
5．外国貿易船等による内国貨物の運送 ··············· 107

第8章　保税運送②　保税運送の実務 ················ 108
1．輸入貨物の保税運送 ····························· 108
 (1) 通常の保税運送 ··························· 108

（2）包括保税運送 ··113
2．郵便物の保税運送 ···115
（1）郵便物の保税運送に係る届出の手続き ·······················115
（2）郵便物を保税運送する際の手続き等 ··························115
3．運送の期間の経過による関税の徴収 ······························116
（1）通常の保税運送 ···116
（2）特定保税運送 ···117
4．運送貨物が亡失した場合の届出 ····································118
（1）運送貨物が亡失した場合の届出 ·······························118
（2）届出の手続き ···118

第9章　収容・公売 ··119
1．収容の対象となる貨物 ···119
2．収容の方法 ··121
3．収容の効力 ··122
4．収容と他の法令との関係 ··122
5．収容の解除 ··123
6．収容貨物の公売 ···123
7．貨物の留置 ··124

第10章　配合飼料等製造工場 ···126
1．概要 ··126
2．製造用原料品の範囲 ···127
3．承認工場 ···127
（1）承認工場 ··127
（2）製造工場の種別 ···128
（3）製造工場の承認申請手続 ··129
（4）承認内容の変更手続 ··129
4．担保の提供 ··130
5．製造終了の届出等 ···130
（1）製造終了の届出手続 ··130
（2）製造が終了した場合の検査 ··130
6．用途外使用の制限等 ···131
（1）製造用原料品の用途外使用等 ······································131
（2）製造用原料品の用途外使用等の承認の申請手続 ·············131
（3）製造用原料品の譲渡の届出手続 ···································131
（4）同種の原料品を混用する場合の手続き ··························132

7．用途外使用等の場合の関税の徴収 ・・・・・・・・・・・・・・・・・・・・・・・・・・・ 132
8．経済連携協定に基づく製造用原料品の減免税制度 ・・・・・・・・・・・・・・ 134

第11章　NACCSを利用した保税関係手続 ・・・・・・・・・・・・・・ 135
1．輸出入・港湾関連情報処理システム（NACCS）の概要 ・・・・・・・・・・・・・・・・・ 135
2．システムを使用した基本的な情報処理手順 ・・・・・・・・・・・・・・・・・・・・・・・ 135
3．システムを使用して行う保税関係手続の処理 ・・・・・・・・・・・・・・・・・・・・ 136
4．システムを使用した輸出入貨物の搬出入手続 ・・・・・・・・・・・・・・・・・・・ 137
　（1）輸入貨物の搬出入手続 ・・・ 137
　（2）輸出貨物の搬出入手続 ・・・ 138
　（3）事故等情報の登録・・ 139
　（4）搬出関係書類の保存の省略 ・・・・・・・・・・・・・・・・・・・・・・・・・・・・・・・・・・・・・ 140
5．システムを使用した保税帳簿の取扱い ・・・・・・・・・・・・・・・・・・・・・・・・・・・ 140
　（1）システムを使用して許可、承認等がされた貨物に係る帳簿の取扱い ・・・・ 140
　（2）上記（1）以外の貨物に係る帳簿の取扱い ・・・・・・・・・・・・・・・・・・・・・・・・・141
　（3）帳簿の保存方法 ・・141
　（4）帳簿の保存期間 ・・141
6．システムを使用した貨物取扱い申請・・・・・・・・・・・・・・・・・・・・・・・・・・・・・・141
　（1）貨物取扱いの許可申請 ・・・141
　（2）審査区分選定及び関係書類の提出等 ・・・・・・・・・・・・・・・・・・・・・・・・・・・ 142
7．システムを使用した保税運送承認申請 ・・・・・・・・・・・・・・・・・・・・・・・・・ 142
　（1）通常の保税運送 ・・ 142
　（2）包括保税運送 ・・・145
　（3）特定保税運送 ・・・ 147

コラム「この保税非違を、あなたはどうやって防ぐ？」
①　ちょっとの間だけこっちに置いておこうと ・・・・・・・・・・・・・・・・・・・・・・・12
②　てっきり自分の現場宛ての貨物だと思い込んで・・・・・・・・・・・・・・・・・・18
③　後でまとめて入力しようと思っていたが・・・・・・・・・・・・・・・・・・・・・・・・・22
④　減却の承認を得ようと、税関に ・・・・・・・・・・・・・・・・・・・・・・・・・・・・・・・・23
⑤　管理資料は急いで取らなくていいと言われたのに ・・・・・・・・・・・・・・・36
⑥　急いで持ってきて、と言われて ・・・・・・・・・・・・・・・・・・・・・・・・・・・・・・・・40
⑦　防犯装置の故障をそのままにしていて ・・・・・・・・・・・・・・・・・・・・・・・・・52
⑧　貼り付ける航空貨物ラベルを誤って ・・・・・・・・・・・・・・・・・・・・・・・・・・・56
⑨　蔵置できる貨物の種類って、知らなかった ・・・・・・・・・・・・・・・・・・・・・61
⑩　お得意さんに賃貸契約で専用スペースを提供したら・・・・・・・・・・・・・・65

第2編　保税関係通達集 ······················· 149

Ⅰ　関税法基本通達 ··························· 151
第4章　保税地域 ······························ 152
第5章　運送 ·································· 252

Ⅱ　税関様式 ······························ 277

長期蔵置貨物報告書（C-3030）········278
見本持出許可申請書（C-3060）········279
包括見本持出許可申請書（C-3061）···280
見本持出台帳（C-3062）··············282
外国貨物廃棄届（C-3080）············283
貨物取扱い許可申請書（C-3110）·····284
保税蔵置場許可申請書（C-3120）·····285
保税蔵置場許可書（C-3130）··········286
保税蔵置場・工場許可期間の更新申請書
（C-3140）··························287
保税蔵置場・工場許可期間の更新書（C-3150）
·································288
貨物収容能力増減等の届（C-3160）···289
滅却（廃棄）承認申請書（C-3170）·····290
包括滅却承認申請書（C-3171）········291
外国貨物亡失届（C-3175）············292
保税蔵置場・保税工場・総合保税地域休
（廃）業届（C-3180）················293
保税蔵置場・保税工場・総合保税地域の
業務の再開届（C-3190）············294
処分に関する意見聴取等の通知書（C-3191）
·································295
処分通知書（C-3192）···············296
保税地域処分報告（通報）書（C-3193）··297
保税蔵置場・保税工場・保税展示場・総合
保税地域許可の承継の承認申請書（C-3195）
·································298
保税蔵置場・保税工場・保税展示場・総
合保税地域許可の承継の承認書（C-3196）
·································299

保税工場許可申請書（C-3200）·······300
保税工場許可書（C-3210）···········301
保税工場（総合保税地域）外における保税
作業期間（場所）変更申請書（C-3220）302
使用内訳表（C-3230）···············303
外国貨物蔵置期間延長承認申請書（C-3240）
·································304
外国貨物蔵置期間延長承認申請書（C-3240-1）
·································305
蔵入承認を受けずに外国貨物を置くこと
ができる期間の指定申請書（C-3241）306
保税作業開始届（C-3250）············307
保税作業終了届（C-3260）············308
内外貨混合使用承認申請書（C-3270）310
保税工場（総合保税地域）外保税作業（一
括・個別）許可申請書（C-3290）······311
指定書（C-3300）···················312
貨物の総量管理適用（更新）申出書（C-3305）
·································313
使用内訳表（C-3307）···············314
外国貨物加工製造等報告書（C-3310）315
貨物の総量管理の適用を受けた指定保税
工場における外国貨物加工製造等報告書
（C-3312）··························316
総合保税地域許可申請書（C-3500）···317
総合保税地域許可書（C-3510）········321
総合保税地域許可期間の更新申請書（C-3520）
·································322
総合保税地域許可期間の更新書（C-3530）
·································323

販売用貨物等搬入届（C-3540）‥‥‥‥324
外国貨物運送申告書（目録兼用）（C-4000）
‥‥‥‥‥‥‥‥‥‥‥‥‥‥‥‥‥325
包括保税運送申告書（C-4010）‥‥‥‥326
郵便物保税運送届出書（C-4015）‥‥‥327
運送期間延長承認申請書（C-4020）‥‥328
内国貨物運送申告書（目録兼用）（C-4030）
‥‥‥‥‥‥‥‥‥‥‥‥‥‥‥‥‥329
緊急収容通知書（C-6000）‥‥‥‥‥‥330
収容貨物解除承認申請書（C-6010）‥‥331
携帯品留置証（C-6020）‥‥‥‥‥‥‥332
留置貨物返還申請書（C-6030）‥‥‥‥333
不服申立て等について（C-7009）‥‥‥334
特例輸入者等 承認・認定申請書（C-9000）
‥‥‥‥‥‥‥‥‥‥‥‥‥‥‥‥‥335
特例輸入者等 承認・認定内容変更届（通関
業の許可申請事項等の変更届兼用）（C-9030）
‥‥‥‥‥‥‥‥‥‥‥‥‥‥‥‥‥337
特例輸入者の承認等取りやめ届（C-9040）
‥‥‥‥‥‥‥‥‥‥‥‥‥‥‥‥‥338
特例輸入者等 承認・認定取消書（C-9050）
‥‥‥‥‥‥‥‥‥‥‥‥‥‥‥‥‥339
特例輸入者等 承認・認定の承継の承認申
諸書（C-9060）‥‥‥‥‥‥‥‥‥‥340
外国貨物の蔵置等・保税作業に関する場
所の届出書（C-9120）‥‥‥‥‥‥‥341
外国貨物の蔵置等・保税作業に関する場
所の届出書（兼　保税蔵置場・保税工場

廃業届）（C-9123）‥‥‥‥‥‥‥‥‥ 342
届出に係るみなし許可変更申出書（兼　保
税蔵置場・保税工場許可申請書）（C-9124）
‥‥‥‥‥‥‥‥‥‥‥‥‥‥‥‥‥343
外国貨物の蔵置等・保税作業に関する場
所の変更届（C-9125）‥‥‥‥‥‥‥ 344
特定保税承認者の承認の更新申請書（C-9130）
‥‥‥‥‥‥‥‥‥‥‥‥‥‥‥‥‥345
特定保税承認者の承認の更新通知書（C-9140）
‥‥‥‥‥‥‥‥‥‥‥‥‥‥‥‥‥ 346
製造用原料品・輸出貨物製造用原料品製
造工場承認申請書（T-1070）‥‥‥‥‥347
製造工場承認書（T-1080）‥‥‥‥‥‥348
製造工場承認内容変更届（T-1090）‥‥349
製造用原料品・輸出貨物製造用原料品と同種
の他の原料品との混用承認申請書（T-1110）
‥‥‥‥‥‥‥‥‥‥‥‥‥‥‥‥‥350
製造用原料品・輸出貨物製造用原料品に
よる製造終了届（T-1120）‥‥‥‥‥‥351
飼料製造用原料品による製造終了届（T-1130）
‥‥‥‥‥‥‥‥‥‥‥‥‥‥‥‥‥352
飼料製造用原料品による製造終了届明細
票（T-1130-2）‥‥‥‥‥‥‥‥‥‥‥354
用途外使用等承認申請書（T-1140）‥‥355
製造用原料品等の亡失届（T-1150）‥‥356
製造用原料品等の滅却承認申請書（T-1160）
‥‥‥‥‥‥‥‥‥‥‥‥‥‥‥‥‥357
製造用原料品等の譲渡届（T-1170）‥‥358

Ⅲ　個別通達‥‥‥‥‥‥‥‥‥‥‥‥‥‥‥‥‥‥‥‥‥‥‥‥‥‥‥‥‥‥‥‥ 359
＊製造歩留事務提要の制定について‥‥‥‥‥‥‥‥‥‥‥‥‥‥‥‥‥‥‥‥ 360
＊輸出入・港湾関連情報処理システムを使用して行う税関関連業務の取扱いに
　ついて（抄）‥‥‥‥‥‥‥‥‥‥‥‥‥‥‥‥‥‥‥‥‥‥‥‥‥‥‥‥‥ 374

第1編

解説と関係法令

第1章　保税制度の概要

1. 保税地域制度の紹介

(1) 保税地域とは

　外国から我が国に到着した貨物の輸入手続は、確実な通関手続のために、その貨物を特定の場所に蔵置して行うことが必要です。貨物を外国に向けて輸出する場合の通関手続も同様です。また、我が国の貿易及び商工業の発展を促すためには、外国から我が国に到着した貨物を関税未納のままで、長期にわたって特定の場所に蔵置し、あるいは、これを原料として加工・製造を行うことが必要となる場合があります。さらに、国際博覧会等に出品される貨物は、関税未納のままで特定の場所に展示することができればいろいろと便利です。これらの必要から設けられた場所が保税地域です。

　このように、保税地域とは、輸出入手続を適正かつ効率的に行い、また、外国貨物を輸入手続未済のまま、蔵置又は加工・製造、展示等をすることができる特定の場所をいいます。

　保税地域は、一般的には一定区画の土地又は建造物です。水面や船舶、車両のように定着性のないものは保税地域とすることはできません。しかし、土地に囲まれ、又は他と全く区別された水面、例えば囲柵やえん堤等によって囲まれた貯木場の水面、又は土地に定着しているさん橋その他の工作物のように定着性のあるものは保税地域とすることができます。

(2) 保税地域の種類

　保税地域は、税関行政上の必要に基づいて設置されるものです。このため、無秩序に設置されることは適当でなく、その設置については、財務大臣の指定（指定保税地域）又は税関長の許可（指定保税地域以外の保税地域）が必要です。

　保税地域は、その機能に応じて、①指定保税地域、②保税蔵置場、③保税工場、④保税展示場、⑤総合保税地域の5種類に区分されます。

《関税法》
（保税地域の種類）
第29条　保税地域は、指定保税地域、保税蔵置場、保税工場、保税展示場及び総合保税地域の5種とする。

表1：保税地域の種類とその機能

種類	設置目的	主な機能	保税地域の設置の態様
指定保税地域	通関手続の簡易・迅速な処理	荷捌き、一時蔵置（1月）	財務大臣の指定
保税蔵置場	通関手続の簡易・迅速な処理 商取引の利便性の向上	荷捌き、一時蔵置（3月）、長期蔵置（2年）	税関長の許可
保税工場	加工貿易の振興	加工、製造（混合）	同上
保税展示場	貿易の振興 文化の交流	展示、使用	同上
総合保税地域	輸入促進地域整備 輸入品流通円滑化	荷捌き、一時蔵置（3月）、長期蔵置（2年）、加工、製造（混合）、展示、使用	同上

（3）指定保税地域

　指定保税地域は、開港又は税関空港における税関手続の簡易・迅速な処理を図るため、外国貨物の荷捌き（積卸し、運搬又は一時蔵置）を行うことができる場所として、国、地方公共団体、指定法人等が所有し、又は管理する土地、建物その他の施設を、財務大臣が指定した保税地域です。

　税関長は、指定保税地域の設置目的を達成するために必要な範囲で、搬入する貨物の種類を定めることができ、輸出入に全く関係のない内国貨物や危険貨物等の搬入を規制している場合があります。

《関税法》
（指定保税地域の指定又は取消し）
第37条　指定保税地域とは、国、地方公共団体又は港湾施設若しくは空港施設の建設若しくは管理を行う法人であつて政令で定める者が所有し、又は管理する土地又は建設物その他の施設で、開港又は税関空港における税関手続の簡易、かつ、迅速な処理を図るため、外国貨物の積卸し若しくは運搬をし、又はこれを一時置くことができる場所として財務大臣が指定したものをいう。

（以下省略）

（入れることができる貨物）

第39条　税関長は、指定保税地域の目的を達成するため必要があると認めるときは、指定保税地域に入れることができる貨物の種類を定めることができる。

指定保税地域においては、外国貨物の荷捌き（積卸し、運搬又は一時蔵置）のほか、内容の点検、改装、仕分けその他の手入れを行うことができ、また、税関長の許可を受けた場合には、見本の展示、簡単な加工等も行うことができます（保税蔵置場にも準用されています）。ここでいう「加工」には、機能や性能を上げるとか、組織や組成を変えるといった加工は含まれず、性能維持のために手を入れる、例えばワックスがけなどに限定されていることに注意が必要です。

《関税法》

（貨物の取扱い）

第40条　指定保税地域においては、外国貨物又は輸出しようとする貨物につき、第37条第1項（指定保税地域の指定）に規定する行為のほか、これらの貨物の内容の点検又は改装、仕分けその他の手入れをすることができる。

2　指定保税地域においては、（中略）外国貨物又は輸出しようとする貨物につき、見本の展示、簡単な加工その他これらに類する行為で税関長の許可を受けたものを行うことができる。

（以下省略）

（4）保税蔵置場

保税蔵置場は、外国貨物の荷捌き（積卸し、運搬又は一時蔵置）を行うことができる場所として、申請に基づいて税関長が許可した保税地域です。輸出入貨物の税関手続を簡易・迅速に処理するために設けられたものである点は、指定保税地域と同様ですが、指定保税地域は主として臨港地帯に設けられる公共的な保税地域であるため、輸出入者によっては、自己に便利な場所に蔵置して通関手続を行うことを希望する場合があり、限られた指定保税地域のみでは貨物の動きに対して、すべて対応させていくことが困難であるため、指定保税地域とは異なる役割を果たすものとして保税蔵置場が設置されています。

また、保税蔵置場においては、外国から到着した貨物の輸入手続をとることなく、長期にわたり蔵置（保管）することもできます。これは、取引の円滑化と中継貿易の発展に寄与するためのものであり、次のような便益が得られます。

《関税法》
（保税蔵置場の許可）
第42条　保税蔵置場とは、外国貨物の積卸し若しくは運搬をし、又はこれを置くこと
　ができる場所として、（中略）税関長が許可したものをいう。
（以下省略）

①　外国貨物の長期蔵置

　指定保税地域における貨物の蔵置期間は1か月以内と極めて短期間であっ
て、指定保税地域に搬入してからその蔵置期間を経過した場合には、税関はこ
れを収容することができることになっています。しかし、保税蔵置場における
基本的な蔵置期間は3か月であり、かつ、税関長から「外国貨物を置くことの
承認」（これを「蔵入承認」といいます）を受けた場合には長期間（2年）蔵置する
ことができるので、その期間内に輸入者又は貨物の所有者は、輸入貨物の商機
等を見計って、これを輸入し、又は外国に積み戻すことができる仕組みとなっ
ています。

　また、保税蔵置場に外国貨物を置くことができる期間は、原油の備蓄、ウイ
スキー原酒等の熟成、あるいは国際的な商品取引所（例えばロンドン金属取引
所（LME）等）において取引きするための蔵置等、税関長が特別の事由があると
認めるときは、延長することができます。

　なお、その蔵置期間は、その貨物を最初に（どれか一つの）保税蔵置場に置く
ことが承認された日から2年です。一つの保税蔵置場に蔵入承認を受けて置か
れている外国貨物を他の保税蔵置場に移動させ、再度蔵入承認を受けた場合の
蔵置期間は、その貨物が最初の蔵入承認を受けた日から通算されるので、蔵置
期間の計算には注意が必要です。

《関税法》
（外国貨物を置くことができる期間）
第43条の2　保税蔵置場に外国貨物を置くことができる期間は、当該貨物を最初に保
　税蔵置場に置くことが承認された日から2年とする。
2　税関長は、特別の事由があると認めるときは、申請により、必要な期間を指定し
　て前項の期間を延長することができる。

②　関税負担の軽減

　保税蔵置場に置かれている外国貨物は関税及び消費税等の納付が留保されて
いるため、もし国内市場で売却できないときは外国へ積み戻すことも可能であ
り、関税等の負担を避けることができます。また、国内に引き取る場合にも、

蔵置期間中は関税や消費税等の納付は留保されているので、金利負担の軽減も見込まれます。

③　一時蔵置のための利用

保税蔵置場に外国貨物を搬入した後3か月を超えて置こうとする場合には、その期間を超える前に、税関長から蔵入承認を受けなければなりませんが、搬入後3か月以内に輸入、保税運送、積戻し等により搬出される場合には、税関長の承認を受ける必要はありません。したがって、この間は指定保税地域と同様の機能となります。

④　国際物流の効率化

国際物流の効率化を図るために、非居住者である部品等供給者（ベンダー：Vender）、製品メーカーや製品を直接消費者に提供する事業者によるVMI（Vendor Managed Inventory）（図1参照）が普及しています。

VMIの一つの例として、ベンダーが、日本の製品製造者における生産、在庫状況に応じながら、製品製造者のために必要な部品をタイミングよく供給するために保税蔵置場で在庫管理する方法があります。この場合、ユーザーである製品製造者から部品供給の注文を受けたベンダーは、所定の輸入手続を経てユーザーに納品します。このような方法により、部品受注から納品までのリードタイムの短縮を図ることができます。

VMIでは、非居住者であるベンダーが国内に事務所等を設けないで、在庫管理、蔵入申請、輸入申告等を行うことがあるため、これに対応させるために本

図1：非居住者によるVMIを活用した貨物の流れ

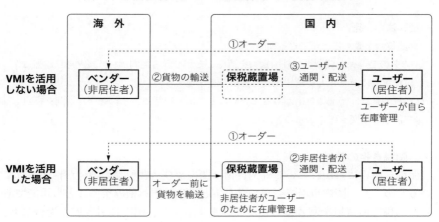

邦でその事務処理を行う税関事務管理人の設置及びその届出手続が義務付けられています。

　税関事務管理人は、非居住者に代わって、各種の税関手続（輸入申告、蔵入承認申請等）や税関からの通知の受領などを代理又は代行し、税関から求められれば通関関係帳簿等の提示をすることになります。

> 《関税法》
>
> （税関事務管理人）
>
> **第95条**　（略）本邦に本店若しくは主たる事務所を有しない法人である申告者等が本邦にその事務所及び事業所を有せず、(中略)税関関係手続及びこれに関する事項(中略)を処理する必要があるときは、その者は、当該税関関係手続等を処理させるため、本邦に住所又は居所（法人にあつては、本店又は主たる事務所）を有する者（中略）のうちから税関事務管理人を定めなければならない。
>
> 2　申告者等は、(中略)税関事務管理人を定めたときは、(中略)税関長にその旨を届け出なければならない。その税関事務管理人を解任したときも、また同様とする。
>
> (以下省略)

⑤　国際的オークションの開催

　美術品等の国際的なオークションや、さまざまなアートギャラリーが一堂に集まり作品を展示販売するアートフェアを開催しようとする動きがある中で、これらが文化の振興や国際物流、経済の活性化等に繋がるものであることを踏まえ、かつ、保税地域の活用を可能とするものであることから、令和2年11月の制度改正によって、保税蔵置場の許可を受けた場所で国際的オークションが開催できるよう措置されました。

　保税蔵置場では、関税や消費税等を課されることなく外国貨物の蔵置等を行えることから、オークションにおいて落札された外国貨物は、日本国内に引き取られる場合は輸入手続を行う一方、輸入されることなく外国へ送られる場合は、関税等の納付の必要はありません。

　ただし、この場合は、オークションに出品される外国貨物の管理や参加者等の入退出などは厳格に管理される必要があり、また、事前に貨物の取扱いに係る税関長の許可を受けて実施することのほか、落札した品物は輸入手続を行ってから落札者に引き渡すなどの手続きの徹底、オークション会場とは別に商品の保管庫での適切な管理など、この制度に係る十分な理解と対応が求められます。

（5）保税工場

　保税工場は、外国貨物を加工又はこれを原料とする製造（混合を含みます）及び外国貨物の改装、仕分けその他の手入れ（これらの作業を「保税作業」といいます）をすることができる場所として、申請に基づいて税関長が許可した保税地域です。

　保税工場は、関税等が未納の外国貨物を蔵置し、かつ、改装、仕分けその他の手入れをすることができる点では、これまで説明した保税蔵置場等と同様の機能を持っていますが、その蔵置貨物を材料及び原料として加工・製造することができる点で機能が異なります。ここでいう「加工」は、指定保税地域や保税蔵置場で認められている「簡単な加工」とは異なり、加工、製造の度合いに制限はありません。

《関税法》

（保税工場の許可）

第56条　保税工場とは、外国貨物についての加工若しくはこれを原料とする製造（混合を含む。）又は外国貨物に係る改装、仕分その他の手入（中略）をすることができる場所として、（中略）税関長が許可したものをいう。

（以下省略）

（6）保税展示場

　保税展示場は、特定の博覧会、見本市その他これらに類するもので、外国貨物を展示する場所として、申請に基づいて税関長が許可した保税地域です。

　保税展示場は、貿易及び文化の国際交流の促進に寄与するために設けられたもので、外国貨物を関税等の納付を留保したまま、簡単な手続きで展示し、又は使用できる場所として、国際博覧会に関する条約に基づく博覧会ばかりでなく、他の博覧会や見本市等の会場についても広く利用されています。

　また、保税蔵置場の項目で説明した国際的オークションと同様に、展示販売を目的とした国際アートフェアなどの開催も、厳重な貨物管理、展示物品の購入の申込みに対しては、輸入手続等を行った後で購入者に引き渡すなどの手続きの徹底を条件として実施可能です。

《関税法》

（保税展示場の許可）

第62条の2　保税展示場とは、政令で定める博覧会、見本市その他これらに類するも

の（以下「博覧会等」という。）で、外国貨物を展示するものの会場に使用する場所として、（中略）税関長が許可したものをいう。

2　前項の許可の期間は、博覧会等の会期を勘案して税関長が必要と認める期間とする。

3　保税展示場においては、博覧会等の施設の建設、維持若しくは撤去又は博覧会等の運営のため、外国貨物で政令で定めるものにつき、次の各号に掲げる行為で政令で定めるものをすることができる。

一　積卸、運搬又は蔵置

二　内容の点検又は改装、仕分けその他の手入れ

三　展示又は使用

四　前三号に掲げる行為に類する行為

（7）総合保税地域

　総合保税地域は、外国貨物の蔵置、加工、展示等の保税地域の機能を総合的に活用できる場所として、申請に基づいて税関長が許可した保税地域です。

　総合保税地域は、各種の輸入インフラの集積のメリットを助長するため、そのような施設が集積した地域にふさわしい保税地域として設けられたものです。総合保税地域では外国貨物について保税蔵置場、保税工場、保税展示場で認められている次のような行為のすべてができます。

イ　積卸し、運搬、蔵置、内容の点検、改装、仕分けその他の手入れ

ロ　加工、製造

ハ　展示、展示に関連する使用

　総合保税地域に外国貨物を蔵置できる期間は、保税蔵置場や保税工場と同様2年で、特別の事由がある場合には必要な期間の延長が認められます。ただし、総合保税地域に外国貨物を搬入した後、3か月を超えて置こうとする場合、又は3か月以内であっても加工、展示等を開始しようとする場合には税関長の承認（総保入承認）が必要になります。

《関税法》

（総合保税地域の許可）

第62条の8　総合保税地域とは、一団の土地及びその土地に存する建設物その他の施設（中略）で、次に掲げる行為をすることができる場所として、（中略）税関長が許可したものをいう。

一　外国貨物の積卸し、運搬若しくは蔵置又は内容の点検若しくは改装、仕分その他の手入れ

> 二　外国貨物の加工又はこれを原料とする製造（混合を含む。）
> 三　外国貨物の展示又はこれに関連する使用（これらの行為のうち政令で定めるものに限る。）
>
> （以下省略）

（8）保税制度と類似する制度

　保税制度に類似するものとしては、他所蔵置や保税地域以外に蔵置できる特殊な貨物のほか、本船扱い及びふ中扱いの制度があげられます。

①　他所蔵置

　外国貨物は、原則として保税地域以外の場所に置くことができませんが、巨大重量物等保税地域に置くことが困難な貨物については、税関長の許可（期間及び場所を指定）を受けて保税地域以外の場所に置くことができます。これを他所蔵置と呼んでいます。

　他所蔵置された貨物は概ね保税地域の規定が準用されるので、税的な面からみると保税地域と同じですが、個別に他所蔵置の許可を受けた貨物のみを蔵置することができるものであり、あくまで臨時的、例外的なものである点には注意が必要です。

②　保税地域以外に蔵置できる特殊な貨物

　保税地域に置くことが困難又は不可能な状態にある貨物、他法令規制等の関係から適当でない、以下の特殊な貨物は、保税地域以外の場所に置くことが認められています。

　イ　難破貨物（遭難等により船舶又は航空機から離脱した貨物）
　ロ　特定郵便物（輸入されるものに限る）
　ハ　刑事訴訟法の規定により押収された物件
　ニ　関税法の規定により領置され、又は差し押さえられた物件
　ホ　遺失物法又は銃砲刀剣類所持等取締法の規定により、警察署長が保管する物件
　ヘ　水難救護法の規定により市町村長が保管する物件
　ト　植物防疫法に規定する植物又は禁止品及び容器包装で、その検査を受けるため同法に規定する場所に置かれるもの
　チ　狂犬病予防法の規定により検疫を受ける動物で、その検疫を受けるためその検疫の場所に置かれるもの
　リ　家畜伝染病予防法に規定する指定検疫物で、その検査を受けるため同法

に規定する場所に置かれるもの

ヌ　感染症の予防及び感染症の患者に対する医療に関する法律に規定する指
定動物で、その検査を受けるため、同法に規定する場所に置かれるもの

ル　信書便物のうち税関長が取締上支障がないと認めるもの

ヲ　武力攻撃事態及び存立危機事態における外国軍用品等の海上輸送の規制
に関する法律の規定により外国軍用品審判所が留置し又は保管する物件

ワ　特例輸出貨物

《関税法》

（外国貨物を置く場所の制限）

第30条　外国貨物は、保税地域以外の場所に置くことができない。ただし、次に掲げ
るものについては、この限りでない。

一　難破貨物

二　保税地域に置くことが困難又は著しく不適当であると認め税関長が期間及び場
所を指定して許可した貨物

三　特定郵便物（中略（輸入されるものに限る。）中略）、刑事訴訟法（昭和23年法律
第131号）の規定により押収された物件その他政令で定める貨物

（以下省略）

③　**本船扱い及びふ中扱い**

　本船扱い及びふ中扱いは、荷役の都合あるいは大量均質貨物（例えば、穀物
や鉱物）で保税地域に搬入することが困難といった事情がある場合、あらかじ
め税関長の承認を受け、貨物を本船又は「はしけ」に積載したままで税関の検査
を経て輸出又は輸入の許可を受けることをいいます。保税制度とは異なり通関
制度の例外的な取扱いであり、貨物が本船に積載されたまま通関に付される姿
から、一種の他所蔵置のような状態であるといえるでしょう。

《関税法》

（輸出申告又は輸入申告の手続）

第67条の2　（省略）

2　外国貿易船（中略）に積み込んだ状態で輸出申告又は輸入申告をすることが必要な
貨物を輸出し、又は輸入しようとする者は、（中略）税関長の承認を受けて、当該外
国貿易船の係留場所を所轄する税関長に対して輸出申告又は輸入申告をすることが
できる。

3　輸入申告は、その申告に係る貨物を保税地域等に入れた後にするものとする。た
だし、次の各号のいずれかに該当する場合は、この限りでない。

一　（省略）
二　当該貨物を保税地域等に入れないで申告をすることにつき、（中略）税関長の承
　認を受けた場合
（以下省略）

この保税非違を、あなたはどうやって防ぐ？　①

ちょっとの間だけこっちに置いておこうと……

　当社のＦ保税蔵置場では、そのとき輸入インゴットが大量に保管されていまし
た。国際取引相場の価格が下がったことで、金属原料のインゴットを大量仕入れし
たらしいのですが、「先入れ先出し」にはなっていないので、顧客の指示があると、
場合によって、倉庫の奥の貨物を出すために、手前の貨物を一時的に倉庫（保税蔵
置場の許可を受けた場所）の外へ移動させることがしばしばでした。

　今回の保税非違は、その一時的な避難先を「保税区域の外」に設けていたことによ
るものです。恒常的にそうした行為を繰り返していたということで、大きな問題に
なってしまいました。

2. 保税運送制度

（1）保税運送制度の概要

　外国から本邦に到着した外国貨物は、外国貿易船（外国貿易機）から陸揚げ（取
卸し）された後、通関手続のために保税地域に置かれることになりますが、次
のような場合には、さらに他の開港若しくは税関空港又は保税地域に外国貨物
のまま運送することが必要な場合があります。

① 陸揚げをした開港等以外の場所において通関手続をする場合
② 保税蔵置場に置くことの承認を受けて長期間蔵置した後、商機をみて輸
　入又は積戻し等をするために、他の場所へ移動して当該申告等をする場合
③ 保税工場において加工・製造したうえ、積戻し等をしようとする場合

　このような場合、その外国貨物が置かれている場所から、輸入又は積戻し等
をする場所まで貨物を運送することができないとすれば、当該外国貨物が現に
置かれている場所において輸入又は積戻し等の手続きをしなければならないこ
とになり、輸出入者にとって極めて不便となるほか、保税蔵置場、保税工場等
の機能を減殺させることにもなりかねません。保税運送は、このような場合に、

国内にある外国貨物を外国貨物のまま他の保税地域等に運送することを認める
ものであり、このことによって、外国貿易、国内取引等の商取引の利便に資す
るものです。

（2）保税運送の承認

　外国貨物は、税関長の承認を受けて、保税地域等の相互間において、外国貨
物のまま（関税の徴収を留保した保税の状態で）運送することができます。
　このように、外国貨物を運送する場合に所定の手続きを要することとしてい
るのは、運送される外国貨物が、一時、税関の管理の下を離れることになるの
で、そのことについて税関長の承認を求めることとされているものです。

《関税法》
（保税運送）
第63条　外国貨物（中略）は、税関長に申告し、その承認を受けて、開港、税関空港、
　　保税地域、税関官署及び第30条第１項第２号（外国貨物を置く場所の制限）の規定に
　　より税関長が指定した場所相互間（中略）に限り、外国貨物のまま運送することがで
　　きる。
（以下省略）

（3）保税運送の手続きを要しない外国貨物等

　外国貨物を運送する場合には、原則として、税関長の承認を要しますが、運送
される貨物の特性からみて税関の取締上支障がないと認められる外国貨物（注
１）や法令を遵守する体制が整備されていると認められる特定保税運送者によ
る特定保税運送（注２）については、保税運送の手続き（承認）を要しません。
（注１）保税運送の手続きを要しない外国貨物
　①　特定郵便物
　②　特例輸出貨物
　③　外国貿易船等により運送される外国貨物
（注２）特定保税運送者による外国貨物の特定保税運送
　　　　特定保税運送者が特定区間（外国貨物の管理が輸出入・港湾関連情報処理
　　　システム（NACCS）によって行われている保税地域相互間）において行う外
　　　国貨物の運送

3. 外国貨物の収容制度

　外国貨物は保税地域に置かれている限り、輸入等に関する手続きを必要とされません。しかし、保税地域における貨物の蔵置を無制限に認めることは、外国貨物の滞貨を招来し、保税地域の円滑な利用を妨げることになり、また、輸入に関する税関手続の履行をいたずらに猶予することは、関税の徴収を確保する上からも適当ではありません。このような見地から、関税法では保税地域に外国貨物を蔵置することができる期間を設け、この期間内に輸入、輸出、積戻し等の搬出のための手続きをとらせることにしていますが、この期間を経過してもなお蔵置されている場合は、税関が強制的にこれを占有し、その占有期間中は「収容課金」を課することによって間接的に保税地域からの搬出を促進することとしています。

　収容後においても搬出のための手続きがとられない場合、一定期間（4か月）経過後、公売又は売却し、その代金を関税等に充当して、関税等の確保を図ることとしています。

《関税法》

（貨物の収容）

第80条　税関長は、保税地域の利用についてその障害を除き、又は関税の徴収を確保するため、（中略）貨物を収容することができる。

（以下省略）

第２章　保税地域における貨物の管理等

1. 貨物の搬出入手続

　保税地域における貨物の搬出入等の事務は、次のように行うこととされています。

　なお、本章から第８章（保税運送の実務）までの手続きについて、適宜、輸出入・港湾関連情報処理システム（以下、「NACCS」）に貨物情報が登録されている貨物（以下、「システム貨物」）を処理する際の手続きを含めて解説しますが、詳細は、必ず第11章（NACCSを利用した保税関係手続）を参照し、正確な業務処理に努めてください。

（1）輸入貨物（積戻し貨物を含む）

① 搬入手続

イ　保税地域の貨物管理者及び保税工場、保税展示場の被許可者（以下、「倉主等」）は、システム貨物の場合はNACCSに登録されている当該貨物情報の内容、システム貨物ではない貨物（以下、「マニュアル貨物」）の場合は、保税運送承認書（又はその写し）あるいはボートノート若しくはこれに代わる書類と、自己の責任において、貨物の記号、番号、品名、個数、数量、コンテナーシール番号、外装の状況等との対査を行い、異常の有無の確認を行います。

ロ　次の場合（その疑いがある場合を含みます）には、必ず税関の保税担当部門に連絡し、その指示を受けてください。

　（イ）貨物情報又は保税運送承認書等に記載された貨物の品名との相違、数量の過不足、重大な損傷又はこれに準じる異常を発見した場合

　（ロ）関税法の規定により輸入又は輸出をしてはならないとされている麻薬、拳銃、爆発物等、外国為替及び外国貿易法等の関税法以外の法令により輸入が規制されている貨物の混入を発見した場合

ハ　確認が済んだ後、マニュアル貨物にあっては保税運送承認書等について次のとおり処理します。

　（イ）倉主等は、貨物の搬入後、これらの書類に、搬入した貨物の当該保税地

域への到着年月日、数量の過不足の状況、損傷があればその内容、記号、番号の相違等を注記します。
　(ロ)　倉主等は、上記書類とその写しを一定期間（1週間くらい）分取りまとめ、税関の保税担当部門に提出し、その確認を受けます。

(参考)リマークの記入例
　・100C/Sのうち3C/S不足の場合　　Remark：3C/S Short、97C/S O. K.
　・100C/S に対し4C/S多い場合　　　Remark：4C/S Over、104C/S O. K.
　・100C/S のうち1C/S破損、中身が一部不足　Remark：1C/S Broken

②　搬出手続

イ　倉主等は、システム貨物の場合は、NACCSから配信される「許可・承認（輸入）情報」等を確認します。マニュアル貨物の場合は、貨物を搬出する際にあらかじめ貨主、通関業者、運送業者等貨物の搬出を求める者から、搬出貨物に係る輸入許可書や保税運送承認書等（参考）を提示させます。その上で、これらの内容と、搬出貨物の記号、番号、品名、個数、数量、外装の状況等を対査確認した上で、自己の責任において貨物の搬出を認めます。

　なお、異常を認めた場合又は不審な点がある場合には、直ちに税関の保税担当部門に連絡し、その指示を受けます。

(参考)搬出において提示を受ける書類
　・輸入許可書（再輸入、蔵出輸入、移出輸入、総保出輸入に係る輸入許可書を含む）
　・積戻し許可書
　・蔵入承認書、移入承認書、総入承認書
　・輸入許可前引取承認書
　・保税運送承認書
　・外国貨物船用品（機用品）積込承認書
　・滅却承認書
　・見本持出許可書
ロ　倉主等は、マニュアル貨物について、提示を受けた搬出貨物に係る輸入許可書等の写しを作成し、原則として6か月間保存します。

③　帳簿への記帳

　搬入又は搬出を終えたら、できる限り当日中に、その実績を記帳しなければなりません（後記「8．記帳義務」参照）。システム貨物の場合は、「搬入確認登録（保税運送貨物）」等の業務を行います。マニュアル貨物の場合は、「保税台帳」等に記帳します。この場合、特に搬出は、必ず輸入許可書等の内容を確認した

後に記帳を行うようにします。

　NACCSから定期的に配信される保税管理資料データ（海上貨物の場合は「輸入貨物搬出入データ」など）を帳簿に代わるものとする事業者の場合は、配信データを確実に取得し、決められた期間は保管することが求められます。このため、配信データの取得漏れ対策としてチェック体制を敷くなど、充分な注意が必要です。この点は、輸出貨物に係る帳簿への記帳も同様です。

（2）輸出貨物

①　搬入手続

イ　倉主等は、輸出しようとする貨物を搬入しようとするときは、自己の責任において、システム貨物の貨物情報、及び搬入関係伝票（入庫票、保管依頼伝票、貨物引渡書（Local Delivery Receipt）等）と当該輸出しようとする貨物の記号、番号、品名、個数、数量とを対査し、異常の有無を確認します。

ロ　関税法の規定により輸出してはならないとされている麻薬等、又は外国為替及び外国貿易法など関税法以外の法令により輸出が規制されている貨物の混入を発見した場合には、必ず税関の保税担当部門に連絡し、その指示を受けます。

②　搬出手続

イ　倉主等は、輸出の許可を受けた貨物（外国貨物）を搬出しようとする際、システム貨物の場合は、システムから配信された「輸出許可情報」等を確認の上、マニュアル貨物の場合は、貨主、通関業者、運送業者等搬出を求める者から輸出許可書等を提示させ、当該輸出貨物の記号、番号、品名、個数、数量を対査確認の上、自己の責任において搬出を認めます。

　なお、貨物に異常を発見した場合又は内容に不審がある場合には、税関の保税担当部門の指示を受けて、その指示に従ってください。

ロ　倉主等は、マニュアル貨物の搬出に係る輸出許可書等の写しを作成し、原則として6か月間保存します。

③　帳簿への記帳

　搬入又は搬出を終えたら、できる限り当日中に、その実績を記帳しなければなりません（後記「8．記帳義務」参照）。システム貨物の場合は「搬入確認登録（輸出未通関貨物）」業務など、又は「搬出確認登録（輸出許可済）」業務などを行います。マニュアル貨物の場合は「保税台帳」等に記帳します。

　特に輸出貨物は、コンテナー詰めされて搬出されることも多くありますが、この時、他の通関手続未済貨物や、他者の貨物を誤ってコンテナー詰めするこ

とがあります。その場合は、記帳された内容とも異なることになり、記帳義務違反ともなりかねませんので、搬出時の貨物確認と記帳には充分な注意が必要です。

この保税非違を、あなたはどうやって防ぐ？　②

てっきり自分の現場宛ての貨物だと思い込んで……

　当社のＨ保税蔵置場は、大きな埠頭内にある自社の３か所の蔵置場のうちの一つです。この３つの蔵置場は、住所と名称が似かよっていますが、それぞれ許可を受けた時が異なるので、別々の保税蔵置場として運営されています。このため、当蔵置場の搬入担当者は、到着した貨物の保税運送承認情報の運送先をきちんと確認するよう常日頃から指示を受けていました。ところが、本日、この担当者は、自身の現場への貨物だと思い込んで、間違えて運送されてきた別の蔵置場宛ての貨物を搬入処理してしまいました。

　後で聞くと、当日はいつもにも増して忙しかったとのことですが、どうやらその日の朝たまたま夫婦喧嘩をしたらしく、そのことが気にかかっていて、仕事に集中していなかったようです。

---

2. 貨物の取扱い

（1）貨物の取扱制度の概要

　指定保税地域及び保税蔵置場は、外国貨物の荷捌き（積卸し、運搬又は一時蔵置）をすることができる場所として設置されるものですが、輸入者等の利便に供するため、蔵置中の貨物に対して、①内容の点検、改装、仕分けその他の手入れ（以下、「許可不要の取扱い」）と、②見本の展示、簡単な加工その他これらに類する行為（以下、「許可を要する取扱い」）を行うことが認められています。

　このうち、許可不要の取扱いにあっては、倉主等はその実施後に、システム貨物の場合は「貨物取扱登録（内容点検、改装・仕分け）」業務を行い、マニュアル貨物の場合は「保税台帳」等に記帳します。

　システム貨物について、倉主や通関業者が「貨物取扱登録（内容点検、改装・仕分け）」業務を行った場合は、NACCSへの実施結果の登録を行います。

　許可を要する取扱いの場合は、後述のとおり、事前に税関長の許可を得て行うものですので、注意が必要です。

《関税法》

（貨物の取扱い）

第40条　指定保税地域においては、外国貨物又は輸出しようとする貨物につき、（中略）貨物の内容の点検又は改装、仕分けその他の手入れをすることができる。

２　指定保税地域においては、（中略）外国貨物又は輸出しようとする貨物につき、見本の展示、簡単な加工その他これらに類する行為で税関長の許可を受けたものを行うことができる。

（以下省略）

（指定保税地域についての規定の準用）

第49条　第40条（指定保税地域における貨物の取扱い）の規定は、保税蔵置場について準用する。

（2）貨物の取扱いの具体的な内容

指定保税地域及び保税蔵置場で行うことができる「貨物の取扱い」の具体的な内容は、**表２**のとおりです。

表２：貨物の取扱いの具体的内容

貨物の取扱い	具体的内容
内容の点検	貨物を開被して、内容物の品質・数量・機能を点検
改装・仕分け	① 包装を改める ② 貨物を記号別、番号別等に分類、選別
その他の手入れ	① 貨物の記号・番号を刷換え ② 貨物の現状を維持するために洗浄等 ③ 原産地誤認表示を抹消等
見本の展示	蔵置貨物の一部を取引先等の閲覧に供する
簡単な加工	貨物の性質性能、形状などに変更を加える程度に加工
その他これらに類する行為	① 輸出貨物の破損部分と同種の完全品を交換等 ② 輸出してはならない貨物の商標を抹消 ③ 注文の取集め等のため個別に識別及び管理される蔵置貨物を閲覧に供する

（3）貨物の取扱いに関する許可申請手続

指定保税地域又は保税蔵置場において、許可を要する取扱い（簡単な加工等）を行うに当たって、システム貨物の場合は「貨物取扱許可申請」業務をもって、マニュアル貨物の場合も、「貨物取扱い許可申請書」（C-3110）[p.284] を税関に提出して、事前に許可を受けます。

《関税法》

（貨物の取扱い）

第40条　指定保税地域においては、外国貨物又は輸出しようとする貨物につき、(中略) 貨物の内容の点検又は改装、仕分けその他の手入れをすることができる。

2　指定保税地域においては、(中略) 外国貨物又は輸出しようとする貨物につき、見本の展示、簡単な加工その他これらに類する行為で税関長の許可を受けたものを行うことができる。

（以下省略）

（指定保税地域についての規定の準用）

第49条　第40条 (指定保税地域における貨物の取扱い) の規定は、保税蔵置場について準用する。

《関税法施行令》

（指定保税地域における貨物の取扱い）

第34条　法第40条第2項 (指定保税地域における貨物の取扱い) に規定する許可を受けようとする者は、その許可を受けようとする行為の種類及び内容、日時及び場所並びに当該行為に係る貨物の記号、番号、品名、数量及び置かれている場所を記載した申請書を税関長に提出しなければならない。

（指定保税地域についての規定の準用）

第40条　第34条の規定は、保税蔵置場について準用する。

3. 見本の一時持出

（1）見本の一時持出制度の概要

　保税地域にある外国貨物については、事前に税関長の許可を受けることにより、成分の分析、試験、注文の取集め等のために一時的に貨物の一部（見本）を保税地域から持ち出すことができます。ただし、一時持出が認められている見本は、課税上問題がなく、かつ少量のものに限られており、次に掲げられる貨物は見本の一時持出が認められないので注意が必要です。

　①　関税法第69条の2第1項各号に規定されている「輸出してはならない貨物」

　②　関税法第69条の11第1項各号に規定されている「輸入してはならない貨

　物」
③　刀剣類
④　関税関係法令以外の法令の規定により見本の一時持出に関して、許可、承認又は検査若しくは条件の具備を必要とする貨物
⑤　その他取締上支障があると認められる貨物

図２−１：見本の一時持出し

《関税法》
（見本の一時持出）
第32条　保税地域にある外国貨物を見本として一時持ち出そうとする者は、税関長の許可を受けなければならない。

《関税法施行令》
（見本の一時持出の許可の申請）
第27条　法第32条（見本の一時持出）に規定する許可を受けようとする者は、その許可を受けようとする貨物の記号、番号、品名及び数量、その置かれている場所並びに一時持出の期間、持出先及び事由を記載した申請書を税関長に提出しなければならない。
（以下省略）

（2）見本の一時持出の手続き

　外国貨物を見本として保税地域から一時的に持ち出すときは、システム貨物の場合は「見本持出許可申請」業務を行い、マニュアル貨物の場合は「見本持出許可申請書」（C-3060）[p.279]を税関に提出して、許可を受けます。

　また、見本持出の許可を受けたシステム貨物を実際に搬出した際には、遅滞なく「見本持出確認登録」業務を行う必要があります。

　なお、同一の申請者により、同一の保税地域で恒常的に見本の一時持出が行われる場合には、一定期間（１年間）内に行われる見本の一時持出について一括して許可を受けることができます。この場合は、「包括見本持出許可申請書」

（C-3061）[p.280] を税関に提出して許可を受けます。この手続きは、システム貨物についても同様です。

（3）見本の一時持出と輸入通関

　見本の一時持出許可を受けた外国貨物は、一時的に保税地域から持ち出すことができますが、再び保税地域に持ち帰ることが原則です。

　ただし、その見本（外国貨物）が、その成分の分析等のために使用、消費されて、元の保税地域に持ち帰ることができない場合は、これを持ち帰ったものとみなして、残りの貨物と一括して輸入の許可を受けることになります。

この保税非違を、あなたはどうやって防ぐ？　③

後でまとめて入力しようと思っていたが……

　当社のD保税蔵置場は、食品原料の輸入を主に手掛けているので、成分分析などで見本の持出しが頻繁にあります。これまで搬入担当だった職員が搬出担当になったのですが、慣れない仕事で要領がまだつかめておらず、デスクワークは夕方まとめてやっていました。見本の持出しについても、搬出登録を行うことは知っていたのですが、いつでもできると思い、机上の書類ケースに順に重ねて保管していました。

　しかし、先月の10件分をまとめて入力しようとしたところ、期限が過ぎており、全部入力できず、保税非違10件となってしまいました。

---

4. 外国貨物の廃棄

　保税地域にある外国貨物を廃棄しようとするときは、あらかじめその旨を税関に届け出る必要があります。この場合、保税地域に蔵置されている貨物で滅却（後記「6.（2）関税の納付義務の免除の手続き」参照）について税関の承認を受けているものについては、関税の徴収が免除されるほか、廃棄の届出の必要はありません。

　外国貨物の廃棄とは、滅却（焼却等によりその形態をとどめなくすること）する行為も含み、より広い定義がされています。具体的には、破壊等によってその貨物の性質や形状を大きく変えて、本来の効用を果たすことができない程度にすることで、くずとして処分する場合も含みます。

　なお、廃棄は保税地域で行う必要がありますが、その廃棄が貨物の加工に当

たる場合は、保税工場において行うことになります。よって、この場合は、保税工場以外の保税地域にある貨物は保税工場に保税運送する必要があります。

　また、滅却以外の方法で廃棄された場合には、その廃棄後の現況により輸入手続を要することとなりますので注意が必要です。

　外国貨物を廃棄しようとするときは、「外国貨物廃棄届」(C-3080)[p.283]を事前に税関に提出します。

　倉主等は、システム貨物も含め、自ら廃棄の届出を行うか、税関に届け出られた「外国貨物廃棄届」を確認して廃棄を認め、その後、必ずその旨の記帳を行います。滅却される貨物の場合も、承認印のある「滅却承認書」を確認して貨物の搬出を認めることとなりますが、必ずその旨の記帳(システム貨物の場合は「搬出確認登録(貨物引取り)」業務)を行います。

《関税法》

(外国貨物の廃棄)

第34条　保税地域にある外国貨物を廃棄しようとする者は、あらかじめその旨を税関に届け出なければならない。

(以下省略)

《関税法施行令》

(外国貨物の廃棄の届出)

第29条　法第34条(外国貨物の廃棄)の規定による届出は、廃棄しようとする貨物の記号、番号、品名及び数量、その置かれている場所並びに廃棄の日時、方法及び事由を記載した書面でしなければならない。

この保税非違を、あなたはどうやって防ぐ？　④

滅却の承認を得ようと、税関に‥‥‥

　当社のG保税蔵置場では、輸入中古車の搬入が時々あります。今回、米国から到着したキャンピングカーの中に備えられていた小型の消火器1本について、通関業者から、顧客は滅却してほしいと言っているので、税関で手続きをして廃棄場所へ持って行くよう依頼を受けました。担当者は、外国貨物の滅却は税関の承認を得て行う必要があることを承知していましたので、書類を作り、その消火器1本を持って、税関の窓口に赴きました。

　ところが、その窓口の職員から、外国貨物の搬出の根拠を問われて、自分の過ちに気づいた次第です。滅却の承認は当然になされるものとの認識も甘かったと反省しています。

5. 外国貨物を置くことの承認(蔵入承認)

(1) 蔵入承認

　前述のとおり、保税蔵置場に外国貨物を入れる者は、その貨物を入れた日から3か月を超えて蔵置しようとするときは、税関長の「蔵入承認」を受けなければなりません。

　保税蔵置場に外国貨物を長期間蔵置することになれば、貨物の需給状況をみて最も有利な時期に貨物を国内に引き取り、又は外国に向けて積み戻すことが可能になりますが、他方、貨物の種類によっては輸入と同様の効果を及ぼす場合もあります。よって、関税関係法令以外の法令(例えば、輸入貿易管理令、火薬類取締法、植物防疫法や家畜伝染病予防法などの他法令)の規定による許可、承認等を要する貨物については、これを受けている旨の証明が必要です。

　また、保税蔵置場の利用を妨げる場合、例えば、腐敗している貨物や他の貨物を損傷するおそれがある貨物は、承認が得られないこともあります。

　このため、税関は、課税物件の確定(貨物の性質、形状又は数量等の把握)や他法令の該否及びその許可、証明等を受けている旨を証明等の有無の確認、或いは、蔵入承認できない貨物ではないか等の観点から、必要に応じ検査を行います。いずれにしても、輸入申告手続に準じた厳格な手続き(蔵入承認申請手続)が必要となります。

《関税法》
(外国貨物を置くことの承認)
第43条の3　保税蔵置場に外国貨物を入れる者は、当該貨物をその入れた日から3月(中略)を超えて当該保税蔵置場に置こうとする場合には、(中略)その超えることとなる日前に税関長に申請し、その承認を受けなければならない。
(以下省略)

《関税法施行令》
(外国貨物を置くことの承認の申請)
第36条の3　法第43条の3第1項(外国貨物を置くことの承認)に規定する承認を受けようとする者は、その承認を受けようとする貨物について(中略)申請書を税関長に提出しなければならない。(後略)
2　前項の承認を受けようとする者は、(中略)第61条第1項に規定する書類(中略)が必要とされる場合には、当該書類を前項の申請書に添付しなければならない。

3〜7　（省略）

8　第1項の承認を受けようとする者は、当該承認を受けようとする貨物が保税蔵置場に置くことにつき他の法令の規定により許可、承認その他の行政機関の処分若しくはこれに準ずるもの（中略）又は検査若しくは条件の具備を必要とするものである場合には、第1項の申請書の提出の際、当該許可、承認等を受けている旨又は当該検査の完了若しくは当該条件の具備を税関に証明しなければならない。

（以下省略）

（2）蔵置期間

外国貨物について蔵入承認を受けた場合には、その承認を受けた日から2年を経過するまで置くことができます。

なお、前述のとおり、蔵入承認を受けて保税蔵置場に蔵置された外国貨物が、他の保税蔵置場に蔵移しされた場合の蔵置期間は、その貨物を初めて保税蔵置場に置くことが承認された日から通算されますので、蔵置期間の計算には注意が必要です。

《関税法》

（外国貨物を置くことができる期間）

第43条の2　保税蔵置場に外国貨物を置くことができる期間は、当該貨物を最初に保税蔵置場に置くことが承認された日から2年とする。

（以下省略）

6. 関税の納付義務

（1）許可を受けた者の関税の納付義務（倉主責任）

保税地域にある外国貨物（輸出の許可を受けたものを除きます）が、災害その他やむを得ない事情によらないで亡失し、又は税関長の承認を受けないで滅却されたときは、その貨物を蔵置している保税地域の倉主等から直ちにその関税を徴収することとされています。これを「倉主責任」といいます。

例えば、保税地域に蔵置されている外国貨物が、盗難や紛失により、本来あるべき場所にない状態になったときは、所定の手続きをとらずに国内へ引き取られた（輸入された）ものとみなされ、当該保税地域の許可を受けた者又は貨物管理者から直ちにその関税が徴収されます。

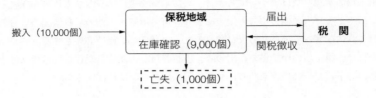

図2−2：保税地域での外国貨物の亡失責任（倉主責任）

(注)納税義務の免除
・災害その他やむを得ない事情による亡失
・税関長の承認を受けた滅却

《関税法》

(許可を受けた者の関税の納付義務等)

第45条　保税蔵置場にある外国貨物（輸出の許可を受けた貨物を除く。以下この項及び次項において同じ。）が亡失し、又は滅却されたときは、当該保税蔵置場の許可を受けた者から、直ちにその関税を徴収する。ただし、外国貨物が災害その他やむを得ない事情により亡失した場合又はあらかじめ税関長の承認を受けて滅却された場合は、この限りでない。

2　（省略）

3　保税蔵置場にある外国貨物が亡失した場合には、当該保税蔵置場の許可を受けた者は、直ちにその旨を税関長に届け出なければならない。

(保税蔵置場についての規定の準用)

第41条の3　第45条（中略）の規定は、指定保税地域にある外国貨物について準用する。（後略）

(保税蔵置場についての規定の準用)

第61条の4　（略）第43条の3から第48条の2まで（中略）の規定は、保税工場について準用する。（後略）

(保税蔵置場及び保税工場についての規定の準用)

第62条の7　（略）第44条から第48条の2まで（中略）の規定は、保税展示場について準用する。（後略）

(保税蔵置場、保税工場及び保税展示場についての規定の準用)

第62条の15　（略）第43条の4から第47条まで（中略）の規定は、総合保税地域について準用する。（後略）

(2) 関税の納付義務の免除の手続き

保税蔵置場にある外国貨物が、例えば、著しく腐敗したため本来の用途に供

することができなくなった場合には、これを焼却し貨物の形態をとどめなくする（「滅却」する）ことが行われる場合があります。これは、こうした貨物が国内需要に適合しなくなったと同時に、その貨物を外国に積み戻すとなると、コスト面で多大な損失を被ることが予想されることによるものです。

こうした場合は、事前に「滅却（廃棄）承認申請書」(C-3170)［p.290］を税関長に提出して承認を受けます。

なお、恒常的に滅却する必要がある貨物の発生があり、滅却に係る申請者、貨物、方法及び場所が一定している場合であって、税関長が取締上支障がないと認めたときは、一定期間について包括的に承認を受けることができます。包括承認を受けた場合は、個々の滅却に際しては、口頭又は電話によりその滅却の日時、数量等を事前に税関に連絡するとともに、その事績を「滅却（廃棄）承認申請書」に記載し、整理、保管しておきます。

7. 亡失の届出

（1）外国貨物が亡失した場合の届出

保税地域にある外国貨物が亡失した場合には、当該保税地域の倉主等は、直ちにその旨を税関長に届け出なければなりません。この届出は、保税地域における貨物管理の適正を図るために義務づけられているものです。

なお、亡失の届出を要する外国貨物には、輸出の許可を受けたものも含まれるので、注意が必要です。

《関税法》
（許可を受けた者の関税の納付義務等）
第45条　（省略）
2　（省略）
3　保税蔵置場にある外国貨物が亡失した場合には、当該保税蔵置場の許可を受けた者は、直ちにその旨を税関長に届け出なければならない。
（保税蔵置場についての規定の準用）
第41条の3　第45条（中略）の規定は、指定保税地域にある外国貨物について準用する。（以下省略）
（保税蔵置場についての規定の準用）
第61条の4　（略）第43条の3から第48条の2まで（中略）の規定は、保税工場について準用する。（後略）

（保税蔵置場及び保税工場についての規定の準用）

第62条の7　（略）第44条から第48条の2まで（中略）の規定は、保税展示場について準用する。（後略）

（保税蔵置場、保税工場及び保税展示場についての規定の準用）

第62条の15　（略）第43条の4から第47条まで（中略）の規定は、総合保税地域について準用する。（後略）

（2）届出の手続き

　外国貨物が亡失した場合の届出は、「外国貨物亡失届」（C-3175）[p.292]を、保税地域を所轄する税関に提出することにより行います。

《関税法施行令》

（外国貨物が亡失した場合の届出）

第38条の2　法第45条第3項（許可を受けた者の関税の納付義務等）の規定による届出は、次に掲げる事項を記載した届出書を税関長に提出することにより行うものとする。

　　一　亡失した外国貨物が置かれていた保税蔵置場の名称及び所在地

　　二　亡失した外国貨物の記号、番号、品名、数量及び価格

　　三　亡失した外国貨物が置かれていた場所

　　四　亡失の年月日及びその事由

（保税蔵置場についての規定の準用）

第34条の2　（略）第38条の2の規定は、指定保税地域について準用する。（後略）

（保税蔵置場についての規定の準用）

第50条の2　（略）第37条から第39条の2までの規定は、保税工場について準用する。（後略）

（保税蔵置場についての規定の準用）

第51条の8　（略）第37条から第39条の2までの規定は、保税展示場について準用する。（後略）

（保税蔵置場、保税工場及び保税展示場についての規定の準用）

第51条の15　（略）第37条から第39条まで（中略）の規定は、総合保税地域について準用する。（後略）

8. 記帳義務

(1) 帳簿の作成と保存の義務

　保税地域(指定保税地域、保税蔵置場及び総合保税地域)において貨物を管理する者は、その管理する外国貨物又は輸出しようとする貨物についての帳簿(これを「保税台帳」ともいいます)を設け、所定の事項を記載し、所定の期間保存しなければなりません。

　保税地域においては、外国貨物又は輸出しようとする貨物の出し入れや貨物の取扱いが行われるので、これらの事績(在庫状況等)を明らかにして、これらの保税作業が適法に行われたことについて、事後の検証に用いようとするものです。

　システム貨物の場合は、搬出入登録業務や取扱い等の記帳(入力)の際に、自動的にシステムに記録され、前述のとおり、定期的に当該保税地域に配信される「保税管理資料データ」(海上貨物にあっては「輸入貨物搬出入データ」など、航空貨物にあっては「航空輸出貨物取扱い一覧データ」など)を、指定された期間保管することで、保税台帳となります。

　なお、保税工場及び保税展示場に関しては、その特殊性を考慮し、別途、記帳義務に関する規定が設けられています。

(注)帳簿について

　　保税地域における貨物の出し入れ等の事績を記載する帳簿については、税関用として特別に備える必要はなく、倉主の営業用帳簿(伝票方式でも可)に政令で定める事項を追記すればよいこととされています。記帳漏れ防止及び倉主の手数を省く観点からも、できる限り営業台帳等の帳簿は一本化した方が効率的です。(関基34の2-3[p.160])

《関税法》

(記帳義務)

第34条の2　保税地域(保税工場及び保税展示場を除く。)において貨物を管理する者は、その管理する外国貨物(中略)又は輸出しようとする貨物(信書を除く。)についての帳簿を設け、政令で定める事項を記載しなければならない。

(記帳義務)

第61条の3　保税工場の許可を受けた者は、当該保税工場にある外国貨物についての帳簿を設け、政令で定める事項を記載しなければならない。

> **（保税蔵置場及び保税工場についての規定の準用）**
> **第62条の7**　（略）第61条の3（記帳義務）の規定は、保税展示場について準用する。（後
> 略）

（2）記帳事項

　外国貨物又は輸出しようとする貨物を保税地域（指定保税地域、保税蔵置場
及び総合保税地域）へ搬出入する場合等に記帳しなければならない事項は、関
税法施行令第29条の2（記帳義務）において規定されていますので、よく理解し
ておかなければなりません。また、システム貨物については、搬出入時等の登
録業務を適切に処理し、正しい情報が配信資料に反映されるようにすることが
重要です。
　なお、記帳事項を外国貨物の搬入、蔵置、搬出との関連で整理した「記帳事
項一覧表」をp.34及びp.35に掲載していますので、記帳処理の参考にしてくださ
い。

図2−3：輸入貨物の記帳処理のイメージ

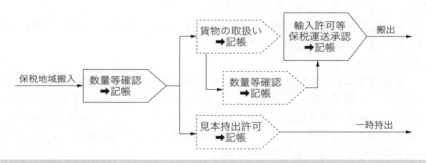

> **《関税法施行令》**
> **（記帳義務）**
> **第29条の2**　法第34条の2（記帳義務）に規定する帳簿（総合保税地域に係る帳簿を除
> く。）には、次の各号に掲げる場合の区分に応じ、当該各号に定める事項を記載しな
> ければならない。
> 　一　外国貨物（輸出しようとする貨物を含む。次号において同じ。）を指定保税地域
> 　　又は保税蔵置場（以下この項及び第四項において「指定保税地域等」という。）に入
> 　　れた場合　当該貨物の記号、番号、品名及び数量、その入れた年月日並びに当該
> 　　貨物が外国から本邦に到着した後当該指定保税地域等に初めて入れられたもので
> 　　あるときは、当該貨物を積んでいた船舶又は航空機の名称又は登録記号及び入港

　　の年月日（当該貨物が保税運送により当該指定保税地域等に入れられたものであ
　　るときは、当該保税運送の承認書の番号を含む。）

　二　外国貨物につき法第40条第1項又は第2項（貨物の取扱い）に規定する行為をし
　　た場合　当該貨物の記号、番号、品名及び数量、当該行為の種類、内容及び年月
　　日並びに当該行為により貨物の記号、番号又は数量に変更があつたときは、その
　　変更の内容

　三　法第43条の3第1項（保税蔵置場に外国貨物を置くことの承認）に規定する承認
　　又は指定を受けた場合　当該承認又は指定の年月日及びその承認書又は指定書の
　　番号

　四　法第67条（輸出又は輸入の許可）の規定による輸入の許可を受けた場合　当該貨
　　物の記号、番号、品名及び数量並びに当該許可の年月日及びその許可書の番号

　五　法第73条第1項（輸入の許可前における貨物の引取りの承認）の規定による承認
　　を受けた場合　当該貨物の記号、番号、品名及び数量並びに当該承認の年月日及
　　びその承認書の番号

　六　法第32条（見本の一時持ち出し）の規定による許可を受けて指定保税地域等から
　　外国貨物を見本として一時持ち出した場合　当該貨物の記号、番号、品名及び数
　　量、当該許可に係る期間及び持ち出し先並びに当該一時持ち出しの年月日

　七　指定保税地域等から外国貨物を出した場合（前号の場合を除く。）　当該貨物の
　　記号、番号、品名及び数量、その出した年月日、当該貨物を当該指定保税地域等
　　から出すことにつき必要とされる許可又は承認を受けた年月日及びその許可書又
　　は承認書の番号並びに当該貨物を外国に向けて送り出すときは、当該貨物を積み
　　込もうとする船舶又は航空機の名称又は登録記号及び出港の年月日

2　法第34条の2（記帳義務）に規定する帳簿（総合保税地域に係る帳簿に限る。）には、
　次の各号に掲げる場合の区分に応じ、当該各号に定める事項を記載しなければなら
　ない。

　一　外国貨物（輸出しようとする貨物を含む。）を総合保税地域内のその者の使用に
　　係る部分（以下この項において「使用地域」という。）に入れた場合　当該貨物の記
　　号、番号、品名、数量、価格及び用途、その入れた年月日、その入れた者の氏名
　　又は名称及び住所又は本店若しくは主たる事務所の所在地並びに法第62条の10
　　（外国貨物を置くこと等の承認）の規定による承認を受けたときは、当該承認の年
　　月日及びその承認書の番号

　二　外国貨物を使用地域に入れた場合において、当該貨物が外国から本邦に到着し
　　た後当該総合保税地域に初めて入れられたものであるとき。　当該貨物を積んで
　　いた船舶又は航空機の名称又は登録記号及び入港の年月日（当該貨物が保税運送
　　により当該総合保税地域に入れられたものであるときは、当該保税運送の承認書
　　の番号を含む。）

三　使用地域において外国貨物につき法第62条の8第1項第1号（総合保税地域の許可）に掲げる行為（積卸し、運搬及び蔵置を除く。）をした場合　当該貨物の記号、番号、品名、数量及び価格、当該行為の内容並びに当該行為が開始され、及び終了した年月日

四　使用地域において外国貨物につき法第62条の8第1項第2号に掲げる行為をした場合　当該貨物の記号、番号、品名、数量及び価格、当該行為によってできた製品の記号、番号、品名、数量及び価格、当該行為の内容並びに当該行為が開始され、及び終了した年月日

五　使用地域において外国貨物につき法第62条の8第1項第3号に掲げる行為をした場合　当該貨物の記号、番号、品名、数量及び価格、当該行為の内容並びに当該行為が開始され、及び終了した年月日

六　法第62条の15（総合保税地域）において準用する法第62条の4第1項（販売用貨物等の蔵置場所の制限等）の規定による蔵置場所の制限が行われた場合　その蔵置場所その他当該制限に係る事項

七　法第62条の15において準用する法第61条第1項（保税工場外における保税作業）又は法第62条の5（保税展示場外における使用の許可）の規定による許可を受けて外国貨物を総合保税地域以外の場所に出した場合　当該貨物の記号、番号、品名、数量及び価格、当該許可に係る期間及び場所並びに当該許可の年月日及びその許可書の番号

八　法第32条（見本の一時持ち出し）の規定による許可を受けて総合保税地域から外国貨物を見本として一時持ち出した場合　当該貨物の記号、番号、品名、数量及び価格、当該許可に係る期間及び持ち出し先並びに当該一時持ち出しの年月日

九　法第67条（輸出又は輸入の許可）の規定による輸入の許可を受けた場合　当該貨物の記号、番号、品名及び数量並びに当該許可の年月日及びその許可書の番号

十　法第73条第1項（輸入の許可前における貨物の引取りの承認）の規定による承認を受けた場合　当該貨物の記号、番号、品名及び数量並びに当該承認の年月日及びその承認書の番号

十一　使用地域から外国貨物を出した場合（第7号及び第8号の場合を除く。）　当該貨物の記号、番号、品名、数量及び価格、その出した年月日及び目的、当該貨物を当該使用地域から出すことにつき必要とされる許可又は承認を受けた年月日及びその許可書又は承認書の番号並びに当該貨物を外国に向けて送り出すときは、当該貨物を積み込もうとする船舶又は航空機の名称又は登録記号及び出港の年月日

3　税関長は、貨物の性質その他の事情により第1項各号及び前項各号に定める事項の記載の必要がないと認めるときは、その必要がないと認める事項の記載を省略させることができる。

4　第1項第3号から第6号まで並びに第2項第1号及び第6号から第10号までに定める事項の記載は、指定保税地域等又は総合保税地域において貨物を管理する者が、これらの号に規定する許可若しくは承認を証する書類その他の関係書類又はこれらの写しを、所要の事項を追記した上、保管することによって、代えることができる。

（3）記帳に際しての留意事項

　記帳を行うに際しては、次の点に留意します。なお、記帳を怠ったり、内容を偽って記帳すると、関税法違反として処罰されることがありますので、十分な注意が必要です。

①　記帳は、取扱いや搬出入の事実のあった都度（直後に）行う。

②　搬出入が数日間にわたって行われる場合は、搬出入の終了の時が「搬出入日時」となるが、開始の年月日も記録しておく。

③　数量の過不足についても記帳（入力）する。

④　輸出しようとする貨物を国内に引き取る場合は、システム貨物は「搬出確認登録（貨物引取）」業務を行い、マニュアル貨物の場合は「内貨引取」と朱書記帳する。

⑤　NACCSの保税管理資料データ及び（又は）マニュアル保税台帳は、記載すべき事項が生じた日から起算して2年を経過する日までの間（その間に当該帳簿について保税業務検査を受けた場合にあっては、当該保税業務検査を受けた日までの間）保存する。

　ただし、関税法第50条第1項の規定により特定保税承認者の承認を受けた者が同項の届出を行った場所で行う記帳にあっては、1年を経過する日まで保存すればよい。

　いずれにせよ、保税台帳の作成（保存）や記帳を行う上で疑問点・問題点が発生した場合には、できるだけ早く税関の保税担当職員に問い合わせ、常に正しい記帳に努めることが重要です。

(参考) 記帳事項一覧表 (指定保税地域・保税蔵置場)

(凡例) ○：保税台帳記帳義務事項／◎：NACCS台帳 (システムの配信データを保存する方式) の場合
　　で、配信データに反映されないため、別途記帳を要する項目／△：保税台帳の記帳に関する指導項目

1．搬入関係

記帳事項	OLT搬入	ボートノート搬入	輸出貨物	蔵入承認貨物
貨物の記号・番号	○	○	○	
貨物の品名・数量	○	○	○	
搬入年月日	○	○	○	
積載船(機)名	○	○		
積載船(機)の入港年月日	○	○		
保税運送承認書番号	○			
ボートノート番号		△		
到着リマーク	△	△		
蔵入承認年月日				○
蔵入承認書番号				○
当該書類に所要事項を追記し、保管することで記帳に代えられる。				※
根拠法令	法34条の2 令29条の2 第1項1号	同左	法34条の2 令29条の2 第1項1号	法34条の2 令29条の2 第1項3号 及び第4項

2．蔵置関係

記帳事項	貨物取扱	貨物取扱許可	見本持出	税関検査	見本採取
貨物の記号・番号	○	○	○	○ ◎	○ ◎
貨物の品名・数量	○	○	○	○ ◎	○ ◎
取扱いの種類・内容	○	○			
取扱い年月日	○	○			
変更内容(記号・番号・数量のみ)	○	○			
取扱許可番号		△			
持出期間			○		
持出先			○		
持出年月日			○		
搬出(入)年月日				○ ◎	○ ◎
貨物管理番号				△	△
当該書類に所要事項を追記し、保管することで記帳に代えられる。			※		
根拠法令	法34条の2 令29条の2 第1項2号	同左	法34条の2 令29条の2 第1項6号 及び第4項	法34条の2 令29条の2 第1項1号 及び7号	同左

3．搬出関係

記帳事項	輸入許可	許可前引取	輸出許可(注1)	積戻し許可(注1)	保税運送搬出
貨物の記号・番号	○	○	○	○	○
貨物の品名・数量	○	○	○	○	○
許可（承認）書番号	○	○	○	○	○
許可（承認）年月日	○	○	○	○	○
積載船（機）名			○	○	
出港予定年月日			○	○	
貨物の搬出年月日			○	○	○
貨物管理番号					
当該書類に所要事項を追記し、保管することで記帳に代えられる。	※	※			
根拠法令	法34条の2令29条の2第1項4号及び第4項	法34条の2令29条の2第1項5号及び第4項	法34条の2令29条の2第1項7号	同左	法34条の2令29条の2第1項7号

記帳事項	貨物の滅却	古包装材引取	輸入別送品検査省略の場合	輸出別送品
貨物の記号・番号	○		○	○
貨物の品名・数量	○	△	○	○
許可（承認）書番号	○			
許可（承認）年月日	○	△	○	○
積載船（機）名				○
出港予定年月日				○
貨物の搬出年月日	○	△		○
貨物管理番号		△		
当該書類に所要事項を追記し、保管することで記帳に代えられる。			※	
根拠法令	同左	法34条の2令29条の2第1項7号関基67-4-16	法34条の2令29条の2第1項4号及び第4項	令29条の2第1項7号

（注１）貨物の蔵置中に輸出許可及び積戻し許可の記帳項目について、輸出許可内容変更通知書により通知があった場合は、その内容を追記しておくこと。
（注２）「２．蔵置関係」及び「３．搬出関係」の表中、貨物の記号・番号については、搬入時に記載された貨物の記号・番号と同じものである場合は、記帳を省略できる。
（注３）総合保税地域においては、上の表に記載の記帳事項の他に加工又は展示に関する事項の記帳が必要であるので、関税法施行令第29条の２第２項等を参考されたい。

（東京税関提供資料を基に作成）

（4）電磁的記録による帳簿の保存

　倉主等が、貨物を管理する者が備え付けることとされている帳簿を、NACCS配信資料とは別に電磁的記録により保存する場合は、税関が必要と認めるときに整然とした表で見読可能とすること等の条件のもとに、事前に税関に書面で

届け出ることにより認められます。(関基34の2-4[p.161])

この保税非違を、あなたはどうやって防ぐ？　⑤

管理資料は急いで取らなくていいと言われたのに……

　当社のE保税蔵置場は、このところ毎日忙しいのですが、少ない人数でも効率よく仕事ができており、活気がある職場です。ここで、この春に新しく記帳担当となった若手の職員が、前任者からの引継ぎで「NACCSの管理資料は、忙しいときは慌てて取り出さなくてもいいよ。」と聞いていました。また、いろいろな仕事を覚えなければならないし、デスクワークは面白くなかったので、繁忙期を過ぎたら記帳事務を覚えようと、暢気に構えていました。

　しかし、たまたまその年の秋に行われた税関の蔵置場検査で、記帳義務違反を指摘され、結局、約100件の保税非違となってしまいました。

---

9. 貨物管理に関する社内管理規定の整備

　保税地域における適正な貨物管理を確保し、もって円滑な輸出入貿易に資するため、保税蔵置場等の被許可者に対して「貨物管理に関する社内管理規定(コンプライアンス・プログラム、略称：CP)」を整備することが求められています。

　「貨物管理に関する社内管理規定」には、社内管理責任体制、貨物管理手続、税関への通報体制、従業者等に対する教育訓練体制、評価・監査に関する事項、その他従業者が社内規定に違反した場合の懲戒に関すること等について規定します。

　社内管理規定は、その実行を期することにより、管理体制を確立し、輸出入貨物の管理及び税関手続業務の適正かつ円滑な遂行に資するとともに、倉主等の貨物管理体制の整備状況を点検し、税関による必要な是正を可能とするものです。

10. 貨物や施設に関する報告

　倉主等が税関に対して提出する報告書は、ともすれば、その重要性が忘れられがちですが、保税行政において、例えば長期蔵置貨物の実態把握はとても重

要な事項です。

　報告を要する事項には、次のようなものがありますので、慎重に行うことが期待されます。

　　①　長期蔵置貨物報告書 (C-3030) [p.278]
　　②　その他税関の必要に応じて要請させるもの

11. 保税地域に対する処分

(1) 外国貨物の搬入停止等の処分

　保税地域の業務は、関税法の規定に従って適正に行われるべきものですが、保税地域において外国貨物等の管理をする者が、その業務について関税法の規定に違反する行為をするといった、関税行政上不都合であると認められる事態が発生した場合には、税関長は、期間を指定して外国貨物又は輸出しようとする貨物を保税地域に入れることを停止させること等の処分ができます。

　なお、保税蔵置場等の業務に係る不都合な事態が生じた場合において、貨物の管理体制の改善が見込まれないと税関長が判断したときは、その許可の取消しが行われることもあります。

　各保税地域の処分の内容（許可の取消しを除きます）は、次のとおりです。

① **指定保税地域において貨物を管理する者に対する処分**
→　期間を指定して、指定保税地域の貨物管理者の管理に係る外国貨物又は輸出しようとする貨物を当該指定保税地域に入れることを停止させる。

② **保税蔵置場の被許可者に対する処分**
→　期間を指定して、外国貨物又は輸出しようとする貨物を保税蔵置場に入れることを停止させる。

③ **保税工場の被許可者に対する処分**
→　期間を指定して、外国貨物又は輸出しようとする貨物を保税工場に入れ、若しくは保税工場において保税作業をすることを停止させる。

④ **保税展示場の被許可者に対する処分**
→　期間を指定して、外国貨物又は輸出しようとする貨物を保税展示場に入れることを停止させる。

⑤　**総合保税地域の被許可者（同地域において貨物を管理する者）に対する処分**

→　貨物を管理する者及び期間を指定して、外国貨物又は輸出しようとする貨物を総合保税地域に入れ、又は総合保税地域において次に掲げる行為をすることを停止させる。

　　イ　外国貨物の加工又はこれを原料とする製造（混合）
　　ロ　外国貨物の展示又はこれに関連する使用

《関税法》

（外国貨物の搬入停止等）

第41条の2　税関長は、指定保税地域において貨物を管理する者（中略）又はその代理人、支配人その他の従業者が指定保税地域の業務についてこの法律の規定に違反したときは、期間を指定して、当該貨物管理者の管理に係る外国貨物又は輸出しようとする貨物を当該指定保税地域に入れることを停止させることができる。

（以下省略）

（許可の取消し等）

第48条　税関長は、次の各号のいずれかに該当する場合においては、期間を指定して外国貨物又は輸出しようとする貨物を保税蔵置場に入れることを停止させ、又は保税蔵置場の許可を取り消すことができる。

　　一　許可を受けた者（中略）又はその代理人、支配人その他の従業者が保税蔵置場の業務についてこの法律の規定に違反したとき。

　　二　許可を受けた者について第43条第2号から第10号まで（許可の要件）のいずれかに該当することとなつたとき。

（以下省略）

（保税蔵置場についての規定の準用）

第61条の4　（略）第43条の3から第48条の2まで（中略）の規定は、保税工場について準用する。（後略）

（保税蔵置場及び保税工場についての規定の準用）

第62条の7　（略）第44条から第48条の2まで（中略）の規定は、保税展示場について準用する。

（許可の取消し等）

第62条の14　税関長は、次の各号のいずれかに該当する場合においては、貨物を管理する者及び期間を指定して外国貨物若しくは輸出しようとする貨物を総合保税地域に入れ、若しくは総合保税地域において第62条の8第1項第2号若しくは第3号（総合保税地域の許可）に掲げる行為をすることを停止させ、又は総合保税地域の許可を取り消すことができる。

　　一　総合保税地域の許可を受けた法人（中略）又はその役員若しくは代理人、支配人

その他の従業者が総合保税地域の業務についてこの法律の規定に違反したとき。
二　総合保税地域について第62条の8第2項各号（総合保税地域の許可の基準）に掲げる基準のいずれかに適合しないこととなつたとき。
（以下省略）

（2）処分の手続き

税関長が外国貨物の搬入停止の処分をしようとするときは、保税地域における貨物の管理者の権利の保護を図るために、貨物管理者等にあらかじめその旨を通知し、意見聴取をするなど釈明の機会を与えなければなりません。

《関税法》
（許可の取消し等）
第48条（略）
2　税関長は、前項の処分をしようとするときは、当該処分に係る保税蔵置場の許可を受けた者にあらかじめその旨を通知し、その者若しくはその代理人の出頭を求めて意見を聴取し、又はその他の方法により、釈明のための証拠を提出する機会を与えなければならない。

（3）保税業務に関する違反に対する罰則

保税地域の業務に関して、次のような違反行為が行われた場合には、それぞれ罰則が適用されることがあります。
① 輸出してはならない貨物又は輸入してはならない貨物に関する違反（関税法第108条の4、第109条、第109条の2、第112条）
② 関税納付に関する違反（第110条、第112条）
③ 輸出入の許可に関する違反（第111条）
④ 外国貨物の積戻しに関する違反（第111条）
⑤ 保税運送に関する違反（第114条の2第10号、第11号）
⑥ 見本の一時持出に関する違反（第115条の2第6号）
⑦ 貨物の取扱いに関する違反（第115条の2第8号〜第16号）
⑧ 記帳義務等に関する違反（第115条の2第7号）
⑨ 税関職員の質問等に関する違反（第114条の2第16号）
⑩ 特別な場合における税関長の権限行使に関する違反（第114条の2第18号）

なお、従業員等が法人の業務について違反行為をした場合には、その行為者

が罰せられるほか、その法人（代表者）が同時に処罰される（罰金刑に処せられる）ことがあります。（関税法第117条（両罰規定））

　また、これらの違反行為が行われた場合には、保税地域における貨物の管理者等について、上記（1）の処分が行われることがあり、さらに、その法人が通関業の許可を受けている場合には通関業法上の処分を受けることもあります。

この保税非違を、あなたはどうやって防ぐ？　⑥

急いで持ってきて、と言われて‥‥‥

　当社のC保税蔵置場では、航空貨物として取卸しされた機械部品を蔵置し、顧客の求めに応じて通関、即配送といった体制を整えています。この度、いつもの顧客担当者から電話で「この部品は早く欲しいし、通関が終わったからすぐに持って来て。」と言われた貨物があって、搬出担当者は、直ちに配送しました。ところが、その後に「明日、税関検査になったから、用意しておくように。」との連絡を受けて、輸入許可が済んでいなかったことが判明し、税関から厳しく指導を受けました。

　今回、顧客担当者によると、電話では「通関が終わったら‥‥‥」と言ったはずだとのことで、こちらが慌てていたようです。また、いつもは、きちんと「輸入許可情報」を確認してから搬出しているのですが、急いでいたことと、その時に限って担当者が休みで、別の職員が応援として業務を行っており、不慣れであったことも要因と考えています。

第3章 保税蔵置場① 保税蔵置場の制度

1. 保税蔵置場の許可

（1）保税地域の設置

　保税地域は、外国貨物の蔵置、加工、製造、展示等をすることができる場所として税関行政上の必要に基づき設置されるものです。

　このため、無秩序にこれを設置することは適当ではないので、その設置に当たっては、財務大臣の指定（指定保税地域を設置する場合）又は税関長の許可（保税蔵置場、保税工場、保税展示場及び総合保税地域を設置する場合）が必要です。

　なお、セキュリティ管理と法令遵守の体制が整備された保税蔵置場及び保税工場の被許可者を税関が認定する「特定保税承認者（AEO保税承認者）制度」が平成19年（2007年）10月から導入されました。これにより、税関長の承認を受けた保税蔵置場等被許可者（特定保税承認者）は、届出によって保税蔵置場等を設置する等の「特例措置」の適用を受けることが可能です。

（2）保税蔵置場の許可の要件

　保税蔵置場の業務は、関税法の規定に則し、適正に行われなければなりません。

　このため、保税蔵置場の許可を受けようとする者について、貨物管理や貨物保全の能力が十分ではない、或いは法令を遵守するための社内体制が整備されていないなど、関税法第43条において規定されている「欠格事由」に該当する（「許可の要件」を充足しない）と認められる場合には、税関長は、その許可をしないことができることとされており、具体的な事項は次のとおりです。

① 保税蔵置場の許可を取り消された者
→ 保税蔵置場の許可が取り消された日から3年を経過していない場合

② **関税法違反で処罰等された者**

→　関税法の規定により刑に処せられ、又は通告処分を受け、その刑の執行を
　終わり、若しくは執行を受けることがなくなった日又は通告処分を履行した
　日から3年を経過していない場合

　(参考1) 関税法の規定により処罰等を受けた者で、所定の年数を経ていない
　　者にあっては、法令を遵守した保税蔵置場の業務の処理が期待できないと
　　のことから欠格者とされているものです。

　(参考2) 罰金刑を受けた者の例：罰金を納付してから3年間は、保税蔵置場
　　の許可を受けることはできません。

③ **他の法令に違反して禁錮以上の刑に処せられた者**

→　関税法以外の法令の規定に違反して禁錮以上の刑に処せられ、その刑の執
　行を終わり、又は執行を受けることがなくなった日から2年を経ていない場
　合

　(参考1) 禁錮以上の重い処罰を受けた者にあっても、犯罪の種類・性質を問
　　わず、法令を遵守した保税蔵置場の業務の処理が期待できないとの趣旨に
　　よるものです。

　(参考2) 1年の執行猶予付き禁固刑を受けた者の例：執行猶予期間の経過に
　　より禁固刑の執行を受けることがなくなった後2年間は、保税蔵置場の許
　　可を受けることはできません。

④ **暴力団対策法等の規定に違反した（の罪を犯した）者**

→　暴力団対策法等の規定に違反し（の罪を犯し）、罰金の刑に処せられ、その
　刑の執行を終わり、又は執行を受けることがなくなった日から2年を経てい
　ない場合

　(参考) 暴力団対策法等の規定（の罪）とは、次の規定等です。

　　a　暴力団員による不当な行為の防止等に関する法律の規定

　　b　刑法第204条（傷害）、第206条（現場助勢）、第208条（暴行）、第208条
　　　の3（凶器準備集合及び結集）、第222条（脅迫）、第247条（背任）の罪

　　c　暴力行為等処罰に関する法律の罪

⑤　**暴力団員等**

→　申請者が、暴力団員（又は暴力団員でなくなった日から5年を経過していない者）（以下、「暴力団員等」）である場合

　（参考）暴力団員が関税法上の便宜を受けることが好ましくないことはもとより、輸入してはならない貨物である不正薬物（麻薬、向精神薬、覚醒剤等）、拳銃等の密輸事犯の多くに暴力団員等が関与しており、暴力団員等が保税蔵置場において輸入貨物の管理を行うことは、不正薬物等の密輸を容易にする可能性があります。このため、申請者が、暴力団員等である場合には、保税蔵置場の許可をしないことができる旨の規定（次の⑥、⑦の規定を含めて「暴力団排除規定」といわれています）が設けられました。

⑥　**法人の役員**

→　申請者（会社、組合）の役員（代理人、支配人等）に上記①から⑤までに該当する者がいる場合

　（参考）会社は、その役員により会社の運営が行われます。役員の中に、例えば、関税法の規定に違反して通告処分を受けた者がいるとすれば、このような会社については法令遵守が期待できないというおそれがあります。このため、欠格事由に該当する役員を交替させない限り、保税蔵置場の許可を受けることはできません。

⑦　**暴力団員等に支配されている者**

→　申請者が、暴力団員等によりその事業活動を支配されている者である場合

⑧　**資力、業務遂行能力等**

→　申請者の資力が薄弱、業務遂行能力が不十分であると認められる場合

　（参考）「申請者の資力が薄弱」とは、亡失貨物に係る関税や保税蔵置場の手数料などの負担に耐えないと認められる場合であり、「業務遂行能力が不十分である」とは、保税蔵置場の業務を行う上で必要な法令等についての知識、記帳能力が十分でない、又は外国貨物の保管に関して十分な管理、業務処理能力を有しないと認められる場合です。

⑨　**場所的要件等**

→　許可を受けようとする場所、設備が保税蔵置場として不適当であると認められる場合

　（参考）関税法基本通達43−1（保税蔵置場の許可の基準）において、場所的要件、施設的要件、量的要件の観点からの審査の基準を規定しています。

⑩　**利用見込等**

→　保税蔵置場の利用見込み、価値が少ないと認められる場合

　（参考）関税法基本通達43－1（保税蔵置場の許可の基準）において、量的要件
　の観点からの審査の基準を規定しています。

《関税法》

（許可の要件）

第43条　税関長は、次の各号のいずれかに該当する場合においては、（中略）許可をし
ないことができる。

一　（略）申請者（中略）が保税地域の許可を取り消された者であつて、その取り消さ
　れた日から3年を経過していない場合

二　申請者がこの法律の規定に違反して刑に処せられ、又は通告処分を受け、その
　刑の執行を終わり、若しくは執行を受けることがなくなつた日又はその通告の旨
　を履行した日から3年を経過していない場合

三　申請者がこの法律以外の法令の規定に違反して禁錮以上の刑に処せられ、その
　刑の執行を終わり、又は執行を受けることがなくなつた日から2年を経過してい
　ない場合

四　申請者が暴力団員による不当な行為の防止等に関する法律の規定に違反し、又
　は刑法第204条（傷害）、第206条（現場助勢）、第208条（暴行）、第208条の2第1
　項（凶器準備集合及び結集）、第222条（脅迫）若しくは第247条（背任）の罪若しく
　は暴力行為等処罰に関する法律の罪を犯し、罰金の刑に処せられ、その刑の執行
　を終わり、又は執行を受けることがなくなつた日から2年を経過していない場合

五　申請者が暴力団員等である場合

六　申請者が前各号のいずれかに該当する者を役員とする法人である場合又はこれ
　らの者を代理人、支配人その他の主要な従業者として使用する者である場合

七　申請者が暴力団員等によりその事業活動を支配されている者である場合

八　申請者の資力が薄弱であるためこの法律の規定により課される負担に耐えない
　と認められる場合その他保税蔵置場の業務を遂行するのに十分な能力がないと認
　められる場合

九　（略）許可を受けようとする場所の位置又は設備が保税蔵置場として不適当であ
　ると認められる場合

十　（略）許可を受けようとする場所について保税蔵置場としての利用の見込み又は
　価値が少ないと認められる場合

2. 特定保税承認者制度(AEO保税承認者制度)

(1) 制度の概要

　AEO (Authorized Economic Operator) 制度とは、セキュリティ管理と法令遵守の体制が整備された貿易関連事業者を税関が認定し、その事業者に特別な措置を提供することにより、安全なサプライチェーンと円滑な貿易を確保しようとする制度です。

　これは、平成13年(2001年)に米国で発生した「同時多発テロ」事件以降、国際貿易の安全確保と円滑化の両立を図るため、平成17年(2005年)に世界税関機構(WCO)で採択された国際貿易の安全確保及び円滑化のための指針である「基準の枠組み」に沿って、各国の税関当局が取り組んでいる施策であり、日本においても輸出入者を対象とした制度の導入を皮切りに、平成19年10月には倉庫事業者(保税蔵置場又は保税工場の被許可者)にも対象が拡大されました。

　倉庫事業者を対象としたAEO制度である「特定保税承認者制度」は、法令遵守体制等が優れた者としてあらかじめ税関長の承認を受ける(特定保税承認者(AEO保税承認者)となる)ことで、保税蔵置場又は保税工場(以下、p.52まで「保税蔵置場等」)の増設を行おうとする場合には、その場所を所轄する税関長へ届出を行うことで、その届出された場所にあっては、保税蔵置場等の許可を受けたものとみなされる等の特例措置(後述)の適用を受けることができます。

(2) 承認の要件

　特定保税承認者として承認を受けようとする者は、住所又は居所(法人にあっては、法人登記簿に登記された本店又は関税法施行規則第4条の5第1号イ(1)に規定する部門(いわゆる総括管理部門)の置かれている場所の所在地)を管轄する税関長に申請することとされています。この場合、法人の申請者が希望する場合は、実際に貨物管理を行う保税蔵置場等の所在地を管轄する税関等に申請書を提出することも認められています。

　税関長は、特定保税承認者として承認するにあたっては、申請者が、関税法第51条で定める次に掲げる承認基準に適合しているか審査しなければなりません。

① 特定保税承認者の承認を取り消された者
→ 特定保税承認者の承認を取り消された日から3年を経過している者であること

(参考) 以下の②、③とともに、関税法第51条第1号に規定する特定保税承認者の欠格事由に該当しない場合を記述しています。

② 保税蔵置場等の許可を受けてからの経過年数
→　保税蔵置場等の許可の日（2以上の許可を受けている場合にあっては、これらのうち最初に受けた許可の日）から3年を経過している者であること

③ 保税蔵置場等の許可要件
→　保税蔵置場等の許可要件を欠いていないこと

④ NACCSの使用等
→　外国貨物の蔵置に関する業務をNACCSを使用して行うこと、また、その業務を適正かつ確実に遂行する能力を有すること

⑤ 法令遵守規則の制定
→　「法令遵守規則」を定めていること
　（参考）法令遵守規則は、社内の役割分担、連絡体制、教育、委託先企業の管理などの事項で構成されます。

《関税法》
（承認の要件）
第51条　税関長は、(中略) 承認をしようとするときは、次に掲げる基準に適合するかどうかを審査しなければならない。
　一　承認を受けようとする者が次のいずれにも該当しないこと。
　　イ　(略) 承認を取り消された日から3年を経過していない者であること。
　　ロ　現に受けている第42条第1項（保税蔵置場の許可）の許可について、その許可の日（2以上の許可を受けている場合にあつては、これらのうち最初に受けた許可の日）から3年を経過していない者であること。
　　ハ　第43条第2号から第7号まで（許可の要件）に掲げる場合に該当している者であること。
　二　承認を受けようとする者が、外国貨物の蔵置等に関する業務を電子情報処理組織を使用して行うことその他当該業務を適正かつ確実に遂行することができる能力を有していること。
　三　承認を受けようとする者が、外国貨物の蔵置等に関する業務について、(中略) この法律その他の法令の規定を遵守するための事項として財務省令で定める事項を規定した規則を定めていること。

（3）特例措置

①　外国貨物の蔵置等を行う場所の届出

　特定保税承認者は、外国貨物の蔵置等を行う場所について、その場所を所轄する税関長に届出を行い、これを受理された時に保税蔵置場等の許可を受けたものとみなされ、保税蔵置場等と区別するために届出蔵置場又は届出工場と呼ばれています。この届出蔵置場等には、すでに保税蔵置場等として許可を受けている場所を届け出る場合のほか、新たに外国貨物の蔵置等を行おうとする場所を届け出る場合があります。

　届出を行おうとする場所は、次に掲げる要件のすべてに適合するものでなければなりません。

　イ　届出を行おうとする場所における外国貨物の蔵置等に関する業務を、
　　　NACCSを使用して行うことができること

　ロ　届出を行おうとする場所における外国貨物の蔵置等に関する業務を「法
　　　令遵守規則」に基づき適正かつ確実に遂行できること

　ハ　届出を行おうとする場所の所在地及び周辺の地域における道路、港湾、
　　　空港その他の交通施設が整備されており、かつ、その場所について外国貨
　　　物又は輸出しようとする貨物の保全のための適切な措置を講じていること

《関税法》

（保税蔵置場の許可の特例）

第50条　（略）あらかじめ税関長の承認を受けた者（中略）は、位置又は設備が財務省令
　　で定める基準に適合する場所において（中略）外国貨物の蔵置等（中略）を行おうとす
　　る場合には、その場所を所轄する税関長に、その旨の届出をすることができる。

2　（略）届出に係る場所については、当該届出が受理された時において、第42条第1
　　項の許可を受けたものとみなして、この法律の規定を適用する。

（以下省略）

《関税法施行規則》

（届出場所の基準）

第4条の2　法第50条第1項（保税蔵置場の許可の特例）に規定する財務省令で定める
　　基準は、次に掲げる要件のすべてに適合することとする。

　一　法第50条第1項の承認を受けた者の使用に係る電子計算機（中略）と、輸出入・
　　港湾関連情報処理センター株式会社の使用に係る電子計算機及び税関の使用に係
　　る電子計算機とを電気通信回線で接続しており、届出場所（中略）における外国貨
　　物の蔵置等（中略）に関する業務を電子情報処理組織を使用して行うことができる

　　こと。

二　届出場所における外国貨物の蔵置等に関する業務を法第51条第3号（承認の要件）に規定する規則に基づき、適正かつ確実に遂行できること。

三　届出場所の所在地及び周辺の地域における道路、港湾、空港その他の交通施設が整備されており、かつ、当該届出場所について外国貨物又は輸出しようとする貨物の保全のため、次のいずれかの措置を講じていること。

　イ　届出場所の周辺を柵、壁その他の障壁によって区画し、かつ、当該障壁の周辺に照明装置等容易に人の侵入を確認することができる装置を設置すること。

　ロ　届出場所の出入口に施錠するとともに、人の侵入を検知してその監視を行う場所において表示することができる装置を設置すること。

　ハ　イ及びロに掲げるもののほか、届出場所における貨物の取扱量及び取扱形態に応じ適切な方法により当該届出場所及びその周辺を巡視することその他貨物の保全のための適切な措置を講じていること。

②　届出蔵置場等の許可の期間

　届出蔵置場等の許可の期間は、特定保税承認者としての承認の効力を有する期間と同一の期間となります。なお、特定保税承認者としての承認は8年ごとに更新を受けなければならないことから、更新を受ければ許可の期間も8年となります。

図3－1：届出蔵置場等の許可期間の例

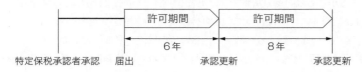

《関税法》

（保税蔵置場の許可の特例）

第50条　（省略）

2　（略）許可を受けたものとみなされる場所に係る当該許可の期間は、（中略）承認が効力を有する期間と同一の期間とする。

3　（省略）

4　（略）承認は、8年ごとにその更新を受けなければ、その期間の経過によって、その効力を失う。

（以下省略）

③　許可手数料の免除

　届出蔵置場等においては、保税蔵置場等の許可手数料の全額（税関職員を派出する場合の人件費相当額を除きます）が免除されます。

《税関関係手数料令》

（保税蔵置場又は保税展示場の許可手数料）

第2条　（省略）

2～3　（省略）

4　税関長は、法第50条第1項（保税蔵置場の許可の特例）の承認を受けた者が（中略）許可を受けたものとみなされた場所（中略）について（中略）納付すべき手数料（中略）については、（中略）免除するものとする。

（以下省略）

④　届出蔵置場等に係る帳簿の保存期間の短縮

　届出蔵置場等については、保税台帳としての帳簿の保存期間が2年から1年に短縮されます。

⑤　税関の検査

　法令遵守体制が整備された者であることを反映した税関の検査が行われます。

（4）承認の失効

　特定保税承認者の承認の効力は、特定の事由が生じたとき失います。その失効事由の概要は、次のとおりです。

①　許可の特例の適用を受ける必要がなくなった旨の届出

　すべての届出蔵置場等について、その適用を受ける必要がなくなった旨の届出があったときは、特定保税承認者の承認の効力を失います。

　これは、特定保税承認制度の利便性を図るために、特定保税承認者が、本来の業務（外国貨物の蔵置等）は継続しつつも、特定保税承認者であることを自主的に取り止めるための届出手続です。

②　保税蔵置場の全部についての許可の失効

　特定保税承認制度は、特定保税承認者が保税蔵置場等の許可を受けていることを前提としているものであるので、仮に、特定保税承認者がその前提とされている資格要件を欠くという事態が生じることになれば、特定保税承認者の承

認を存続させておくのは不適当であるということになります。このため、税関長が承認の取消しをするまでもなく、承認はその効力を失います。

　保税蔵置場等の許可は、関税法第47条第1項各号のいずれか（許可を受けた者の廃業、死亡、解散等）（同法第61条の4で準用する場合を含みます）に該当するという事態が生じることになれば、保税蔵置場等の許可そのものが効力を失うことになります。その結果、保税蔵置場等の許可を受けていた者に係る特定保税承認者の承認は、その効力を失います。

③　承認の不承継（承継手続の不履行、不承認の処分）

　承認を受けた者が死亡した場合には、所定の手続きをとることにより、その承継者により特定保税承認者としての地位を承継することができます。

　しかし、承継者によって被相続人の死亡後60日以内に所定の手続きがとられないとき又は承継の承認をしない旨の処分があったときは、特定保税承認者の承認の効力を失います。

④　承認の期間の満了

　特定保税承認者の承認の期間は8年ごとに更新することとされていますが、承認の期間が満了すれば、当然のことながら、承認の効力も失われます。

　なお、このため、更新を受けることができなかったときも、承認の効力は失われます。

⑤　承認の取消し

　税関長が特定保税承認者の承認を取り消すことがあれば、承認の効力は将来に向かって失われます。

《関税法》

（保税蔵置場の許可の特例の適用を受ける必要がなくなつた旨の届出）

第52条の2　承認取得者は、第50条第1項（保税蔵置場の許可の特例）の規定の適用を受ける必要がなくなつたときは、（中略）その旨を（中略）承認をした税関長に届け出ることができる。

（承認の失効）

第53条　第50条第1項（保税蔵置場の許可の特例）の承認は、次の各号のいずれかに該当するに至つたときは、その効力を失う。

　一　前条の規定による届出があつたとき。

　二　承認取得者に係る保税蔵置場の全部について、第42条第1項（保税蔵置場の許可）の許可が失効したとき。

　三　承認取得者が死亡した場合で、第55条において準用する第48条の2第2項（許可の承継）の規定による申請が同項に規定する期間内にされなかつたとき、又は同項の承認をしない旨の処分があつたとき。
　四　承認の期間が満了したとき。
　五　税関長が承認を取り消したとき。

（5）承認の取消し

　税関長は、特定保税承認者が次の各号のいずれかに該当するに至つたときは、その承認を取り消すことができます。

　なお、税関長が承認の取消しをしようとするときは、当該処分に係る特定保税承認者にあらかじめその旨を通知し、その者等の出頭を求めて意見を聴取し、又はその他の方法により、釈明のための証拠を提出する機会を与えなければなりません。

①　特定保税承認者の承認要件の一つを欠くとき

　例えば、特定保税承認者が、保税蔵置場等の許可に係る欠格事由に該当することになつた場合には、その者を特定保税承認者として存続させておくことは適当ではないので、取消処分の対象とされています。

　欠格事由に該当することになつたのかどうかは、外見上不明確なことがあるので、税関長の取消処分によつてこれを明らかにし、承認の効力を消滅させるものです。

　また、特定保税承認者が、外国貨物等の蔵置等に関する業務をNACCSを使用して行うことがなくなつた場合など、適正な業務処理ができないことが明らかになつたときにも、承認の取消しが行われることがあります。

②　「規則等に関する改善措置」の求めに応じなかつたとき

　税関長は、特定保税承認者が関税法の規定に従つて外国貨物の蔵置等に関する業務を行わなかつたことその他の事由により、同法の実施を確保する必要があると認めるときは、「法令遵守規則」又は当該規則に定められた事項に係る業務の遂行に関し、その改善に必要な措置を講ずることを求めることができます。

　具体的には、外国貨物の蔵置等に関する業務について、保税業務に関する非違があつたにもかかわらず業務を改善することなく放置していた場合など、法令遵守規則に則して外国貨物の蔵置等に関する業務が適正かつ確実に行われていないと認められるときは、税関長は、必要な改善措置を講ずることを求めることになりますが、その求めに応じない場合には、特定保税承認者として存続

させておくことは適当ではないので、税関長の処分により、その承認の取消しが行われることがあります。

《関税法》

（承認の取消し等）

第54条　税関長は、承認取得者が次の各号のいずれかに該当するに至つたときは、(中略)承認を取り消すことができる。

　　一　第51条第1号ハ(承認の要件)に該当することとなつたとき又は同条第2号に適合しないこととなつたとき。

　　二　第52条(規則等に関する改善措置)の規定による税関長の求めに応じなかつたとき。

（以下省略）

この保税非違を、あなたはどうやって防ぐ？　⑦

防犯装置の故障をそのままにしていて‥‥‥

　当社のＢ保税蔵置場は、許可を受けて25年を経過し、建物や外周フェンスなども老朽化が進んでいます。半年前から、北側の倉庫の裏口付近の扉のセンサーの調子が悪く、時々故障の表示が出ていましたが、いつもではないし、忙しくて修理を依頼する暇がなく、そのままになっていました。ただ、普段、その出入口の扉には南京錠が掛けてあるので、大丈夫だと考えていました。

　ところが、ある晩、その倉庫に泥棒が入り、蔵置していた外国貨物である衣類が盗まれてしまいました。運悪く、その時に限って、南京錠を掛け忘れていたのです。扉のセンサーも動作していませんでした。

　税関には、翌日になって亡失の届出をしましたが、セキュリティ面で改善の必要があると指摘されています。

---

3. 保税蔵置場の許可の失効

（1）許可の失効

　保税蔵置場について、一定の事実(許可の失効原因)が発生した場合に、引き続きその許可を存続させることは適当ではないので、税関長による特段の処分

がなくても、保税蔵置場の許可は失効します（消えてなくなります）。

(注)他の保税地域への準用

　　保税蔵置場の許可の失効については、関税法第47条第１項において規定されていますが、この規定は、保税工場、保税展示場及び総合保税地域にも準用されています。

(2) 許可の失効原因

　　関税法第47条第１項（許可の失効）では、許可の失効原因を明らかにして、保税地域の運営の合理化を図ると共に、保税蔵置場の許可を受けた者の権利の保護を図っています。

① 廃業

　　「廃業」は、保税蔵置場の業務を廃止することです。なお、法人が保税蔵置場の業務を分離し、他の法人に譲渡すると、その法人は保税地域の業務を廃業することになります。分割により保税蔵置場の業務を承継した法人が所定の期間内に承継の手続きをしない場合、又は承継の承認を受けなかった場合には、保税蔵置場の許可は失効します。

② 許可を受けた者（個人）の死亡

　　個人が保税蔵置場の許可を受け、その個人が死亡した場合、所定の期間内に許可の承継の手続きがされなかったとき又は許可の承継の承認をしない旨の処分があったときは、その個人が受けていた保税蔵置場の許可は失効します。

③ 許可を受けた者（法人）の解散

　　保税蔵置場の許可を受けた法人が、他社と合併することとなり、当事会社の一部が解散して存続会社に吸収される場合、あるいは当事会社の全部が解散して新会社を設立する場合などありますが、合併される（解散する）会社が保税地域の許可を受けている場合には、その解散により、保税地域の許可が失効します。

④ 許可を受けた者についての破産手続開始の決定

　　保税蔵置場の許可を受けた者が、破産手続開始の決定を受けると、その者は「破産者」となります。破産者については、取引行為が制限されていることもあり、破産手続開始の決定を受けると、その者が受けていた許可は失効します。

⑤　**許可期間の満了**

　保税蔵置場の許可は許可期間があります。また、保税展示場にあっては、博覧会、見本市等の会期を勘案して、税関長が必要と認める期間（例えば、３か月又は６か月など）です。このため、当該期間が満了すると、保税蔵置場や保税展示場の許可は失効します。

⑥　**許可の取消し**

　保税蔵置場の許可を受けた者が、その業務について関税法の規定に違反した場合、その違反の態様如何によっては、その許可が取り消されることがあります。税関長が保税蔵置場の許可を取り消したときは、当該許可の効力は消滅します。

（3）留意事項

　許可が消滅した後は、その場所に新たに外国貨物を搬入することはできませんが、許可の消滅の際、その場所に外国貨物が残っているときは、税関長が指定する期間、その場所は保税地域とみなされます。そのため、この期間内に残っている外国貨物について通関手続を行うか、又は保税運送により搬出する等の処理をすることが必要になります。

4. 保税蔵置場の許可の取消し等

（1）許可の取消し等

　特定の保税蔵置場に外国貨物や輸出しようとする貨物を引き続き搬入させること、又は当該保税蔵置場の許可自体の存続が、関税法の適切な執行において不都合と認められる原因が発生した場合には、行政上の処分として、税関長は保税蔵置場への搬入を停止させる、又は許可を取り消すことができます。

(注)保税蔵置場の許可の取消し等については、関税法第48条第１項において規定されていますが、この規定は、保税工場及び保税展示場にも準用されています。

　　なお、総合保税地域の許可の取消しについては、関税法第62条の14第１項において規定されています。

（2）処分事由

　次のような場合には、税関長は、期間を指定して外国貨物又は輸出しようと

する貨物の搬入を停止させ、又は許可の取消しの処分を行うことができます。

①　関税法の規定に違反した場合

　保税蔵置場の許可を受けた者が、保税蔵置場の業務について関税法の規定に違反したとき

（参考）この場合、たとえ裁判中であっても許可の取消し等の処分を受けることがあります。

②　関税法以外の法令の規定に違反した場合

　保税蔵置場の許可を受けた者が、関税法以外の法令の規定に違反して禁錮以上の刑に処せられたとき

（参考）刑の執行が猶予された場合も含まれます。

③　暴力団対策法の規定に違反した場合、又は刑法等の罪を犯した場合

　保税蔵置場の許可を受けた者が、暴力団対策法の規定に違反し、又は刑法の傷害等の罪を犯し、罰金の刑に処せられたとき

（参考）刑の執行が猶予された場合も含まれます。

④　暴力団員等である場合

　保税蔵置場の許可を受けた者が、暴力団員等であるとき

⑤　役員等が関税法第43条に規定する欠格事由に該当した場合

　イ　前記①〜④に該当する者が役員である法人

　ロ　前記①〜④に該当する者が代理人、支配人、その他の主要な従業員として使用されているとき

⑥　資力が薄弱であると認められる場合等

　イ　保税蔵置場の許可を受けた者の資力が薄弱であるため、関税、消費税等の内国消費税及び手数料の負担に耐えられないと認められるとき

　ロ　保税蔵置場の業務を遂行する上で必要な法令等の知識が不十分、あるいは記帳能力が不十分と認められる場合など、業務遂行能力がないと認められるとき

⑦　設備が不適当と認められる場合

　設備又は付帯設備が機能を喪失（例えば、衝突などにより設備壁面に穴が空いている場合など）しているにもかかわらず機能回復又は代替手段を講じてい

ないため外国貨物等の保全が困難と認められるとき

⑧　**利用見込みが少なくなったと認められる場合**

> **この保税非違を、あなたはどうやって防ぐ？　⑧**
>
> **貼り付ける航空貨物ラベルを誤って‥‥‥**
>
> 　当社のK保税蔵置場は、航空フォワーダーでもあることから、毎日、夕方になると輸出航空貨物の搬出作業で大忙しの状況です。そうした中で、特に航空貨物ラベルの貼付け間違い（クロスラベル）を防止する観点から、貼付け担当者の他に、搬出貨物のチェック担当者を配置して万全を期しておりました。
>
> 　ところが、今般、米国向けと欧州向けの別々の貨物に輸出先の異なるラベルを張り間違え、米国向けを昨日、欧州向けを本日発送してしまいました。両方とも同じメーカーの同じ型番号の機械部品で、同じ様な箱に梱包されていましたが、毎日、同じ様な貨物を扱い、忙しさもあって、両者ともよく見ずに、正しいと思い込んでいたようです。欧米向けの貨物の保管は同じ場所であり、輸出申告の時にならないと行き先が分からないという事情もありました。

5. 保税蔵置場の許可の承継

（1）許可の承継

　保税蔵置場の許可を受けていた者が死亡し、又は合併等により解散した場合には、前述のとおり、その許可は失効（消滅）することとなりますが、保税地域の被許可者について相続又は合併等があった場合において、所定の手続きを経ることにより、相続人又は合併後の新法人等が許可に基づく地位を承継できます。

　ただし、どのような場合であっても、手続きを経れば必ず許可に基づく地位が承継できるというものではありませんので注意が必要です。

（参考1）承継

　　「承継」とは、ある者が他の者の権利義務を受け継ぎ、法律上、その権利義務に関して同じ地位に立つことをいいます。

（参考2）他の保税地域への準用

　　許可の承継については、関税法第48条の2において、保税蔵置場について

　規定されていますが、この規定は、他の許可保税地域（保税工場、保税展示場及び総合保税地域）について準用します。

（2）許可の承継の具体例

①　倉庫事業が吸収分割された場合の例

　保税蔵置場の許可を受けていたA社から「倉庫業」部門を吸収分割したB社は、あらかじめ承継の承認手続をとることにより、A社が受けていた保税蔵置場の許可に基づく地位を承継

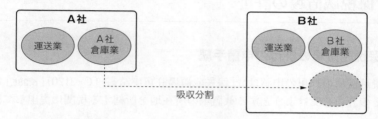

②　許可を受けた者が死亡し相続された場合の例

　保税蔵置場の許可を受けた者の死亡後60日以内に所定の手続きをとることにより、保税蔵置場の許可に基づく地位を承継

③　許可を受けた事業者が吸収合併された場合の例

　保税蔵置場の許可を受けていたA社を吸収合併したB社は、あらかじめ承継の承認手続をとることにより、A社が受けていた保税蔵置場の許可に基づく地位を承継

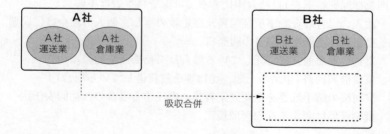

第4章　保税蔵置場②　保税蔵置場の実務

1. 保税蔵置場の許可

(1) 保税蔵置場の許可の申請手続

　保税蔵置場の許可の申請は、「保税蔵置場許可申請書」(C-3120)[p.285]により、その許可を受けようとする蔵置場の所在地を所轄する税関に提出して行います。

　その際、以下の書類等を添付する必要があります。(関税法基本通達42-8(許可申請書の添付書類の取扱い)[p.177]を参照)

イ　「申請者の信用状況を証するに足りる書類」として、法人の場合は最近の事業年度における事業報告書、個人の場合は納税証明書又は資産状況を表示する書類

ロ　許可を受けようとする蔵置場及びその付近の図面

ハ　保税蔵置場としての利用の見込書

ニ　許可を受けようとする蔵置場が営業用である場合は、保税蔵置場保管規則及び保管料率表(自社倉庫にあっては保管料率表は不要)

ホ　法人の場合は登記事項証明書及び定款の写し、個人の場合は住民票

ヘ　役員及び主要な従業者の履歴書

ト　貨物管理を他社に委託している場合は業務委託契約書

チ　賃貸借契約書(申請の土地、建物等を賃貸借している場合)

リ　許可後の諸手続きを主要従業者等に委任する場合の包括的委任状

ヌ　貨物管理に関する社内管理規定

《関税法》
(保税蔵置場の許可)
第42条　保税蔵置場とは、外国貨物の積卸し若しくは運搬をし、又はこれを置くことができる場所として、政令で定めるところにより、税関長が許可したものをいう。
(以下省略)

《関税法施行令》

（保税蔵置場の許可の申請）

第35条　法第42条第1項（保税蔵置場の許可）の規定による許可を受けようとする者（中略）は、次に掲げる事項を記載した申請書を、その許可を受けようとする蔵置場の所在地を所轄する税関長に提出しなければならない。（後略）

一　当該蔵置場の名称、所在地、構造、棟数及び延べ面積

二　当該蔵置場に置こうとする貨物の種類

三　許可を受けようとする期間

2　前項の申請書には、次に掲げる書類を添付しなければならない。ただし、税関長は、申請者の信用状況が確実であることその他の事由によりその添付の必要がないと認めるときは、その必要がないと認める書類の添付を省略させることができる。

一　申請者の信用状況を証するに足りる書類

二　許可を受けようとする蔵置場及びその付近の図面

三　保税蔵置場としての利用の見込書

四　許可を受けようとする蔵置場が営業用のものである場合においては貨物の保管規則及び保管料率表

五　申請者が法人である場合においては当該法人の登記事項証明書及び定款の写し

六　その他参考となるべき書類

（以下省略）

（2）保税蔵置場の許可の際の条件の付与

　税関長は、保税蔵置場の許可に際しては、条件を付することができます。行政機関が意思表示を内容とする一定の行政処分（保税地域の許可など）をする場合には、その主たる意思表示の内容に付加して、従たる意思表示の内容を付けることがあります。このような従たる意思表示の内容は、行政法上は、「附款」といわれているもので、条件、期限、負担、内容の限定などがあります。

　保税蔵置場の許可に際しては、例えば、蔵置貨物の種類の変更に際しては、あらかじめ税関長に届け出る旨や所要の届出義務を課する旨の条件を付するものとされています。

　保税蔵置場の許可に際して付することとされている条件の具体的な内容については、関税法基本通達42－11（許可の際に付する条件）[p.178]を参照してください。

《関税法施行令》

（保税蔵置場の許可の申請）

第35条　（省略）

2　（省略）

3　税関長は、法第42条第1項の規定により許可をするに際しては、条件を附することができる。

4　前項の条件は、同項の許可を受ける者に不当な義務を課するものであつてはならない。

（3）保税蔵置場の許可の期間とその更新

①　許可の期間とその更新

　保税蔵置場の許可の効力は、その有効期間が定められていなければ、その取消しを受けるまで無限に続くことになります。保税蔵置場の業務を行うことの可否を無期限の将来にわたって判断することは適当ではないので、保税蔵置場の許可の期間は10年以内と定めているものの、更新を受けることができます。現在、運用上の措置として、保税蔵置場の許可の期間は6年を超えないものとされていることから、6年ごとに更新を受けることになります。

　なお、この場合の期間の更新は、期間の満了に際して行う新たな許可の性格を持ったものであり、単純な期間の延長ではありません。

②　期間の更新の手続き

　保税蔵置場の許可の期間の更新の申請は、「保税蔵置場・工場許可期間の更新申請書」（C-3140）［p.287］を、税関に提出することにより行います。

　なお、保税蔵置場の許可の期間を更新したときは、税関長は、広く関係者に周知するために、直ちにその旨を公告しなければなりません。

《関税法》

（保税蔵置場の許可）

第42条　（省略）

2　前項の許可の期間は、10年をこえることができない。但し、政令で定めるところにより、10年以内の期間を定めてこれを更新することができる。

3　税関長は、第1項の許可又は前項但書の更新をしたときは、直ちにその旨を公告しなければならない。

《関税法施行令》

（保税蔵置場の許可の期間の更新の手続）

第36条　法第42条第2項ただし書（保税蔵置場の許可の期間の更新）の規定の適用を受けようとする者は、その適用を受けようとする保税蔵置場の名称、所在地及びそ

の許可の更新を必要とする期間を記載した申請書を当該許可をした税関長に提出しなければならない。

（以下省略）

この保税非違を、あなたはどうやって防ぐ？　⑨

蔵置できる貨物の種類って、知らなかった……

　当社のＡ保税蔵置場は港湾地区にあって、外貿埠頭から貨物を直接搬出入できる便利な場所に位置していますが、最近の取扱い量がやや減少傾向にあり、施設にも余裕があります。そこで、半年前から、当社の船舶部から依頼された、仮陸揚げされた船内荷役用のフォークリフトの一時蔵置を引き受けていました。最近は、品目も多様化し、他社の船舶から仮陸揚げされた台車やロープなどの船用品も保管しています。

　ところが、税関の保税検査の際に、当Ａ保税蔵置場が、一般輸出入貨物を蔵置する保税蔵置場として許可を受けていることを指摘され、保税非違となってしまいました。

---

2. 特定保税承認者の承認

（1）特定保税承認者の承認申請手続

　特定保税承認者制度を利用するためには、保税蔵置場の許可を受けている者が税関長の承認を受けなければなりません。

　その承認申請は、「特例輸入者等承認・認定申請書」（C-9000）[p.335]を、原則として、申請者の住所又は居所の所在地を所轄する税関に提出することにより行います。なお、この場合、前述のとおり、法人の申請者が希望する場合は、実際に貨物管理を行う保税蔵置場の所在地を管轄する税関等に申請書を提出することも認められるほか、最寄りの税関へ提出することも可能です。この場合は、受理した税関が、その申請書を速やかに担当税関の本関に送付するなど、申請者の利便性等を考慮した措置がとられます。

《関税法》

（保税蔵置場の許可の特例）

第50条　第42条第１項（保税蔵置場の許可）の許可を受けている者であらかじめ税関

長の承認を受けた者(中略)は、(中略)同項に規定する行為(中略)を行おうとする場合には、その場所を所轄する税関長に、その旨の届出をすることができる。

2　(省略)

3　第1項の承認を受けようとする者は、その住所又は居所及び氏名又は名称その他必要な事項を記載した申請書を、その住所又は居所の所在地を所轄する税関長に提出しなければならない。

(以下省略)

《関税法施行令》

(保税蔵置場の許可の特例に係る承認の申請の手続等)

第42条　法第50条第3項(保税蔵置場の許可の特例)に規定する申請書には、次に掲げる事項を記載しなければならない。

一　法第50条第1項の承認を受けようとする者(以下この条において「申請者」という。)の住所又は居所及び氏名又は名称

二　法第42条第1項(保税蔵置場の許可)の許可を受けている保税蔵置場の名称及び所在地

三　その他財務省令で定める事項

2　前項の申請書には、法第51条第3号(承認の要件)の規則を添付しなければならない。ただし、申請者が法第61条の5第1項(保税工場の許可の特例)の承認を受けている者であることその他の事由により税関長がその添付の必要がないと認めるときは、この限りでない。

3　申請者が法人であるときは、第1項の申請書には、当該法人の登記事項証明書を添付しなければならない。ただし、申請者が法第61条の5第1項若しくは第63条の2第1項(保税運送の特例)の承認又は法第79条第1項(通関業者の認定)の認定を受けている者であることその他の事由により税関長がその添付の必要がないと認めるときは、この限りでない。

(以下省略)

(2)外国貨物の蔵置等を行おうとする場所に係る届出の手続き

　特定保税承認者が行う外国貨物の蔵置等を行おうとする場所に係る届出は、「外国貨物の蔵置等・保税作業に関する場所の届出書」(C-9120)[p.341]を、外国貨物の蔵置等に関する業務(貨物管理業務)を行おうとする場所を所轄する税関に提出することにより行います。なお、届出書の提出に際しては、承認申請の際と同様、届出者の利便性等を考慮した措置がとられます。

《関税法施行令》

（外国貨物の蔵置等を行おうとする場所に係る届出の手続）

第41条　法第50条第1項（保税蔵置場の許可の特例）の規定による届出は、次に掲げる事項を記載した届出書を税関長に提出することにより行うものとする。

　一　届出をする者の住所又は居所及び氏名又は名称

　二　法第50条第1項の承認を受けた年月日

　三　法第42条第1項（保税蔵置場の許可）に規定する行為を行おうとする場所（中略）の名称、所在地、構造、棟数及び延べ面積

　四　届出蔵置場に置こうとする貨物の種類

　五　その他財務省令で定める事項

2　前項の届出書には、次に掲げる書類を添付しなければならない。ただし、税関長は、届出蔵置場が法第50条第1項に規定する財務省令で定める基準に適合することが前項の届出書から明らかであることその他の事由によりその添付の必要がないと認めるときは、その必要がないと認める書類の添付を省略させることができる。

　一　届出蔵置場及びその付近の図面

　二　届出蔵置場としての利用の見込書

　三　届出蔵置場が営業用のものである場合においては貨物の保管規則及び保管料率表

　四　その他財務省令で定める書類

（承認取得者の承認の更新の手続）

第43条　法第50条第4項（保税蔵置場の許可の特例）の規定に基づき同条第一項の承認の更新を受けようとする者は、その住所又は居所及び氏名又は名称を記載した申請書を当該承認をした税関長に提出しなければならない。

（3）承認の更新手続

　特定保税承認者が、関税法第50条第4項の規定により更新を受けようとする場合には、「特定保税承認者の承認の更新申請書」（C-9130）[p.345] を、税関へ提出して行います。なお、更新申請書の提出に際しては、承認申請の際と同様、申請者の利便性等を考慮した措置がとられます。

《関税法》

（保税蔵置場の許可の特例）

第50条　（省略）

2〜3　（省略）

4　第1項の承認は、8年ごとにその更新を受けなければ、その期間の経過によつて、

その効力を失う。

(以下省略)

《関税法施行規則》

(届出書の記載事項)

第4条の3 令第41条第1項第5号(外国貨物の蔵置等を行おうとする場所に係る届出の手続)に規定する財務省令で定める事項は、次に掲げる事項とする。

一 法第50条第1項(保税蔵置場の許可の特例)の承認をした税関名及び当該承認番号

二 営業用又は自家用の別

(届出書の添付書類)

第4条の4 令第41条第2項第4号(外国貨物の蔵置等を行おうとする場所に係る届出の手続)に規定する財務省令で定める書類は、次に掲げる書類とする。

一 業務委託契約書(外国貨物の蔵置等に関する業務の一部を他の者に委託する場合に限る。)

二 賃貸契約書(届出場所に係る土地又は建物を賃借する場合に限る。)

3. 貨物の収容能力の増減等の届出

(1) 貨物の収容能力の増減等の届出

保税蔵置場については、その貨物の収容能力の増減又は改築等が行われることがあります。これらの行為は、すでに受けている許可内容を変更するものであり、これを無秩序に放任するときは、蔵置貨物についての税関の取締りに支障をきたすことになるほか、当該保税蔵置場の許可手数料の額に変更をきたす場合があるので、あらかじめその旨を税関に届け出なければなりません。

(2) 貨物の収容能力の増減等の届出の手続き

貨物の収容能力の増減等の届出は、「貨物収容能力増減等の届」(C-3160)[p.289]を税関に提出することにより行います。

「届出の手続き」の詳細については、関税法、関税法施行令の規定のほか、関税法基本通達44-1から44-4までの規定[p.191]を参照してください。

《関税法》

（貨物の収容能力の増減等）

第44条　保税蔵置場の許可を受けた者は、当該保税蔵置場の貨物の収容能力を増加し、若しくは減少し、又はその改築、移転その他の工事をしようとするときは、あらかじめその旨を税関に届け出なければならない。

２　税関長は、前項の届出があつた場合において、その実施しようとする収容能力の増減又は工事について、その増減又は工事をした後の保税蔵置場と他の場所との区分が明確でなく、又は当該増減若しくは工事をした後の外国貨物の保管設備が不十分であるため、この法律の実施を確保するうえに支障があると認めるときは、当該届出をした者に対し、その届出に係る事項を実施する際必要な措置を講ずることを求めることができる。

《関税法施行令》

（貨物の収容能力の増減等の届出の手続）

第37条　法第44条第１項（保税蔵置場の貨物の収容能力の増減等）の届出は、その届出に係る保税蔵置場の名称及び所在地並びに貨物の収容能力の増加若しくは減少又は工事の概要及び事由を記載した書面にその概要を明らかにした図面を添付して、これを税関に提出することによってしなければならない。ただし、税関長は、当該増加若しくは減少又は工事の概要が明らかであることその他の事由によりその添付の必要がないと認めるときは、これを省略させることができる。

この保税非違を、あなたはどうやって防ぐ？　⑩

お得意さんに賃貸契約で専用スペースを提供したら……

　当社のＪ保税蔵置場では、大手の化学メーカーさんの製品を長年扱っており、今後もその製品が多品種化し、物量も増加することが見込まれていました。このため、当社は、同社と協議の上、当保税蔵置場の建屋の一部を同社の製品専用の区域として提供し、最新の保管設備や貨物管理システムを導入することとしました。その際、当社は、当該専用区域を賃貸契約により同化学メーカーに提供し、設備の運用を含め、貨物管理は同社が行うこと、ただし、積卸作業や梱包作業は当社が同社の委託を受けて行うことで了承しました。

　ところが、実際にその運用が開始されて１年を経過した時に、税関の蔵置場検査を受け、この契約内容等を説明したところ、収容能力の減少（減坪）の届出が必要だったと指摘を受けてしまいました。

4. 休業又は廃業の届出

（1）休業又は廃業の届出

　保税蔵置場の業務を休止した場合には、許可手数料が免除されます。

　また、保税蔵置場の業務を廃止した場合には、保税蔵置場の許可が失効することになり、そこに外国貨物があるときは、その取締りや関税徴収などの問題も生じます。

　このようなことから、保税蔵置場の業務の休止又は廃止については、届出を要します。

（2）休業又は廃業の届出の手続き

　休業又は廃業の届出は、「保税蔵置場・保税工場・総合保税地域休（廃）業届」（C-3180）[p.293]を、税関に提出することにより行います。

　「届出の手続き」の詳細については、関税法基本通達46－1から46－2までの規定[p.194]を参照してください。

《関税法》

（休業又は廃業の届出）

第46条　保税蔵置場の許可を受けた者は、許可の期間内に当該保税蔵置場の業務を休止し、又は廃止しようとするときは、あらかじめその旨を税関長に届け出なければならない。

《関税法施行令》

（休業又は廃業の届出）

第39条　法第46条（保税蔵置場の休業又は廃業の届出）の規定による届出は、業務を休止し、又は廃止しようとする保税蔵置場の名称及び所在地、当該休止の期間又は廃止の年月日並びに当該保税蔵置場に外国貨物があるときは当該貨物を出し終わる年月日を記載した書面でしなければならない。

2　前項の規定により保税蔵置場の業務の休止を届け出た者は、その業務を再開しようとするときは、あらかじめその旨を税関長に届け出なければならない。

5. 許可の承継の承認

（1）保税蔵置場の許可を承継することの承認の手続き

　許可の承継の承認申請は、「保税蔵置場・保税工場・保税展示場・総合保税地域許可の承継の承認申請書」（C‒3195）［p.298］を、税関に提出することにより行います。

（2）条件の付与

　許可の承継の承認に際しては、許可の際に付された条件について、その取消し、変更又は新たな条件の付与が行われることがあります。

《関税法》

（許可の承継）

第48条の２　保税蔵置場の許可を受けた者について相続があつたときは、その相続人（中略）は、被相続人の当該許可に基づく地位を承継する。

2　前項の規定により保税蔵置場の許可に基づく地位を承継した者（次項において「承継人」という。）は、政令で定めるところにより、被相続人の死亡後60日以内に、その承継について税関長に承認の申請をすることができる。

3　（省略）

4　保税蔵置場の許可を受けた者について合併若しくは分割（当該保税蔵置場の業務を承継させるものに限る。）があつた場合又は保税蔵置場の許可を受けた者がその業務を譲り渡した場合において、政令で定めるところによりあらかじめ税関長の承認を受けたときは、合併後存続する法人若しくは合併により設立された法人若しくは分割により当該保税蔵置場の業務を承継した法人（中略）は、（中略）当該合併により消滅した法人若しくは当該分割をした法人又は当該業務を譲り渡した者の当該許可に基づく地位を継承することができる。

（以下省略）

《関税法施行令》

（保税蔵置場の許可を承継することの承認の手続）

第39条の２　法第48条の２第２項（許可の承継）の規定による承認を受けようとする者は、次に掲げる事項を記載した申請書を、当該承認を受けようとする承継に係る保税蔵置場の許可をした税関長に提出しなければならない。

　一　被相続人の氏名並びに当該保税蔵置場の名称及び所在地

　二　相続があつた年月日

　三　その他参考となるべき事項

2　法第48条の2第4項の規定による承認を受けようとする者は、次に掲げる事項を記載した申請書を、当該承認を受けようとする承継に係る保税蔵置場の許可をした税関長に提出しなければならない。

　一　当該保税蔵置場の名称及び所在地

　二　合併若しくは分割をしようとする法人又は当該保税蔵置場の業務を譲り渡そうとする者の名称又は氏名及び住所並びに合併後存続する法人若しくは合併により設立される法人若しくは分割により当該保税蔵置場の業務を承継する法人又は当該業務を譲り受ける者の名称又は氏名及び住所

　三　合併若しくは分割又は当該保税蔵置場の業務の譲渡しが予定されている年月日

　四　その他参考となるべき事項

（以下省略）

6. 保税地域の許可手数料

　保税地域の許可を受ける者は、許可に係る保税地域の種別、延べ面積及び許可の期間並びにその保税地域において行う税関の事務の種類を基準として税関関係手数料令で定める額の手数料を、税関に納付しなければなりません。

　この許可手数料は、許可の期間1か月までごとに、その延べ面積の区分に応じ定められています。（税関関係手数料令第2条第1項第1号から第11号まで）

　なお、保税蔵置場の許可手数料の額については、次の①〜③の軽減措置（税関関係手数料令第2条第1項本文ただし書）がとられているほか、保税蔵置場、保税工場、保税展示場又は総合保税地域の許可を受けた者が、業務の休止を届け出た場合において、その保税蔵置場等に外国貨物が置かれていないときは、納付すべき許可手数料が免除されます。

　①　無税に該当する同一品目のみを置く保税蔵置場、又は保税工場の一部の場所につき併せて許可を受ける保税蔵置場の場合は、所定の額の2分の1に相当する額とする。

　②　木材のみを置く水面の保税蔵置場の場合は、所定の額の5分の1に相当する額とする。

　③　特定保税承認者に係る届出蔵置場又は届出工場である場合は、次に掲げる区分に応じた額を軽減し、又は免除する。

　　一　当該届出蔵置場又は届出工場において特定税関事務（輸出入の通関等に係る税関職員の事務）が行われる場合

　　　　税関関係手数料令第2条第2項の規定により計算される額から派出費
　　　　用相当額を控除した額
　　二　上記の場合以外の場合
　　　　手数料の全額
　また、保税工場、総合保税地域及び関税定率法第13条第1項（製造用原料品
の減税又は免税）に規定する工場（承認工場）の許可手数料は、税関関係手数料
令第3条、第4条及び第8条第1項において、保税蔵置場等の許可手数料と同
様の形式で規定されています。
（注）保税工場等の特殊性を考慮し、延べ面積の区分及び手数料の額は保税蔵置
　　　場等のものとは異なっています。

表4：保税蔵置場の許可手数料

単位：円／月

延べ面積の区分	一般	NACCS使用
500m²未満	9,500	9,400
500m²～1,000m²未満	12,200	（同左）
1,000㎡～2,000m²未満	16,400	16,200
2,000m²～3,500m²未満	21,800	21,700
（省略）		
70,000m²～	88,700	88,000

第5章　保税工場

1. 保税工場の機能

　保税工場では、外国貨物に加工若しくはこれを原料とする製造（混合を含みます）又は外国貨物の改装、仕分け、その他の手入れ（これらを「保税作業」といいます）を行うことができます。関税未納の貨物を蔵置し、その蔵置中において保税作業を行うことができる点は保税蔵置場と同じですが、関税未納の蔵置貨物を材料として加工、製造を行うという保税蔵置場とは全く異なる機能を有しています。

　保税工場における加工、製造、混合とは、次のような行為をいいます。

① **加工**

　加工とは、貨物に一定の工作を加え、その価値を増進しようとする行為をいいます。例えば、鉄製品に彫刻、七宝、ほうろう等を施す行為、布はくを漂白、染色、なつ染する行為などがこれに該当します。

② **製造**

　製造とは、一定の貨物を原料として他の新たな貨物を生産する行為をいい、加工の程度の進んだものです。例えば、砂糖を原料とする糖菓の製造、パルプを原料とする人絹、人造絹織物の製造などがこれに該当します。

　加工と製造との差は、その新製品上において原料である貨物の原形、原質を認識できるかどうかにありますが、その作業が加工であるか製造であるかを明確に区別することは困難な場合があります。

③ **混合**

　製造には混合が含まれます。混合とは、品質、数量の異なる2種以上の貨物を混ぜて原状を識別できないものとし、又は経済的に原状を回復しにくい程度にする行為をいいます。例えば、オクタン価の違う揮発油を混ぜ合わす行為などがこれに該当します。

《関税法》
（保税工場の許可）
第56条　保税工場とは、外国貨物についての加工若しくはこれを原料とする製造（混合を含む。）又は外国貨物に係る改装、仕分その他の手入（中略）をすることができる場所として、政令で定めるところにより、税関長が許可したものをいう。
2　保税工場の許可を受けた者は、当該保税工場において使用する輸入貨物については、当該貨物を当該保税工場に入れた日から3月までの期間に限り、当該保税工場につき第42条第1項（保税蔵置場の許可）の許可を併せて受けているものとみなす。
3　保税工場の許可を受けた者は、当該保税工場の一部の場所につき第42条第1項の許可をあわせて受けることができる。

2. 保税工場の許可

（1）保税工場の許可の要件

　保税工場の業務は、関税法の規定に則し、適正に行われなければなりません。
　このため、保税工場の許可を受けようとする場所が、原材料や保税製品といった外国貨物の管理を十分にできるか、また、保税工場の許可を受けようとする者にあっては法令遵守の体制が整備されているかなど、関税法第61条の4において準用する第43条で規定されている「許可の要件」を充足しているか審査を受けます。これらの要件を充足していなければ、税関長は保税工場の許可をしないことができます。

《関税法》
（保税蔵置場についての規定の準用）
第61条の4　第42条第2項及び第3項（保税蔵置場の許可）、第43条（許可の要件）（中略）の規定は、保税工場について準用する。（後略）

（2）保税工場の許可の方針

　保税工場は、外国貨物である原料品を使用して、その製品を積み戻すことが確定しており又はその見込みがある工場について、工場側における外国貨物の蔵置及び加工製造の管理形態等からみて、税関の取締上支障がないと認められるものに限り、その工場における加工製造の期間、積戻しされる製品の数量及び税関官署と工場所在地との距離的関係のいかんにかかわらず、原則として保

税工場の許可を行うものとされています。

　ただし、次のような場合は、保税工場の許可を受けようとする前に、最寄りの税関の保税担当部門に相談することが望まれます。

① 製品の積戻しが行われないと認められる場合(製品の用途、作業の性質等から判断して特に保税工場とする必要があると認められ、かつ、税関の取締上支障がないと認められるものに限り、保税工場の許可がなされます)
② 専ら関税の低下を目的とし、国内産業に著しい悪影響があると認められる場合(許可されないことがあります)

(3) 保税工場の許可申請手続

① 許可申請

　保税工場の許可申請は、「保税工場許可申請書」(C-3200)[p.300]を、工場の所在地を所轄する税関に提出して行います。

　申請書は、許可を受けようとする日より前の時期に相当の余裕をもって提出することが望まれます。

② 許可申請の添付書類

　保税工場の許可の申請に際しては、次のような書類を添付します。

イ 法人の場合は最近の事業年度における事業報告書、個人の場合は納税証明書又は資産状況を表示する書類
ロ 許可を受けようとする工場の配置図及び求積図。必要に応じ、作業工程図及び製造設備その他の参考資料
ハ 法人の場合は登記事項証明書及び定款の写し、個人の場合は住民票
ニ 役員及び主要な従業者の履歴書
ホ 賃貸借契約書(申請の土地、建物等を賃貸借している場合)
ヘ 許可後の諸手続きを主要従業者等に委任する場合の包括的委任状
ト 貨物管理に関する社内管理規定

③ 保税工場の許可

　保税工場が許可されたときは、「保税工場許可書」が交付されます。なお、許可に際しては、次のような条件が付されます。

イ 保税作業の種類又は保税作業に使用する貨物の種類を変更する場合、税関長の承認を受けること。
ロ 保税工場の名称、所在地、支配人その他の主要な従業者(法人の場合の商号及び代表者を含む)に変更があった場合は遅滞なく税関長に届け出ること。

ハ　保税工場に出し入れされる貨物及び保税作業に関する帳簿書類を、記載すべき事項が生じた日から起算して2年を経過する日までの間（その間に当該帳簿について保税業務検査を受けた場合にあっては、当該保税業務検査を受けた日までの間）保存すること。

ニ　保税工場の許可に係る欠格事由に該当することとなった場合には直ちに届け出ること。

ホ　保税作業の種類の変更、保税作業に使用する貨物の種類の変更、貨物の収容能力の増減又は周辺状況の変化等に応じ、保税工場における貨物の亡失等を防止し、外国貨物の適正な保全を図るため、必要な措置を講じること。

ニ　乳製品等、砂糖等及び生糸の一部を原料とする保税工場にあっては、国内に引き取る製品を製造する際は内国産又は輸入許可済の原料を使用すること。

④　許可の更新

　2回目からの許可（許可期間の更新）の申請は、「保税蔵置場・工場許可期間の更新申請書」(C-3140)［p.287］1通を工場の所在地を管轄する税関の保税担当部門に提出して行います。なお、申請書を提出しようとする税関が「税関支署」である場合には、更新申請書が2通必要です。

　また、許可期間の更新申請の際、法人の場合は直近の事業年度における営業報告書、個人の場合は納税証明書又はこれに代わる書類のみを添付します。

　更新が認められたときは、「保税蔵置場・工場許可期間の更新書」が交付されます。

《関税法施行令》
（保税蔵置場についての規定の準用）
第50条の2　第35条から第36条の3まで及び第37条から第39条の2までの規定は、保税工場について準用する。（後略）

3. 保税工場の許可の特例

　保税工場の許可を受けた者であらかじめ税関長の承認を受けた者（特定保税承認者）が、位置又は設備が所定の基準に適合する場所において保税作業を行おうとする場合には、その場所を所轄する税関長に、その旨を届け出ることにより、その場所について保税工場（AEO保税工場）とみなされ関税法等の規定

の適用を受けることができます。

　なお、保税蔵置場の許可の特例に関する次に揚げる事項は、保税工場の許可の特例にも準用されます。これらの事項の詳細については、「第3章　2．特定保税承認者制度（AEO保税承認者制度）」を参照してください。

《関税法》

（保税工場の許可の特例）

第61条の5　第56条第1項（保税工場の許可）の許可を受けている者であらかじめ税関長の承認を受けた者は、位置又は設備が財務省令で定める基準に適合する場所において保税作業を行おうとする場合には、その場所を所轄する税関長に、その旨の届出をすることができる。

2　前項の届出に係る場所については、当該届出が受理された時において、第56条第1項の許可を受けたものとみなして、この法律及び関税定率法の規定を適用する。この場合において、その許可を受けたものとみなされる場所に係る当該許可の期間は、前条において準用する第42条第2項（保税蔵置場の許可）の規定にかかわらず、前項の承認が効力を有する期間と同一の期間とする。

（以下省略）

（保税蔵置場の許可の特例についての規定の準用）

第62条　第51条から第55条まで（承認の要件・規則等に関する改善措置・保税蔵置場の許可の特例の適用を受ける必要がなくなつた旨の届出・承認の失効・承認の取消し等・許可の承継についての規定の準用）の規定は、前条第1項の規定による承認について準用する。この場合において、第51条第1号ロ中「第42条第1項（保税蔵置場の許可）」とあるのは「第56条第1項（保税工場の許可）」と、同条第2号及び第3号並びに第52条中「外国貨物の蔵置等」とあるのは「保税作業」と、第53条第2号中「保税蔵置場」とあるのは「保税工場」と読み替えるものとするほか、必要な技術的読替えは、政令で定める。

4. 保税工場に係る保税蔵置場のみなし許可

　保税工場の許可を受けた者は、その保税工場について保税蔵置場の許可を併せて受けているものとみなされ、その保税工場において使用する外国貨物を保税工場に入れた日から3か月までの期間に限り蔵置することが可能です（通常、これを「みなし蔵置場」と呼んでいます）。ここでいう保税工場とは、具体的な許可の対象である施設の部分をいいます。

　したがって、保税工場においては、保税蔵置場の機能を併せて有しているこ

とになります。具体的には、次のような貨物について保税工場の一部を保税蔵置場とみなした利用が認められます。

① 　保税工場において、外国貨物のままで又は輸入許可を受けて保税作業に使用されることが見込まれる原料品

② 　上記①と同種の輸入原料品で、輸入許可を受けて、その保税工場における内貨作業に使用されることとなるもの

この場合、みなし蔵置場とされる場所を利用することができる貨物は、その保税工場で使用する輸入貨物に限られ、輸出貨物は認められていないことに注意が必要です。

また、輸入貨物であっても、その保税工場において、保税工場自体の建設、施設等に要する資材・工具或いは事務機器その他保税工場の稼働に使用される燃料等は含まれません。さらに、保税工場の保税蔵置場としての機能は、その保税工場について認められるものですから、保税工場の許可を受けた者の所有又は管理する工場内であっても、保税工場として許可された場所以外の場所で使用する輸入貨物については適用されません。

《関税法》

（保税工場の許可）

第56条　（省略）

2　保税工場の許可を受けた者は、当該保税工場において使用する輸入貨物については、当該貨物を当該保税工場に入れた日から3月までの期間に限り、当該保税工場につき第42条第1項（保税蔵置場の許可）の許可を併せて受けているものとみなす。

（以下省略）

---

5. 保税工場の併設蔵置場

保税工場の許可を受けた者は、その保税工場の一部の場所について、保税蔵置場の許可を併せて受けることができます。

保税工場は、前述のとおり保税蔵置場としても利用することができますが、その対象となる貨物の範囲には制限があります。そこで、保税工場の許可施設をさらに有効に利用するため、同一の場所について保税蔵置場の許可を重複して受けることができます（通常、これを「併設蔵置場」と呼んでいます）。

したがって、保税工場の一部である貨物蔵置場所を「併設蔵置場」として利用する必要がある場合には、当該保税工場の一部について、併せて保税蔵置場の許可を受けることにより、当該許可を受けた場所においては保税工場内で保税

蔵置場としての利用が可能となります。

　前記4. で述べたように、外貨原料等のみを蔵置する場合には、併設蔵置場の許可を受ける必要はありませんが、次のような貨物を置こうとする場合には、併設蔵置場の許可を受ける必要があります。

① 　一般の輸出貨物
② 　輸入される機械設備
③ 　輸入後、その保税工場以外で使用される原料品
④ 　その他の保税工場で使用される原料品以外の貨物

《関税法》
（保税工場の許可）
第56条　（省略）
2　（省略）
3　保税工場の許可を受けた者は、当該保税工場の一部の場所につき第42条第1項の
　許可をあわせて受けることができる。

6. 移入れの承認

　保税工場に外国貨物を入れる者は、その貨物を入れた日から3か月を超えて蔵置しようとする場合又は3か月以内に保税作業に使用しようとする場合には、税関長の承認（以下、「移入承認」）を受けなければなりません。移入承認は、保税工場において承認に係る貨物を保税作業の原材料として使用することを前提としているものであり、単に蔵置のみを目的とする蔵入承認とはその性質が異なります。

　保税工場に入れた外国貨物は、保税作業の原料品として使用され、保税製品に変わるので、この工程について税関長の承認を要することとし、保税作業全体の管理の適正を期するものです。

　なお、移入承認をする外国貨物について、税関は必要に応じて検査をすることとしています。

《関税法》
（保税蔵置場についての規定の準用）
第61条の4　（略）第43条の2第2項（外国貨物を置くことができる期間）並びに第43
　条の3から第48条の2まで（外国貨物を置くことの承認・外国貨物を置くことの承
　認等の際の検査・貨物の収容能力の増減等・許可を受けた者の関税の納付義務等・

休業又は廃業の届出・許可の失効・許可の取消し等・許可の承継）の規定は、保税工場について準用する。この場合において、第43条の３第１項中「３月（やむを得ない理由により必要があると認めるときは、申請により、税関長が指定する期間）」とあるのは「３月」と、「置こうとする場合」とあるのは「保税作業のため置こうとする場合又は当該貨物を当該保税工場に入れた日から３月以内に保税作業に使用しようとする場合」と、「こととなる日前に」とあるのは「こととなる日前又は保税作業に使用する日前に」（中略）と読み替えるものとする。

（参考）読み替え後の規定

　関税法第43条の３の規定を保税工場について準用する場合における読み替え後の規定は、次のようになります。

（外国貨物を置くことの承認）
第43条の３　保税工場に外国貨物を入れる者は、当該貨物をその入れた日から３月を超えて当該保税工場に保税作業のため置こうとする場合又は当該貨物を当該保税工場に入れた日から３月以内に保税作業に使用しようとする場合には、政令で定めるところにより、その超えることとなる日前又は保税作業に使用する日前に税関長に申請し、その承認を受けなければならない。
（以下省略）

7. 保税作業の届出

　保税作業をする場合には、その開始及び終了の際、税関に届出をすることが必要です。この届出は、税関が必要に応じ保税作業の状況を把握できるようにしたものです。

　なお、指定保税工場の指定を受けた保税工場については、その都度の届出を不要とし、月例の報告でよいこととされています。

《関税法》
（保税作業の届出）
第58条　保税工場において保税作業をしようとする者は、その開始及び終了の際、その旨を税関に届け出なければならない。ただし、税関長が取締り上支障がないと認めてその旨を通知した場合における保税作業の開始については、この限りでない。

8. 保税作業に使用することができる貨物

　保税作業に使用することができる外国貨物は、直接原料はもとより、保税作業の工程中において主原料に直接混合し、又は添加して使用する消耗的補助原料（助剤、還元剤、溶剤等）であっても、その消費数量が確実に把握できるものについては、その使用が認められています。逆にいえば、これらの貨物以外の貨物（作業工程中において使用する補助原料でその使用数量の不明確なもの又は消耗されないもの、作業工程中において使用する燃料、圧さくガス、潤滑油等の消耗品、保税工場用の機械、工具、事務用品等の設備用品等）については、その使用前に輸入手続が必要となるので、注意が必要です。

　なお、この消耗的捕助原料の具体的な品目は、次に掲げるものです。

①　船舶の製造等のためのペイント溶剤用のシンナー

②　ビタミンＡの製造に使用されるリチウムハイドライド及び金属カリ

③　製鋼用銑鉄の製造の際に鉄鉱石の還元及び加炭のために使用されるコークス

④　３、４－ジクロルプロピオンアニリド製造に使用される三塩化燐及びオキシン塩化燐

⑤　酒石酸－トランス－１－メチル－２（２－（アルファチエニル）ビニール）－１、４、５、６－テトラヒドロピリミジン（バンミンス）の製造に使用されるぎ酸メチル

9. 内外貨混合使用

　保税作業において、外国貨物と内国貨物とを使用してできた製品は、原則として、外国貨物とみなされますが、特定の場合には、原料としての外国貨物の数量に対応する製品だけが外国貨物とみなされます。

　保税作業に外国貨物と内国貨物とを使用してできた製品は、これらの原料が物理的又は化学的に結合されることにより新たな貨物が製造され、又は新たな価額が附加されたものであり、かつ、その製品を国内に輸入する場合に、これを外国貨物である部分と内国貨物である部分とに区別することは課税技術上困難です。このため、保税作業に使用した外国貨物の本質に変化を生ずることがなく、また、外国貨物と内国貨物の使用状況が明らかである改装、仕分けその他の手入れの場合を除き、製品は全部外国貨物とみなすことを原則としています。

　しかし、その例外として、税関長の「内外貨混合使用の承認」を受けて混合使用した場合には、原料としての外国貨物の数量に対応する製品のみを外国貨物とみなします。

　基本的には、外国貨物にこれと同種の内国貨物（原料の同種性）を混じて使用し、その外国貨物のみを原料とした場合の製品と等質の製品（製品の等質性）を製造する場合で、保税作業の性質や工程等（技術性、経済性）を考慮して、混用についてのやむを得ない理由があり、かつ、原料の数量に対する製品の数量の割合が明らかである（歩留りの明確性）と認められるときに限り認められます。

《関税法》
（内国貨物の使用等）
第59条　保税工場における保税作業（改装、仕分その他の手入を除く。）に外国貨物と内国貨物とを使用したときは、これによつてできた製品は、外国から本邦に到着した外国貨物とみなす。
2　政令で定めるところにより、税関長の承認を受けて、外国貨物と内国貨物とを混じて使用したときは、前項の規定にかかわらず、これによつてできた製品のうち当該外国貨物の数量に対応するものを外国から本邦に到着した外国貨物とみなす。

10. 製造歩留り

　製造歩留りとは、使用原料品の数量又は原料品中に含まれる特定成分の数量に対する製品（副産物、くずを含みます）の数量又は製品中に含まれる特定成分の数量の割合のことです。歩留り率は、使用原料品に対する製品の数量の計算にも使用されるものです。

　保税作業の歩留りには、確定歩留りと標準歩留りの２種類があり、工場における生産工程、技術、設備等からみて、理論的に適正と考えられる数値或いは同種製品の製造実績の数値等を総合的に勘案して決定します。

① 確定歩留り
　保税作業において製造される製品及び副産物の数量を確定する際、その計算基礎として使用する歩留りで指定歩留りと査定歩留りの２種類に分類されます。
イ　指定歩留り
　同種の保税作業に全国統一して適用する製造歩留りで、品目別に財務省において設定しているもので、現在、砂糖、鉄鋼製品について定められています。

ロ　**査定歩留り**

　指定歩留りが設定されている保税作業以外のものに適用される歩留りで、個々に各税関において設定されています。

②　**標準歩留り**

　確定歩留りの適用対象となる保税作業以外の保税作業において、届出があった製品又は副産物の数量が適正であるかどうか認定する基準として使用するために、各税関が設定するものです。

　（「製造歩留事務提要の制定について」[P.360] 参照）

11. 保税工場外作業

　保税工場において外国貨物の加工、製造をする際に、その工場に一貫して製造を行う設備がない等のため、やむを得ずその製造工程の一部を保税工場以外の場所で行わなければならない場合があります。

　保税工場でない他の工場において加工又は製造をするために保税工場にある外国貨物を保税工場から持ち出す場合は、法令の原則に照らせば国内引取りされたことになりますが、我が国の輸出産業においては下請加工によって製品を製造する場合が少なくなく、そのような場合に、これを輸入として関税を徴収するのは輸出振興の見地から望ましくありません。

　このため、一定の条件を備えており、保税工場の許可を受けた者が加工、製造の全作業について関税法上の責任を負うときは、税関長による「保税工場外保税作業の許可」を受けることにより、これを保税工場外の場所での保税作業（これを一般には「場外作業」といいます）を行うことができます。

　なお、場外作業は、税関長が一定の期間を指定して許可が行われるので、その指定期間を経過してもなお保税工場に戻されなかった場合は、その保税工場の許可を受けた者から、当該貨物に係る関税が直ちに徴収されます。

《関税法》

（保税工場外における保税作業）

第61条　税関長は、貿易の振興に資し、かつ、この法律の実施を確保する上に支障がないと認めるときは、政令で定めるところにより、期間及び場所を指定し、保税工場にある外国貨物について保税作業をするため、これを当該保税工場以外の場所に出すことを許可することができる。

2～3　（省略）

4　第1項の許可を受けて同項の規定により指定された場所に出されている外国貨物は、同項の規定により指定された期間が満了するまでは、その出された保税工場にあるものとみなす。

5　第1項の規定により指定された期間が経過した場合において、その指定された場所に同項の規定により許可を受けた外国貨物又はその製品があるときは、当該貨物がその指定された場所に出された保税工場の許可を受けた者から、直ちにその関税を徴収する。

12. 指定保税工場の簡易手続

　保税工場において保税作業をしようとする者は、その開始及び終了の際その旨を税関に届け出なければなりません。しかし、保税工場は他の保税地域と違って、税関官署から遠距離にある場合が多いため、そのつど届出を要することとしたのでは、手続き上煩さであるばかりでなく、手続きに要する費用や時間の負担が実情にそぐわないこととなります。

　このため、製造歩留りが安定していて、製品毎の加工過程や終了時点で確認が不要であるものなどの保税工場であって、製品及び原料品である外国貨物を特定して指定された工場については、その都度の届出手続に代えて、広く月例報告によることが認められています。

《関税法》
（指定保税工場の簡易手続）
第61条の2　税関長が使用原料品の製造歩留まりが安定していることその他保税作業の性質その他の事情を勘案して取締り上支障がないと認めて、保税作業により製造される製品及びその原料品である外国貨物を特定して指定した保税工場については、第58条（保税作業の届出）の規定にかかわらず、当該製品を製造するための保税作業の開始及び終了の際の届出を要しない。

2　前項の指定を受けた者は、政令で定めるところにより、毎月（季節的な保税作業の場合等で税関長が1月をこえる期間を指定したときは、当該期間内とする。）使用し、又は製造した同項の税関長の特定した外国貨物である原料品及びその製品の数量その他政令で定める事項を記載した報告書を、その翌月10日（税関長が特別の期間を指定したときは、当該期間終了の日から10日を経過する日）までに（当該製品に係る保税作業を休止した場合には、その後遅滞なく）、税関に提出しなければならない。

13. 保税工場の補完制度

(1) 振替免税

① 概要

　保税工場で製造されている製品について、外国から購入の申込みがあり、保税原料品を使用してその製品の製造を行ったのでは、納期に間に合わなくなる場合で、その保税工場で同種の外国貨物でない原料品（関税を納付して輸入した原料品に限らず、国産のものを含みます。以下、「内貨原料品」。）を用いて製造した同種の製品を輸出（積戻しを含みます。以下、この節において同じ。）したときに、その輸出の許可の日から6か月以内に輸入される同種の原料品である外国貨物の関税を免除しようとするものです。

　この振替免税は、保税工場において、保税原料品と同種の内貨原料品を使用して製品を輸出した場合に限り認められるものであり、石油製品については、その特質から、他の製造工場で製造された同種の製品を輸出した場合にも適用があります。

　このような制度は、輸出振興対策の一環として保税工場制度でカバーできなかったスポット的な輸出について、保税原料品を使用して製造した貨物を輸出する場合との均衡上設けられたものです。

② 振替免税の適用要件

　振替免税の適用を受けるためには、次の各要件をすべて充足しなければなりません。

　　イ　保税原料品による製品につき、外国から購入の申込みがあり、その原料品により、製造を行って輸出したのでは納期に間に合わせることが困難であること、及びその事情につき税関長の確認を受けること。

　　ロ　保税原料品と同種の内貨原料品を用いてその保税工場で製造した製品を輸出すること。なお、石油製品については、その保税工場で製造した製品である必要はありません。

　　ハ　同種の製品の輸出許可の日から6か月以内にその製品の製造に使用した内貨原料品と同種の外国貨物を輸入すること。

　　ニ　関税の免除申請者は、保税工場の被許可者であること。

（2）課税原料品による製品を輸出した場合の戻し税

①　概要

　外国から輸入した貨物を原料として製造した貨物、又は輸入した貨物に加工を施した貨物を再び外国へ輸出する場合に、そのことが輸入の際にあらかじめ明らかであれば、保税工場制度の利用又は関税定率法第17条（再輸出免税）及び第19条（輸出貨物の製造用原料品の減免税）のいずれかの方法により、関税未納のまま又は関税の免除を受けた後に製造又は加工を行うことができます。しかし、貨物を輸入する時点では輸出貨物の製造を予定していなかった場合又は予定はしていたが錯誤等により輸入手続を行って関税を納付した場合には、保税工場制度等の利用によっては、関税負担を排除することができないので、このような場合についても、既納の関税を払い戻すことができるようにしたのが戻し税制度です。

　この戻し税制度も、振替免税と同様、異例な事態の救済を目的としたものであり、保税工場制度を補完するものです。

《関税定率法》
（課税原料品等による製品を輸出した場合の免税又は戻し税等）
第19条の２　保税工場又は総合保税地域において製造している製品につき外国から購入の申込みがあつた場合において、その申込みに係る納期内に当該保税工場又は総合保税地域において使用している外国貨物である原料品により当該製品を製造して外国に向けて送り出すことが困難であることにつき、政令で定めるところにより税関長の確認を受けて、当該原料品と同種の外国貨物でない原料品を使用して当該保税工場又は総合保税地域で製造した当該製品（中略）を外国に向けて送り出したときは、政令で定めるところにより、当該製品の製造に使用された当該外国貨物でない原料品の数量（中略）として税関長の確認を受けた数量を限度として、当該製品を製造した者がその輸出（中略）の許可の日から６月以内に輸入する当該原料品と同種の外国貨物の関税を免除する。

（以下省略）

②　戻し税の適用要件

　戻し税の適用を受けるためには、次の各要件をすべて充足しなければなりません。
　　イ　関税を納付して輸入された貨物を輸出貨物の原料品として使用することが、やむを得ないと認められること。
　　ロ　振替免税の適用を受けることが困難であると認められること。

ハ　あらかじめ税関長の承認を受けて、課税原料品でその輸入の許可のとき
　　の性質及び形状に変更を加えないものを、その輸入の許可の日から3か月
　　以内に保税工場に入れること。

ニ　課税原料品を原料として製造した貨物を輸出すること。

《関税定率法》

（課税原料品等による製品を輸出した場合の免税又は戻し税等）

第19条の2　（省略）

2　保税工場又は総合保税地域における保税作業について、その原料として使用する
　外国貨物がなくなつたこと等により、関税を納付して輸入された貨物を輸出貨物の
　原料品として使用することが必要であり、かつ、前項の規定の適用を受けることが
　困難であると認められる場合においては、あらかじめ税関長の承認を受けて、当該
　輸入された貨物でその輸入のときの性質及び形状に変更を加えないものをその輸入
　の許可の日から3月以内に保税工場又は総合保税地域に入れ、これを原料品として
　製造した貨物を輸出した場合に限り、政令で定めるところにより、その関税の全部
　又は一部を払い戻すことができる。

（以下省略）

---

14. 保税工場における記帳義務

　保税工場の許可を受けた者は、当該保税工場にある外国貨物について帳簿を
設け、必要事項を記載しなければなりません。

　保税工場における記帳の運用にあたっては、業態の実情に応じた処理が必要
であり、画一的な様式等を決めることは適当でないので、おおよそ、次のよう
に取り扱われています。

①　保税工場における帳簿は、別途設ける必要はなく、営業上の帳簿で代え
　　ることが可能であり、その場合においては、所要の必要事項を追記し外国
　　貨物である旨を明確にすれば足りる。

②　記帳に際しては、内容が重複する事項を省略することが可能であり、例
　　えば、同一の貨物にあっては、出し入れする度ごとに記号を記入する必要
　　はなく、初回分にのみ記号を記入すれば足りる。

③　指定保税工場以外の保税工場の記帳は、保税作業終了届に所要の事項を
　　追記し、これを一つのファイルにしても差し支えないとされており、この
　　場合に、移入承認を受けているときは、原料品の搬入及び使用の事績を当
　　該移入承認書に裏書きする。

④　原料品と製品を別個の台帳に記載することとしている場合には、相互の関係を明確にするため、年別に一連の番号とした製造番号（工場側が作業計画に基づいて付した保税作業ごとの番号又は受注の番号）をそれぞれの記載部分に付記する。

⑤　見本の一時持出し、内外貨混合使用及び保税工場外保税作業の許可書、移入承認書又はこれらの書類の写しは、その保税工場に保存し、税関職員から要求があるときは提示できるようにする。

第6章　総合保税地域

1. 総合保税地域の許可

　総合保税地域は、一定の要件を満たす法人が所有又は管理する一団の土地や施設において、貨物の保管、加工、製造、展示の各機能が集積し、それらを総合的に活用でき、諸手続きも簡素化された場所として税関長が認めたものです。

（1）総合保税地域の許可の基準

①　許可の基準

　総合保税地域の許可を受けようとする者については、その業務の遂行に際して貨物のセキュリティ管理が十分であることのほか、制度導入の目的に照らし、貿易関連施設の集積度や各種の保税地域の機能の総合的な活用、輸入の円滑化への寄与度など所定の要件を充足していることが求められています。このため、総合保税地域の許可を受けようとする者については、次のような基準を充足するかどうかについて、税関長の審査が行われます。

- イ　一定の要件に合致する法人が所有し又は管理する一団の土地又は施設（以下、「一団の土地等」）であること
- ロ　貿易関連施設の集積の程度が高いこと
- ハ　保税地域の各機能が総合的に活用されることが見込まれ、これにより、相当程度輸入の円滑化その他貿易の振興に資すると認められること
- ニ　関税法の実施を確保する上に支障がないこと
- ホ　申請者又は貨物管理者が保税蔵置場の許可要件にある「欠格事由」に該当しないこと
- ヘ　申請者において総合保税地域の業務を遂行するに十分な能力を有すること

②　「許可の要件」の取扱い

　上記の許可要件のうち、イ又はハの要件については、次のように運用することとされています。

イ　場所的要件（一団の土地等であること）

　　許可する範囲の一固まりの場所に加えて、申請される土地・施設の中に一固まりでない場所が含まれる場合であって、これらの土地・施設の機能、設備の内容等から判断して、相互補完的に利用され、かつ、税関の取締上支障がないと認められるものについても一団の土地等として取り扱う。

ロ　保税機能の総合的活用要件

　　輸入の円滑化その他貿易の振興に特に資するものとして税関長が認めたものについては、蔵置、加工、展示の3機能のうち1機能が欠ける場合であっても差し支えない。

《関税法》

（総合保税地域の許可）

第62条の8　総合保税地域とは、一団の土地及びその土地に存する建設物その他の施設（中略）で、次に掲げる行為をすることができる場所として、（中略）税関長が許可したものをいう。

一　外国貨物の積卸し、運搬若しくは蔵置又は内容の点検若しくは改装、仕分その他の手入れ

二　外国貨物の加工又はこれを原料とする製造（混合を含む。）

三　外国貨物の展示又はこれに関連する使用（これらの行為のうち政令で定めるものに限る。）

2　税関長は、前項の許可をしようとするときは、次に掲げる基準に適合するかどうかを審査しなければならない。

一　当該一団の土地等が、その事業の内容その他の事項を勘案して政令で定める要件を満たす法人により所有され、又は管理されるものであること。

二　当該一団の土地等における貿易に関連する施設の集積の程度が高いこと。

三　当該一団の土地等において前項各号に掲げる行為が総合的に行われることが見込まれ、これにより相当程度輸入の円滑化その他の貿易の振興に資すると認められること。

四　当該一団の土地等の位置、設備その他の状況に照らし、この法律の実施を確保する上に支障がないと認められること。

五　当該一団の土地等を所有し、又は管理する法人（中略）が第43条第1号から第7号まで（許可の要件）に掲げる場合に該当しないこと。

六　当該一団の土地等を所有し、又は管理する法人の資力その他の事情を勘案して、当該法人が総合保税地域の業務を遂行するのに十分な能力を有すると認められること。

《関税法施行令》

（総合保税地域の許可の申請）

第51条の9　法第62条の8第1項（総合保税地域の許可）の規定による許可を受けようとする法人は、次に掲げる事項を記載した申請書を、その許可を受けようとする一団の土地及びその土地に存する建設物その他の施設（中略）の所在地を所轄する税関長に提出しなければならない。

一　当該一団の土地等の名称及び所在地並びに当該一団の土地の面積

二　当該一団の土地等を所有し、又は管理する法人の名称、本店又は主たる事務所の所在地、事業の内容及び株主又は出資者若しくは拠出者の構成

三　当該一団の土地等における貿易に関連する施設の棟数及び配置並びに各施設の構造及び延べ面積

四　当該一団の土地等において貨物を管理する者の氏名又は名称及び住所又は本店若しくは主たる事務所の所在地、その者が行おうとする法第62条の8第1項各号に掲げる行為の種類、内容、当該行為を行おうとする施設及び当該行為を行おうとする貨物の種類並びに当該貨物（同項第2号に掲げる加工又は製造による製品を含む。）のうち輸入しようとするものの割合

五　当該一団の土地等と当該一団の土地等以外の場所とを区別するための設備の状況その他取締りに関し必要な事項

六　許可を受けようとする期間

七　その他参考となるべき事項

（以下省略）

（2）総合保税地域の許可の申請手続

　総合保税地域の許可の申請は、「総合保税地域許可申請書」（C-3500）[p.317]に「施設等の平面図及びその付近の見取図」、「保管規則及び保管料表」などを添付して税関に提出して行います。

　必要な添付書類等取扱いの詳細については、関税法基本通達62の8-6（許可申請書の添付書類の取扱い）[p.248]を参照してください。

（3）許可の取消し等

　総合保税地域において関税法違反行為があった場合で、その総合保税地域の許可を受けた者又は貨物管理者に責任があるときは、税関長は期間を定めて貨物の搬入、加工、展示等の停止を命じ、又は違反行為の程度が重い場合には、許可の取消しを行うことがあります。

　貨物の搬入等の停止については、貨物の管理者が多数存在することが多いこ

とから、対象となる管理者を指定します。また、許可要件のいずれかに適合しなくなった場合についても、許可が取り消されます。

　このようなことから、総合保税地域の被許可者は、許可の取消しを受けるような事態が発生することのないよう日頃から貨物管理者に対し常に指導・監督を行っていくことが重要です。

《関税法》

（許可の取消し等）

第62条の14　税関長は、次の各号のいずれかに該当する場合においては、貨物を管理する者及び期間を指定して外国貨物若しくは輸出しようとする貨物を総合保税地域に入れ、若しくは総合保税地域において第62条の8第1項第2号若しくは第3号（総合保税地域の許可）に掲げる行為をすることを停止させ、又は総合保税地域の許可を取り消すことができる。

　一　総合保税地域の許可を受けた法人（当該法人以外に当該総合保税地域において貨物を管理する者がある場合には、その者を含む。）又はその役員若しくは代理人、支配人その他の従業者が総合保税地域の業務についてこの法律の規定に違反したとき。

　二　総合保税地域について第62条の8第2項各号（総合保税地域の許可の基準）に掲げる基準のいずれかに適合しないこととなつたとき。

（以下省略）

2. 総合保税地域における貨物の管理

（1）総合保税地域における行為

　総合保税地域は、各種の保税機能が総合的に活用できるものとして創設された制度です。このため、個別の保税地域でできることはすべて総合保税地域でできます。手続きについても、個別の保税地域で必要な手続きをほとんど準用しています。

　具体的には、外国貨物につき、次の行為をすることが認められています。

　①　積卸し、運搬、蔵置、内容の点検、改装、仕分けその他の手入れ

　②　加工、製造

　③　展示、展示に関連する使用

　このうち、①は保税蔵置場の中核的機能であり、保税工場や保税展示場においても基礎的な機能です。②は保税工場の中核的機能であり、これには混合も

含みます。③は保税展示場の中核的機能ですが、保税展示場と同様、実費を超える対価を徴収して行うものは認められません。このような行為を行う場合は、事前に輸入手続をとり、内国貨物とした上で行う必要があります。

　また、取締上支障がない等の基準を満たす場合に、税関長の許可を受けて、総合保税地域外における加工、製造、使用のために外国貨物を地域外に出すことができます。

（2）総合保税地域における貨物管理

① 販売貨物等の搬入の届出

　総合保税地域に貨物を搬出入する場合には、原則として届出等の手続きは必要ではありません。貨物の管理者が記帳することにより自主管理を行います。

　ただし、外国貨物を展示する際、総合保税地域内において輸入手続を経た上で、販売、消費、有料の観覧・使用等を行うために搬入する外国貨物は、税関の取締上の観点から、搬入前に税関に届け出なければなりません。

《関税法》
（販売用貨物等を入れることの届出）
第62条の11　外国貨物のうち、総合保税地域において販売され、又は消費される貨物その他これらに類する貨物で政令で定めるものを当該総合保税地域に入れようとする者は、あらかじめ税関に届け出なければならない。

《関税法施行令》
（販売用貨物等を入れることの届出の手続）
第51条の13　法第62条の11（販売用貨物等を入れることの届出）に規定する政令で定める貨物は、次に掲げる貨物とする。
　一　総合保税地域において有償で観覧又は使用に供される貨物
　二　総合保税地域の展示館、事務所その他の施設の建設又は撤去のために使用される機械、器具及び装置（運搬用機器を含む。）
2　法第62条の11の規定による届出は、販売され、若しくは消費される貨物又は前項各号に掲げる貨物の記号、番号、品名、数量及び用途並びに当該貨物を販売し、若しくは消費し、又は同項第1号の観覧若しくは使用に供し、若しくは同項第2号の使用をしようとする場所を記載した書面でしなければならない。

② 外国貨物を置くことができる期間

　総合保税地域には、外国貨物を2年間置くことができます。特別の事由がある場合には、税関長の承認を受けて、これを延長できます。

　ただし、総合保税地域に外国貨物を搬入した後、3か月を超えて置こうとする場合、又は3か月以内であっても加工、展示等をしようとする場合は、税関長に申請し、税関による必要な検査を経て、承認（これを「総保入承認」といいます）を受けなければなりません。なお、関税法第70条の規定による関税法以外の法令に基づく許可・承認等を必要とする貨物は、その許可等を受けていることを、申請書提出の際に税関に証明しなければなりません。

《関税法》

（外国貨物を置くことができる期間）

第62条の9　総合保税地域に外国貨物を置くことができる期間は、当該総合保税地域に当該貨物を置くこと又は当該総合保税地域において当該貨物につき第62条の8第1項第2号若しくは第3号（総合保税地域の許可）に掲げる行為をすることが承認された日から2年とする。

（外国貨物を置くこと等の承認）

第62条の10　総合保税地域に外国貨物を入れる者は、当該貨物をその入れた日から3月を超えて当該総合保税地域に置こうとする場合又は当該貨物につきその入れた日から3月以内に当該総合保税地域において第62条の8第1項第2号若しくは第3号（総合保税地域の許可）に掲げる行為をしようとする場合には、政令で定めるところにより、その超えることとなる日前又は当該行為をする日前に税関長に申請し、その承認を受けなければならない。

《関税法施行令》

（外国貨物を置くこと等の承認の申請）

第51条の12　法第62条の10（外国貨物を置くこと等の承認）の規定による承認を受けようとする者は、その承認を受けようとする貨物について次に掲げる事項を記載した申請書を税関長に提出しなければならない。ただし、税関長は、貨物の出し入れの際の事情により当該事項の記載の必要がないと認めるときは、その必要がないと認める事項の記載を省略させることができる。

一　貨物の記号、番号及び品名並びに当該貨物の課税標準に相当する数量及び価格並びに定率法別表の適用上の所属区分

二　貨物の原産地及び積出地並びに仕出人の住所又は居所及び氏名又は名称

三　貨物を積んでいた船舶又は航空機の名称又は登録記号

四　貨物を置こうとする場合においては、当該貨物の蔵置場所

五　法第62条の8第1項第2号又は第3号（総合保税地域の許可）に掲げる行為をしようとする場合においては、当該行為の種類及び当該行為をしようとする場所

六　第4条第1項第3号及び第4号に掲げる事項（同条第3項の包括申告書を提出

> しているときは、その旨)
> 　七　その他参考となるべき事項
> 2　前項の承認を受けようとする者は、当該承認を受けようとする貨物についての第61条第1項に規定する書類(同項第2号に定める書類を除く。)が必要とされる場合には、当該書類を前項の申請書に添付しなければならない。
> 3〜7　(省略)
> 8　第1項の承認を受けようとする者は、当該承認を受けようとする貨物が総合保税地域に置くことにつき他の法令の規定により許可、承認等又は検査若しくは条件の具備を必要とするものである場合には、同項の申請書の提出の際、当該許可、承認等を受けている旨又は当該検査の完了若しくは当該条件の具備を税関に証明しなければならない。
> (以下省略)

③　記帳義務

　総合保税地域においては貨物を管理する者(貨物管理者)に記帳義務が課されており、具体的には、次の場合に所定の事項を帳簿に記載しなければなりません。
　イ　外国貨物等を総合保税地域内の自らの使用地域に搬入した場合
　ロ　自らの使用地域において外国貨物の内容点検、改装、仕分け等を行った場合
　ハ　自らの使用地域において外国貨物の加工、製造を行った場合
　ニ　自らの使用地域において外国貨物の展示、展示に関連する使用を行った場合
　ホ　販売、消費用貨物等について蔵置場所が制限された場合
　ヘ　総合保税地域外における加工、製造、使用のために外国貨物を地域外に出した場合
　ト　外国貨物を見本として一時持ち出した場合
　チ　外国貨物等を自らの使用地域から搬出した場合(販売、消費を行った場合を含む)

《関税法》
(記帳義務)
第34条の2　保税地域(保税工場及び保税展示場を除く。)において貨物を管理する者は、その管理する外国貨物(信書を除く。(中略))又は輸出しようとする貨物(信書を除く。)についての帳簿を設け、政令で定める事項を記載しなければならない。

《関税法施行令》

（記帳義務）

第29条の2　（省略）

2　法第34条の2（記帳義務）に規定する帳簿（総合保税地域に係る帳簿に限る。）には、次の各号に掲げる場合の区分に応じ、当該各号に定める事項を記載しなければならない。

一　外国貨物（輸出しようとする貨物を含む。）を総合保税地域内のその者の使用に係る部分（以下この項において「使用地域」という。）に入れた場合　当該貨物の記号、番号、品名、数量、価格及び用途、その入れた年月日、その入れた者の氏名又は名称及び住所又は本店若しくは主たる事務所の所在地並びに法第62条の10（外国貨物を置くこと等の承認）の規定による承認を受けたときは、当該承認の年月日及びその承認書の番号

二　外国貨物を使用地域に入れた場合において、当該貨物が外国から本邦に到着した後当該総合保税地域に初めて入れられたものであるとき。　当該貨物を積んでいた船舶又は航空機の名称又は登録記号及び入港の年月日（当該貨物が保税運送により当該総合保税地域に入れられたものであるときは、当該保税運送の承認書の番号を含む。）

三　使用地域において外国貨物につき法第62条の8第1項第1号（総合保税地域の許可）に掲げる行為（積卸し、運搬及び蔵置を除く。）をした場合　当該貨物の記号、番号、品名、数量及び価格、当該行為の内容並びに当該行為が開始され、及び終了した年月日

四　使用地域において外国貨物につき法第62条の8第1項第2号に掲げる行為をした場合　当該貨物の記号、番号、品名、数量及び価格、当該行為によつてできた製品の記号、番号、品名、数量及び価格、当該行為の内容並びに当該行為が開始され、及び終了した年月日

五　使用地域において外国貨物につき法第62条の8第1項第3号に掲げる行為をした場合　当該貨物の記号、番号、品名、数量及び価格、当該行為の内容並びに当該行為が開始され、及び終了した年月日

六　法第62条の15（総合保税地域）において準用する法第62条の4第1項（販売用貨物等の蔵置場所の制限等）の規定による蔵置場所の制限が行われた場合　その蔵置場所その他当該制限に係る事項

七　法第62条の15において準用する法第61条第1項（保税工場外における保税作業）又は法第62条の5（保税展示場外における使用の許可）の規定による許可を受けて外国貨物を総合保税地域以外の場所に出した場合　当該貨物の記号、番号、品名、数量及び価格、当該許可に係る期間及び場所並びに当該許可の年月日及びその許可書の番号

八 法第32条(見本の一時持ち出し)の規定による許可を受けて総合保税地域から外国貨物を見本として一時持ち出した場合 当該貨物の記号、番号、品名、数量及び価格、当該許可に係る期間及び持ち出し先並びに当該一時持ち出しの年月日

九 法第67条(輸出又は輸入の許可)の規定による輸入の許可を受けた場合 当該貨物の記号、番号、品名及び数量並びに当該許可の年月日及びその許可書の番号

十 法第73条第1項(輸入の許可前における貨物の引取りの承認)の規定による承認を受けた場合 当該貨物の記号、番号、品名及び数量並びに当該承認の年月日及びその承認書の番号

十一 使用地域から外国貨物を出した場合(第7号及び第8号の場合を除く。)当該貨物の記号、番号、品名、数量及び価格、その出した年月日及び目的、当該貨物を当該使用地域から出すことにつき必要とされる許可又は承認を受けた年月日及びその許可書又は承認書の番号並びに当該貨物を外国に向けて送り出すときは、当該貨物を積み込もうとする船舶又は航空機の名称又は登録記号及び出港の年月日

(以下省略)

④ 定期報告

加工、製造を行う者は、毎月所定の報告書を税関に提出しなければなりません。

⑤ 貨物の管理者の連帯納税義務

総合保税地域において外国貨物が亡失、滅却したときは、他の保税地域と同様、被許可者がその関税を納付する義務を負いますが、総合保税地域においては、被許可者が貨物の管理者でないことが多いため、亡失等した貨物の管理者に連帯して関税等の納付義務が課されます。

《関税法》

(貨物の管理者の連帯納税義務)

第62条の13 総合保税地域の許可を受けた法人が第62条の15(総合保税地域)において準用する第45条第1項本文(保税蔵置場の許可を受けた者の関税の納付義務)又は第61条第5項(保税工場の許可を受けた者の関税の納付義務)の規定により外国貨物に係る関税を納める義務を負うこととなつた場合において、当該貨物が亡失し、若しくは滅却された時又は当該貨物が当該総合保税地域から出された時に当該総合保税地域において当該貨物を管理していた者が当該法人以外の者であるときは、当該管理していた者は、当該法人と連帯して当該関税を納める義務を負う。

第7章　保税運送①　保税運送の制度

1. 一般的な保税運送

（1）外国貨物の運送

　外国貨物（輸出の許可を受けた貨物を含みます）は、税関長の承認を受けて、開港、税関空港、保税地域、税関官署及び他所蔵置場所相互間に限り、外国貨物のまま運送することができます。

　このように、外国貨物が保税の状態で（輸入手続未済の状態で）運送されるので、「保税運送」といわれています。

《関税法》

（保税運送）

第63条　外国貨物（郵便物、特例輸出貨物及び政令で定めるその他の貨物を除く。第63条の9第1項及び第65条の3を除き、以下この章において同じ。）は、税関長に申告し、その承認を受けて、開港、税関空港、保税地域、税関官署及び第30条第1項第2号（外国貨物を置く場所の制限）の規定により税関長が指定した場所相互間（中略）に限り、外国貨物のまま運送することができる。この場合において、税関長は、運送の状況その他の事情を勘案して取締り上支障がないと認めるときは、政令で定める期間の範囲内で税関長が指定する期間内に発送される外国貨物の運送について一括して承認することができる。

（以下省略）

（2）保税運送の承認

　保税運送される外国貨物は、税関の取締りの下を一時離れることになるので、その運送については、運送先や運送手段が異なるごとに、税関長に申告し、その承認を受けなければなりません。

（3）保税運送の手続きを要しない外国貨物

次の貨物については、保税運送の手続きを要しません。

①　特定郵便物

課税価格が20万円以下の輸入郵便物で、その引取りに際して輸入申告手続を要しないものです。なお、課税価格が20万円を超える郵便物であっても、寄贈品や差出人から一方的に送られてきた等の理由により一般的に名宛人が価格等を把握していないものも、特定郵便物に含まれます。

(注) 関税法第30条第1項第4号において「特定郵便物」とは、同法第76条第5項（郵便物の輸出入の簡易手続）の規定による通知に係る郵便物（輸入されるものに限ります）及び信書のみを内容とする郵便物をいうと規定されています。

②　特例輸出貨物

関税法第67条の3第1項後段（輸出申告の特例）に規定する特定委託輸出申告、同条第2項に規定する特定製造貨物輸出申告又は同条第3項に規定する特定輸出申告が行われ、税関長の許可を受けた貨物（関税法第30条第1項第5号）

③　本邦に到着した外国貿易船等に積まれていた外国貨物

本邦に到着した外国貿易船等に積まれていた外国貨物で、引き続き当該外国貿易船等により、又は他の外国貿易船等に積み替えて運送されるもの

④　輸出の許可を受けて外国貿易船等に積まれた外国貨物

輸出の許可を受けて外国貿易船等に積まれた外国貨物で、当該外国貿易船等により、又は他の外国貿易船等に積み替えて運送されるもの

(注) 保税運送の手続きを要しない理由

①の特定郵便物は、日本郵便株式会社の管理の下で逓送（次々に送ること）されること、②の特例輸出貨物は、AEO事業者により管理されているものであること、また、③及び④の貨物は、外国貿易船等に積まれたままの状態に置かれている限り、国内引取りのおそれもないことから、それぞれ、運送手続を要しない貨物とされています。

《関税法施行令》
（保税運送の手続を要しない外国貨物）
第52条　法第63条第1項（保税運送）に規定する政令で定める貨物は、左の各号に掲げ

るものとする。
一　本邦に到着した外国貿易船等に積まれていた外国貨物で、引き続き当該外国貿易船等により、又は他の外国貿易船等に積み替えられて運送されるもの
二　輸出の許可を受けて外国貿易船等に積み込まれた外国貨物で、当該外国貿易船等により、又は他の外国貿易船等に積み替えられて運送されるもの

（4）保税運送の承認を受けることができない外国貨物

　麻薬、覚醒剤、拳銃など、関税法第69条の11第1項第1号から第4号まで、第5号の2、第6号及び第8号から第10号まで（輸入してはならない貨物）に掲げられた貨物（回路配置利用権のみを侵害する物品を除きます）で、輸入の目的以外の目的で本邦に到着したものにあっては、通過のためだけであっても外国貨物のまま国内で運送することはできません（関税法第65条の3）。
　また、関税法第69条の2に掲げる輸出してはならない貨物、他法令の規定により輸入が禁止されている貨物（当該輸入について許可を受けている貨物を除きます）及び、数量が確定していない貨物で課税物件の確定上支障がある貨物については、原則として承認をしないこととされています。

（5）包括保税運送制度

①　包括保税運送
　保税運送業務の増加に伴い、運送業者等の事務負担を軽減し、保税運送事務の合理化、迅速化に資するため、運送の状況その他の事情を勘案して取締上支障がないと認められるときは、税関長が指定する期間内に発送される外国貨物の運送について一括して承認を受けることができる、いわゆる「包括保税運送制度」が設けられています。

②　包括保税運送の承認の要件
　次の承認要件を充足し、税関の取締上支障がないと認められる保税運送については、保税運送のつど、個々に承認を受けることなく、原則1年以内の期間を指定した包括的な承認を受けることができます。
イ　運送をしようとする者が次のいずれかに該当する者であること。
　（イ）保税地域の被許可者
　（ロ）通関業者
　（ハ）その他、税関手続に関する十分な知識を有する者で、税関長が適当と認める者

ロ 運送が次の区間において継続的に行われること。
(注) 本規定の適用においては、一の指定保税地域にあるすべてのコンテナー
ヤードを一の保税地域とみなして差し支えないものとされています。

(イ) 一の保税地域と他の一の保税地域(税関検査場を含む。以下同じ。)の間
(ロ) 同一の税関官署の管轄区域に所在する一の保税地域(発送地である場合
に限る)と複数の保税地域の間
(注)コンテナー詰めされた貨物(船卸後に開扉されたものを除きます)につ
いては、到着地の保税地域が、発送地所轄税関官署の管轄区域に所在す
るか否かは問いません。
(ハ) 開港(一の岸壁に接岸する外国貿易船の停泊場所(発送地である場合に限
る)に限る。下記(ニ)において同じ。)と一の保税地域の間
(ニ) 同一の税関官署の管轄区域に所在する開港と複数の保税地域の間
ハ 運送される貨物が次に掲げるいずれかに該当するものであること
(イ) 航空貨物であって航空会社又はこれらの会社から委託を受けた者の責任
で運送されるもの
(ロ) コンテナー詰めされた貨物(船卸後に開扉されたものを除く)
(ハ) 保税工場の保税作業による製品
(ニ) 旅具通関のため運送される貨物(同一税関管内において通関業者が自己
の責任において自ら運送するものに限る)
(ホ) 運送される貨物が、関税率表の類程度の所属区分で特定されているもの
ただし、外国貿易船から直接運送される貨物(関税法施行令第15条第1
項第2号(積卸しについて呈示しなければならない書類)に規定する船卸票
が発給される場合を除く)は除く。
(ヘ) 蔵入承認貨物等取締上支障がないものとして税関長が定めた貨物

2. 保税運送の特例

(1) 特定保税運送制度

　外国貨物を運送する場合は保税運送の承認を受けなければなりませんが、運
送貨物のセキュリティ管理と法令遵守体制が整備された事業者として、あらか
じめいずれかの税関長の承認を受けた者(以下、「特定保税運送者」)が、特定区
間(注)において行う外国貨物の運送については、保税運送の承認を要しません。
(注)特定区間
　　　特定区間(特定保税運送者が保税運送の承認を受けることを要しない区間)

は、外国貨物の管理がNACCSによって行われている保税地域相互間とされています。

（2）特定保税運送者

特定保税運送者として税関長の承認を受けることができる者は、認定通関業者又は国際運送貨物取扱業者であることが要件です。

認定通関業者及び国際運送貨物取扱業者の概要は、次のとおりです。

① 認定通関業者

「認定通関業者」は、関税法第79条第1項の規定により、通関業務その他の輸出及び輸入に関する業務を適正かつ確実に遂行できるものと認められる旨の税関長の認定を受けた者です。

表7：特定保税運送者としての要件

適用法令	事業名	対象者	事業許可等の日から3年経過	3年以内の保税運送実績
関税法		特定保税承認者	不要	不要
		保税蔵置場又は保税工場の被許可者	要	不要
		指定保税地域、総合保税地域の貨物管理者	要	不要
海上運送法	貨物定期航路事業	船社	要	要
	不定期航路事業		要	要
港湾運送事業法	一般港湾運送事業	港湾運送業者	要	要
航空法	航空運送事業	航空会社	要	要
	外国人国際航空運送事業		要	要
貨物利用運送事業法	第1種貨物利用運送事業	フォワーダー	要	要
	第2種貨物利用運送事業		要	要
	外国人国際第1種貨物利用運送事業		要	要
	外国人国際第2種貨物利用運送事業		要	要
貨物自動車運送事業法	一般貨物自動車運送事業	トラック業者	要	要

② 国際運送貨物取扱業者

　特定保税運送者として税関長の承認を受けることができる者は、国際運送貨物の運送又は管理に関する業務を行う者で、**表7**に掲げる要件に該当する者です。

《関税法》
（保税運送の特例）
第63条の2　認定通関業者又は国際運送貨物取扱業者（中略）であつて、あらかじめいずれかの税関長の承認を受けた者（中略）が特定区間であつて政令で定める区間において行う外国貨物の運送（中略）については、前条第1項の規定による承認を受けることを要しない。
（以下省略）
（承認の手続等）
第63条の3　前条第1項の承認を受けようとする者は、その住所又は居所及び氏名又は名称その他必要な事項を記載した申請書を税関長に提出しなければならない。
（以下省略）

（3）特定保税運送者の承認の要件

　税関長は、特定保税運送者の承認をしようとするときは、次に掲げる基準に適合するかどうかを審査しなければなりません。
　この審査は、申請者について貨物のセキュリティ管理と法令遵守体制が整備されているかどうかを確認するために行われるものです。

① 承認を受けようとする者が、次の欠格事由のいずれにも該当しないこと
　イ　関税法等の規定に違反して刑に処せられ、又は通告処分を受け、その刑の執行を終わり、若しくは執行を受けることがなくなった日又は通告処分を履行した日から3年を経過していない者であること。
　ロ　関連事業法の規定に違反して刑に処せられ、その刑の執行を終わり、若しくは執行を受けることがなくなった日から3年を経過していない者であること。
　　（注）関連事業法
　　　「関連事業法」とは、関税法施行令第55条の6（国際運送貨物取扱業者）の承認の要件に係る法律の指定に規定する国際運送貨物取扱業者の区分に応じて定められている法律のことです。
　ハ　イ及びロ以外の法令に違反して禁錮以上の刑に処せられ、その刑の執行

を終わり、又は執行を受けることがなくなった日から2年を経過していない者であること。

ニ　暴力団員等

a　暴力団対策法等の規定に違反し（の罪を犯し）、罰金の刑に処せられ、その刑の執行を終わり、又は執行を受けることがなくなった日から2年を経過していない者であること。

b　暴力団員（又は暴力団員でなくなった日から5年を経過していない者）

ホ　法人で、その役員が上記イからニまでに該当している者であること。

ヘ　特定保税運送者の承認を取り消された日から3年を経過していない者であること。

② 　**NACCSを使用して特定保税運送に関する業務を行い、当該業務を適正かつ確実に遂行することができる能力を有していること。**

③ 　**特定保税運送に関する業務について、法令を遵守するための規則を定めていること。**

《関税法》

（承認の要件）

第63条の4　税関長は、第63条の2第1項（保税運送の特例）の承認をしようとするときは、次に掲げる基準に適合するかどうかを審査しなければならない。

一　承認を受けようとする者が次のいずれにも該当しないこと。

イ　この法律若しくは関税定率法その他関税に関する法律又はこれらの法律に基づく命令の規定に違反して刑に処せられ、又は通告処分を受け、その刑の執行を終わり、若しくは執行を受けることがなくなつた日又はその通告の旨を履行した日から3年を経過していない者であること。

ロ　政令で定める国際運送貨物取扱業者の区分に応じ、政令で定める法律又はその法律に基づく命令の規定に違反して刑に処せられ、その刑の執行を終わり、又は執行を受けることがなくなつた日から3年を経過していない者であること。

ハ　イ及びロに規定する法令以外の法令の規定に違反して禁錮以上の刑に処せられ、その刑の執行を終わり、又は執行を受けることがなくなつた日から2年を経過していない者であること。

ニ　暴力団員による不当な行為の防止等に関する法律の規定に違反し、又は刑法第204条（傷害）、第206条（現場助勢）、第208条（暴行）、第208条の2第1項（凶器準備集合及び結集）、第222条（脅迫）若しくは第247条（背任）の罪若しくは暴力行為等処罰に関する法律の罪を犯し、罰金の刑に処せられ、その刑の執行を

終わり、又は執行を受けることがなくなつた日から2年を経過していない者であること。

ホ　暴力団員等であること。

ヘ　その業務についてイからホまでに該当する者を役員とする法人であること又はその者を代理人、使用人その他の従業者として使用する者であること。

ト　暴力団員等によりその事業活動を支配されている者であること。

チ　第63条の8第1項第1号ロ又は第2号（承認の取消し）の規定により第63条の2第1項の承認を取り消された日から3年を経過していない者であること。

二　承認を受けようとする者が、特定保税運送に関する業務を電子情報処理組織を使用して行うことその他当該業務を適正かつ確実に遂行することができる能力を有していること。

三　承認を受けようとする者が、特定保税運送に関する業務について、その者（その者が法人である場合においては、その役員を含む。）又はその代理人、支配人その他の従業者がこの法律その他の法令の規定を遵守するための事項(中略)を規定した規則を定めていること。

（4）承認の失効

　特定保税運送者の承認は、次のいずれかに該当するに至ったときは、その効力を失います。承認の存続を不適当とする事態が生じたときは、税関長があらためて取消処分をすることなく、承認はその効力を失います。

① **保税運送の特例に関する規定の適用を受ける必要がなくなった旨の届出があったとき。**

② **次に掲げる者の区分に応じ、それぞれ次に定める場合に該当するとき。**

イ **認定通関業者：認定通関業者の認定が失効した場合**

ロ **国際運送貨物取扱業者：当該業者の要件を欠くに至った場合**

　特定保税運送者制度は、「認定通関業者」などがそれぞれ所定の資格を有していることを前提として実施されるものであるので、仮に、「認定通関業者」などがその前提とされている資格要件を欠くことになれば、引き続き特定保税運送者の承認を存続させておくのは不適当です。このため、あらためて税関長が承認の取消しをするまでもなく、承認はその効力を失います。

　例えば、「認定通関業者」について、通関業の許可が消滅する、或いは税関長が通関業の許可を取り消すという事態があれば、「認定通関業者」に係る認定そのものが効力を失う（関税法第79条の3第1項）ことになります。その結果、当

該「認定通関業者」であった者に係る特定保税運送者の承認も、同時にその効力を失います。

　このことは、「国際運送貨物取扱業者」についても同様です。例えば、港湾運送事業者が港湾運送事業法に違反する行為をするなど、同法に規定する欠格事由（禁錮以上の処罰を受けたことなど）に該当することがあれば、国土交通大臣は、当該港湾運送事業の許可を取り消すことができるとされており、当該許可が取り消されれば、「国際運送貨物取扱業者」であった者に係る特定保税運送者の承認は、同時にその効力を失います。

③　税関長が承認を取り消したとき。

　税関長が特定保税運送者の承認を取り消すと、承認の効力は将来に向かって失われることになります。

《関税法》
（保税運送の特例の適用を受ける必要がなくなつた旨の届出）
第63条の6　特定保税運送者は、第63条の2第1項（保税運送の特例）の規定の適用を受ける必要がなくなつたときは、政令で定めるところにより、その旨を同項の承認をした税関長に届け出ることができる。
（承認の失効）
第63条の7　第63条の2第1項（保税運送の特例）の承認は、次の各号のいずれかに該当するに至つたときは、その効力を失う。
　一　前条の規定による届出があつたとき。
　二　（省略）
　三　次に掲げる者の区分に応じ、それぞれ次に定める場合に該当するとき。
　　イ　認定通関業者（ロに掲げる者であるものを除く。）　第79条第1項（通関業者の認定）の認定が失効した場合
　　ロ　国際運送貨物取扱業者　第63条の2第1項に規定する要件を欠くに至つた場合
　四　税関長が承認を取り消したとき。
（以下省略）

（5）承認の取消し

　税関長は、特定保税運送者が次のいずれかに該当するに至ったときは、その承認を取り消すことができます。

① **特定保税運送者が次のいずれかに該当するに至ったとき**

イ **承認取得者の承認の要件の一部に該当することとなったとき、又は承認の要件に適合しないこととなったとき**

　特定保税運送者が、例えば、前記(3)に掲げる欠格事由に該当することになった場合には、その者を特定保税運送者として存続させておくことは適当ではないので、取消処分の対象となります。欠格事由に該当する場合は、外見上不明確なことがあるので、税関長の取消処分によってこれを明らかにし、承認の効力を消滅させるものです。

　また、特定保税運送者が、特定保税運送に関する業務をNACCSを使用して行うことがなくなった場合など、適正な業務処理ができないことが明らかになったときにも、承認が取り消されることがあります。

ロ **税関長の「規則等に関する改善措置」の求めに応じなかったとき。**

　税関長は、特定保税運送者が関税法の規定に従って特定保税運送を行わなかったことその他の事由により、同法の実施を確保する必要があると認めるときは、「法令遵守規則」又は当該規則に定められた事項に係る業務の遂行に関し、その改善に必要な措置を講ずることを求めることができます。

　具体的には、特定保税運送に関する業務について、関税法の規定に違反する行為が発見された場合や、法令遵守規則に則して特定保税運送に関する業務が適正かつ確実に行われていないと認められる場合などには、税関長は、その改善に必要な措置を講ずることを求めることになります。

　しかし、そのような求めに応じて改善措置を講じないということがあれば、特定保税運送者に係る承認を引き続き存続させておくことは適当ではないので、税関長の処分により、その承認の取消しが行われることがあります。

② **特定保税運送に際し、運送目録を提示せず若しくはこれらの規定による確認を受けず、又は運送目録を提出しなかったとき。**

　特定保税運送者制度は、運送貨物のセキュリティ管理と法令遵守体制の整備された事業者により実行されることがその前提となっています。

　このため、特定保税運送者が、特定保税運送に際し、関税法第63条の2に規定する所定の手続きを履行しないときは、特定保税運送者制度の適正な運用を確保することができなくなります。

　このような事態を放置することは適当ではないので、税関長の処分により、その承認の取消しが行われることがあります。

《関税法》

（承認の取消し）

第63条の８　税関長は、次の各号のいずれかに該当するに至つたときは、第63条の２
第１項（保税運送の特例）の承認を取り消すことができる。

一　特定保税運送者が次のいずれかに該当するとき。

イ　第63条の４第１号イからトまで（承認の要件）に該当することとなつたとき又
は同条第２号に適合しないこととなつたとき。

ロ　第63条の５（規則等に関する改善措置）の規定による税関長の求めに応じなか
つたとき。

二　特定保税運送に際し、第63条の２第２項若しくは第３項の規定による運送目録
の提示をせず、若しくはこれらの規定による確認を受けず、又は同条第４項の規
定による運送目録の提出をしなかつたとき。

（以下省略）

3. 郵便物の保税運送

（1）郵便物の通関手続

外国から本邦に到着した輸入郵便物は、通関手続を行うために日本郵便株式
会社の国際郵便局に運送され、その局内で郵便物の仕分けや税関検査が行われ
ます。

輸入郵便物のうち、税関告知書の記載内容から、輸入申告が必要とされた郵
便物（課税価格が20万円を超えるもの）については、その郵便物が保管されてい
る保税地域（国際郵便局）で輸入通関手続が行われるほか、他の保税地域に運送
されて通関手続が行われることになります。

（2）郵便物の保税運送

他の保税地域に運送される外国貨物である郵便物（外国から本邦に到着した
輸入郵便物）は、税関の取締りの下を一時離れることになるので、その運送に
ついては、所定の税関手続を要することになりますが、郵便物は、従前におい
ては、旧日本郵政公社の管理の下で逓送されるものであり、保税運送の手続き
を要しない外国貨物とされていた経緯もあり、特定区間に限り、簡易な手続き
（税関への届出）によりその運送が認められています。

《関税法》

（郵便物の保税運送）

第63条の9　郵便物（特定郵便物を除く。）は、税関長に届け出て、特定区間に限り、
　外国貨物のまま運送することができる。

（以下省略）

4. 難破貨物等の運送

　次に掲げる外国貨物は、その外国貨物がある場所から開港、税関空港、保税
地域又は税関官署に外国貨物のまま運送することができます。

① 難破貨物
② 運航の自由を失った船舶又は航空機に積まれていた貨物
③ 仮に陸揚げされた貨物

　これらの貨物は、遭難等の特殊な事由により、開港、税関空港、保税地域等
以外の場所に置かれているものであることから、輸入、積戻し等のため開港、
税関空港、保税地域等へ運送する必要が生じるので、その「ある場所」からこれ
らの地域向けに外国貨物のまま運送できることとされています。

　ただし、難破貨物、運航の自由を失った船舶又は航空機に積まれていた貨物、
仮に陸揚げされた貨物であっても、それが開港、税関空港又は保税地域にある
場合の運送手続は、関税法第64条に規定する手続きではなく、第63条に規定す
る保税運送手続によることになります。

《関税法》

（難破貨物等の運送）

第64条　次に掲げる外国貨物は、第63条第1項前段（保税運送）の規定にかかわらず、
　そのある場所から開港、税関空港、保税地域又は税関官署に外国貨物のまま運送す
　ることができる。この場合においては、その運送をしようとする者は、税関長（税関
　が設置されていない場所においては税関職員）の承認を受けなければならない。ただ
　し、税関が設置されていない場所から運送をすることについて緊急な必要がある場
　合において、税関職員がいないときは、警察官にあらかじめその旨を届け出なけれ
　ばならない。

一　難破貨物
二　運航の自由を失つた船舶又は航空機に積まれていた貨物
三　仮に陸揚げされた貨物

（以下省略）

5. 外国貿易船等による内国貨物の運送

　内国貨物は、通常、税関の取締りを受けませんが、内国貨物を外国貿易船又は外国貿易機により国内相互間を運送しようとする場合には、その貨物が外国貨物とすり替わることや、その貨物が輸出手続きを経ることなく輸出されることがあり得るため、税関長の承認を要することとし無許可輸出を防止しようとするものです。

　内国貨物の外国貿易船等による運送は、不開港から開港又は税関空港への運送、あるいは開港又は税関空港から不開港への運送については、運送の確認等その取締りを確実に行うことが困難な場合が多いので、特にやむを得ない事由がある場合以外は承認されません。

　なお、外国籍船舶等で内国貨物の運送をしようとする場合は、本条の規定による税関長の承認を受けるほか、別途、国土交通大臣の許可を要します。

《関税法》
（内国貨物の運送）
第66条　内国貨物を外国貿易船等に積んで本邦内の場所相互間を運送しようとする者は、税関長に申告してその承認を受けなければならない。
2　前項の承認を受けた貨物が運送先に到着したときは、その承認を受けた者は、当該承認を証する書類を、直ちに到着地の税関に提出しなければならない。

第8章　保税運送②　保税運送の実務

1. 輸入貨物の保税運送

（1）通常の保税運送

① 保税運送承認申告手続

　NACCSを使用して保税運送申告に係る手続きを行う場合は、「保税運送申告」業務を利用します。その際、審査区分が「1」（簡易審査扱い）の場合は、即時に承認され、承認の通知情報が配信されます。審査区分が「2」（書類審査扱い）の場合は、申告控え情報が配信され、税関による審査が終了することで承認されることとなります。また、税関が要確認又は要施封を指定した場合は、その旨が配信される出力情報に表示されます。

　なお、NACCSを使用した保税運送申告は、輸入貨物、仮陸揚貨物及び未通関積戻し貨物を対象とするので注意が必要です。

　マニュアル貨物を運送しようとするときは、あらかじめ「外国貨物運送申告書（目録兼用）」（C-4000）[p.325] 3通に必要な事項を記載して税関長に申告し、その承認を受けなければなりません。

　保税運送の申告が行われると、税関では、書類審査を行うほか、必要に応じ、現物の確認や貨物の施封を行うことがあるので、申告書の提出は、発送予定の少なくとも半日前に行うことが望まれます。

（注）保税運送申告書等の用途

　　「外国貨物運送申告書（目録兼用）」（C-4000）3通は、次のように使用されます。

　　　1枚目…「原本」として承認税関において保管
　　　2枚目…「承認書」として申請者に交付
　　　3枚目…「到着証明用」として発送及び到着の確認の際に使用

《関税法》

（保税運送）

第63条　外国貨物（中略）は、税関長に申告し、その承認を受けて、開港、税関空港、保税地域、税関官署及び第30条第1項第2号（外国貨物を置く場所の制限）の規定により税関長が指定した場所相互間（中略）に限り、外国貨物のまま運送することができる。（後略）

2　（省略）

3　第1項の運送に際しては、政令で定めるところにより、運送目録を税関に提示し、その確認を受けなければならない。（後略）

（以下省略）

《関税法施行令》

（保税運送の手続）

第53条　法第63条第1項（保税運送）の規定による申告は、運送に使用しようとする船舶、航空機又は車両の名称、登録記号又は種類、運送しようとする貨物の運送先、記号、番号、品名、数量及び価格並びに運送の期間及び目的を記載した書面でしなければならない。

2　法第63条第3項に規定する運送目録には、運送に使用しようとする船舶、航空機又は車両の名称、登録記号又は種類並びに運送しようとする貨物の運送先、記号、番号、品名及び数量を記載しなければならない。

3　税関長は、前2項の場合において、運送する距離が短いことその他の事情によりその記載の必要がないと認めるときは、その必要がないと認める事項の記載を省略させることができる。

②　保税運送の種類

　保税運送には、その運送の方法により、次の3種類があり、これらの方法を組み合わせて運送することもできます。

　　イ　船舶による海路運送（ICT）

　　ロ　鉄道又はトラック等による陸路運送（OLT）

　　ハ　航空機による空路運送（OAT）

③　保税運送の申告者

　保税運送の申告は、運送しようとする外国貨物についての運送契約上の当事者である貨主、荷送人、運送人又は運送取扱人がその名をもって行うことを基本とし、これらの者からの依頼により通関業者が代理人として保税運送の申告を行うことができます。

④　**運送期間の指定及びその期間の延長の手続き**

　保税運送の承認に際しては、運送距離及び運送事情等をも考慮し、十分な余裕を見込んで運送期間の指定が行われます。

　指定期間内に貨物が到着しない見通しとなった場合には、運送の承認を受けた税関長又は貨物がある場所を所轄する税関長に「運送期間延長承認申請書」（C-4020）[p.328] 3通を提出して、運送期間延長の承認を受けなければなりません。

《関税法》
（保税運送）
第63条　（省略）
2〜3　（省略）
4　税関長は、第1項の承認をする場合においては、相当と認められる運送の期間を指定しなければならない。この場合において、その指定後災害その他やむを得ない事由が生じたため必要があると認めるときは、税関長は、その指定した期間を延長することができる。
（以下省略）

⑤　**担保の提供**

　外国貨物のうち関税が有税の貨物にあっては、関税が未納のまま国内運送されるため、運送中に貨物が抜き取られたり、紛失したりすることもあることから、そのような場合の対策も考慮しておかなければなりません。その対策の一つとして、税関長は、必要があると認めるときは、運送貨物に係る関税額に相当する担保を提供させることができます。

　しかし、次の者が運送の承認を受ける場合には、担保の提供は省略されます。
　イ　通関業者、船会社、航空会社、指定法人等の所有する指定保税地域の借受者、保税蔵置場の倉主、保税工場の倉主、保税展示場の許可を受けた者で、税関長が信用確実と認め、かつ以前に関税法違反をしたことがない者
　ロ　資力、信用等が確実であると認められる者
　なお、システム貨物の保税運送申告において、担保の提供を必要とする場合は、NACCSによる保税運送手続の対象外となっていますので、マニュアル手続き又は「汎用申請」業務で行うこととなります。

《関税法》
（保税運送）
第63条　（省略）

2　税関長は、前項の承認をする場合において必要があると認めるときは、税関職員に同項の貨物の検査をさせ、また、関税額に相当する担保を提供させることができる。

（以下省略）

⑥　税関の検査又は施封

　運送貨物のうち、税関が必要と認めたものについては、その承認の前又は承認後に税関の保税担当部門による貨物の検査又は施封（シール）が行われることがあります。

　運送貨物について、到着地での税関による確認の指定を受けた場合、又は税関によってシールを施された場合には、運送途上での紛失やシール破損などその取扱いには、特に注意が必要です。

⑦　運送貨物の発送手続

　保税運送貨物の発送にあっては、システム貨物かマニュアル貨物かを問わず、まず、税関の運送承認が得られていることを確認することが重要です。具体的には、倉主等は、必ず搬出（発送）の前に、システム貨物の場合は、保税運送承認通知情報（書）又は貨物情報照会業務により確認します。マニュアル貨物にあっては保税運送承認書を確認します。

　保税運送の承認に際して要確認又は要施封の指定を受けた貨物については、その発送時に、その運送承認書等を税関職員に提出し、その確認を受けなければなりません。この処理は、現物確認が必要とされる貨物にあっては、発送のための搬出が終了した際に行われますが、マニュアル貨物であっても、現物確認が必要とされない貨物にあっては、保税運送承認が行われた際に同時に行われることとなっています。

　マニュアル貨物の発送手続は、具体的には、次のように行われます。

　なお、システム蔵置場であっても、到着先の保税地域等がNACCS非対応の場合は、マニュアル貨物としての手続きが必要です。

　イ　運送承認書及び運送承認書写し（到着証明用）を発送地を管轄する保税担当部門に提出する。

　ロ　その税関の保税担当部門が発送を確認した場合には、提出された運送承認書等に確認した旨、シールが施された場合にはその種類、個数を、また、事故貨物がある場合にはその状況（いわゆるリマーク）が記入され申告者に交付される。

　ハ　貨物を複数台のトラック等で分割運送する場合には、

　　(イ) 最初のトラック等に運送承認書を持たせる。

(ロ) 個々のトラック（2台目以後）等には適宜の送り状（運送申告書ごとの一連番号を付したもの）を持たせる。

(ハ) 最後のトラック等に到着証明用（前記(イ)、(ロ)の発送数量、発送年月日、シール、リマークの状況を裏書きする）を交付して全量の発送を認める。

⑧　運送貨物の到着の確認

到着地の倉主等は、保税運送の承認を受けたシステム貨物が運送先に到着したときはNACCSの「搬入確認登録」業務を行います。

マニュアル貨物の場合は、次の事務処理を行います。なお、システム蔵置場等であっても発送地の保税地域等がNACCS非対応の場合は、マニュアル貨物の手続きが必要です。

イ　税関の到着確認を要するもの又は要施封とされている貨物が到着したときは、直ちに到着地を管轄する税関の保税担当部門に連絡して確認を受けます。

ロ　上記以外の貨物の場合は、到着した貨物と運送承認書に記載された事項を対査し、異常がなければ搬入の手続きを進め、もし異常がある場合には、直ちに到着地を管轄する税関の保税担当部門に連絡するほか、到着の状況を運送承認書の裏面に記載します。

ハ　保税担当の税関職員に到着証明用を提出し、到着年月日、到着貨物の数量、異常の有無の確認を受けます。

いずれの場合も、倉主等は到着確認の手続きと併せて搬入手続きを行います。また、システム貨物を含め、到着貨物中に麻薬又は銃砲刀剣類が発見された場合には、必ず直ちに到着地を管轄する税関の保税担当部門に連絡します。

なお、システム貨物を含め、税関が施した施封（シール）を税関の指示なく破棄すると、封印破棄罪として処罰される（刑法第96条）場合があるので注意が必要です。

⑨　運送承認書写しの税関への提出

マニュアル貨物の保税運送の承認を受けた者は、前記⑧により到着確認を受けた運送承認書写し（到着確認用）を、到着確認を受けた日から1か月以内に当該運送の承認を行った税関（保税担当部門）へ提出することとされていますが、保税運送が次のいずれかに該当する場合には、その実効性等を考慮して、運送承認書写し（到着証明用）の運送の承認を行った税関への提出は要しません。(到着した事実の連絡は、到着確認を行った税関の保税担当部門が行います)

イ　保税運送の承認と到着の確認を行う税関官署が同一であって、その税関官署の管轄区域内における場所相互間で行われる保税運送

　　ロ　同一の税関の管轄区域内において常例的に多数の保税運送が行われる場
　　　所として、税関長が指定した特定の場所相互間において行われる保税運送
　　　（指定が行われた場合には、税関長は、適宜の方法により掲示することに
　　　なっています）
　　ハ　輸出の許可を受けた貨物に係る保税運送
　　なお、システム貨物の場合は、承認税関への報告は不要です。

（2）包括保税運送

①　包括保税運送の承認手続
　　包括保税運送の承認手続等は、概ね、次のように行います。

イ　承認申告書の提出
　　包括保税運送の承認を受けようとする者は、「包括保税運送申告書」（C-4010）
［p.326］3通を発送地所轄税関官署に提出します。

ロ　包括保税運送の承認等
　　包括保税運送の承認に際し、発送地を管轄する税関において、運送の期間が
指定され、包括保税運送申告書の1通に承認印が押されたものが運送承認書と
して、申告者に交付されます。（他の1通は、到着地所轄税関官署に送付されま
す）

ハ　承認の期間
　　包括保税運送の承認の期間は、1年以内です。

ニ　包括保税運送の継続
　　継続して包括保税運送の承認を受けようとする場合には、承認の期間の満了
日が到来する前に、あらためて前記イの手続きをとることになります。

《関税法》
（保税運送）
第63条　外国貨物（中略）は、税関長に申告し、その承認を受けて、開港、税関空港、
　保税地域、税関官署及び第30条第1項第2号（外国貨物を置く場所の制限）の規定に
　より税関長が指定した場所相互間（中略）に限り、外国貨物のまま運送することがで
　きる。この場合において、税関長は、運送の状況その他の事情を勘案して取締り上
　支障がないと認めるときは、（中略）税関長が指定する期間内に発送される外国貨物
　の運送について一括して承認することができる。
（以下省略）

②　包括保税運送の発送、到着確認等の手続き
　　マニュアル貨物の包括保税運送においては、運送承認書の確認は、運送承認

を受けた期間の範囲内で1か月ごとにまとめて行われます。

　マニュアル貨物の包括保税運送の発送、到着確認等の具体的な手続きは、次のように進めてください。

　なお、システム貨物の場合は、NACCSで搬出登録業務及び搬入登録業務を行いますが、システム蔵置場であっても、到着地又は発送地がNACCS非対応の場合は、マニュアル貨物の発送、到着手続が必要となるので注意が必要です。

イ　運送者は、貨物の運送を行う際に当該貨物の送り状4部を作成し、発送地の倉主等に提示し、運送貨物について確認を受けます。「送り状」の様式については、原則として「外国貨物運送申告書（目録兼用）」（C-4000）[p.325]を使用します。

ロ　上記イの確認を受けた送り状のうち1部は発送地の倉主等に渡し、当該倉主等は当該送り状を保管することにより搬出の記帳として差し支えありません。

ハ　運送者は、貨物が運送先に到着したときは、当該送り状（3部）を到着地の倉主等に提示し、貨物の到着についての確認を受けます。

ニ　上記ハの確認を受けた送り状のうち2部は到着地の倉主等に渡し、当該倉主等は当該送り状の1部を保管することにより搬入の記帳としても差し支えありません。また、他の1部は当該倉主等が1か月分を取りまとめて、翌月10日までに到着地を管轄する税関の保税担当部門に提出します。

ホ　運送者は、上記ハにより確認を受けた送り状1か月分を取りまとめて、翌月10日までに発送地を管轄する税関の保税担当部門に提出します。

ヘ　運送者は、運送貨物に関し、発送前、運送途中、到着時等において破損、亡失、その他の事故又は異常を発見したときは、直ちに発送地又は到着地を管轄する税関の保税担当部門に報告をします。

ト　税関からあらかじめ通知のあった貨物については、発送地の倉主等は、発送前に発送地を管轄する税関の保税担当部門に通報します。この場合の運送貨物の発送は、関税法基本通達63-8（運送貨物の発送の際の現物確認及び施封）[p.255]の規定に準じて取り扱うとともに、送り状には必要な事項を記載します。

　また、到着地の倉主等は、当該貨物が到着したときは直ちに到着地を管轄する税関の保税担当部門に通報します。

チ　指定された運送期間内に貨物が到着しなかった場合には、関税法65条（運送の期間の経過による関税の徴収）により、その関税が徴収されることになるので、期間内に到着するよう十分な注意が必要です。

2. 郵便物の保税運送

(1) 郵便物の保税運送に係る届出の手続き

　郵便物(特定郵便物を除く)に係る運送の届出を行おうとする者は、「郵便物保税運送届出書」(C-4015)[p.327] 3通に必要な事項を記載して発送地又は到着地を管轄する税関の保税担当部門に提出します。

　この場合において、届出者は、届出日から1年以内に発送する郵便物の運送について一括して届け出ることができます。

(2) 郵便物を保税運送する際の手続き等

①　運送目録の確認等

　郵便物の保税運送に際しては、「送り状」(原則として、通常郵便物に関する施行規則第186条第3項の規定により記入された引渡明細表に、必要に応じ、貨物の品名、記号及び番号、個数、数量、申告価格等を追記したもの) 4部を倉主等に提示しその確認を受けます。

　届出に係る郵便物が運送先に到着したときは、その郵便物の運送者は、発送地の倉主等の確認を受けた送り状(3部)を到着地の倉主等に提示し、郵便物についての到着の確認を受けた後、うち1部を受け取ります。

②　運送目録の提出時期等

　郵便物の運送者は、確認を受けた送り状1部について、1か月分を取りまとめの上、翌月の10日までに発送地を管轄する税関に提出します。

　到着地の倉主等は、運送者から受け取った送り状のうち1部を保管することにより搬入の記帳として差し支えないものとし、他の1部については1か月分を取りまとめの上、翌月の10日までに到着地を管轄する税関に提出します。

　なお、郵便物の運送者、発送地の倉主等及び到着地の倉主等のすべてが送り状を保存している場合であって、税関長が取締上支障がないと認めたものについては、1か月分の送り状を保存することにより、税関への送り状の提出を省略することができます。この場合、発送地及び到着地の倉主等は、税関職員の求めに応じ、運送実績を随時提示することができるよう措置することが必要です。

③　郵便物を保税運送する際の手続き等

　郵便物を保税運送する際の手続き等の詳細については、関税法施行令及び関

税法基本通達において規定されているので、参照してください。

《関税法》

（郵便物の保税運送）

第63条の９　郵便物（特定郵便物を除く。）は、税関長に届け出て、特定区間に限り、外国貨物のまま運送することができる。

2　前項の運送に際しては、運送目録を税関に提示し、その確認を受けなければならない。

3　第１項の規定による届出に係る郵便物が運送先に到着したときは、その届出をした者は、前項の確認を受けた運送目録を、遅滞なく到着地の税関に提示し、その確認を受けなければならない。

4　第１項の規定による届出をした者は、前項の確認を受けた運送目録をその届出をした税関長に提出しなければならない。

（以下省略）

---

3. 運送の期間の経過による関税の徴収

（1）通常の保税運送

　保税運送貨物が、指定運送期間内に到着しない（荷抜き、紛失などによる）ときは、税関は、運送承認を受けた者から直ちにその関税を徴収することになっています。

　なお、輸出貨物に関税は課されないので、輸出の許可を受けた貨物（外国貨物）が亡失したとしても、関税の徴収が行われることはありません。

　関税が徴収される場合には、税関から「賦課決定通知書」及び「納税告知書・領収証書」（C-1070）が送達されます。

　不着の原因が災害その他やむを得ない事由による亡失の場合又はあらかじめ税関長の承認を受けて滅却した場合には、関税の徴収は行われません。

（注）用語の意義

　①　「災害」とは、震災、風水害等の天災又は火災その他の人為的災害で自己の責任によらないものに基因する災害をいいます。

　②　「その他やむを得ない理由」とは、災害に準ずるような理由をいい、誤送、窃盗による盗難等の理由は含みません。

　③　「亡失」とは、原則として、貨物が物理的に存在しなくなることをいい、原形をある程度とどめている場合であっても、その課税物品の本来の性質、

形状、構造、機能及び商品価値を著しく失い、これを事故前の状態に復元するには、新たに製造する場合と同程度の行為を要する認められる状況にある場合を含みます。

④　「滅却」とは、焼却等により貨物の形態をとどめなくすることをいいます。

　　ただし、当該貨物の残存価値がほとんどないと認められる状態（例えば、空ビン、レコード、電子計算器機等の破壊、塗料等への土砂の混入又はフィルム、衣類等の裁断）にしたもので、取締上支障のないと認められる場合は、「滅却」とみなします。

（2）特定保税運送

特定保税運送に係る外国貨物（輸出の許可を受けた貨物を除きます）が発送の日の翌日から起算して7日以内に運送先に到着しないときは、特定保税運送者から、直ちにその関税を徴収します。

特定保税運送においては、その運送に際し、運送期間の指定ということは行われないので、このように措置することとされています。

なお、この場合における関税徴収、関税の納付義務の免除の手続き等は、普通の保税運送の場合と同様です。

《関税法》

（運送の期間の経過による関税の徴収）

第65条　第63条第1項（保税運送）又は前条第1項の規定により運送の承認を受けて運送された外国貨物（輸出の許可を受けた貨物を除く。次項において同じ。）がその指定された運送の期間内に運送先に到着しないときは、運送の承認を受けた者から、直ちにその関税を徴収する。ただし、当該貨物が災害その他やむを得ない事情により亡失した場合又はあらかじめ税関長の承認を受けて滅却された場合は、この限りでない。

2　特定保税運送に係る外国貨物が発送の日の翌日から起算して7日以内に運送先に到着しないときは、特定保税運送者から、直ちにその関税を徴収する。この場合においては、前項ただし書の規定を準用する。

3　第45条第2項（許可を受けた者の関税の納付義務等）の規定は、第1項ただし書（前項において準用する場合を含む。）の承認について準用する。

4　第63条第1項若しくは前条第1項の規定により運送の承認を受けて運送された外国貨物又は特定保税運送に係る外国貨物が運送先に到着する前に亡失した場合には、その運送の承認を受けた者又は特定保税運送者は、直ちにその旨を当該承認又は第63条の2第1項（保税運送の特例）の承認をした税関長に届け出なければならない。

4. 運送貨物が亡失した場合の届出

（1）運送貨物が亡失した場合の届出

　関税法第63条第1項若しくは第64条第1項の規定により運送の承認を受けた外国貨物又は特定保税運送に係る外国貨物が運送先に到着する前に亡失した場合には、その運送を受けた者又は特定保税運送者は、直ちにその旨を保税運送の承認又は特定保税運送者の承認をした税関長に届け出なければなりません。（運送された郵便物が亡失した場合にも届出が必要になります）

　なお、亡失の届出を要する外国貨物には、輸出の許可を受けたものも含まれるので、留意が必要です。

（2）届出の手続き

　運送貨物が亡失した場合の届出は、保税蔵置場にある外国貨物が亡失した場合の取扱いに準じます。

《関税法》
（運送の期間の経過による関税の徴収）
第65条　（省略）
2～3　（省略）
4　第63条第1項若しくは前条第1項の規定により運送の承認を受けて運送された外国貨物又は特定保税運送に係る外国貨物が運送先に到着する前に亡失した場合には、その運送の承認を受けた者又は特定保税運送者は、直ちにその旨を当該承認又は第63条の2第1項（保税運送の特例）の承認をした税関長に届け出なければならない。

第9章　収容・公売

1. 収容の対象となる貨物

収容される貨物は、次に該当するものです。

① 保税地域に蔵置後、一定期間経過した貨物
  イ　指定保税地域にある外国貨物で、その指定保税地域に入れた日から1か月を経過したもの
  ロ　保税蔵置場にある外国貨物で、その貨物を最初に保税蔵置場に置くことが承認された日から2年を経過したもの
    したがって、保税蔵置場に置くことの承認を受けた後、実際に保税蔵置場に搬入するまでの期間及び他の保税蔵置場にあった期間も通算されます。
  ハ　保税工場にある外国貨物で、その貨物が現在ある保税工場に置くことが承認された日から2年を経過したもの
    この場合も、保税工場に置くことの承認を受けた後、実際に保税工場に搬入するまでの期間は通算されます。
  ニ　総合保税地域にある外国貨物で、その貨物が現在ある総合保税地域に置くこと等が承認された日から2年を経過したもの
② 保税蔵置場、保税工場、総合保税地域にある外国貨物で、それぞれの保税地域において必要とされている置くこと等の承認を受けることなく3か月（やむを得ない理由により税関長の承認を受けた場合の延長期間を含みます）を経過したもの
③ 指定保税地域の指定の取消し後又は保税蔵置場、保税工場、保税展示場若しくは総合保税地域の許可の消滅後これらの場所に置かれている外国貨物で、税関長が指定する期間（保税地域とみなされる期間）を経過してもなおこれらの場所に置かれているもの
④ 他所蔵置の許可を受け、指定された場所に置かれている外国貨物で、指定された期間を経過したもの
⑤ 税関長の搬出命令を受けた貨物で、指定期間内にその保税地域から搬出さ

れないもの

　なお、この場合は外国貨物か内国貨物かを問いません。
⑥　収容解除の承認を受けた貨物で、収容解除の承認を受けた日から3日を経過したもの

　ただし、収容の際に置かれていた場所で収容（現場収容）された外国貨物で、輸出入許可又は輸入許可前引取りの承認を受けたものは除かれます。

　以上が通常の場合における収容の対象となる貨物ですが、収容対象となる貨物が生活力を有する動植物であるとき、腐敗、変質したとき、腐敗、変質のおそれがあるとき、又は他の外国貨物を害するおそれがあるときは、早期にこれを収容する必要があるので、所定の期間内であっても収容が行われることがあります。これを「緊急収容」といいます。

《関税法》
（貨物の収容）
第80条　税関長は、保税地域の利用についてその障害を除き、又は関税の徴収を確保するため、次に掲げる貨物を収容することができる。この場合においては、国は、故意又は過失により損害を与えた場合を除くほか、その危険を負担しない。
　一　指定保税地域にある外国貨物で、当該指定保税地域に入れた日から1月を経過したもの
　二　保税蔵置場にある外国貨物で、第43条の2（外国貨物を置くことができる期間）に規定する期間を経過したもの
　三　保税工場にある外国貨物で、第57条（外国貨物を置くことができる期間）に規定する期間を経過したもの
　三の二　総合保税地域にある外国貨物で、第62条の9（外国貨物を置くことができる期間）に規定する期間を経過したもの
　三の三　保税蔵置場、保税工場又は総合保税地域にある外国貨物で、第43条の3第1項（外国貨物を置くことの承認）（第61条の4において準用する場合を含む。）又は第62条の10（外国貨物を置くこと等の承認）の規定による承認を受けることなく、これらの規定に規定する期間を経過したもの
　四　第41条（指定の取消し後における外国貨物）又は第47条第3項（許可の失効）（第61条の4、第62条の7及び第62条の15において準用する場合を含む。）の規定により指定保税地域又は保税蔵置場、保税工場、保税展示場若しくは総合保税地域とみなされた場所にある外国貨物で、これらの規定により税関長が指定する期間を経過したもの
　五　第30条第1項第2号（外国貨物を置く場所の制限）の規定により許可を受け、指

定された場所にある外国貨物で、同号の規定により指定された期間を経過したもの

六　保税地域にある貨物のうち、第106条第1号(特別の場合における税関長の権限)の規定により当該保税地域から出すことを命ぜられたもので、同号の規定により税関長が指定した期間を経過したもの

七　第83条第1項(収容の解除)の規定による承認を受け、その際置かれていた場所にある貨物で、その承認の日から3日(その期間中に行政機関の休日がある場合においては、その行政機関の休日を除く。)を経過したもの(次条第3項ただし書の規定により保管された外国貨物で、第67条(輸出又は輸入の許可)の許可又は第73条第1項(輸入の許可前における貨物の引取り)の承認を受けたものを除く。)

2　前項各号に掲げる貨物が生活力を有する動植物であるとき、腐敗し、若しくは変質したとき、腐敗若しくは変質の虞があるとき、又は他の外国貨物を害する虞があるときは、同項各号に掲げる期間は、短縮することができる。

3　税関長は、第1項又は前項の規定により貨物を収容したときは、政令で定めるところにより、直ちにその旨を公告しなければならない。この場合において、前項の規定による期間の短縮があるときは、税関長は、収容された貨物の知れている所有者、管理者その他の利害関係者にその旨を通知しなければならない。

《関税法施行令》

(収容の公告)

第70条　法第80条第3項(貨物の収容)の規定による公告には、収容した貨物の記号、番号、品名及び数量、その収容の際にあつた場所並びにその貨物が最初に収容された日から4月を経過してなお収容されているときは公売に付し、又は随意契約により売却する旨を記載しなければならない。

2　民事保全法(平成元年法律第91号)その他の仮差押え及び仮処分の執行に関する法令の規定により仮差押え又は仮処分の執行を受けた貨物を収容しようとするときは、仮差押えの執行を受けた貨物にあつては保全執行裁判所又は執行官若しくは強制管理人に、仮処分の執行を受けた貨物にあつては保全執行裁判所又は執行官に前項に規定する事項を通知しなければならない。

2. 収容の方法

収容された貨物は、原則として税関が管理する場所(収容倉庫)に移されますが、保管が困難な貨物については、その貨物が置かれていた場所の管理者に引き続き保管を委ねる場合(いわゆる現場収容)もあります。いずれの場合も税関

が貨物を占有することに変わりはありません。

《関税法》
（収容の方法）
第80条の2　収容は、税関が貨物を占有して行うものとする。
2　収容される貨物の質権者又は留置権者は、他の法令の規定にかかわらず、その貨物を税関に引き渡さなければならない。
3　収容された貨物は、税関が管理する場所に保管する。ただし、その場所に保管することが困難又は不適当であると認められる貨物については、その貨物が置かれている場所の管理者の承諾を得て、その者に保管させることができる。この場合においては、税関は、封印その他の方法でその貨物が収容されたものであることを明らかにしなければならない。

3. 収容の効力

　収容の効力は、税関が貨物の引渡しを受け、占有したときに発生します。
　収容の際にその貨物について質権又は留置権を有する者があっても、その収容を拒むことはできません。また、収容の効力は、収容された貨物から生じる天然の果実に及ぶので、天然果実については改めて収容の手続きを要しません。
　さらに、収容は、民事執行法による仮差押又は仮処分によってその執行を妨げられません。

《関税法》
（収容の効力）
第81条　収容の効力は、収容された貨物から生ずる天然の果実に及ぶものとする。
2　収容は、裁判上の仮差押又は仮処分によつてその執行を妨げられない。

4. 収容と他の法令との関係

　収容は輸入に該当する行為ではなく、税関の強制管理処分ですが、収容された貨物は原則として収容後4か月を経過したときに公売又は随意契約により売却されて国内に引き取られることになります。
　したがって、例えば、輸出してはならない貨物（関税法第69条の2）や輸入してはならないもの（同法第69条の11）及び他法令により輸入が禁止されているも

のは、収容しない取扱いとなっています。また、非自由化品目（輸入貿易管理令）にあっては、原則として収容することなく、輸入承認を受けて輸入するか積戻しを求める取扱いとなっています。

5. 収容の解除

収容によって税関の占有下に置かれた貨物であっても、公売、売却等の処分の執行前に、その貨物の引取りが確実であることを証明できる場合には、収容に要した費用と収容課金を税関に納付し、収容解除を申請することができます。

《関税法》
（収容課金）
第82条　収容された貨物については、貨物の種類、容積又は重量及び収容期間を基準として政令で定める額の収容課金を課する。

《関税法施行令》
（収容課金）
第70条の2　法第82条（収容課金）に規定する収容課金の額は、収容期間1日につき、収容貨物の重量1トン又は容積1立方メートルまでごとに130円とする。ただし、定率法別表第7102.31号、第7102.39号、第71.03項、第7104.21号から第7104.99号までに掲げる貴石（研磨、穴あけその他これらに類する加工をしてないもの及び機械用又は工業用に供するために形作つたものを除く。）及び同表第71.06項又は第71.08項から第71.12項までに掲げる金属については、その2倍に相当する金額とする。
2　前項の規定に基づき収容課金の額を算出した場合において、重量により算出した額と容積により算出した額とが異なるときは、その多い額を収容課金とする。
3　収容課金の計算の基礎となる期間は、貨物を収容した日から起算し、収容の解除の日又は公売若しくは随意契約による売却の日の前日までとする。

6. 収容貨物の公売

収容された貨物が、最初に収容された日から4か月を経過してもなお収容されているときは、税関長は公告した後にその貨物を公売に付します。ただし、収容された貨物が生活力を有する動植物であるとき、腐敗、変質したとき、若しくはそのおそれがあるとき、又は他の外国貨物を害するおそれがあるときに

は、4か月を経過する以前であっても公売に付されることがあります。

　この場合における公売とは、公の機関が法令の規定に基づいて、強制的に、かつ、買受の機会を一般に公開して、買受希望者を互いに競争させて行う売買のことであって、公売の方法は、一般の会計法規による方法とほとんど同じです。収容貨物の処分の方法は、公正を期するため、公売によるのが原則ですが、貨物が公売に付することができないものであるとき、又は公売に付されても買受人がないときは、公売に代えて、特定の買受希望者に対し予定価格を定め売買契約する方法、すなわち随意契約によって売却することもあります。

《関税法》
（収容貨物の公売又は売却等）
第84条　収容された貨物が最初に収容された日から4月を経過してなお収容されているときは、税関長は、政令で定めるところにより、公告した後当該貨物を公売に付することができる。この場合において、公売に付される貨物について次項の規定による期間の短縮があるときは、第80条第3項後段（貨物の収容）の規定を準用する。
2　収容された貨物が生活力を有する動植物であるとき、腐敗し、若しくは変質したとき、腐敗若しくは変質の虞があるとき、又は他の外国貨物を害する虞があるときは、前項の期間は、短縮することができる。
3　税関長は、収容された貨物が公売に付することができないものであるとき、又は公売に付された場合において買受人がないときは、政令で定めるところにより、これを随意契約により売却することができる。
4　第1項若しくは第2項又は前項の規定により第71条第1項（原産地を偽つた表示等がされている貨物）の貨物を公売に付し、又は随意契約により売却する場合においては、税関は、原産地について偽つた表示又は誤認を生じさせる表示を消さなければならない。
5　税関長は、収容された貨物のうち人の生命若しくは財産を害する急迫した危険を生ずる虞があるもの又は腐敗、変質その他やむを得ない理由により著しく価値が減少したもので買受人がないものを廃棄することができる。
6　第81条第2項（収容と仮差押又は仮処分）の規定は、第1項若しくは第2項又は第3項の規定による公売又は随意契約による売却について準用する。

7. 貨物の留置

　留置は、外国貨物が税関の占有下に置かれ、留置後4か月を経過した後、公売又は売却される点において収容と類似する制度です。しかし、収容が保税地

域の利用上の障害除去と関税債権の確保を目的とするものであることに対し、留置は、各種の法令に基づく輸出入の規制の確保を目的とするために設けられたものです。

　貨物の留置には、旅客又は乗組員の携帯品の留置と、原産地について偽った表示又は誤認を生じさせる表示がされている貨物の留置とがあります。

　旅客又は乗組員の携帯品の留置は、それらの携帯品の輸出入につき、関税法第70条の他法令の許可・承認が必要な貨物又は検査若しくは条件の具備を必要とする貨物等であるとき、税関の占有下に置き、輸出入の規制の実効を確保しようとするものです。

　また、原産地について直接若しくは間接に偽った表示又は誤認を生じさせる表示がされた貨物は、虚偽の表示又は誤認を生じさせる表示が抹消、訂正若しくはその貨物が積み戻されない場合には、これを税関の占有下に移し、こうした貨物の輸入を阻止しようとするものです。

《関税法》
（旅客等の携帯品の留置）
第86条　旅客又は乗組員の携帯品が第70条第3項（証明又は確認ができない貨物）の規定に該当する貨物であるときは、税関長は、留置証と引換にこれを留置することができる。
　2　前項の規定により留置された貨物の返還を受けようとする者は、その留置に要した費用を税関に納付しなければならない。
（原産地を偽つた表示等がされている貨物の留置）
第87条　税関長は、第71条第1項（原産地を偽つた表示等がされている貨物）の貨物について当該貨物の輸入申告をした者が同条第2項の規定により指定された期間内に原産地について偽つた表示又は誤認を生じさせる表示を消し、若しくは訂正し、又は当該貨物を積みもどさないときは、これを留置する。
　2　前項の規定により留置された貨物は、政令で定めるところにより、原産地について偽つた表示又は誤認を生じさせる表示が消され、若しくは訂正され、又は当該貨物が積みもどされると認められる場合に限り返還する。
　3　前条第2項の規定は、前項の返還について準用する。

第10章　配合飼料等製造工場

1. 概要

　製造用原料品の減免税制度は、外国貨物を関税未納のまま加工、製造を行う保税工場制度とは異なり、税関長の承認を受けた製造工場で、特定の製品をその原料品の輸入の許可の日から1年以内に製造することを条件として、製造用原料品の輸入の際に関税が軽減又は免除される制度です。

　我が国の配合飼料の製造は、ほとんどが本制度の適用を受けて行われており、保税地域制度と並んで重要な制度となっています。

　これは、関税を軽減又は免除することによって、その製品を製造する国内産業の育成又は国民生活の安定を図ろうとするためのものです。

　また、この制度は、制限的解除条件付減免税の一つであるため、減免税された輸入原料品をその減免税の用途以外の用途に供し、又は用途以外の用途に供するため譲渡することは、原則として禁止されています。用途外使用が行われると減税又は免除の効力は当然消滅することとなり、直ちに軽減又は免除を受けた関税が徴収されます。また、税関長の承認を受けないで用途外使用が行われた場合には、関税法第112条の2の規定により処罰の対象となります。

《関税定率法》

（製造用原料品の減税又は免税）

第13条　次の各号に掲げる原料品で輸入され、その輸入の許可の日から1年以内に、税関長の承認を受けた製造工場で当該各号に掲げる製造が終了するものについては、政令で定めるところにより、その関税を軽減し、又は免除する。

　一　飼料のうち政令で定めるものの製造に使用するためのこうりやんその他のグレーンソルガム及びとうもろこしその他の当該飼料の種類に応じた政令で定める原料品

　二　落花生油の製造に使用するための落花生

（以下省略）

2. 製造用原料品の範囲

減免税を受けることのできる物品は、次のようになっています。
① 飼料のうち政令で定めるものの製造に使用するこうりゃんその他のグレーンソルガム及びとうもろこしその他の当該飼料の種類に応じた政令で定める原料品
② 落花生油の製造に使用するための落花生

ここにいう「飼料のうち政令で定めるもの」とは、飼料以外の用途に適さないもので、財務省令で定める規格を備える配合飼料又は単一の原料品から成る飼料で財務省令で定める規格を備えるもの（単体飼料）とされています。ここでいう「飼料以外の用途に適さないもの」とは、家畜、家きん、魚類（いずれも産業用のほか、愛がん用又は観賞用のものを含みます）の飼料として使用されるものであって、これらの用途以外の用途に供されるおそれのないものをいいます。

また、「政令で定める原料品」とは、配合飼料にあっては、とうもろこし、ライ麦、バナナの粉、砂糖（乾燥状態において、全重量に対するしょ糖の含有量が、検糖計の読みで98.5度以上に相当するものに限ります）、糖みつ、カッサバ芋及び甘しょ生切干（カッサバ芋及び甘しょ生切干にあっては、粉状又はペレット状にしたものを含みます）、単体飼料にあっては、とうもろこしとされています。

《関税定率法施行令》
（飼料及びその原料品の指定）
第6条　法第13条第1項第1号（製造用原料品の減税又は免税）に規定する飼料のうち政令で定めるものは、飼料以外の用途に適さないもので、財務省令で定める規格を備える配合飼料又は単一の原料品から成る飼料で財務省令で定める規格を備えるもの（中略）とし、同号に規定する政令で定める原料品は、配合飼料にあっては、とうもろこし、ライ麦、バナナの粉、砂糖（中略）、糖みつ、カッサバ芋及び甘しょ生切干（中略）とし、単体飼料にあっては、とうもろこしとする。

3. 承認工場

(1) 承認工場

承認工場とは、税関長の承認を受けた特定の製造工場をいい、関税定率法第

13条においては、承認工場で輸入原料品を使用して製品を製造することを条件
として輸入原料品の関税を免除し、又は軽減することとしています。

　承認工場制度がとられているのは、関税の軽減又は免除を受けた輸入原料品
について、法の趣旨にそって使用されているかどうかの確認を確実に行うこと
ができるようにするためです。

　この製造工場の承認は、関税法及び関税定率法の実施を確保する上に支障が
ないと認められるときに行われます。

《関税定率法》

（製造用原料品の減税又は免税）

第13条　次の各号に掲げる原料品で輸入され、その輸入の許可の日から1年以内に、
　税関長の承認を受けた製造工場で当該各号に掲げる製造が終了するものについて
　は、政令で定めるところにより、その関税を軽減し、又は免除する。
　一〜二　（省略）
　2　税関長は、この法律又は関税法の実施を確保する上に支障がないと認めるときは、
　前項の承認をしなければならない。
（以下省略）

（2）製造工場の種別

　製造工場の承認は、第1種承認工場と第2種承認工場とに区分して行われま
す。第1種承認工場とは、製品について税関長が随時必要と認めるときに検査
を行う承認工場であり、保税工場とおおむね同様のもので、現在は、配合飼料
の製造を行う工場のうち、税関長が適当と認めるものが第1種承認工場とされ
ています。第2種承認工場は、その他の承認工場、すなわち製品の製造が終了
したつど、製品の検査を行うこととされている工場です。工場の承認の期間は、
原則として、第1種及び第2種とも承認の日から6年とされ、引き続き製造用
原料の製造を行う場合には更新手続を取ることとなっています。承認工場の承
認内容に変更があったときは、変更の承認申請又は届出が必要になります。

　承認工場において製造用原料品を使用するに際し、これを同種の他の原料を
混じて使用しようとするときは、あらかじめ工場所在地を所轄する税関長に届
け出てその承認を受けなければなりません。

　また、承認工場においては、工場ごとに帳簿を備え、必要事項を記載しなけ
ればなりません。

（3）製造工場の承認申請手続

　製造工場についての承認を受けようとするときは、製造用原料品の輸入申告前に、あらかじめ、「製造用原料品・輸出貨物製造用原料品製造工場承認申請書」（T-1070）[p.347] 1 通（税関支署において承認を行う場合には、2 通）を、その製造工場の所在地の所轄税関に提出します。

　この申請書には、承認を受けようとする製造工場の図面等を添付しなければなりません。

《関税定率法施行令》

（製造工場の承認申請手続）

第6条の3　法第13条第1項（製造用原料品の減税又は免税）に規定する製造工場についての承認を受けようとする者は、次に掲げる事項を記載した申請書を当該製造工場の所在地を所轄する税関長に提出しなければならない。

一　当該製造工場の名称、所在地、構造及び延べ面積

二　当該製造工場について承認を受けようとする期間

三　当該製造工場において法第13条第1項の規定による関税の軽減又は免除を受けて使用しようとする原料品の品名

四　当該製造工場において前号の原料品を使用して行なおうとする製造の方法及び計画並びに当該製造による製品の品名

2　前項の申請書には、承認を受けようとする製造工場及びその附近の図面を添附しなければならない。ただし、税関長がその添附の必要がないと認めるときは、これを省略させることができる。

（4）承認内容の変更手続

　製造工場の承認内容に変更があったときは、次によりその変更事項について承認を受け、又は届け出ることとされています。

①　工場の所在地に変更がある場合（ただし、所在地の変更により所轄税関を異にする場合には、新たな承認とする）には、適宜の様式による「製造工場内容変更承認申請書」2 通を、税関に提出して、その承認を受けなければなりません。

②　次のいずれかに該当する場合には、「製造工場承認内容変更届」（T-1090）[p.349] 2 通を税関に提出しなければなりません。

イ　工場の名称を変更する場合

ロ　工場の面積を増加し、又は減少する場合

　ハ　製造方法（製造工程上の主な機械設備を含む）を変更する場合

4. 担保の提供

　製造用原料品の関税の軽減又は免除においては、減免税条件が充足されない場合、直ちに軽減又は免除した関税が徴収されます。製造用原料品の減免税輸入の際には、このような未確定な関税債権を確保するため、税関長は、軽減又は免除する関税の額に相当する担保を提供させることができます。ただし、この担保は、輸入申告者の資力、信用等が確実であって関税徴収上支障がないと認定できる場合には、その提供を省略することが認められます。

《関税定率法》
（製造用原料品の減税又は免税）
第13条　（省略）
2　（省略）
3　第1項の規定により関税を軽減し、又は免除する場合においては、税関長は、その軽減又は免除に係る関税の額に相当する担保を提供させることができる。
（以下省略）

5. 製造終了の届出等

（1）製造終了の届出手続

　製造終了の届出は、毎月分の製造実績について翌月の10日までに、「製造用原料品・輸出貨物製造用原料品による製造終了届」（T-1120）［p.351］2通（製造工場が第2種製造工場であるときは、原則として製造用原料品の全量の製造が終了したときに3通）を、製造工場を所轄する税関に提出することによって行います。

（2）製造が終了した場合の検査

　製造用原料品による製造が終了したときは、製造者は、その旨を税関に届け出て、その製品について検査を受けます。
　製品検査は、原則として製造の全部が終了したときに、その製造工場において行われますが、第1種承認工場については、税関長が必要と認めるときに随

時行われます。

　検査が終わった場合には、製品検査書が届出者に交付されます。

《関税定率法》

（製造用原料品の減税又は免税）

第13条　（省略）

2～4　（省略）

5　製造用原料品による製造が終了したときは、当該製造をした者は、政令で定める
　　ところにより、使用した製造用原料品及びその製品の数量を税関に届け出て、その
　　つど又は随時、その製品について検査を受けなければならない。

（以下省略）

6. 用途外使用の制限等

（1）製造用原料品の用途外使用等

　製造用原料品は、原則として、その輸入の許可の日から1年以内に、関税の
減免の適用を受けた用途以外の用途に供し、又は用途以外の用途に供するため
他人に譲渡することは禁止されています。

　ただし、次に掲げる場合には、この限りではありません。

　①　用途外使用等とすることについてやむを得ない理由があり、製造用原料
　　　品の置かれている場所の所轄税関長から用途外使用等の承認を受けた場合

　②　製造用原料品を他の承認工場において製造用原料品として関税の減免を
　　　受けることのできる用途に供するため、製造用原料品の置かれている場所
　　　の所轄税関長に届け出て譲渡する場合

（2）製造用原料品の用途外使用等の承認の申請手続

　製造用原料品を、その輸入の許可後1年以内に、関税の軽減又は免除を受け
た用途以外の用途に供し、又は用途以外の用途に使用するため譲渡しようとす
るときは、あらかじめ、「用途外使用等承認申請書」（T-1140）[p.355] 2通（蔵置
場所所轄税関と承認工場所轄税関とが異なるときは3通）を、貨物が置かれて
いる場所の所在地を所轄する税関に提出します。

（3）製造用原料品の譲渡の届出手続

　製造用原料品の減免を受けた者が、その原料品の輸入の許可後1年以内に、

これを税関長の承認を受けている他の製造工場においてその減免を認められた
用途と同じ用途に使用するため譲渡しようとするときは、あらかじめ、譲渡を
受けようとする者と連署して、「製造用原料品等の譲渡届」(T-1170) [p.358] 2通
(製造用原料品の置かれている場所の所在地を所轄する税関と譲渡先の製造工
場の所在地所轄税関とが異なるときは3通)を、その貨物の置かれている場所
の所在地を所轄する税関に提出します。

(4) 同種の原料品を混用する場合の手続き

　製造用原料品にこれと同種の他の原料品を混用して使用することについて税
関長の承認を受けようとするときは、これに混じて使用しようとするつど、「製
造用原料品・輸出貨物製造用原料品と同種の他の原料品との混用承認申請書」
(T-1110) [p.350] 2通を、製造工場の所在地を所轄する税関に提出します。

　税関における取締上支障がなければ、申請が承認され、その1通が承認書と
して申請者に交付されます。なお、この申請は、税関長がそのつどする必要が
ないと認める場合には、一括して使用することができます。

《関税定率法》

（製造用原料品の減税又は免税）

第13条 （省略）

2～3 （省略）

4 　第1項各号に掲げる製造を行うに際しては、税関長が第1項の規定により関税の
　軽減又は免除を受けた原料品（中略）による製造の確認に支障がないと認めて承認し
　た場合を除く外、製造用原料品にこれと同種の他の原料品を混じて使用してはなら
　ない。

5 　（省略）

6 　第1項各号に掲げる製造用原料品は、その輸入の許可の日から1年以内に、当該
　各号に掲げる用途以外の用途に供し、又は当該各号に掲げる用途以外の用途に供す
　るため譲渡してはならない。ただし、やむを得ない理由がある場合において、政令
　で定めるところにより税関長の承認を受けたときは、この限りでない。

（以下省略）

7. 用途外使用等の場合の関税の徴収

　製造用原料品の減税又は免税を受けた物品につき、次のいずれかに該当する
こととなった場合には、それぞれに該当することとなった者から、軽減又は免

除を受けた関税が直ちに徴収されます。ただし、製造用原料品又はその製品が
災害その他やむを得ない理由により亡失した場合、又は税関長の承認を受けて
滅却された場合には、関税が徴収されることはありません。

①　用途外使用等

　税関長の承認を受けて又はその承認を受けないで、製造用原料品を関税の減
免を受けた用途以外の用途に供し、若しくは関税の減免を受けた用途以外の用
途に供するため譲渡した場合

②　製造工場以外の場所での製造

　製造用原料品を税関長の承認した製造工場以外の場所での製造に使用したし
た場合

③　製造が終了しない場合

　輸入許可の日から１年以内に製造が終了しない場合、又は製造が終了しても
そのことについて輸入許可の日から１年以内に届出をしなかった場合

　なお、製造に使用された輸入原料品に対する製品の数量の割合が製造の方法、
工場の設備その他を勘案しても合理的と認められる歩留りに達していないとき
は、その達していない部分に対応する輸入原料品についても、製造がされなかっ
たものとみなされて関税が徴収されます。

④　他の原料の使用

　税関長の承認を受けないで、製造用原料品に、これと同種の他の原料を混じ
て使用した場合

《関税定率法》

（製造用原料品の減税又は免税）

第13条　（省略）

２～６　（省略）

7　次の各号のいずれかに該当する場合においては、当該各号に該当することとなつ
た者から、第１項の規定により軽減又は免除を受けた関税を、直ちに徴収する。た
だし、製造用原料品又はその製品が災害その他やむを得ない理由により亡失した場
合又は税関長の承認を受けて滅却された場合には、その関税を徴収しないこととし、
前項ただし書の承認を受けた製造用原料品につき変質、損傷その他やむを得ない理
由による価値の減少があつた場合には、第10条第１項の規定に準じてその関税を軽
減することができる。

　一　第1項各号に掲げる製造用原料品について前項ただし書の承認を受けたとき、若しくは当該承認を受けないで製造用原料品を当該各号に掲げる用途以外の用途に供し、若しくは当該各号に掲げる用途以外の用途に供するため譲渡したとき、又はその輸入の許可の日から1年以内に第5項に規定する届出をせず、若しくはその製造を終えなかつたとき。

　二　第1項の規定により税関長の承認を受けた製造工場以外の場所で製造用原料品を製造に供し、又は第4項の規定に違反してこれを使用したとき。

（以下省略）

8. 経済連携協定に基づく製造用原料品の減免税制度

　我が国が他国と結んだ経済連携協定の中には、関税定率法第13条の規定による製造用原料品の減免税制度と同様に、小麦や大麦を原料として配合飼料を製造する場合の関税の減免措置を盛り込んだものがあります（日オーストラリア協定、日EU協定及びCPTPP協定）。関税暫定措置法第9条の2において、その対象となるものを輸入し、当該輸入許可の日から1年以内に、税関長の承認を受けた工場で同条に規定する製造が終了するものについては、関税が軽減又は免除されます。

　この制度は、関税定率法第13条の「製造用原料品の減税又は免税」とほぼ同じ内容です。

《関税暫定措置法》

（経済連携協定に基づく製造用原料品に係る譲許の便益の適用）

第9条の2　経済連携協定の規定に基づく関税の譲許（以下この条において単に「譲許」という。）が税関の監督の下で飼料の原料として使用するものであることを要件としている物品のうち、次の各号に掲げる原料品で輸入され、その輸入の許可の日から1年以内に、税関長の承認を受けた製造工場で当該各号に規定する製造が終了するものについては、政令で定めるところにより、譲許の便益を適用する。

　一　飼料のうち政令で定めるものの製造に使用するための関税定率法別表第1001.99号に掲げる物品

　二　飼料のうち政令で定めるものの製造に使用するための関税定率法別表第1003.90号に掲げる物品

（以下省略）

第11章　NACCSを利用した保税関係手続

1. 輸出入・港湾関連情報処理システム(NACCS)の概要

　NACCS (Nippon Automated Cargo and Port Consolidated System) は、入出港する船舶・航空機及び輸出入される貨物について、税関その他の関係行政機関に対する手続き及び関連する民間業務をオンラインで処理する情報処理システムです。

　旧NACCSは、航空貨物の手続き等を行うAir-NACCSと海上貨物の手続き等を行うSea-NACCSがそれぞれ独立した情報処理システムとして稼働していましたが、平成20年10月のSea-NACCSの更改及び平成22年2月のAir-NACCSの更改を機に、Air-NACCSとSea-NACCSが統合されるとともに、国土交通省が管理・運営していた港湾EDIシステムや経済産業省が管理・運営していたJETRASなどの関連省庁システムについてもNACCSに統合され、現在は、新NACCSとして稼働しています。

　また、新NACCSは、新たに荷主、海貨業、NVOCC等を参加者に加え、港湾・空港における物流情報等を総合的に管理するプラットフォームシステムとして利便性の向上が図られています。

2. システムを使用した基本的な情報処理手順

　NACCSとこれを利用する関係行政機関及び民間事業者等の情報処理システムを通信回線で接続した電子情報処理組織(以下、「システム」)を使用して行われる輸出入等関連情報(申告、申請等及びこれに対する処分通知等)の基本的な処理は、およそ次のように行われます。
　① システムを使用して申告等を行おうとする者は、必要な事項を入出力装置から入力します。
　(注)システムを使用して行われた申告等の入力は、関税法等の規定による「書面の提出」により行われたものとみなされます。

② 申告等は、NACCSに備えられた税関使用分のファイルへの記録がされた時に税関に到達したものとみなされます。

③ 申告等に基づく許可・承認等の処分通知等は、NACCSに備えられた申告者等使用分のファイルへの記録がされた時に当該処分通知等を受ける者に到達したものとみなされます。

《情報通信技術を活用した行政の推進等に関する法律》
（電子情報処理組織による申請等）

第6条 申請等のうち当該申請等に関する他の法令の規定において書面等により行うことその他のその方法が規定されているものについては、当該法令の規定にかかわらず、(中略)電子情報処理組織(中略)を使用する方法により行うことができる。

2 前項の電子情報処理組織を使用する方法により行われた申請等については、当該申請等に関する他の法令の規定に規定する方法により行われたものとみなして、当該法令その他の当該申請等に関する法令の規定を適用する。

3 第1項の電子情報処理組織を使用する方法により行われた申請等は、当該申請等を受ける行政機関等の使用に係る電子計算機に備えられたファイルへの記録がされた時に当該行政機関等に到達したものとみなす。

（以下省略）

（電子情報処理組織による処分通知等）

第7条 処分通知等のうち当該処分通知等に関する他の法令の規定において書面等により行うことその他のその方法が規定されているものについては、当該法令の規定にかかわらず、(中略)電子情報処理組織を使用する方法により行うことができる。（後略）

2 前項の電子情報処理組織を使用する方法により行われた処分通知等については、当該処分通知等に関する他の法令の規定に規定する方法により行われたものとみなして、当該法令その他の当該処分通知等に関する法令の規定を適用する。

3 第1項の電子情報処理組織を使用する方法により行われた処分通知等は、当該処分通知等を受ける者の使用に係る電子計算機に備えられたファイルへの記録がされた時に当該処分通知等を受ける者に到達したものとみなす。

（以下省略）

3. システムを使用して行う保税関係手続の処理

システムを使用して処理することができる保税関係手続(貨物管理)には、次のようなものがあります。

　なお、保税関係手続（貨物管理、保税運送、保税台帳等）の詳細については、「輸出入・港湾関連情報処理システムを使用して行う税関関連業務の取扱いについて」（平成22年２月12日財関第142号）（以下、「税関関連業務の取扱い通達」）の第２章（貨物管理）及び第３章（保税運送関係）[p.374, p.383]を参照してください。

（目次）
第２章　貨物管理
　　第１節　他所蔵置許可申請等
　　第２節　見本持出許可申請
　　第３節　輸出入貨物の搬出入関係
　　第４節　保税台帳関係
　　第５節　貨物取扱い関係
第３章　保税運送関係
　　第１節　保税運送申告等
　　第２節　保税運送申告等に係る貨物の発送手続及び到着確認
　　第３節　包括保税運送申告等
　　第４節　個別運送に係る貨物の発送手続及び到着確認
　　第５節　特定保税運送の登録等
　　第６節　特定保税運送の個別運送に係る貨物の発送手続及び到着確認

4. システムを使用した輸出入貨物の搬出入手続

（1）輸入貨物の搬出入手続

　システムを使用している保税業者が運営・管理する保税地域（以下、「システム参加保税地域」）における輸入貨物の搬出入手続は、次のように行われます。

①　搬入手続

　輸入貨物がシステム参加保税地域に搬入された場合、倉主等は、搬入関係書類やシステムから配信される許可情報等に基づき、搬入貨物の記号、番号、品名、数量及び異常の有無等の確認を行います。確認が終了したときは、倉主等は、速やかに海上貨物にあっては「搬入確認登録（保税運送貨物）」、「システム外搬入確認登録（輸入貨物）」等の業務を、航空貨物の場合は「貨物確認情報登録」等の業務を利用して必要事項をシステムに入力し、送信することにより、搬入確認情報の登録を行います。

　なお、システム参加保税地域に外国貨物を搬入する際に、輸入してはならない貨物の混入、貨物の欠損又は破損等があった場合には、倉主等が搬入確認の登録を行った際に当該搬入関係書類を税関に提出しなければならないことがあります。

② **搬出手続**
イ　**搬出確認情報の登録**
　輸入貨物をシステム参加保税地域から貨物を搬出する場合、倉主等は、搬出に先だって、関係書類やシステムから配信される許可情報等に基づき貨物の確認を行い、その確認が終了したときは、速やかに海上貨物にあっては「搬出確認登録（保税運送貨物）」等、航空貨物にあっては「搬出確認登録（一般）」等の業務を利用して必要事項をシステムに入力し、送信することにより搬出確認情報の登録を行います。
　ただし、次に掲げる場合には、搬出確認の登録を要しません。
　a　輸入許可済み又は輸入許可前引取り承認済み貨物
　b　見本の一時持出し許可を受けた貨物
　c　検疫その他の公務員が見本採取票等に基づき採取した貨物
　d　税関検査のため検査指定票等に基づき検査指定を受けて搬出される貨物
ロ　**輸入の許可等を受けた貨物の搬出に関する留意事項**
ⅰ　異常の有無等の確認
　　システム参加保税地域に置かれている外国貨物について、システムを使用して輸入許可又は輸入許可前引取承認がされた場合には、システムから「許可・承認貨物（輸入）情報」が当該保税地域に配信されるので、倉主等は、当該貨物と当該貨物情報とを対査して、当該貨物の記号、番号、品名、数量及び異常の有無等を確認する必要があります。
ⅱ　誤搬出の防止
　　システム参加保税地域から輸入の許可等を受けた貨物が搬出される場合には、当該貨物の貨主又はこれに代わる者からの輸入許可書又は輸入許可前引取承認書の提出は要しませんが、当該貨物に係る「輸入許可貨物情報」等システムから配信される貨物情報により確認するなど適宜の方法により誤搬出のないよう努める必要があります。

（2）輸出貨物の搬出入手続

　システム参加保税地域等における輸出しようとする貨物若しくは積戻ししようとする貨物（以下、この項において「輸出未通関貨物」）又は輸出若しくは積戻しの許可を受けた貨物（以下、この項において「輸出許可済貨物」）の搬出入手続

は、次により行います。

①　搬入手続

　輸出未通関貨物又は輸出許可済貨物がシステム参加保税地域に搬入された場合、倉主等は、搬入関係書類やシステムから配信される許可情報等に基づき、搬入貨物の記号、番号、品名、数量及び事故の有無等の確認を行い、その確認を終えたときは、速やかに、海上貨物にあっては「搬入確認登録（輸出未通関）」業務、又は「搬入確認登録（輸出許可済）」業務等を利用して、航空貨物にあっては「一括搬入確認登録」業務を利用して搬入確認情報の登録を行います。

　この場合において、搬入確認を行った輸出未通関貨物が、輸出者又は通関業者により「輸出貨物情報登録」が行われていないものであるときは、倉主等は、貨物情報登録が行われるまではマニュアルの方法で貨物管理を行い、通関業者等が当該登録を行った後、速やかに搬入確認情報をシステムに登録します。

②　搬出手続

　輸出許可済貨物をシステム参加保税地域から搬出する場合、倉主等は、搬出に先だって、関係書類やシステムから配信される許可情報等に基づき貨物の記号、番号、品名、数量及び事故の有無等の確認を行います。その確認が終了したときは、速やかに海上貨物にあっては「搬出確認登録（輸出許可済）」業務を、航空貨物にあっては「搬出確認登録（AWB．HAWB単位）」業務を利用して搬出確認情報の登録を行います。

　なお、当該貨物をコンテナー詰め（バンニング）して搬出する場合は、「バンニング情報登録（コンテナ単位）」業務又は「バンニング情報登録（輸出管理番号単位）」業務により搬出確認情報の登録を行うことができます。

　また、輸出しようとする貨物を内貨のまま国内に引き取る場合又は滅却承認貨物等を搬出する場合は「搬出確認登録（貨物引取り）」業務を利用して搬出確認登録を行います。

（3）事故等情報の登録

　システム参加保税地域の倉主等が貨物の搬出入時又は蔵置中に、銃砲刀剣類、麻薬類等輸入してはならない貨物の混入、貨物の欠損又は損傷等事故貨物を発見したとき、倉主等は、当該システム参加保税地域を管轄する税関の保税取締部門に当該事実について報告するとともに、「事故貨物確認登録」業務を利用して必要事項をシステムに入力し、送信する必要があります。

　なお、事故貨物の内容によっては、システムを使用して当該貨物の貨物情報の内容を呼び出し、訂正事項の内容をシステムに入力し、送信することにより

「貨物情報訂正」を行うこととなります。

　また、事故報告を受けた税関の保税取締部門では、必要に応じ倉主等の立会いのもとに、事故状況等を確認し、必要な措置を講じることとしています。

(4) 搬出関係書類の保存の省略

　倉主等が所定の帳簿を保存している場合には、関税法基本通達34の2−1(3)イの規定による搬出関係書類やシステムから配信される「輸入許可貨物情報」等の貨物情報の保存は要しません。

5. システムを使用した保税帳簿の取扱い

　システム参加保税地域における保税帳簿の取扱いは、次によります。

(1) システムを使用して許可、承認等がされた貨物に係る帳簿の取扱い

① システムを使用して許可、承認等がされた貨物（下記②の貨物を除く）に係る帳簿の取扱い

　システムから配信される民間管理資料(海上貨物にあっては「輸入貨物搬出入データ」、「輸出貨物搬出入データ」及び「貨物取扱等一覧データ」、航空貨物にあっては「航空輸出貨物取扱い一覧データ」、「航空輸出貨物搬出入データ」、「航空輸入貨物搬出入データ」及び「航空輸入貨物取扱い一覧データ」に限る。以下、本項において同じ。) を下記(3)の方法により保存することで、これらが帳簿と認められます。

　なお、システムから配信される貨物の搬出入、許可、承認等に係る情報を自社システムで整理したものを保存する場合又は許可、承認等に係る書面及び関係する社内帳票等を整理保管する場合も同様の取扱いが認められます。

② 汎用申請等により税関手続が行われた貨物に係る帳簿の取扱い

　許可、承認又は届出が汎用申請等により行われた場合には、民間管理資料に反映されないため、別途帳簿を設け、必要事項を記載する必要があります。

　ただし、この場合も配信された民間管理資料に必要事項を追記した上で、これを上記①により帳簿として保存する場合には、別途帳簿を設ける必要はありません。

(注)汎用申請

　　汎用申請については、「税関関連業務の取扱い通達」の第7章 (汎用申請関係)[p.391]を参照してください。

（2）上記（1）以外の貨物に係る帳簿の取扱い

　上記（1）以外の貨物に係る搬出入等の事績については、別途帳簿を設け、必要事項を記載する必要があります。

　ただし、配信された民間管理資料に必要事項を追記した上で、これを上記（1）により帳簿として保存する場合には、別途帳簿を設ける必要はありません。

（3）帳簿の保存方法

①　電磁的記録による保存

　上記（1）の①の帳簿について、電磁的記録により保存する場合は、関税法基本通達34の2−4（電磁的記録による帳簿の保存）に準じて取り扱います。

　この場合において、システムより配信される民間管理資料を、そのままの形式（CSV方式）で電磁的記録に保存することが認められますが、特に必要と認める場合には、整然とした表形式で見読できるようにしておかなければなりません。

　なお、システムから配信されるファイルを取り込み忘れたために記録がないという事故が頻繁に発生しています。そうした事態を防止するための方策を講じておくことが重要です。

②　書面による保存

　上記（1）の①の帳簿を書面により保存する場合は、整然とした表で保存しなければなりません。

（4）帳簿の保存期間

　帳簿は、記載すべき事項が生じた日から起算して2年を経過する日までの間（その間に当該帳簿について保税業務検査を受けた場合にあっては、当該保税業務検査を受けた日までの間）（関税法第50条第1項に規定する承認を受けた者にあっては1年を経過する日までの間）保存することとされています。

6.　システムを使用した貨物取扱い申請

（1）貨物取扱いの許可申請

　貨物取扱いの許可を受けようとする者（以下、「申請者」）が、システム参加保税地域に置かれている貨物について、システムを使用して貨物取扱いの許可申

請をしようとする場合には、当該申請者は、「貨物取扱許可申請」業務を利用して必要事項をシステムに入力し、送信する必要があります。

(2) 審査区分選定及び関係書類の提出等

システムにより貨物取扱許可申請が行われた場合、当該申請について審査区分の選定等の処理が行われ、その処理結果が申請者に配信されます。この場合の取扱いは、次によります。

なお、申告控等関係書類の税関への提出にあたっては、便宜、システムの「添付ファイル登録」業務によることも認められます。

① 簡易審査扱い（区分1）となった場合

貨物取扱許可申請が簡易審査扱いに選定されたときは、直ちに許可となり、申請者に「貨物取扱許可通知情報」が配信され、海上貨物にあっては「貨物取扱許可通知情報」（別紙様式M-204号）を、航空貨物にあっては「貨物取扱い許可通知書」を出力することができます。また、その許可に係る貨物が置かれているシステム参加保税地域にも「貨物取扱許可貨物情報」が同時に配信されます。

なお、税関が必要と認めた場合には、当該申請に係る関係書類の提出が求められることがあります。

② 書類審査扱い（区分2）となった場合

貨物取扱許可申請が書類審査扱いに選定されたときは、申請を行った税関の保税担当部門及び申請者に「貨物取扱許可申請控情報」が配信されます。

税関では、申請された情報を基に審査し、審査が終わるとその旨がシステムに入力され、申請者に「貨物取扱許可通知情報」が配信され、貨物が置かれているシステム参加保税地域にも「貨物取扱許可貨物情報」が同時に配信されます。

なお、税関における審査の過程において必要と認めた場合には、貨物取扱許可申請控等関係書類の提出を税関から求められることがあります。

7. システムを使用した保税運送承認申請

(1) 通常の保税運送

① 保税運送の申告

保税運送申告を行う者（以下、この節において「申告者」）が、システムを使用して当該申告を行う場合には、海上貨物にあっては「保税運送申告」業務を、航

空貨物にあっては「保税運送申告（一般）」業務を利用して必要事項をシステムに
入力し、送信することにより行います。

(注)システム処理対象外貨物

　次に掲げる貨物の保税運送申告は、システムによることなく、「外国貨物運
送申告書（目録兼用）」(C-4000)[p.325]を税関に提出することにより行う必要
があります。

　a　担保の提供を要する海上貨物

　b　航空貨物であって、指定検疫場所等に運送される生きている動物や税
　　関旅具検査場に運送される入国旅客の別送品など

② **審査区分選定及び関係書類の提出等**

　システムにより保税運送申告が行われた場合、当該申告について審査区分の
選定等の処理が行われ、その処理結果が申告者に配信されます。この場合の取
扱いについては、次によります。

　なお、申告控え等関係書類の税関への提出にあたっては、適宜、システムの
「添付ファイル登録」業務によることも認められます。

イ　簡易審査扱い（区分１）となった場合

　保税運送の申告が簡易審査扱いに選定されたときは、直ちに保税運送が承認
されます。

　保税運送が承認されると、申告者に「保税運送承認通知情報」が配信され、「保
税運送承認通知書」を出力することができます。

　なお、税関が必要と認めた場合には、当該申告に係る関係書類の提出を求め
られることがあります。

ロ　書類審査扱い（区分２）となった場合

　保税運送の申告が書類審査扱いに選定されたときは、申請を行った税関の保
税担当部門及び申告者に「保税運送申告控情報」が配信されます。

　税関では、申告された情報を基に審査し、審査が終わるとその旨がシステム
に入力され申告者に次の情報が配信されます。なお、税関における審査の過程
において必要と認めた場合には、保税運送承認申請控等関係書類の提出を税関
から求められることがあります。

(イ) 承認された場合

　「保税運送承認通知情報」が配信されるので、当該申告者は、「保税運送承認
通知書」を出力することができます。

　なお、航空貨物であって、発送確認又は施封が必要と認められる貨物につ
いては、当該申告者に対して「要確認扱い」又は「要施封扱い」である旨が伝え
られるので、「保税運送承認通知書」を提出し、当該通知書に「要確認扱い」又

は「要施封扱い」である旨の記載を受けます。

(ロ) 承認されなかった場合

　　当該申告者に「保税運送不承認通知情報」が配信されます。

　(注)書面申告に係る取扱い

　　　申告者が、システムに貨物情報が登録されている貨物について、書面により保税運送申告を行おうとする場合は、「外国貨物運送申告書（目録兼用）」(C-4000)[p.325]を税関の保税担当部門に提出することにより行います。

　　　この場合において、当該申告書の備考欄に当該貨物の貨物管理番号又はAWB番号、当該貨物が置かれている保税地域のコード及び運送先の保税地域のコード等必要な事項を記入することが必要です。

③　運送期間の延長

　申告者が、保税運送申告の承認を受けた後に、運送期間の延長の申請をしようとする場合には、運送期間内に限り、あらかじめ税関の保税担当部門に申し出た上で、次により運送期間の延長の承認を求めます。

イ　運送期間の延長の申請

　申告者は、システムの「保税運送申告（承認）変更呼出し」業務を利用して申告時の内容を呼び出した後、「保税運送申告（承認）変更」業務により必要な事項を入力のうえ送信します。

ロ　運送期間の延長の承認等

　上記イにより運送期間延長申請を行った場合には、税関の保税担当部門及び申告者に「運送期間延長申請控情報」が配信されます。

　税関では、延長申請された情報を基に審査し、審査が終わるとその旨がシステムに入力されます。なお、税関における審査の過程において必要と認めた場合には、貨物取扱許可申請控等関係書類の提出を税関から求められることがあります。

　また、運送期間の延長が承認された場合、申請者は、海上貨物にあっては「運送期間延長申請控情報」を、航空貨物にあっては「運送期間延長申請控」を出力することができます。

④　保税運送申告等に係る貨物の発送手続及び到着確認

イ　保税運送貨物の発送手続

　システムにより保税運送承認を受けた貨物を発送する場合、当該保税運送の承認を受けた者は、次の区分により保税運送貨物の発送手続を行います。

(イ) 発送地及び到着地がシステム参加保税地域である場合

　　「保税運送承認通知書」に「要確認」若しくは「要施封」の表示があった場合又

は申告者が保税担当部門からその旨の記載を受けた場合には、貨物を発送する際に、税関の保税担当部門に当該貨物と「保税運送承認通知書」を提出し、発送の確認又は施封を受けます。

　なお、海上貨物のうち、上記以外の貨物を運送する場合には、税関が特に指示した場合を除き、当該通知書の携行は要しません。

　また、発送地の倉主等は、貨物を発送する際に、本編4.(1)②の「搬出手続」を行います。

(ロ) その他の場合

　貨物を運送する場合には、「保税運送承認通知書」(関税法基本通達34の2-1(4) に規定するファクシミリ送信された書類を含みます) を携行する必要があります。

　なお、「保税運送承認通知書」に「要確認」又は「要施封」の表示がある貨物の発送に当たっては、上記(1)に準じて取り扱われます。

　また、発送地の倉主等は、貨物を発送する際に、関税法基本通達34の2-1(1)ロの規定に準じた発送手続を行います。

ロ　保税運送貨物の到着確認

　システムにより保税運送の承認を受けた貨物が到着した保税地域の倉主等は、次により到着確認を行います。

(イ) 到着地がシステム参加保税地域である場合

　貨物が運送先に到着したときに、倉主等は、本章4.(1)①の「搬入手続」を行います。

(ロ) 到着地がシステム不参加保税地域である場合

　貨物が運送先に到着したときは、倉主等は、関税法基本通達63-13の規定に準じて、搬入手続を行い、税関の到着確認を受けます。

　この場合、「保税運送承認通知書」は、同通達63-14の規定にかかわらず、到着地税関に提出するものとされ、発送地税関への提出は要しません。

　また、到着地の保税地域を管轄する税関の保税担当部門は、申告者から提出された「保税運送承認通知書」に基づき、システムに貨物が到着した旨の登録を行います。ただし、到着地税関において到着確認情報の登録ができない場合には、運送申告者に対し、到着地税関において到着確認を受けた保税運送承認通知書を発送地税関に提出することが求められます。

(2) 包括保税運送

① 包括保税運送申告

　包括保税運送申告を行う者(以下、この節において「申告者」)が、システムを使用して当該申告を行う場合は、「包括保税運送申告」業務を利用して必要事項

をシステムに入力し、送信することにより行います。

　また、現在承認されている包括保税運送申告について継続申告を行う場合は、承認期間内に限り行うことができます。

②　審査区分選定及び関係書類の提出等

　システムにより保税運送申告が行われた場合、当該申告について審査区分の選定等の処理が行われ、その処理結果が申告者に配信されます。この場合の取扱いについては、次によります。

イ　簡易審査扱い（区分1）となった場合

　保税運送の申告が簡易審査扱いに選定されたときは、直ちに保税運送が承認されます。

　保税運送が承認されると、申告者に「包括保税運送承認通知情報」が配信され、「保税運送承認通知書」を出力することができます。

　なお、税関が必要と認めた場合には、当該申告に係る関係書類の提出を求められることがあります。

ロ　書類審査扱い（区分2）となった場合

　当該申告が書類審査扱いに選定されたときは、申請を行った税関の保税担当部門及び申告者に「包括保税運送申告控情報」が配信されます。

　税関では、申告された情報を基に審査し、審査が終わるとその旨がシステムに入力され申告者に「包括保税運送承認通知情報」が配信されるほか、申告者は「包括保税運送承認通知書」を出力することができます。

②　個別運送の登録

　申告者が、システムを使用して行われた包括保税運送承認に基づく貨物の運送（以下、この節において「個別運送」）を行う場合は、「保税運送申告」業務を利用して必要事項をシステムに入力し、送信することにより個別運送の登録を行います。

　登録された個別運送がシステムにより受け付けられると、申告者及び倉主等に、海上貨物に係る個別運送にあっては「個別運送受付情報」が、航空貨物に係る個別運送にあっては「SFT（SLIP FOR TRANSPORTATION）情報」が配信されます。また、これにより、それぞれ「個別運送受付情報」又は「SLIP FOR TRANSPORTATION」を出力することができます。

③　個別運送に係る貨物の発送手続及び到着確認

イ　個別運送貨物の発送手続

　システムにより個別運送貨物を発送する場合は、個別運送を行う者は、次の

区分により発送手続を行います。

(イ) 到着地がシステム参加保税地域等である場合

　　貨物を運送する場合にあっては、税関が特に指示をした場合を除き、「個別運送受付情報（関税法基本通達34の2−1（4）に規定するファクシミリ送信された書類を含みます。以下この項において同じ。）」等の携行を要しません。

　　ただし、航空貨物の運送にあっては、「SLIP FOR TRANSPORTATION」の携行を要します。

　　なお、発送地の倉主等は、貨物を発送する際に、本章4．(1)②の「搬出手続」により搬出手続を行います。

(ロ) 到着地がシステム参加保税地域等でない場合

　　貨物を運送する場合には、「個別運送受付情報」等を携行する必要があります。

　　なお、発送地の倉主等は、貨物を発送する際に、関税法基本通達63−24の規定に準じた発送手続を行います。

ロ　個別運送貨物の到着確認

　システムにより個別運送が行われた貨物が到着した保税地域の倉主等は、次により到着確認を行います

(イ) 到着地がシステム参加保税地域等である場合

　　貨物が運送先に到着したときに、倉主等は、本章4．(1)①の「搬入手続」を行います。

(ロ) 到着地がシステム参加保税地域等でない場合

　　貨物が運送先に到着したときは、倉主等は、関税法基本通達63−24の規定に準じて、搬入手続を行います。

　　なお、到着地がシステムに参加していない場合は、個別運送の登録の際にシステムから出力された「個別運送受付情報」等又は送り状（関税法基本通達63−24に規定する送り状をいいます）を税関へ提出します。

(3) 特定保税運送

　詳しくは、税関関連業務の取扱い通達の第3章第5節「特定保税運送の登録等」及び第6節「特定保税運送の個別運送に係る貨物の発送手続及び到着確認」[p.389, p.390]を参照してください。

第2編
保税関係通達集

Ⅰ 関税法基本通達

第4章　保税地域

第1節　総則

（難破貨物の定義）

30−1　法第30条第1項第1号に掲げる「難破貨物」とは、遭難その他の事故により船舶又は航空機から離脱した貨物をいう。したがつて、単に運航の自由を失つた船舶又は航空機に積まれている貨物は、これに含まれない。

（他所蔵置が認められる貨物）

30−2　法第30条第1項第2号《税関長の許可を受けて保税地域以外の場所に置くことができる外国貨物》に掲げる「保税地域に置くことが困難又は著しく不適当な貨物」とは、次に掲げる貨物をいう。

(1) 巨大重量物であつて、保税地域にこれを置く設備がないもの

(2) 大量貨物であつて、保税地域に置くことが困難なもの

(3) 保税地域との交通が著しく不便な地域において陸揚げ（取卸し）し、又は積み込まれる貨物

(4) 腐敗変質し、又は他の貨物を汚損するおそれがある貨物

(5) 貴重品、危険物又は生鮮食料品のような蔵置保管に特殊な施設又は管理を要する貨物であつて、それらの蔵置保管に適した保税地域がないもの

(6) その他貨物の性格、保税地域の設置状況等から、税関長が保税地域以外の場所に置くことが真にやむを得ないと認めた貨物

（他所蔵置の許可の申請手続）

30−3　法第30条第1項第2号の規定による他所蔵置の許可の申請手続は、次による。

(1) 他所蔵置の許可の申請は、当該申請に係る貨物を置こうとする場所を所轄する税関官署に「他所蔵置許可申請書」（C−3000）2通を提出させ、許可したときはうち1通に許可印を押印し、許可書として申請者に交付する。

　なお、他所蔵置の許可を受けようとする貨物が指定地外における貨物の積卸しの許可を要するものであるときは、他所蔵置許可申請書によりこれらの許可を一括して行って差し支えない。

(2) 輸出申告に係る貨物がその蔵置場所について他所蔵置の許可を必要とするときは、上記(1)に規定する他所蔵置許可申請書に代えて「輸出申告書」（C−5010又はC−5015−2）上段の「蔵置場所」の欄に「他所蔵置申請」と付記の上、当該申告書の写し1通を添えてあらかじめ保税取締部門に提出することを求めることにより、他所蔵置の許可の申請があったものとして取り扱い、他所蔵置を許可したときは、当該申告書1通の「個数、記号、番号、………」欄の余白（余白がないときは「税関記入欄」）に許可印を押なつし、これを他所蔵置の許可書として申請者に交付する。この場合においては、輸出申告書の受理の際に他所蔵置の許可書によりその

許可を確認するものとする。

（他所蔵置の許可期間の延長手続）

30－4　法第30条第1項第2号《税関長の許可を受けて保税地域以外の場所に置くことができる外国貨物》の規定により他所蔵置の許可を受けた場合において、その許可に係る期間の延長を受けようとする者があるときは、「他所蔵置許可申請書」を適宜訂正した「他所蔵置許可期間延長承認申請書」2通に前記30－3により交付を受けた他所蔵置の許可書を添付して提出させ、期間の延長を認めたときは他所蔵置の許可書を訂正の上、延長承認申請書1通を添付して申請者に交付するものとする。

（要検疫物件を保税地域以外に持ち出す場合の取扱い）

30－5　令第25条第4号《植物防疫法による検査のための特定の場所に置かれる輸入植物等》、第5号《狂犬病予防法による検疫のため特定の場所に置かれる犬》、第6号《家畜伝染病予防法による検疫のための特定の場所に置かれる指定検疫物》又は第7号《感染症の予防及び感染症の患者に対する医療に関する法律による検疫のため特定の場所に置かれる指定動物》に掲げる貨物を検査又は検疫（以下「検疫等」という。）のため保税地域以外の場所に持ち出す場合の取扱いについては、次による。

(1) 要検疫物件を検疫等の終了後保税地域において通関する場合

　イ　要検疫物件を検疫等のため保税地域から特定の検査場所又はけい留場所へ運搬し、検疫等の終了後もとの保税地域又は他の保税地域に搬入の上、そこで通関手続を行う場合においては、保税運送の手続をとらせる。この場合における保税運送の手続は、「外国貨物運送申告書（目録兼用）」(C-4000) 2通を提出させて、その運送先の欄に再搬入される保税地域名を記入させるとともに「○○検疫場所経由」とかつこ書で併記させ、保税運送を承認したときは、うち1通を検疫係官に送致し、当該係官の到着証明をもつて要検疫物件の検疫等を受ける場所への到着を確認する。

　ロ　上記イにより運搬された要検疫物件が植物防疫法第9条第1項《有害植物等の廃棄処分等》若しくは第2項《違法に輸入された植物等の廃棄処分等》の規定に基づいて廃棄し、又は家畜伝染病予防法第21条《死体の焼却等の義務》、第23条《汚染物品の焼却等の義務》若しくは第46条《検査に基づく処置》の規定により焼却し若しくは埋没されることとなつたときは、「外国貨物廃棄届」(C-3080)により届出を行わせる。

(2) 要検疫物件を検疫等の終了後指定検疫場所等で通関する場合

　イ　要検疫物件を検疫等のため指定検疫場所等へ運搬し、検疫等の終了後その場所に貨物を蔵置し通関手続を行う場合においては、あらかじめその指定検疫場所等について他所蔵置の許可を受けさせた上、その場所への発送を認めるものとし、その他所蔵置場所における輸入手続については通常の輸入手続による。ただし、要検疫物件が生きている動物（ふ化用卵を含み、馬、牛及び豚を除く。）である場合において、その指定検疫場所等が税関官署から遠隔地にあるため、上記により輸入手続を行わせることが事務処理の効率化の見地から適当でない

　　と認められるときは、その指定検疫場所等への運搬に先立つて輸入申告をさせ、これについて必要な貨物確認（他法令の該非の確認、関税分類、知的財産侵害物品の認定等輸入貨物等についての適正な審査を行うため、従来、通関部門が行つていた貨物の検査のことをいう。）を行い、発送を認めることとし、検疫証明書の提出をまつて輸入を許可して差し支えない。この場合においては、指定検疫場所等についての他所蔵置の許可を要しない。

　ロ　検疫等のため指定検疫場所等へ運搬された要検疫物件が上記（1）のロと同様の理由により廃棄し、焼却し又は埋没等の処分が行われることとなつた場合においては、「外国貨物廃棄届」により届出を行わせるものとする。この場合において、その届出に係る要検疫物件が上記イのただし書による動物でありその廃棄が滅却に該当する場合にあつては、さきに提出された輸入申告の撤回を認め、その他の場合にあつては、定率法第10条第1項《変質、損傷等の場合の減税》の規定を適用して減税を認めるものとする。

（外国貨物を緊急の必要により保税地域外に置く場合の取扱い）

30－6　保税地域に置かれている外国貨物について、台風、高潮、火災等の理由によりこれを緊急に保税地域以外の場所に置く必要がある場合においては、時宜に応じ適宜の申出書又は口頭による申出により、便宜、運送の承認を要することなく他所蔵置の許可を認めることとして差し支えない。この場合においては、原則として緊急事態のやんだ後速やかにもとの保税地域に戻入れをさせるものとする。

　　なお、上記の場合において、事前の申出をするいとまがないときは、事後の申出をもつてこれに代えることとして差し支えない。

（見本の一時持出しの許可基準及び申請手続）

32－1　法第32条の規定による見本の一時持出しの許可及び申請手続は、次による。

　　なお、本船又ははしけにおいて見本を採取することが必要と認められる場合においては、便宜この取扱いによつて差し支えない。

(1) 見本の一時持出しを認める外国貨物の見本は、課税上問題がなく、かつ、少量のものに限られるものとし、その範囲は、免税輸入を認めるものではないので、必ずしも定率法第14条第6号にいう商品見本の範囲に限られるものではない。

(2) 見本として持ち出す外国貨物は、税関長の指定する期間内にその持出しに係る保税地域に戻し入れるものとするが、見本として持ち出した外国貨物が、税関長の指定する期間内に残余の外国貨物と一括して輸入許可を受けた場合においては、この限りでない。

(3) 見本の一時持出しの許可申請は、当該許可申請に係る貨物が置かれている保税地域の所在地を所轄する税関官署に「見本持出許可申請書」(C-3060) 2通を提出させ、許可したときは、うち1通に許可印を押印し、許可書として申請者に交付する。

（公務員による見本の採取）

32−2　税関職員その他の公務員が保税地域等に置かれている外国貨物の見本を採取する場合の取扱いについては、次による。

(1) 税関職員が法第105条第1項第3号《税関職員の権限》に基づき見本を採取する場合の手続きは、後記67−3−13（検査における見本の採取）の(1)に規定するところによる。

(2) 税関職員以外の公務員が、食品衛生法（昭和22年法律第233号）第28条第1項《臨検検査等》、植物防疫法（昭和25年法律第151号）第4条第1項《植物防疫官の権限》その他の法律の規定による権限に基づき見本を採取する場合においては、当該公務員から「見本採取票」（C-5280）（この場合、通知用を採取者用、倉主等用を輸入者用とそれぞれ読み替えるものとする。）又はこれに準じた適宜な様式のもの3通を提出させ、うち2通（採取者用、輸入者用）に税関の確認印を押なつの上、これを採取者に交付する。

(3) 上記(1)又は(2)により見本の採取が行われた外国貨物については、その見本の採取が輸入の申告前に行われた場合にあつては、採取後の数量により申告させ、その見本の採取が申告後に行われた場合にあつては、輸入申告書記載の数量から見本として採取した貨物の数量を控除した数量により課税物件が確定するものとする。ただし、その採取に係る見本が少量、かつ、低価値のものである等により輸入申告者があえてその数量の控除を求めないときは、この限りでない。

（見本の一時持出しに係る包括許可）

32−3　同一申請者により同一の保税地域（保税展示場を除く）において恒常的に行われる場合には、一定の期間を指定して当該期間内に行われる見本の一時持出しについて一括して許可して差し支えない。

　ただし、次に掲げる貨物に係る見本の一時持出しについてはこれを認めないこととする。

(1) 法第69条の2第1項各号《輸出してはならない貨物》及び法第69条の11第1項各号《輸入してはならない貨物》に掲げる貨物

(2) 刀剣類

(3) 関税関係法令以外の法令の規定により見本の一時持出しに関して許可、承認等又は検査若しくは条件の具備を必要とする貨物

(4) その他取締上支障があると認められる貨物

（見本の一時持出しに係る包括許可の手続等）

32−4　見本の一時持出しに係る包括許可（以下この項において「包括許可」という。）の手続等については、次による。

(1) 包括許可の手続

イ　包括許可の申請は、当該許可を受けようとする者から「包括見本持出許可申請書」（税関様式C第3061号）2通を提出させて行わせ、許可した場合には、うち1通を許可書として申請者に交付する。

　　ロ　包括許可は、申請に基づき、関税法施行令第27条に規定する事項のほか、１
　　　回当たりの持出限度数量を指定して行う。
　　ハ　当該許可の期間は、原則として１年とする。
　　ニ　下記（2）のハにより許可書の返納を受けたときは、当該許可に係る見本の一
　　　時持出しの事績を確認し、所要の措置を講じる。
　(2)　包括許可を受けた者における事務処理
　　イ　許可書の提示
　　　　包括許可を受けた者が見本の一時持出し又は戻入れを行う場合は、上記（1）
　　　のイにより交付を受けた許可書（以下この項において「許可書」という。）の「確
　　　認欄」に一時持出し又は戻入れの年月日及び数量を記載のうえ、当該許可書を
　　　指定保税地域及び総合保税地域にあっては貨物を管理する者、その他の保税地
　　　域にあってはその被許可者（以下「倉主等」という。）に提示し、その確認を受け
　　　させるものとする。
　　　　なお、見本として持ち出した貨物について税関長の指定した一時持出しの期
　　　間内に残余の貨物と一括して輸入許可を受け、当該残余の貨物を保税地域から
　　　引き取る場合には、包括許可を受けた者に、許可書の「確認欄」に輸入許可の年
　　　月日及び番号を記載させたうえで、当該許可書を倉主等に提示し、その確認を
　　　受けさせるものとする。
　　ロ　持出限度数量を超える見本の持出し
　　　　１回当たりの持出限度数量として指定された数量を超える貨物を見本として
　　　持ち出そうとする場合には、包括許可を受けた者に、許可書の「確認欄」に一時
　　　持出しの年月日及び数量を記載させたうえで、当該許可書を税関職員に提示し、
　　　あらかじめその確認を受けさせるものとする。
　　ハ　許可書の返納
　　　　包括許可の期間が満了した場合又は見本として持ち出された貨物の数量の合
　　　計が包括許可の数量を超えることとなる場合には、包括許可を受けた者に、速
　　　やかに許可書を当該許可した税関に返納させるものとする。
　(3)　保税地域における事務処理
　　イ　対査確認、記帳等
　　　(イ)　包括許可に係る見本の一時持出し又は戻入れに際しては、倉主等に後記34
　　　　の２－１（保税地域における事務処理手続）に規定するところにより、対査確
　　　　認、記帳等を行わせるものとする。
　　　(ロ)　包括許可に係る見本の一時持出し又は戻入れに際し、倉主等が後記34の２－
　　　　１（保税地域における事務処理手続）の(1)のイの(ハ)に掲げる事実を確認し又
　　　　はその疑いがあると認めたときは、直ちにその内容を保税取締部門に連絡す
　　　　るようしょうようする。
　　　(ハ)　倉主等が包括許可を受けた場合においては、見本の一時持出し又は戻入れ
　　　　の事績を記載した許可書又はその写しを当該許可に係る保税地域に保管する
　　　　ことにより、法第34条の２及び法第61条の３（法第62条の７の規定により保
　　　　税展示場について準用する場合を含む。）に規定する帳簿に代えて差し支えな

い。

ロ　許可書の確認

上記イにより対査確認を行つた場合には、倉主等に上記（2）のイにより提示された許可書の「倉主等確認欄」に記名させるものとする。記名に代えて押印としても差し支えない。

なお、上記（2）のイのなお書により許可書の提示が行われた場合も同様とする。

（口頭による見本の一時持出しの許可の申請）

32－5　令第27条ただし書に規定する口頭による見本の一時持出しの許可の申請は、後記69の16－1の（3）の見本検査承認申請に係る取扱いによるほか、通関業者が、システム参加保税地域（「輸出入・港湾関連情報処理システムを使用して行う税関関連業務の取扱いについて」（平成22年2月12日財関第142号）の第2章第1節1－3に規定する「システム参加保税地域」をいう。）以外の場所に置かれている貨物（航空貨物を含む。）について、継続的に当該許可の申請を行うことを予定しており、当該通関業者の通関士が当該許可の申請を口頭で行いたいとする場合には、次により取り扱うものとする。

（1）見本持出台帳の事前の確認

見本の一時持出しの許可の申請を口頭で行いたいとする通関士については、所要の事項を記載した「見本持出台帳」（C-3062）を、見本を採取しようとする貨物が蔵置される予定の保税地域が所在する場所を管轄する税関官署の保税取締部門へ提出させるものとし、当該台帳の提出を受けた保税取締部門の職員は、記載された事項を確認の上、税関確認欄に審査印を押なつし、当該通関士にこれを返付する。

（2）口頭による許可申請等の手続

イ　「見本持出台帳」について確認を受けた通関士が当該台帳に記載すべき見本を持ち出そうとする場合には、当該見本の品名、数量、価格等「見本持出台帳」に記載すべき事項を当該台帳の確認を受けた保税取締部門に口頭で連絡させることにより、当該見本の一時持出しに係る許可申請があったものとし、当該許可申請を受けた保税取締部門の職員は、連絡された事項について特段の問題がなければ、口頭により当該見本の一時持出しを許可する。

ロ　通関士が上記イにより許可を受けた場合には、その許可の都度「見本持出台帳」に必要な事項を記載させるものとする。

ハ　上記イにより許可を受けた通関士が当該許可に係る見本を保税地域から持ち出そうとする場合、これを当該保税地域に戻し入れようとする場合及びこれを持出期間内に残余の外国貨物と一括して輸入許可を受けた場合には、当該通関士において、当該見本に係る「見本持出台帳」を倉主等に提示させ、その確認を受けさせるものとする。この場合において、当該提示を受けた倉主等については、当該台帳に記載された事項と通関士証票及び見本とを対査確認させるものとする。なお、当該見本の搬出入に当たっての保税台帳への記載については、

当該見本に係る「見本持出台帳」の写しを保管させることにより、これに代えさせることとして差し支えない。

ニ　通関士が見本として持ち出した外国貨物の戻入れを終えた場合又は見本の持出期間内に残余の外国貨物と一括して輸入許可を受けた場合には、当該見本に係る「見本持出台帳」の写しを、許可を行った保税取締部門に遅滞なく送付させるものとする。

(3) 適用の中止

この取扱いの適用を受けている通関業者及び通関士が、この取扱いに違背する行為を行った場合等、当該通関業者及び通関士についてこの取扱いを適用することが適当でないと認められるに足りる相当な事由が生じた場合には、この取扱いの適用を中止することができるものとする。

（外国貨物の廃棄の意義及び取扱い）

34−1　法第34条本文に規定する「外国貨物の廃棄」の意義及びその取扱いについては、次による。

(1)「外国貨物の廃棄」とは、外国貨物を滅却（前記23−9の(4)に規定する滅却をいう。）し、又は腐敗、変質等により本来の用途に供されなくなった外国貨物をくずとして処分することをいう。

(2) 外国貨物を廃棄しようとする者があるときは、当該外国貨物が置かれている保税地域の所在地を所轄する税関官署に「外国貨物廃棄届」（C−3080）2通を提出させ、税関においてこれを受理したときは、うち1通に受理印を押印して届出者に交付する。ただし、当該外国貨物（輸出の許可を受けた貨物を除く。）の廃棄の内容が滅却に該当するものである場合には、後記45−2の(1)により滅却承認の申請をさせる。

(3) なお、上記(2)の本文の手続により廃棄された場合において、その廃棄が滅却以外の廃棄であるときは、その廃棄後の現況により輸入手続を要することになるので、留意する。

（保税地域における事務処理手続）

34の2−1　保税地域における事務処理手続は、次により行うよう指導するものとする。

(1) 輸入貨物（積戻しに係る貨物を含む。）に係る事務処理手続

輸入貨物に係る事務処理手続は、次により行う。

イ　搬入手続

(イ) 保税地域に搬入される外国貨物については、倉主等が、自己の責任により、その貨物と下記(ロ)に規定する書類とを対査して、貨物の記号、番号、品名、数量及びコンテナーシール番号等の異常の有無の確認を行うものとする。

また、「要確認」又は「要施封」の記載がある保税運送承認書に係る貨物については、倉主等が到着後直ちに到着地の保税担当部門に連絡することとする。

(ロ) 外国貨物の搬入が終了したときは、倉主等に、その貨物に係る船卸票若し

くはこれに代わる書類又は保税運送承認書写し若しくは送り状（後記63−24
(1) 又は63の9−2(2) の送り状をいう。以下この項において同じ。）写しにそ
の写しを添え一定期間（1週間程度）分を取りまとめて、保税担当部門に提出
することを求めるものとする。この場合、倉主等に、その提出書類に当該貨
物の保税地域への到着の年月日、搬入の開始及び終了の年月日を記載すると
ともに、当該貨物に数量の過不足又は損傷があったときはその内容を注記す
ることを求めるものとする。

(ハ) 倉主等が、搬入された外国貨物について次に掲げる事実を確認し又はその
疑いがあると認めたときは、直ちにその内容を保税担当部門に連絡するよう
しょうようする。

   i   船卸票若しくはこれに代わる書類又は保税運送承認書若しくは送り状写
しに記載された品名との相違、数量との過不足、重大な損傷又はこれに準
ずる異常

   ii   麻薬、けん銃、爆発物、火薬類、偽造貨幣等法第69条の11第1項各号に
掲げる貨物その他法令により輸入が禁止されている貨物（積戻しに係る貨
物にあっては法第69条の2第1項各号に掲げる貨物その他法令により輸出
が禁止されている貨物)

ロ 搬出手続

(イ) 保税地域から貨物を搬出しようとする場合において、当該搬出について、
法の規定により許可、承認又は届出を必要とするときは、当該貨物を搬出し
ようとする貨主又はこれに代わる者は、当該許可書、承認書又は届出書をあ
らかじめ倉主等に提示する。

(ロ) 倉主等が、上記 (イ) に規定する書類の提示を受けたときは、提示された書
類と当該搬出しようとする貨物とを対査して、貨物の記号、番号、品名及び
数量等の異常の有無を確認の上、自己の責任において貨物を搬出することを
求めるものとする。この場合において、倉主等が、提示された書類の内容に
不審な点を発見したとき、又は提示された書類と当該搬出しようとする貨物
との相違を発見したときは、直ちにその内容を保税担当部門に連絡するよう
しょうようする。

(2) 輸出貨物に係る事務処理手続

輸出貨物に係る事務処理手続は、次により行う。

イ 搬入手続

外国貨物又は輸出しようとする貨物が保税地域に搬入されるときは、倉主等
に、自己の責任において、その貨物と搬入関係伝票とを対査して、貨物の記号、
番号、品名及び数量等の異常の有無の確認を行うことを求めるものとする。

なお、倉主等が、搬入された貨物について麻薬等法第69条の2第1項各号に
掲げる貨物その他法令により輸出が禁止されている貨物であると確認し又はそ
の疑いがあると認めたときは、直ちにその内容を保税担当部門に連絡するよう
しょうようする。

ロ 搬出手続

(ｲ) 保税地域から輸出の許可を受けた貨物を搬出しようとする場合、当該貨物
の貨主又はこれに代わる者は、当該搬出しようとする貨物に係る輸出許可書
又は送り状をあらかじめ倉主等に提示する。

(ﾛ) 倉主等が、上記 (ｲ) に規定する輸出許可書等の提示を受けたときは、提示
された輸出許可書等と当該搬出しようとする貨物とを対査して、貨物の記号、
番号、品名及び数量等の異常の有無を確認の上自己の責任において貨物を搬
出することを求めるものとする。この場合において、倉主等が、提示された
輸出許可書等の内容に不審な点を発見したとき、又は提示された輸出許可書
等と当該搬出しようとする貨物との相違を発見したときは、直ちにその内容
を保税担当部門に連絡するようしょうようする。

(3) 搬出入事績に係る報告等

搬出入事績に係る報告等は、次による。

ｲ　保税地域から搬出された貨物に係る上記(1)のロ(ｲ)及び(2)のロ(ｲ)に規定
する許可書、承認書又は届出書若しくはこれらの書類の写しについては、原則
として6月間(保税工場にあっては1年間)当該保税地域の倉主等に保存するこ
とを求めるものとする。ただし、保税地域の検査を担当する部門(以下「保税検
査部門」という。)による保税地域の検査を受けたものについては、6月前であっ
ても保存を要しない。

ﾛ　指定保税地域に搬入された外国貨物のうち毎月の末日現在において1月 (税
関長が1月を超える期間を適当と認めて定めたときは、当該期間とする。)を経
過した外国貨物又は保税蔵置場に搬入された外国貨物のうち3月を経過した外
国貨物 (法第43条の3第1項に規定する承認を受けた貨物及び税関長が指定し
た貨物を除く。) については、当該保税地域の倉主等において調査、確認の上、
「長期蔵置貨物報告書」(C-3030)を作成し、翌月の10日までに保税取締部門へ
提出することを求めるものとする。

(4) 搬出入手続の際に対査又は提示する書類

上記(1)又は(2)の規定に基づき、倉主等に対査又は提示させる書類は、ファ
クシミリ送信された書類によることとして差し支えない。この場合において、適
正な貨物管理を確保するため、搬出依頼者を明確にする (通関士等責任者の氏名)
ものとする。

(記帳義務者)

34の2-2　法第34条の2に規定する「貨物を管理する者」とは、指定保税地域及び総
合保税地域にあっては当該保税地域において貨物を管理する者をいい、保税蔵置場
にあっては法第42条第1項の許可を受けた者又は法第50条第1項の届出をした者を
いう。

(保税地域における貨物についての帳簿)

34の2-3　法第34条の2の規定により貨物を管理する者の備え付けることとされて
いる帳簿は、令第29条の2第1項又は第2項に規定する事項を記載したものであれ

ば、税関用に特別の帳簿を備える必要はなく、倉主等の営業用の帳簿又は保管カードに所要の事項を追記したものであっても差し支えない。この場合においては、外国貨物又は輸出しようとする貨物である旨を明らかにして表示するものとする。

なお、総合保税地域（法第62条の8第1項第2号に掲げる行為を行う施設に限る。）における貨物を管理する者が備え付けることとされている帳簿については、後記61の3-1の(5)から(7)までの規定に準じて取り扱うものとする。

また、帳簿を保存する期間は、記載すべき事項が生じた日から起算して2年を経過する日（その間に当該帳簿について保税業務検査を受けた場合にあっては、当該保税業務検査を受けた日）（法第50条第1項に規定する承認を受けた者に係る同項の届出を行った場所にあっては1年を経過する日）までとする。

（電磁的記録による帳簿の保存）

34の2-4 法第34条の2の規定により貨物を管理する者が備え付けることとされている帳簿を電磁的記録（民間事業者等が行う書面の保存等における情報通信の技術の利用に関する法律（平成16年法律第149号）第2条第4号に規定する「電磁的記録」をいう。以下同じ。）により保存する場合の取扱いは、財務省の所管する法令の規定に基づく民間事業者等が行う書面の保存等における情報通信の技術の利用に関する規則（平成17年財務省令第16号）によるほか、次による。

(1) 保存される電磁的記録の適切な保全を確保するため、次の措置を講じるよう指導する。

  イ 別途バックアップ・データを保存する等により、情報の消滅がないよう十分な措置を講じること。

  ロ システム設計書等電子計算機処理過程に係る文書を保存すること。

(2) 倉主等が電磁的記録による保存を行おうとする場合には、その保存方法及び上記(1)の確認のため、事前に次の事項を記載した書類を保税地域を監督する部門（以下「保税監督部門」という。）へ提出するよう求めるものとする。

  なお、当該書類の提出後に記載内容に変更があった場合にも、その旨を遅滞なく届け出るよう求めるものとする。

  イ 届出者の所在地及び氏名又は名称

  ロ 保税地域の所在地及び名称

  ハ 帳簿の保存場所

  ニ 電磁的記録による保存を開始しようとする年月日

  ホ 電子計算機システムの概要

  ヘ その他税関が必要と認める事項

（同時蔵置に係る貨物の搬出の取扱い）

34の2-5 後記42-3（保税蔵置場における貨物の同時蔵置）、42-4（保税蔵置場における同時蔵置の特例）、56-6（保税工場における貨物の同時蔵置）又は56-7（保税工場における貨物の同時蔵置の特例）の規定（後記62の15-2（その他の規定の準用）の規定により準用される後記42-3及び42-4を含む。）により保税タンク又は保税サ

イロに同時蔵置された貨物の搬出は、先入先出方式によるものとする。ただし、特にやむを得ない事情があると認められる場合において、関税の徴収上別段の支障がないときは、搬入者の選択によりその順序を定めることができるものとして差し支えない。

（貨物の蔵置方法）

34の2-6　保税地域に蔵置されている外国貨物又は輸出しようとする貨物については、内国貨物と混合することのないように、原則としてその積載船（機）名、品名、個数、数量及び搬入した年月日、その他必要な事項についての表示を付けさせた上、区分して蔵置するとともに、危険物（消防法（昭和23年法律第186号）別表に掲げる発火性又は引火性のある貨物）又は他の貨物を損傷し、若しくは腐敗させるおそれのある貨物については、更に一般貨物と区分して蔵置するよう指導する。水面貯木場等で表示が困難な場合には、蔵置状況がわかるような措置を講じるものとする。

　　なお、貴重品その他盗難等のおそれの多い貨物については、特別の保管施設を設けてその施設内に蔵置するものとする。

（貨物の記号、番号が許可書、承認書等の記号、番号と異なる場合の取扱い）

34の2-7　搬出しようとする貨物の記号、番号が許可書、承認書等の記号、番号と一致しない場合において、その相違の程度が下記の例示に準ずる範囲にとどまるときは、許可、承認書等の訂正をすることなく、搬出を認めて差し支えない。

（例示）

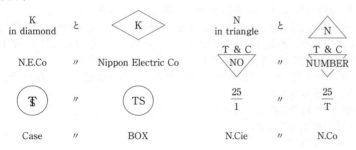

（輸出貨物等の許可前はしけ積み等の取扱い）

34の2-8　輸出貨物又は積戻し貨物の輸出又は積戻しの許可前におけるはしけ又はトラック等への積込みについては、次による。

（1）輸出又は積戻しの許可前におけるはしけ又はトラック等への積込みは、次の場合に限り認めるものとする。

　イ　本船の出港が迫り、その他特殊な事情があるため、輸出又は積戻しの許可後においては、貨物を積み込む時間的余裕がないと認められる場合

　ロ　貨物についての税関の検査が終わつた後であつて、取締上支障がないと認め

　　られる場合
(2) 上記 (1) により輸出又は積戻しの許可前に貨物を積み込んだはしけ又はトラック等は、その貨物についての輸出又は積戻しの許可書を提示した後でなければ、離岸し、又は出発してはならないものとする。ただし、同一のはしけ又はトラック等に2カ所以上の保税地域から搬出して貨物を積み込む場合においては、それぞれの保税地域までの移動を認めて差し支えないものとする。

（社内管理規定の整備）

34の2−9　保税地域における貨物管理については、倉主等に次に掲げる基本項目を参考とした貨物管理に関する社内管理規定 (CP = Compliance-Program) を整備し、提出するものとする。ただし、法第50条第1項又は第61条の5第1項に規定する届出に係る場所においては、法第50条第1項又は第61条の5第1項に規定する承認の申請の際に、令第42条第2項又は第50条の4第2項の規定に基づき提出された、法第51条第3号（法第62条において準用する場合を含む。）の規則をもって足りる。
(1) 社内管理規定の目的
　　保税地域の企業内における適正な貨物管理体制を確保し、もって関税法その他関係法令に規定する税関手続の適正な履行を確保する観点から、社内管理規定を整備する。
(2) 社内管理責任体制の整備
　　保税業務全般に関する責任体制の明確化のため、その具体的業務内容と責任者について規定の整備を行う。
　イ　総合責任者
　　　倉主等が行うべき業務について、総合的に管理し、監督し、責任を負う者を定める。
　ロ　貨物管理責任者
　　　倉主等の基本的作業である貨物の搬出入に係わる確実な記帳のほか、搬入、蔵置、取扱い、搬出の各段階での貨物の数量、態様等の把握、管理を行う責任者を定める。
　ハ　顧客（荷主）責任者
　　　保税地域を利用する顧客（荷主）について、その資質や経営状態等を把握し管理する責任者を定める。
　ニ　委託関係責任者
　　　保税地域での業務について、委託業務を行っている場合は、委託企業従業員の資質の把握、適切な指揮監督の徹底等の体制を明確にし、責任者を定める。
(3) 貨物管理手続体制の整備
　　倉主等の基本的作業である貨物の搬出入に係わる確実な記帳のほか、搬入、蔵置、取扱い、搬出の各段階における管理手続等について規定を整備する。
　　なお、倉主等が保税業務を他の者に委託している場合においては、当該委託した業務に係る上記規定の整備及び税関への提出は、当該他の者と適宜の調整を図った上で、倉主等が自己の責任において行う。

イ　搬入・搬出管理

　　貨物の搬出入時における基本動作（社内電算処理システム又は輸出入・港湾関連情報処理システムを利用して保税業務を行っている保税地域については、当該システムに係る事務処理手続を含む。ロ、ハ及びホにおいて同じ。）の詳細について定める（例えば、搬入貨物に係る船卸票又は保税運送承認書等の書類と現物との対査確認、貨物の異常の有無の確認及び異常があった場合の対応、書類整備等。ロ及びハにおいて同じ。）。

ロ　蔵置管理

　　貨物蔵置中における基本動作の詳細について定める。

ハ　貨物取扱い等管理

　　貨物取扱い時における基本動作の詳細について定める。

ニ　顧客（荷主）管理

　　保税地域を利用する顧客等の把握について定める。

ホ　記帳・記録

　　台帳記帳における基本動作の詳細及び関係帳票の整理保管等について定める。

(4) 貨物の保全のための体制の整備

　　保税地域における貨物の亡失等を防止し、外国貨物の適切な保全を図るため、必要に応じて、保税地域への人又は貨物の出入りをチェックする体制を確保するほか、常時又は定期的に当該保税地域内の巡回警備等を行う体制を整備する。

(5) 税関への通報体制の整備

　　搬出入、蔵置される不審貨物（外装等の異常貨物）、保税地域へ出入りする不審人物等についての情報を確実に税関へ通報する体制を整備する。

(6) 教育訓練についての体制の整備

　　倉主等が法人である場合は、当該法人（下記(7)及び(8)において「蔵置場等会社」という。）におけるすべての役員及び従業員に対して、社内管理規定の方針及び手続きを理解させ、関係法令の遵守、税関周知事項の徹底、社内管理規定における各人職務を明確に把握させるための教育、訓練について体制を整備する。

　　また、倉主等が保税業務を他の者に委託している場合は、受託企業の役員及び従業員に対しても上記に準じた教育、訓練を行う体制を整備する。

(7) 評価・監査制度の整備

　　蔵置場等会社における社内管理規定の諸手続が厳格に遵守され、かつ、実施されていることを確認するため、内部監査人による定期的評価・監査制度を制定し、社内管理規定の実行性の評価改善のための勧告を行う体制を整備する。なお、内部監査人による評価・監査は、原則として毎年実施し、当該評価・監査の都度、その結果を税関に提出する。

(8) その他留意事項

イ　懲戒規定の整備

　　社内管理規定に違反した場合、従業員は、蔵置場等会社の懲戒規定の対象となる旨を定める（既存の就業規則等に規定されている場合は、その旨記載する）。

ロ　その他の必要事項

（外国籍船舶の修理、改装のために使用する資材の搬出入に係る帳簿及びその記帳）
34の2－10　造船所内の保税蔵置場における外国籍船舶の修理、改装用資材の搬出入
　に係る帳簿及びその記帳は、次により行わせる。
（1）造船所内の保税蔵置場における修理、改装用資材に係る法第34条の2《記帳義
　　務》に規定する帳簿は、他の資材に係る帳簿と明確に区分するため、修理、改装
　　のために入きよ又は艤装岸壁に接岸した外国籍船舶ごとに別冊とさせ、「関税法基
　　本通達34の2－10扱い」と標記させる。
（2）上記（1）の帳簿への記帳は、次による。
　イ　搬入については、修理、改装用資材について輸出等申告をすることが確実と
　　なつた時点において、品名及び数量等を一括記帳させる。
　ロ　搬出については、修理、改装用資材の搬出の日（輸出等許可の日と同一の日
　　とする。）のみを記帳し、その他の記帳を必要とする事項については、輸出等許
　　可書又はその写しの貼付をもつて記帳に代えて差し支えない。

（保税業務を委託する場合の範囲）
34の2－11　保税地域の被許可者（指定保税地域においては、後記41の2－1に規定す
　る「貨物管理者」をいう。以下この項において同じ。）が、当該保税地域における保税
　業務を他の者に委託する場合は、下記の全ての要件を充足させるものとする。この
　場合において、必要に応じ業務委託に関する契約書等の写しを提出させ、下記事項
　の充足状況を確認するものとする。なお、保税業務の委託に関する契約内容に変更
　があった場合には、必要に応じ変更後の契約書の写し又は当該変更の内容を明らか
　にした書類を速やかに提出させ、下記事項の充足状況に変更がないことを確認する
　ものとする。
（1）当該保税地域に寄託される貨物の受寄託契約が、被許可者によって締結される
　　こと。ただし、被許可者自身が貨主である場合、又は貨物の受寄託契約が締結さ
　　れていない場合（例えば、専ら輸出梱包専用保税地域である場合、配送拠点等短
　　期間の貨物の蔵置のみを行う保税地域である場合等）若しくは被許可者と貨主が
　　直接受寄託契約を締結していない場合であって、被許可者が貨物の保管に責任を
　　有すると認められる場合には、この限りでない。
（2）前記34の2－9(貨物管理に関する社内管理規定の整備)に規定する社内管理体制
　　における総合責任者、貨物管理責任者、顧客（荷主）責任者、委託関係責任者及び
　　内部監査人が、被許可者の従業員であること。
　　　また、これらの者が、保税業務の受託者が行う保税業務に実質的に関与し、そ
　　の責任を全うできる体制にあることが、前記34の2－9により提出される社内管理
　　規定等により明確にされていること。
（3）保税地域に関して被許可者が行うこととされている税関手続きが、当該保税地
　　域の被許可者の名により行われること。

（税関職員の派出）

35－1　法第35条《税関職員の派出》の規定による税関職員の派出は、次により運用する。

　（1）派出職員の勤務は、原則として次の場所に集合して行う。ただし、保税地域における事務量、交通事情その他の条件を勘案して、派出職員を分駐させることが真にやむを得ないと認められる場合は、この限りでない。

　　イ　特定の地区ごとに派出職員を集中して事務を処理することが、事務の効率的処理の見地から適当であると認められる場合は、地区ごとに定める方面事務室

　　ロ　上記イ以外の場合は、保税地域を管轄する税関官署

　（2）派出職員は、次の事務を処理する。

　　イ　保税地域に搬出入される貨物に係る許可、承認及び届出の受理等に関する事務

　　ロ　保税地域に蔵置又は搬出入される貨物についての検査、税関検査場への貨物の持込みのための現物指定、委任検査及び見本確認（他法令の該非の確認、関税分類、知的財産侵害物品の認定等輸入貨物等についての適正な審査を行うため、従来、通関部門が行つていた貨物の見本検査のことをいう。）のための見本採取等に関する事務

　　ハ　保税地域における貨物の搬出入及び蔵置の管理状況等についての巡回取締り並びに検査に関する事務

（申請に基づく税関職員の派出）

35－2　令第29条の３《税関職員の派出の申請》の規定による税関職員の派出は、次により取り扱うものとする。

　（1）税関官署からの当該保税地域の距離及び事務量等を勘案して、税関職員を派出することが真にやむを得ないと認められるものに限り、税関職員の派出を認めるものとする。なお、この場合にあっては、行政効率等の観点から総合的な調整を行う必要があるので、事前に本省にりん議するものとする。ただし、既に税関職員を派出している地区において派出する保税地域を追加して認める場合であって、当該税関職員が当該保税地域への税関職員の派出の承認に係る事務を処理するものであるときは、この限りでない。

　（2）派出職員の数の決定については、原則として各保税地域ごとに１名とするが、税関官署からの当該保税地域の距離及び事務量等を勘案して、２以上の保税地域の事務を兼務させることが適当と認められるときは、それらの保税地域を総体的に考慮し派出職員の数を決定して差し支えない。

　（3）税関職員の派出の申請は、「税関職員派出申請書」（C-3090）２通を提出して行わせ、税関においてこれを承認したときは、うち１通を承認書として申請者に交付するものとする。

（派出された税関職員が処理できる事務の範囲）

35－3　法第35条の規定に基づき保税地域に派出された税関職員に処理させることが

できる事務の範囲は、次に掲げるものとし、税関長は、保税地域の実情に応じてこれらの事務の全部又は一部を処理させるものとする。

(1) 特例申告の受理（法第7条の2）

(2) 見本の一時持出しの許可（法第32条）

(3) 外国貨物の廃棄の届出の受理（法第34条）及び外国貨物の滅却の承認（法第45条）

(4) 貨物の取扱いの許可（法第40条及び第49条）

(5) 外国貨物である船（機）用品積込みの承認（法第23条）

(6) 保税蔵置場、保税工場又は総合保税地域に外国貨物を置くこと等の承認及び保税蔵置場における蔵入承認を受けずに外国貨物を置くことができる期間の指定（法第43条の3、第61条の4及び第62条の10）

(7) 上記(6)の承認等の際に行う検査（貨物確認（他法令の該非の確認、関税分類、知的財産侵害物品の認定等輸入貨物等についての適正な審査を行うため、従来、通関部門が行っていた貨物の検査のことをいう。）を含む。下記(12)、(13)及び(17)において同じ。）（法第43条の4、第61条の4及び第62条の15）

(8) 保税作業届出の受理（法第58条）

(9) 保税工場外作業及び総合保税地域外作業の場合の検査（法第61条及び第62条の15）

(10) 指定保税工場及び総合保税地域の加工製造等に関する報告書の受理（法第61条の2第2項及び第62条の15）

(11) 総合保税地域に販売用貨物等を入れることの届出の受理（法第62条の11）

(12) 輸入（輸入許可前における貨物の引取りを含む。）、輸出、積戻し又は運送についての申告の受理、検査及び許可又は承認（法第63条、第64条、第67条及び第73条）

(13) 指定地外検査の許可（法第69条）

(14) 貨物の収容又は留置（法第84条及び第87条）

(15) 開庁時間外の事務の執行を求める届出の受理（法第98条）

(16) 輸出入貨物についての証明書類の交付（法第102条）

(17) 輸入しようとする貨物で、検査を要しないと認められるもの又は輸出しようとする貨物でその保税地域に隣接する場所に他所蔵置されるもの（いずれも税関職員が派出されている保税地域に係るものに限る。）についての上記(1)から(5)まで及び(10)から(14)までに掲げる事務並びにそれらの貨物についての他所蔵置の許可

（保税地域についての取扱いの準用等）

36－1　法第36条《保税地域についての規定の準用等》の規定により他所蔵置の許可を受けた貨物について準用されることとされている法の各条文に関する取扱いについては、それぞれそれらの条文につき規定しているこの通達の取扱いに準ずる。

（他所蔵置場所における貨物の取扱いに関する届出）

36－2　法第36条第2項の規定による貨物の取扱いの届出は、当該届出に係る貨物が

置かれている場所の所在地を所轄する税関官署に「貨物取扱届」（C-3100）２通を提出して行わせ、税関においてこれを受理したときは、うち１通を届出があったことを証する書類として届出者に交付する。

　なお、届出に係る貨物の取扱いが改装、仕分けその他の手入れである場合においては、これについての届出書「取扱貨物の明細」欄の記載要領は、後記40－2の（2）のなお書に準ずる。

<h2 style="text-align:center">第２節　指定保税地域</h2>

（指定保税地域の指定の要件）

37－1　法第37条第１項に規定する指定保税地域の指定は、次に掲げる各要件を充足する土地又は建設物その他の施設について行うものとする。

　なお、次に掲げる要件と関連し、税関においては、将来指定保税地域として指定する必要があると思われる土地又は建設物その他の施設の造成等が行われる場合においては、次の要件に関係を有することとなる諸事項をあらかじめ承知しておくため当該施設の所有者又は管理者から時宜に応じ所要の連絡を受けるよう留意する。

(1) 国、地方公共団体（港湾管理者）又は指定法人等（令第30条の２に規定する者をいう。以下この章において同じ。）が所有し又は管理するものであること。

(2) 開港又は税関空港における税関手続の簡易、かつ、迅速な処理を図ることを目的として公共的に運営されるものであること。

(3) 国の管理の下に借受者が運営し、又は港湾管理者（港湾法（昭和25年法律第218号）第２条第５項各号に掲げる港湾施設を管理する指定管理者（地方自治法（昭和22年法律第67号）第244条の２第３項に規定する「指定管理者」をいう。）を含むものとする。以下この章において同じ。）が自ら運営し、若しくはその管理の下に利用者の組織する事業協同組合若しくは借受者が運営し、又は指定法人等が自ら運営し、若しくはその管理の下に借受者が運営するものであること。

(4) 開港の港域に接続する地域又は税関空港の港域内若しくはこれに接続する地域にあるものであること。ただし、これらの地域から相当遠距離の地域にあるものであつても、通関貨物の量等から判断して、開港又は税関空港における税関手続の簡易、かつ、迅速な処理を図るうえに重要な役割を果たすと認められるものは、この限りでない。

(5) 税関における監視取締上支障がないと認められるものであること。

(6) 後記43－1(3)に掲げる要件を充足する施設であること。

（指定保税地域の指定の範囲）

37－2　指定保税地域の指定の範囲については、次による。

(1) 輸出入貨物の荷さばき上の利用度等対象となる土地又は建設物その他の施設の公共性のほか、監視取締りの必要性、その難易等をも勘案して、なるべく一定のひろがり及びまとまりをもった地域を一括して指定する。

(2) 法第37条第１項《指定保税地域の定義》にいう「建設物その他の施設」とは、上

屋、倉庫、岸壁、さん橋、浮さん橋、物揚げ場、野積場、コンテナの修理場、貯木場水域等をいうものとする。

(3) 旅具検査場、貨物検査場、収容倉庫及び留置倉庫は、支障のない限り指定の対象に含ませる。

(4) 指定保税地域として指定しようとする地域内に保税蔵置場又は保税工場である施設があるときは、これらの施設を除外して指定する。ただし、これら施設の敷地である土地は、指定の対象に含ませる。

(5) 指定保税地域として指定しようとする地域内に一般の事務所等のように指定保税地域として指定することが適当でない施設があるときは、これを除外して指定する。ただし、その施設の敷地である土地は、指定の対象に含ませる。

(指定保税地域の運営)

37－3　指定保税地域の運営については、次による。

(1) 指定保税地域の利用を促進し、その適正な運営を図るため、できる限り、税関、港湾管理者、指定法人等その他の関係者で組織する指定保税地域運営協議会を設置し、当該協議会における協議等を通じて、指定保税地域の運営に税関行政上の要請を反映させるよう努める。

(2) 内国貨物については、指定保税地域の利用を妨げるおそれのない限り、蔵置しても差し支えないことに留意する。

(財務大臣による指定又は取消しに関する手続)

37－4　法第37条第1項から第4項までの規定により財務大臣が行う指定保税地域の指定又は指定の取消しに関する手続については、次による。

(1) 法第37条第3項の規定による協議は、財務大臣に代わって税関長が行うものとし、同項の規定による公聴会は、規則第4条の規定に従い税関長を主宰者として開くものとする。

　　なお、税関支署の管轄する指定保税地域の指定又は指定の取消しについても同様とする。

(2) 令第31条第1項の規定による公告は、令第86条の2本文の規定に従い、税関の見やすい場所に掲示して行うものとする。この場合において、令第31条第1項に規定する「名称及び所在地」の記載につき必要があると認めるときは、所要の図面を付して掲示するものとする。

(3) 公聴会が終了したときは、税関長は、規則第4条第7項の規定による調書正副2通を作成し、指定又は取消しに関する税関長の意見を付してその正本を財務大臣あてに送付するものとする。

(指定又は取消しに関する権限委任の範囲)

37－5　令第31条の2に規定する「既存の指定保税地域の区域の一部を変更するためにする指定保税地域の指定又はその取消し」とは、既存の指定保税地域の区域又はこれに接続し若しくはこれに近接する地域に新たに指定保税地域を追加指定する場

合、又は既存の指定保税地域の一部につきその指定を取り消す場合をいうものとする。

（税関長による指定又は取消しに関する手続）

37－6　法第37条第５項の規定による権限の委任に基づき税関長が行う指定保税地域の指定又は指定の取消しに関する手続については、次による。

(1) 法第37条第３項の規定による協議は、財務大臣から委任された権限に基づき、税関長が行うものとし、同項の規定による公聴会は、規則第４条の規定に従い税関長が主宰者として開くものとする。

(2) 令第31条第１項の規定による公告については、前記37－4(2)と同様とする。

(3) 法第37条第３項の規定による公聴会の手続については、指定又は取消しの内容に応じ、それぞれ次のような便宜の手続により、又はその手続を省略することとして差し支えないものとする。

　イ　指定保税地域の一部を変更しても利害関係が生じないと認められる場合においては、公聴会開催の手続に並行して、利害関係者及び参考人の意見を文書により求め、この意見書を参考として指定又は取消しの可否を決定する。

　ロ　指定又は取消しの内容が軽微であつて利害関係が生じないことが明らかである場合（例えば、既存の建設物等を増改築し、その結果、当該建設物等の面積に変更を来す場合等）においては、公聴会の手続を省略する。

(4) 税関長が指定保税地域の指定又は指定の取消しを行つた場合には、その指定又は取消しに係る指定保税地域についての指定又は取消し前の区域、指定又は取消しをした区域及び指定又は取消し後の区域を明らかにした図面を添付して、その旨を関税局長あてに報告する。

（指定又は取消しの手続を必要としない場合）

37－7　指定保税地域として指定を受けた土地又は建設物その他の施設について、その実態には変更がなく、単なる名称変更又は町名変更があったような場合においては、改めて指定又は取消しの手続をすることなく、従来の公告等につき所要の変更手続をすれば足りるものとする。

（「利害関係者」及び「参考人」の意義）

37－8　法第37条第３項にいう「利害関係がある者」及び規則第４条第３項にいう「参考人」の意義については、次による。

(1) 法第37条第３項にいう「利害関係がある者」とは、輸出入業者のほか、倉庫業者、運送業者、通関業者等のように指定保税地域の指定又は指定の取消しについて利害関係を有する者をいう。

　なお、港湾管理者の所有及び管理に属さない土地又は建設物その他の施設について指定保税地域の指定又は指定の取消しを行おうとする場合にあつては、港湾管理者も同項にいう「利害関係がある者」に含まれることになるので、留意する。

(2) 規則第４条第３項にいう「参考人」とは、学識経験者のうち同項の公聴会の主宰

者である税関長が適当と認める者をいう。

（協議又は承認を要する行為の意義）

38−1　法第38条第１項各号に規定する税関長に協議又は税関長の承認を要する行為は、指定保税地域の管理運営又はその機能（外国貨物の積卸、運搬若しくは一時蔵置又は法第40条第１項及び第２項の行為をいう。）の利用に当たって密接に関連するものに限る。したがって、例えば、次に掲げるものは該当しない。ただし、外国貨物の積卸しのために入港する沿海通航船の係留については、協議又は承認を要さないこととなるので留意する。

(1) 建設物その他の施設の単なる維持補修を目的とした工事

(2) 外国貿易船を係留する予定のない期間中における沿海通航船の係留

（協議又は承認申請の手続等）

38−2　法第38条第１項の規定に基づく税関長への協議又は承認申請の手続については、次による。

(1) 税関長への協議は、協議する内容を明確かつ簡潔に記載した任意の様式を提出させる。税関における協議への同意は、原則として、提出者に文書を交付することにより行う。なお、提出者から、一定の期間内に継続的に行われる行為又は複数の行為について一括協議を求められた場合は、特に税関の取締上支障がある場合を除き、これを認めて差し支えない。ただし、一括協議の内容に実質的な変更（工事個所の追加等）が生じたときは、当該変更が生じた部分について、改めて協議を要することとなるので留意する。

(2) 法第38条第１項ただし書の規定に基づく承認申請は、令第32条に規定する事項を記載した任意の様式２通を提出させ、税関においてこれを承認したときは、うち１通に承認印を押なつし、承認書として申請者に交付する。

　　なお、上記(1)なお書及びただし書の規定は承認申請の手続について準用する。この場合において「一括協議」とあるのは「一括承認」と、「協議」とあるのは「承認」と読み替えるものとする。

(3) 税関長が指定保税地域の利用を妨げず、かつ、法の実施を確保する上で支障がないことが明らかであると認めた行為（例えば借受者の単なる名称の変更）については、上記(1)及び(2)の規定にかかわらず、あらかじめ税関に所要の事項を報告させることにより協議又は承認申請があったものとみなし、承認書の交付等は、適宜、省略して差し支えない。

（「正当な事由」の意義）

38−3　法第38条第４項にいう「正当な事由」とは、指定保税地域において積卸しをし、運搬をし、又は置かれようとする貨物が危険貨物、腐敗しやすい貨物若しくは他の貨物を汚損するおそれのある貨物であること、又は指定保税地域の蔵置能力に余裕がないことその他これに類する事情があることをいう。

（指定保税地域における貨物の取扱いの範囲）

40−1　法第40条の規定により指定保税地域において行うことができる行為の範囲については、次によるものとする。

(1) 同条第1項にいう「内容の点検」とは、貨物を開披してその内容品の品質若しくは数量を点検し、又はその機能について簡単な点検を行うことをいう。

(2) 同条第1項にいう「改装」とは、包装を改める行為をいい、一部積戻しのための分割包装等を含む。

(3) 同条第1項にいう「仕分け」とは、貨物を記号、番号別、荷主、仕向地別又はその名称等級別等に分類、選別することをいう。

(4) 同条第1項にいう「その他の手入れ」とは、貨物の記号、番号の刷換えその他貨物の現状を維持するために行うさびみがき、油さし、虫ぼし、風入れ、洗浄及びワックスかけ等をいう。なお、法第71条第1項に該当する原産地を偽った表示又は誤認させる表示がされている貨物について、その表示を抹消し、取りはずし又は訂正するための行為及び法第69条の11第1項第9号又は第9号の2に該当する物品について、商標を抹消するための行為を含む。

(5) 同条第2項《許可を受けてできる行為》にいう「見本の展示」とは、注文の取集め等のため蔵置貨物の一部を一般の閲覧に供することをいい、通常は貨物の置かれている指定保税地域において閲覧に供されるものとするが、その指定保税地域に近接する他の指定保税地域又は保税蔵置場等に置かれている貨物の一部をその指定保税地域に持ち込んで閲覧に供する場合もこれに含むものとする。

なお、展示の方法としては、指定保税地域内に適宜の見本展示場を設けてすることも妨げない。

(6) 同条第2項にいう「簡単な加工」とは、単純な工程によるもので、加工後において加工前の状態が判明できる程度のものをいい、次の加工を含む。

イ　食料品等の加熱（専ら、関税の引下げ、非自由化品目の自由化品目への変更を目的とする場合を除く。）

ロ　金属くず又は繊維製品のくず若しくはぼろとして改造用に使用する目的で輸入される貨物のうちに関税率表上のくず又はぼろとは認められないが商慣習上のくず又はぼろ（きずもの又はその荷姿、性質、形状等が整一でないものであつて、その取引価格が正常品としての価額より相当安いものをいう。以下この項において同じ。）と認められる範囲のものが混入している場合において、これを関税率表上のくず又はぼろとする加工

ハ　糖みつの変性（不可飲食処理）加工

(7) 同条第2項にいう「その他これらに類する行為」とは、例えば、次に掲げる場合をいう。

イ　輸出しようとする貨物の内容の破損部分又は不良品をこれと同種の完全品と交換すること。なお、法第69条の2第1項第3号に該当する物品について、商標をまっ消するための行為を含む。

ロ　注文の取集め等のため個別に識別及び管理される蔵置貨物を閲覧に供すること。

※　40－1(4)の内容は、令和4年3月31日財関第204号（令和4年10月1日施行）の
　改正を反映済。

（貨物の取扱いに関する許可申請の手続）

40－2　法第40条第2項の規定による貨物の取扱いに関する許可申請の手続は、次に
　よる。
　(1)　貨物の取扱いに関する許可申請は、原則として取扱いをしようとする都度しな
　　ければならないものとするが、引き続き連続して同一内容の行為をする場合には、
　　一定期間の行為について一括して許可申請をさせるものとして差し支えない。
　(2)　令第34条の規定による貨物の取扱いの許可申請は、当該許可申請に係る貨物が
　　置かれている指定保税地域の所在地を所轄する税関官署に「貨物取扱い許可申請
　　書」（C-3110）2通を提出して行わせ、税関においてこれを許可したときは、うち
　　1通に許可印を押印し、許可書として申請者に交付する。
　　　なお、許可を受けようとする行為が簡単な加工である場合においては、これに
　　ついての許可申請書の「取扱貨物の明細」欄に加工に使用する外国貨物又は内国貨
　　物及び加工後における貨物の記号、番号、品名、個数及び数量等を併せて記載さ
　　せることとする。

（貨物の取扱いに際しての税関への連絡）

40－3　指定保税地域に搬入された貨物について、貨物を管理する者が法第40条の規
　定による貨物の内容の点検又は改装、仕分けその他の手入れ等の際に、次に掲げる
　事実を確認し又はその疑いがあると認めたときは、直ちに保税取締部門へ連絡する
　よう協力を求めるものとする。
　(1)　船卸票若しくはこれに代わる書類又は保税運送承認書写しに記載された品名と
　　の相違、数量との過不足、重大な損傷又はこれに準ずる異常
　(2)　麻薬等法69条の2第1項各号に掲げる貨物その他法令により輸出が禁止されて
　　いる貨物
　(3)　麻薬、けん銃、爆発物、火薬類、偽造貨幣等法第69条の11第1項各号に掲げる
　　貨物その他法令により輸入が禁止されている貨物

（指定保税地域とみなされる期間の指定）

41－1　法第41条《指定の取消し後における外国貨物》の規定により税関長が期間を指
　定する場合においては、残存する外国貨物の船用品等としての積込み、輸入、積戻
　し、運送その他の方法による搬出に要する期間等を考慮し、十分な余裕を見込んだ
　期間を指定するものとし、かつ、その指定をしたときは税関の掲示場に公告するも
　のとする。

（指定保税地域とみなすことの効果）

41－2　法第41条《指定の取消し後における外国貨物》の規定により指定保税地域とみ
　なされた場所に置かれている外国貨物については、その出入れ、取扱い、亡失等に

つき、その貨物が従前の指定保税地域に置かれていた場合と全く同じ規制が及ぶことになるので、留意する。

(「貨物管理者」の意義)

41の2－1　法第41条の2第1項に規定する「貨物管理者」とは、外国貨物又は輸出しようとする貨物に関する入庫、保管、出庫その他の貨物の管理を自らが主体となって行う者であり、法第34条の2に規定する記帳義務及び法第45条の規定を読み替えて準用する法第41条の3の規定により関税を納付する義務を負う者をいう。

　なお、指定保税地域の借受者等が当該指定保税地域における業務を他の者に委託している場合には、必要に応じ、業務委託に関する契約書等の写しを提出させ、これにより貨物管理者を確認するものとする。

(貨物管理者に対する処分の基準等)

41の2－2　指定保税地域における貨物管理者について、法第41条の2第1項の規定に基づく処分を行おうとする場合は、後記48－1の規定（同項（1）ニ（ロ）ただし書き、(1)ニ（ハ）、(2)及び(4)を除く。）を準用する。

　この場合において後記48－1中「保税蔵置場」とあるのは「指定保税地域」と、「第48条」とあるのは「第41条の2」と、「被許可者」とあるのは「貨物管理者」と読み替えるものとする。

(貨物管理者の納付義務等)

41の3－1　法第41条の3《保税蔵置場についての規定の準用》において準用する法第45条《保税蔵置場の許可を受けた者の関税の納付義務》の規定の適用については、後記45－1から45－3までの規定の取扱いに準ずる。この場合において、45－2中「保税蔵置場」とあるのは「指定保税地域」と、45－3中「蔵置してあつた保税蔵置場の許可を受けた者」とあるのは「管理していた貨物管理者」と、「当該保税蔵置場」とあるのは「当該指定保税地域」と読み替えるものとする。

　なお、2人以上の者が共同で貨物の管理を行つている場合において、外国貨物を亡失した場合の届出義務、又は外国貨物（輸出の許可を受けた貨物を除く。）に係る関税の納付義務は、共同で貨物を管理している者が連帯して負うものとする。この場合において、税関に対する届出書類その他により亡失又は滅却された貨物の保管責任を有する貨物管理者がそのいずれかであることが明らかであるときは、その貨物管理者から外国貨物の亡失に係る届出を行わせ又は関税を納付させるものとする。

第3節　保税蔵置場

(保税蔵置場の許可の方針)

42－1　保税蔵置場の許可は、後記43－1に規定する各号の要件を充足する場合（後記43－3(2)のロ又はハに掲げる場合を除く。）に限り行うものとし、外国貨物の小売販売を目的とするものは、後記42－15及び42－16に規定する場合を除いて、許可を行

わないものとする。

（許可の対象とする施設の範囲）

42-2　法第42条第1項《保税蔵置場の許可》の規定により保税蔵置場として許可する施設の範囲については、次による。

(1) 許可することができる施設は、一般の建設物のほか、野積場、貯木場水域等を含むものとする。

(2) 石油、糖みつその他の液体貨物を蔵置するタンクその他の施設を保税蔵置場として許可する場合において、これらの施設に連結しているパイプラインで常時外国貨物が入つている状態のものについては、これも許可の対象に含ませるものとする。

（保税蔵置場における貨物の同時蔵置）

42-3　保税蔵置場においては、法第56条第1項に規定する貨物の混合は認められないが、保税蔵置場の許可を受けようとする施設が石油その他の液体貨物を蔵置するタンク又は穀物その他のばら貨物を蔵置するサイロ若しくは土間である場合において、それらの施設の効率的な使用のため、それらの施設において次のいずれかに該当する貨物（内国貨物を含む。）で搬入の時期を異にするものを同時に蔵置する必要があると認められるときは、税関における取締り上特に支障がないと認められる場合に限り、その同時蔵置を同項に規定する貨物の混合とみず、搬入の時期を異にするそれぞれの貨物がその搬入の順序に従つて同一の施設に蔵置されるものとして、取り扱つて差し支えないものとする。

(1) 同一税番及び同一統計番号に属し、かつ、商品的にも同種のものとして取り扱われる液体貨物及び穀物その他のばら貨物

(2) 原油（石油精製用の粗油を含む。）

(3) 重油で商慣習上同種のものとして取引されるもの

(4) 定率法の別表第2710.19号の1の(3)のAの(b)及び第2710.20号の1の(4)のAの(b)に掲げる重油及び粗油であって、これらの号に規定する規格の範囲内のもの

(5) Marine Diesel Fuel Oilのうち、定率法の別表第2710.12号の1の(3)、第2710.19号の1の(2)及び第2710.20号の1の(3)に掲げる軽油、同表第2710.19号の1の(3)及び第2710.20号の1の(4)に掲げる重油並びに同表第2710.19号の1の(5)及び第2710.20号の1の(6)に掲げるその他のもので、ともに商慣習上同種のものとして取引され、かつ、全量が船用品として積み込まれるもの

(6) 定率法の別表第2709.00号に掲げる原油（エチレン、プロピレン、ブチレン、ブタジエン、ベンゼン、トルエン、キシレン又は石油樹脂を製造するため、オレフィン製造設備（エチレンの製造を主たる目的とするものに限る。）の分解炉で熱分解用に供されるものに限る。）、暫定法の別表第1第2710.12号の1の(1)のC及び第2710.20号の1の(1)のCに掲げる揮発油、同表第2710.12号の1の(2)のBの(2)、第2710.19号の1の(1)のBの(2)及び第2710.20号の1の(2)のBの(2)に掲げる

灯油並びに同表第2710.12号の1の(3)、第2710.19号の1の(2)及び第2710.20号の1の(3)に掲げる軽油

(7) エチルアルコール (エタノール) のうちバイオマスから製造したもの (エチル－ターシャリ－ブチルエーテルの製造の用に供するものに限る。) 及びエチル－ターシャリ－ブチルエーテルのうちバイオマスから製造したエチルアルコール (エタノール) を原料として製造したもの (関税暫定措置法施行令第4条第1項の証明書 (以下この項において「証明書」という。) の提出が可能なもの又は同条第2項に規定する証明書の交付に係る手続が行われているもの (「バイオエタノール及びバイオETBEの関税無税化のためのバイオ由来証明の取扱いについて」(平成20年4月1日経済産業省資源エネルギー庁長官通達) 4(2)の科学的なバイオ由来証明試験のための試料採取が必要なものを除く。))

(8) その他、税番又は統計番号は異なるが、商品的には同種のものとして取り扱われる貨物のうち、純度、比重その他の性状、当該性状及び数量の確定方法並びに用途等を勘案し、関税及び内国消費税の徴収、貨物の確認等に支障のないもので税関長が認めたもの (なお、この号の適用に当たっては、本省に照会のうえ、決定する。)

(保税蔵置場における同時蔵置の特例)

42－4　前記42－3の適用を受ける貨物を蔵置するタンク又はサイロ (以下「タンク等」という。) が複数ある場合には、そのタンク等を一つのタンク等とみなして取り扱つて差し支えない。

(同時蔵置の特例の適用を受ける場合の届出)

42－5　前記42－4の規定の適用を受けようとする場合は、群の呼称、タンク等の番号及び蔵置貨物の品名を記載した適宜の様式による届出書 (保税地域のタンク等のすべてを一つの群として使用する場合にはその旨を記載した届出書) を提出させるものとする。

なお、タンク等の群の構成を変更する場合も同様とする。

(石油等を蔵置するタンクの取扱い)

42－6　石油等を蔵置するタンクの取扱いは、次によるものとする。

(1) 保税タンクに搬入した石油の搬入数量確定の際に、石油から分離した水分がタンク検尺により検出される場合には、その水分量が実測され、かつ、搬入した石油から分離したと認められるときに限り、搬入数量から当該水分量を控除した数量で確定して差し支えない。

(2) 保税タンクから石油を引き取る場合の数量の確定は、原則として後尺検量方式の測定により行うが、特にやむを得ないと認められるときには、前尺、後尺検量方式又は流量計 (「揮発油その他の石油類の数量測定に流量計を使用する場合の取扱いについて」(昭和44年11月18日蔵関第3223号) に規定する流量計に限る。) の測定により行つて差し支えない。ただし、いずれの測定方式によつても、蔵置中の

欠減は認めないものとする。
（3）上記（2）の前尺、後尺検量方式又は流量計により測定した数量で引き取る場合においては、これらの搬出数量と後尺検量方式による搬出数量との間に生ずる差異は、当初確定された搬入数量を基準として最終搬出の際に調整を加えることとし、その際に蔵置中の欠減があると認められるときは、その欠減分の関税を徴収する。

（保税蔵置場の許可の申請手続）

42－7　法第42条第1項の規定に基づく保税蔵置場の許可の申請は、申請者が法人の場合には、法人の代表者名により、「保税蔵置場許可申請書」（C-3120）1通（税関支署を経由する場合には、2通）を税関に提出することにより行うものとする。なお、税関においてこれを許可したときは、「保税蔵置場許可書」（C-3130）を申請者に交付するものとし、許可しないこととしたときは、「保税蔵置場不許可通知書」（C-3135）により申請者に通知するものとする。

（許可申請書の添付書類の取扱い）

42－8　許可申請書に添付する書類の取扱いは次による。
（1）許可申請書には、令第35条第2項に規定する書類の添付を必要とするが、同項の規定による添付書類のうち「信用状況を証するに足りる書類」、「保管規則及び保管料率表」及び「登記事項証明書」の取扱いについては、次による。
　イ　「信用状況を証するに足りる書類」としては、法人の場合にあつては、最近の事業年度における事業報告書を、個人の場合にあつては、納税証明書又はこれら以外の書類でその資産状態を表示するものをそれぞれ添付させる。
　ロ　「保管規則及び保管料率表」としては、申請に係る蔵置場が倉庫業法（昭和31年法律第121号）第3条《登録》の規定による国土交通大臣の登録を受けて事業を行うものである場合は保税蔵置場保管規則（同法第8条《倉庫寄託約款》に規定される倉庫寄託約款の写しでも差し支えない。）及び保管料率表を、その他の場合は保税蔵置場保管規則をそれぞれ添付させる。
　ハ　「登記事項証明書」は、申請者が法人の場合に添付させることとする。ただし、情報通信技術を活用した行政の推進等に関する法律第11条に基づき、税関職員が法務省の登記情報連携システムを使用して、登記情報を入手することができる場合には、添付を要しないものとする。申請者が個人の場合にあつては、当該書類に代えて住民票を添付させるものとする。
（2）令第35条第2項第6号に規定する「その他参考となるべき書類」としては、次のものを添付させる。
　イ　支配人その他の主要な従業者（支配人、支配人に準ずる地位にある者及びこれらの者を直接補佐する職にある者。以下本節及び本章第4節から第6節において同じ。）及び役員（法人の場合に限る。）の履歴書
　ロ　自らの貨物管理の一部について業務委託契約を取り交わしている場合にあつては当該業務委託契約書

　　ハ　申請に係る土地、建物を賃借している場合にあつては当該賃貸借契約書
　　ニ　許可を受けた者が許可後の保税業務に係る手続きを主要な従業者等に委任す
　　　る場合の包括的な委任状
　　ホ　前記34の2−9(貨物管理に関する社内管理規定の整備)に規定する貨物管理に
　　　関する社内管理規定
　(3)　保税蔵置場の許可を受けている者が同一の税関管轄内の場所において許可申請
　　　を行う場合で、当初許可申請時に提出されている添付書類の記載された内容につ
　　　いて変更がないことを確認できたときは、上記の取扱いにかかわらず当該書類の
　　　添付を省略させることができるものとする。
　(4)　同一申請者が同一の税関管轄内の場所において同時に二以上の許可申請を行う
　　　場合には、同一内容の添付書類については、一部で足りるものとする。

(2以上の蔵置場についての一括許可)
42−9　保税蔵置場の許可を受けようとする蔵置場が2以上の場所にあり、これらの
　　蔵置場が、次のいずれかに該当するもので、かつ、税関の取締上支障がないと認め
　　られるときは、これらの蔵置場につき一括して保税蔵置場の許可(1許可)を行うこ
　　ととして差し支えない。なお、法第50条の規定に基づく届出を行おうとする場合に
　　も、同様とする。
　(1)　申請に係る蔵置場が、申請者の所有又は管理する場所の同一構内にある建設物
　　　その他の施設であり、申請者が同一の蔵置場として管理するものであるとき
　(2)　申請に係る蔵置場のある場所が、申請者の所有又は管理するもので、公道等の
　　　設置、その他やむを得ない理由により分割されているが、申請者が同一の蔵置場
　　　として管理するものであるとき

(保税蔵置場の許可の期間の指定)
42−10　保税蔵置場の許可の期間は、6年を超えないものとする。

(許可の際に付する条件)
42−11　保税蔵置場の許可をするに際しては、令第35条第3項の規定に基づき、次の
　　条件を付するものとする。
　(1)　蔵置貨物の種類を変更する必要が生じた場合にはあらかじめ税関長に届け出る
　　　旨の条件
　(2)　保税蔵置場の名称、所在地、支配人その他の主要な従業者(許可を受けた者が
　　　法人であるときは、法人の商号及び役員を含む。)に変更があった場合(特例輸入
　　　者の承認等を担当する部門へ届け出ている場合を除く。)には遅滞なく税関長に届
　　　け出る旨の条件
　(3)　保税蔵置場の蔵置貨物に関する帳簿を、記載すべき事項が生じた日から起算し
　　　て2年を経過する日までの間(その間に当該帳簿について保税業務検査を受けた
　　　場合にあっては、当該保税業務検査を受けた日までの間)保存すべき旨の条件
　(4)　法第43条第3号から第7号に該当することとなった場合には直ちに届け出る旨

の条件
(5) 法第43条の3第1項の規定により外国貨物を保税蔵置場に置くことの承認をあらかじめ受けた貨物のみを置く施設については、当該保税蔵置場に搬入する外国貨物についてあらかじめ法第43条の3第1項による承認を受けなければならない旨の条件
(6) 内部監査人による評価・監査を、原則として毎年実施し、当該評価・監査の都度、その結果を税関に提出すべき旨の条件
(7) 蔵置貨物の種類の変更、貨物の収容能力の増減又は周辺状況の変化等に応じ、保税蔵置場における貨物の亡失等を防止し、外国貨物の適正な保全を図るため、必要な措置を講じるべき旨の条件

(許可の期間の更新の手続等)
42−12　法第42条第2項ただし書の規定に基づく保税蔵置場の許可の期間の更新の手続等については、次による。
(1) 許可の期間の更新の申請は、「保税蔵置場・工場許可期間の更新申請書」(C-3140) 1通(税関支署を経由する場合には、2通)を税関に提出することにより行うものとする。なお、税関において更新を認めたときは、「保税蔵置場・工場許可期間の更新書」(C-3150)を交付するものとし、認めないこととしたときは、「保税蔵置場・保税工場許可期間の更新をしない旨の通知書」(C-3155)により申請者に通知するものとする。
(2) 許可期間の更新申請書には、前記42−8に準じて所要の書類の添付を求めることができるものとし、次のものを添付させる。
　イ　信用状況を証するに足りる書類として法人の場合にあつては、最近の事業年度における事業報告書、個人の場合にあつては納税証明書又はこれら以外の書類でその資産状態を表示するもの
　ロ　当該保税蔵置場の貨物取扱利用見込表及び貨物取扱利用実績表
　ハ　自らの貨物管理の一部について業務委託契約を取り交わしている場合にあつては当該委託契約書
　ニ　申請に係る土地、建物を賃借している場合にあつては当該賃貸借契約書
(3) 上記の添付書類については、前記42−8(許可申請書の添付書類の取扱い)の(3)及び(4)の取扱いに準ずるほか、許可期間の更新申請を行う場合で、当初許可申請時の添付書類に記載された内容について変更がない場合には、上記の取扱いにかかわらず、当該書類の添付を省略させることができる。
(4) 許可の更新に際し指定する更新の期間については、6年を超えないものとする。
(5) 許可の更新に際しては、令第36条第2項《許可の条件に関する規定の準用》の規定に基づき、前記42−11に準じて条件を付すものとする。
(6) 申請者が法人の場合には、原則として法人の代表者名で申請させることとするが、委任関係を証する書類が既に提出されている場合には当該出先長(税関長が適当と認める支店長、工場長程度)名で申請させて差し支えない。

（許可又はその期間の更新の公告等）

42－13　法第42条第３項《保税蔵置場の許可等の公告》の規定による保税蔵置場の許可又はその期間の更新の公告は、それぞれ次の内容につき行うものとする。

　　なお、新規許可の場合においては、その内容を速やかに他の税関に通報するものとする。

　(1) 許可した場合の公告の内容

　　イ　許可を受けた者の住所及び氏名又は名称

　　ロ　保税蔵置場の名称及び所在地

　　ハ　保税蔵置場の構造、棟数及び延べ面積

　　ニ　蔵置貨物の種類

　　ホ　許可の期間

　(2) 許可期間を更新した場合の公告の内容

　　イ　更新を認められた者の住所及び氏名又は名称

　　ロ　保税蔵置場の名称及び所在地

　　ハ　更新した期間

（延べ面積の算定の方法）

42－14　保税蔵置場の延べ面積の算定の方法は、次による。

　(1) 保税蔵置場の延べ面積は、原則として建築基準法（昭和25年法律第201号）第92条《面積等の算定》の規定に基づく延べ面積の算定方法により算定するものとするが、パイプライン等のように同条の規定に基づく延べ面積に算入されないものであつても、それが貨物の蔵置の機能を果たす場合においては、その部分の面積は、保税蔵置場の延べ面積に含ませる。

　(2) 石油タンク、ガスタンク、パイプライン又は穀物サイロ等のように液体、気体又はばら貨物を入れる施設の延べ面積は、水平投影面積（円形のタンクの場合には、外壁までの半径の２乗に円周率を乗じたもの）による。

　(3) 個々の独立した部分の面積を算定する際の長さの測定は、メートルを単位として小数点以下第２位までの数値（端数を切り捨てる。）を求め、算出した面積の数値に小数点第３位以下の端数があるときは、その端数を切り捨てる。

　(4) １申請に係る保税蔵置場（１申請に係る保税蔵置場が単独の部分から成り立つている場合を含む。）が２以上の独立した部分（建物、タンク、土地等）から成り立つている場合においては、各部分の延べ面積を合算して全体として保税蔵置場の延べ面積を算出する。この場合において、合算の結果に１平方メートル未満の端数があるときは、その端数を切り捨てる。

（出国者に対する外国貨物の保税販売）

42－15　税関空港及び開港等における出国者に対する外国貨物の保税販売は、その物品の販売用施設（販売カウンター、ショーウィンドー及び保管棚等が置かれ、出国者に外国貨物を保税販売又は引渡す施設をいう。）又は保管用施設について保税蔵置場の許可を受けさせ、これに蔵置して行わせるものとする。

　保税販売された物品の外国への送り出しは、法上、出国者が携帯して積戻しをするものとして、次により取り扱う。

(1) 外国貨物の販売用施設及び販売用施設以外の保管用施設は、保税蔵置場とする。
　　なお、販売用施設及び保管用施設（以下「両施設」という。）について一括して行う保税蔵置場の許可（１許可）は、前記42－9の規定にかかわらず、次に掲げる要件を全て満たし、かつ、税関の取締上支障がないと認められるときに行うものとする。

　イ　申請に係る両施設が、立地条件や施設の制約により分割して設置されることがやむを得ないと認められるとき

　ロ　申請に係る両施設のある場所が、申請者の所有又は管理するもので、申請者が同一の保税蔵置場として管理するものであるとき

　ハ　外国貨物の搬出入、蔵入承認申請、販売、移動、引渡、所在その他の貨物管理に係る情報を電子的なシステムにより一元的に管理し、税関が必要と認めた場合には、当該情報内容を整然とした表で提出することが可能であると認められるとき

　ニ　申請に係る両施設間で外国貨物の移動を行う場合には、両施設以外の場所において当該外国貨物の運送具への積込み又は運送具からの取卸しを行わないこととその他外国貨物が国内に引き取られることがないようにするための措置を講じていると認められるとき

　　また、保税蔵置場の許可に当たっては前記42－11の条件のほかに、「出国者向け販売用施設に蔵置する外国貨物は、出国者向け保税販売用物品に限る」旨の条件を付するものとする。

(2) 保税販売の対象者は、出国者（税関空港内に一時的に滞留する者で、出入国管理及び難民認定法（昭和26年政令第319号）による出入国手続を要しないものを含む。）とする。

(3) 保税販売及び物品の引渡しは、原則として、出国又は通過旅客待合室の販売用施設において出国者に直接手渡す方法により行わせる。

(4) 保税販売に係る事務処理手続は、次により行わせる。

　イ　外国貨物を販売したときは、販売年月日、品名、数量、出国者の氏名、国籍及び搭乗予定の外国貿易機のフライト番号を記載した販売伝票を作成させ、これに出国者の署名をさせる。
　　なお、出国者の国籍及び署名については、貨物の管理状況等からみて取締上特に問題がないと認められるときは、これを省略させて差し支えないものとする。

　ロ　上記イにより販売した物品については、当該物品の品名、数量及び蔵入承認番号（ただし、他の保税蔵置場で蔵入承認を受けて保管用施設に保税運送された物品については、当該保管用施設への蔵入承認を受けるまでの間は、直前の蔵入承認番号及び保税運送承認書番号）を記載した搭載一覧表を作成させ、上記イにより作成した販売伝票とともに保存させるものとする。

　ハ　販売伝票及び搭載一覧表は、電磁的記録により保存して差し支えないものと

する。

　なお、税関が必要と認めた場合には、販売伝票及び搭載一覧表を整然とした表で提出させるものとする。

（入国者に対する外国貨物の保税販売）

42−16　税関空港及び開港等における入国者に対する外国貨物の保税販売は、その物品の販売用施設（販売カウンター、ショーウィンドー及び保管棚等が置かれ、入国者に外国貨物を保税販売する施設をいう。）又は保管用施設について保税蔵置場の許可を受けさせ、これに蔵置して行わせるものとする。

　保税販売された外国貨物の本邦への引き取りは、法上、入国者が携帯して輸入をするものとして、次により取り扱う。

(1) 外国貨物の販売用施設及び販売用施設以外の保管用施設は、保税蔵置場とする。

　なお、販売用施設及び保管用施設（以下「両施設」という。）について一括して行う保税蔵置場の許可（1許可）は、前記42−9の規定にかかわらず、次に掲げる要件を全て満たし、かつ、税関の取締上支障がないと認められるときに行うものとする。

　イ　申請に係る両施設が、立地条件や施設の制約により分割して設置されることがやむを得ないと認められるとき

　ロ　申請に係る両施設のある場所が、申請者の所有又は管理するもので、申請者が同一の保税蔵置場として管理するものであるとき

　ハ　外国貨物の搬出入、蔵入承認申請、販売、移動、引渡、所在その他の貨物管理に係る情報を電子的なシステムにより一元的に管理し、税関が必要と認めた場合には、当該情報内容を整然とした表で提出することが可能であると認められるとき

　ニ　申請に係る両施設間で外国貨物の移動を行う場合には、両施設以外の場所において当該外国貨物の運送具への積込み又は運送具からの取卸しを行わないこととその他外国貨物が国内に引き取られることがないようにするための措置を講じていると認められるとき

　また、保税蔵置場の許可に当たっては前記42−11の条件のほかに、「入国者向け販売用施設に蔵置する外国貨物は、入国者向け保税販売用物品（輸出の許可を受け、未だ本邦から外国に向けて送り出されていない外国貨物を除く。）に限る」旨の条件を付するものとする。

(2) 保税販売の対象者は、入国者とする。

(3) 保税販売及び物品の引渡しは、入国動線の販売用施設において入国者に直接手渡す方法により行わせる。また、外国貨物の保税販売の際には、定率法第14条第7号の規定に基づく免税の範囲は、保税販売される物品と入国者が外国から持ち込んだ物品（本邦と外国の間を往来する航空機又は船舶内にて購入した物品を含む。）とを合算した数量又は価格によって決定されることに留意し、必要に応じ、入国者に周知させるものとする。

(4) 保税販売に係る事務処理手続は、次により行わせる。

　イ　外国貨物を販売したときは、販売年月日、品名、数量、入国者の氏名及び国籍を記載した販売伝票を作成させ、これに入国者の署名をさせる。

　　　なお、入国者の国籍及び署名については、貨物の管理状況等からみて取締上特に問題がないと認められるときは、これを省略させて差し支えないものとする。

　ロ　上記イにより販売した物品については、当該物品の品名、数量及び蔵入承認番号（ただし、他の保税蔵置場で蔵入承認を受けて保管用施設に保税運送された物品については、当該保管用施設への蔵入承認を受けるまでの間は、直前の蔵入承認番号及び保税運送承認書番号）を記載した譲渡一覧表を作成させ、上記イにより作成した販売伝票とともに保存させるものとする。

　ハ　販売伝票及び譲渡一覧表は、電磁的記録により保存して差し支えないものとする。

　　　なお、税関が必要と認めた場合には、販売伝票及び譲渡一覧表を整然とした表で提出させるものとする。

（注文の取集め等のための個別に識別及び管理される蔵置貨物の閲覧及び購入の申込みがあった貨物の通関等）

42−17　注文の取集め等のための蔵置貨物の閲覧は、その閲覧に供する施設について保税蔵置場の許可を受けさせ、これに蔵置して行わせるものとして、次の手続により取り扱う。

（1）閲覧に供する蔵置貨物は、個別に識別及び管理されるものとし、法第43条の3第1項に規定する税関長の承認を受け、前記40−1(7)ロに該当する行為として税関長の許可を受けるものとする。当該許可を申請する者が注文の取集め等を行う者と異なる場合には、注文の取集め等を行う者の住所及び氏名又は名称を併せて記載させることとする。

（2）蔵置貨物を閲覧に供する場合は、閲覧所入口で氏名、住所、入退場日時を入場者名簿に記載させることとする。

　　　ただし、次のいずれかの蔵置貨物保全のための措置を講じる場合は、入場者名簿の記載を省略して差し支えない。

　イ　監視カメラにより保税蔵置場全域を常時監視するための体制が整備されている場合

　ロ　監視カメラにより当該保税蔵置場出入口を常時監視するとともに、防犯タグを活用した防犯ゲートその他これに相当する方法により蔵置貨物の出入りを常に把握できる体制が整備されている場合

　　　なお、上記イ又ロに該当する場合であっても、専ら外国貨物の保管を目的とする場所（以下「保管場所」という。）に出入りする場合は、入場者名簿の記載を必要とすることに留意する。

（3）貨物を管理する上で、保管場所と保管場所以外の場所のどちらに貨物が蔵置されているのかを常に把握させるものとする。

（4）外国貨物の購入の申込みがあった場合は、その予約のみを行わせ、当該保税蔵

置場又は他の保税地域において輸入又は積戻しの許可を受けさせた後、購入者に引き渡すようにする。なお、手続はできるだけ集中的に行わせるよう指導する。

(5) 上記(4)に係る事務処理手続は、当該貨物の購入の申込み年月日、品名、購入金額、購入者の氏名及び住所を記載した実績一覧表を作成させ、上記(2)の入場者名簿とともに保存させるものとする。入場者名簿及び実績一覧表は、電磁的記録により保存して差し支えないものとする。なお、税関が必要と認めた場合には、入場者名簿及び実績一覧表を整然とした表で提出させるものとする。

(保税蔵置場の許可の基準)

43−1　保税蔵置場の許可に関する法第43条第8号から第10号までに規定する事項の審査に当たっては、次の各号の要件を充足するものに限り適格なものとして取り扱うものとする。

(1) 人的要件

申請者が次の要件を備える者であること。

イ　申請に係る保税蔵置場の業務内容その他から判定し、保税蔵置場の業務を行ううえで必要な法令等についての知識及び記帳能力等が十分であって、外国貨物等の保管業務に関し十分な業務処理能力を有すると認められた者

ロ　下記(3)の要件を満たす施設において、許可申請書に添付された前記34の2−9に規定する貨物管理に関する社内管理規定に基づき、保税地域における貨物の亡失等を防止し、外国貨物の適正な保全を図るための体制、業務手順、手続等を確保できる能力を有すると認められる者

ハ　貨物取扱量を勘案して、法の規定により課される許可手数料、亡失貨物に係る関税等の経済的負担に耐え得る資力を有すると認められる者

(注) 申請者(役員、代理人、支配人その他の主要な従業者として使用する者を含む。)が国内外の治安に重大な影響を与えるおそれのある団体等への関与が懸念される者に該当する者か否かについても、十分に注意を払うことが必要である。

(2) 場所的要件

申請に係る施設は、次に掲げる施設とする。

イ　当該施設の所在地を所轄する税関官署からの路程が25キロメートル以内の場所にある施設

ロ　当該施設の所在地を所轄する税関官署からの路程が25キロメートルを超えおおむね100キロメートル以内の場所にある施設であり、その施設の所在地及び周辺の地域における道路、港湾及び空港その他の交通施設が整備されているもの

ハ　上記イ及びロの場所以外の場所にある次に掲げる施設その他の施設で、蔵置施設、蔵置する貨物の種類、地域の国際化・活性化に資する観点等を勘案し、上記イ及びロの場所以外の場所に立地することがやむを得ない事情にあると税関長が認めるもの

(イ) 特殊な保管施設を必要とする貨物(例えば、危険物、ウイスキーの原酒等を

いう。)のみを蔵置するための施設
- (ロ) 臨海の工場の構内又はこれに近接している施設で、輸出入貨物を直接本船に積卸しするもの(はしけ又は内航船舶を介してする場合を含む。)
- (ハ) 開港内の臨海の施設で、輸出入貨物を直接本船に積卸しするもの
- (ニ) 原木の貯木場
- (ホ) 輸出貨物のみを蔵置する施設(法第56条第3項の規定により保税工場の一部の場所につき保税蔵置場の許可を併せて受ける場合を含む。)
- (ヘ) 法第43条の3第1項の規定により外国貨物を保税蔵置場に置くことの承認をあらかじめ受けた貨物のみを置く施設

(3) 施設的要件

　　許可申請書に添付された前記34の2-9に規定する貨物管理に関する社内管理規定に基づき、保税地域における貨物の亡失等を防止し、外国貨物の適正な保全を図るための体制が確保できる施設であること。また、当該施設につき、原則として、以下の措置が講じてあること。ただし、保税地域の立地場所、蔵置貨物の種類その他の事情を勘案し、当該措置を採ることが不可能又は不要な場合には、貨物の保全を図るため必要な範囲において適宜の措置が講じてあること。
- イ　コンテナ・ターミナル、野積場等の土地に貨物を蔵置する保税地域においては、当該保税地域内に外部から容易に侵入できないような障壁、フェンス等を外周に設置するとともに、当該保税地域内において適度な照度を確保できるような照明装置が設置されていること。また、出入口には施錠が可能なゲート等の設備が設置されていること。
- ロ　コンテナ・フレイト・ステーション、倉庫等の貨物を蔵置する施設を有する保税地域においては、当該施設の出入口、窓、その他の侵入が可能な部分について、外部から不審者等が容易に侵入できないように施錠その他の措置が講じてあること。

(4) 量的要件

　　申請に係る施設の輸出入貨物取扱見込量が、当該施設の所在する港湾又は地域における既存の同種条件にある保税蔵置場等に比較して同程度か又はそれ以上であると認められるものであること。ただし、次に掲げる施設で事情やむを得ないと認められるものについては、この限りでない。
- イ　港湾及び空港の機能を維持するために必要と認められるもの(例えば、船(機)用品、航空機部品を取り扱うもの等をいい、当該港湾地帯に他の通関施設がないために設置する必要があると認められるものを含む。)
- ロ　危険品又はこれに準ずる貨物を蔵置するためのもの

(欠格条項に該当するかどうかの確認)

43-2　保税蔵置場の許可又は許可期間の更新の申請があった場合において、申請者が法第43条第1号から第7号までに掲げる場合に該当するか否かの確認は次による。

(1) 法第43条第1号から第4号まで

　　原則として、申請者から誓約書を提出させることにより行うものとするが、税関において特に必要があると認められるときは、それらの者の本籍地の市町村役場に照会する等の方法により確認するものとする。

(2) 法第43条第5号及び第7号

　　原則として申請者の氏名、性別及び生年月日により法第105条の3の規定に基づき別途通知する方法により都道府県警察に照会し確認するものとする。なお、都道府県警察から、法第43条第5号又は第7号に該当する事由を有する者であるか否かを確認するため補充情報が必要であるとの連絡があった場合には、申請者に対し必要な補充情報（当該申請者に係る本籍及び住所が記載された戸籍謄本等）の提出を求めるとともに、当該補充情報を速やかに、申請者の所在地を管轄する都道府県警察に手交するものとする。

(3) 法第43条第6号

　　上記（1）及び（2）に準ずるものとする。この場合において、代理人及び支配人とは、前記34の2−9(2)のイに規定する総合責任者をいい、その他の主要な従業者とは、同34の2−9(2)のロからニまでに規定する貨物管理責任者、顧客（荷主）責任者、委託関係責任者をいう。後記48−1において同じ。

（欠格条項に該当する保税蔵置場）

43−3　欠格条項（法第43条各号）に該当する保税蔵置場の許可又は許可の期間の更新の取扱いは次によるものとする。

(1) 次のような被許可者に係る保税蔵置場の許可の期間の更新は、原則としてしないものとする。

　　イ　法の規定により刑に処せられ又は通告処分を受けた被許可者に係る保税蔵置場について、法第48条第1項に規定する処分を受ける前に当該保税蔵置場の許可の期間が満了となった場合における許可の期間の更新

　　ロ　法の規定により刑に処せられ又は通告処分を受けた被許可者に係る保税蔵置場について、法第48条第1項の規定により外国貨物又は輸出しようとする貨物の搬入停止の処分（以下この項において「搬入停止処分」という。）を受けている期間中に当該保税蔵置場の許可の期間が満了となった場合における許可の期間の更新

(2) 次のような被許可者に係る保税蔵置場については、欠格条項（法第43条第2号）に該当する場合であっても、保税蔵置場の許可又は許可の期間の更新をすることができるものとする。

　　イ　法の規定により刑に処せられ又は通告処分を受け、搬入停止処分を受けた被許可者に係る保税蔵置場について、法第43条第2号に規定する3年が経過する前に当該処分の期間が終了したとき

　　ロ　法の規定により刑に処せられ又は通告処分を受けたことにより搬入停止処分を受けた被許可者に係る保税蔵置場について、当該処分の期間が終了する前に許可の期間が満了となり、法第43条第2号に規定する3年が経過する前に当該

搬入停止処分を引き続き受けていた場合に停止される期間に相当する日数が経過したとき

ハ　法の規定により刑に処せられ又は通告処分を受けた被許可者に係る保税蔵置場について、搬入停止処分を受ける前に許可の期間が満了し、法第43条第2号に規定する3年が経過する前に、当該搬入停止処分を受けていた場合に停止される期間の終了日に相当する日が経過したとき

（外国貨物の蔵置期間の取扱い）

43の2−1　法第43条の2に規定する外国貨物の蔵置期間の取扱いについては、次による。

（1）同一の外国貨物が2以上の保税蔵置場に置かれることとなった場合における当該貨物の蔵置期間は、最初の保税蔵置場に置くことを承認した日から通算する。

（2）保税蔵置場に置くことの承認を受けた日が異なる2種以上の外国貨物を使用して、改装、仕分けその他の手入れが行われた場合の外国貨物の蔵置期間は、使用された外国貨物のうち、後に蔵入れされた貨物に係る上記（1）の日から通算する。

（3）保税蔵置場に置くことの承認を受けた外国貨物が、2以上の保税蔵置場又は保税蔵置場以外の保税地域に置かれることとなった場合における当該貨物の蔵置期間は、最初に保税蔵置場に置くことを承認した日以降、当該2以上の保税蔵置場に蔵置していた期間を合算するものとする。

（「税関長が特別の事由があると認めるとき」の例示）

43の2−2　法第43条の2第2項にいう「税関長が特別の事由があると認めるとき」とは、例えば、次に掲げる場合をいう。

（1）原油又は石油ガスを備蓄用に蔵置する場合

（2）船舶又は航空機の部分品等を外国貿易船等の修繕用に蔵置する場合

（3）太平洋横断ケーブル用の物品を修繕用に蔵置する場合

（4）国際的な商品取引所（例えば、ロンドン金属取引所等）において取り引きするために蔵置する場合

（5）国際的な商品取引や積戻しが見込まれる美術品等（個別に識別及び管理されるもの）の保管を行うために蔵置する場合

（6）ウイスキーの原酒等を熟成のために長期蔵置する場合

（7）積戻し又は国内に引き取ることが契約等で確定しており、具体的な搬出予定がある場合

（8）前記42−15及び42−16に規定する保税販売のため引き続き蔵置する場合

（9）市況の急激な変動等により引き続き蔵置することがやむを得ないと認められる場合

（外国貨物の蔵置期間の延長の手続）

43の2−3　法第43条の2第2項に規定する外国貨物の蔵置期間の延長の申請手続については、次による。

（1）外国貨物の蔵置期間の延長申請は、当該外国貨物の所有者の名をもって、当該外国貨物が置かれている保税蔵置場の所在地を所轄する税関官署に「外国貨物蔵置期間延長承認申請書」（C-3240）２通を提出することにより行わせ、税関においてこれを承認したときは、うち１通に承認印を押印し、承認書として申請者に交付する。

　　なお、前記43の２-２(4)及び(5)に該当する場合は、保税蔵置場の許可を受けた者の名をもって申請して差し支えないものとする。

（2）延長を認める期間は、２年以内とする。

　　なお、延長を認めた期間が経過することとなるときは、税関長がさらに延長する必要があると認めた場合には、上記(1)と同様の手続を行わせるものとする。ただし、前回の延長の際の申請内容から延長を必要とする期間以外の内容変更がない場合は、「外国貨物蔵置期間延長承認申請書」（C-3240-1）により、前回の延長の際の承認書一式の写しを添付の上、申請して差し支えないものとする。

（外国貨物を置くことの承認に関する用語の意義等）

43の３-１　法第43条の３《外国貨物を置くことの承認》に規定する置くことの承認に関する用語の意義等については、次による。

（1）同条第１項に規定する３月の計算については、保税蔵置場に外国貨物を入れるのに要する日数が２日以上に及ぶ場合には、その貨物を入れ終わつた日の翌日から起算するものとする。

（2）同条第２項に規定する「外国貨物を置くことが他の法令の規定によりできない場合」とは、輸入貿易管理令（昭和24年政令第414号）の規定による輸入承認証がない場合等をいうものとする。

（3）同条第２項に規定する「保税蔵置場の利用を妨げる場合」とは、保税蔵置場に入れられる外国貨物が腐敗又は損傷した貨物、腐敗又は損傷のおそれのある貨物又は他の貨物を損傷するおそれのある貨物であつてその貨物を入れることにより、保税蔵置場に入れられている他の貨物を腐敗若しくは損傷させ、又は他の貨物を入れることを困難にする場合等をいうものとする。

（外国貨物を置くことの承認の申請手続）

43の３-２　法第43条の３第１項の規定による外国貨物を保税蔵置場に置くことの承認（以下この節において「蔵入承認」という。）の申請手続については、次による。

（1）蔵入承認の申請は、「輸入（納税）申告書」（C-5020）又は「輸入（納税）申告書」（C-5025-1及びC-5025-2）に令第36条の３第１項に規定する事項を記載し、その標題を「蔵入承認申請書」と訂正の上、３通（原本、承認書用、統計用）を提出することによつて行わせ、税関においてこれを承認したときは、うち１通（承認書用）を承認書として申請者に交付する。

（2）蔵入承認申請書の提出に際しては、令第36条の３第２項の規定により、必要があるときは、仕入書その他の申請の内容を確認するために必要な書類を添付させるほか、協定税率（定率法第５条の規定に基づき協定税率の適用がある場合を含

む。以下同じ。）、EPA税率又は特恵税率の適用を受けようとする場合であって蔵入承認申請書の提出の際に特定の書類の提出を必要とされているときは、その書類を添付させる（協定税率適用の場合にあっては、後記68−3−7の方法により令第61条第１項第１号に規定する原産地証明書の提出が必要な場合に限ることとなるので留意する。）。

　なお、「必要があるとき」とは、他の通達で提出の省略を認めている場合以外の場合とする。

(3) 令第36条の３第８項に規定する他の法令は次に掲げる法令とし、蔵入承認を受けようとする外国貨物が保税蔵置場に置くことにつき、これらの法令の規定により許可、承認その他の行政機関の処分若しくはこれに準ずるもの（以下この項において「許可、承認等」という。）又は検査若しくは条件の具備を必要とするものである場合には、蔵入承認申請書の提出の際、後記70−3−1の別表第１又は別表第２の第１欄に掲げるこれらの法令に係るこれらの表の第３欄に掲げる書類により、当該許可、承認等を受けている旨又は当該検査の完了若しくは当該条件の具備を証明させる。

　イ　鳥獣の保護及び管理並びに狩猟の適正化に関する法律（平成14年法律第88号）
　ロ　銃砲刀剣類所持等取締法（昭和33年法律第６号）
　ハ　印紙等模造取締法（昭和22年法律第189号）
　ニ　大麻取締法（昭和23年法律第124号）
　ホ　毒物及び劇物取締法（昭和25年法律第303号）
　ヘ　覚醒剤取締法（昭和26年法律第252号）
　ト　麻薬及び向精神薬取締法（昭和28年法律第14号）
　チ　あへん法（昭和29年法律第71号）
　リ　医薬品、医療機器等の品質、有効性及び安全性の確保等に関する法律（昭和35年法律第145号）
　ヌ　植物防疫法（昭和25年法律第151号）
　ル　狂犬病予防法（昭和25年法律第247号）
　ヲ　家畜伝染病予防法（昭和26年法律第166号）
　ワ　水産資源保護法（昭和26年法律第313号）
　カ　感染症の予防及び感染症の患者に対する医療に関する法律（平成10年法律第114号）
　ヨ　アルコール事業法（平成12年法律第36号）
　タ　外国為替及び外国貿易法（昭和24年法律第228号）
　レ　火薬類取締法（昭和25年法律第149号）
　ソ　高圧ガス保安法（昭和26年法律第204号）
　ツ　郵便切手類模造等取締法（昭和47年法律第50号）
　ネ　石油の備蓄の確保等に関する法律（昭和50年法律第96号）
　ナ　労働安全衛生法（昭和47年法律第57号）

（蔵入先の保税蔵置場を管轄する税関以外の税関で蔵入承認する場合の取扱い）

43の3－3　法第43条の３第１項に基づく承認は、外国貨物を置こうとする保税蔵置場を管轄する税関以外の税関において、その管轄する保税地域に置かれている貨物について行うことを妨げない。

　　なお、この場合における取扱いについては、次による。

（1）保税蔵置場を管轄する税関以外の税関において承認する場合においては、その承認に併せて法第63条の承認を行うものとする。

（2）上記（1）の承認をしたときは、承認書（運送兼用の旨を表示したもの）を交付するほか、承認書の写し２通を作成し、うち１通は保税蔵置場を所轄する税関官署へ送付し、他の１通は運送承認書写し（到着証明書）の旨を表示して運送者に交付するものとする。

（3）発送地所轄税関の保税取締部門において発送を確認したときは、上記（2）の承認書及びその写し（到着証明用）に発送確認の旨を記載してこれを運送者に交付する。到着地所轄税関の保税取締部門において到着を確認したときは、これらの承認書及びその写しに到着確認の旨を記載する。また、到着証明をした承認書写しは運送者に交付して発送地所轄税関に提出することを求めるものとする。

（置くことの承認を受けない貨物の取扱い）

43の3－4　保税蔵置場に入れた日から３月（法第43条の３第１項の規定により税関長が期間を指定する場合には、当該指定する期間。以下この項において同じ。）以内に法第43条の３第１項の規定による承認を受けない外国貨物については、法第80条第１項第３号の３の規定の適用があることになるが、次に掲げる場合にあっては、その承認を受けないでそれぞれの承認又は許可までの間貨物の蔵置を認めることとして差し支えないものとする。

（1）保税蔵置場に外国貨物を入れた日から３月以内に置くことの承認の申請があったが、検討依頼その他税関側の都合によりその承認が遅れている場合

（2）保税蔵置場に外国貨物を入れた日から３月以内に輸入、積戻し、保税運送等の申告がされている場合

（「税関長がやむを得ない理由により必要があると認めるとき」の例示）

43の3－5　法第43条の３第１項《承認を受けずに外国貨物を置くことができる期間の延長の手続》にいう「やむを得ない理由により必要があると認めるとき」とは、例えば、次に掲げる場合をいう。

（1）保税蔵置場に置くことにつき他の法令の規定により許可、承認その他の行政機関の処分若しくはこれに準ずるもの又は検査若しくは条件の具備を必要とする貨物である場合において、当該法令の所管省庁に対し手続中であるため、税関長に対し蔵入承認申請が行えない場合

（2）前記43の3－2（外国貨物を置くことの承認の申請手続）の（2）に定める蔵入承認申請書の添付書類が輸入者の責に帰すべきでない理由により不備であるため、税関長に対し蔵入承認申請が行えない場合

(蔵入承認を受けずに外国貨物を置くことができる期間の延長の手続)

43の3－6　令第36条の4に規定する蔵入承認を受けずに外国貨物を置くことができる期間の延長の申請手続きについては、次による。

(1) 未承認外国貨物蔵置期間の指定申請は、当該指定申請に係る貨物が置かれている保税蔵置場の所在地を所轄する税関官署に「蔵入承認を受けずに外国貨物を置くことができる期間の指定申請書」(C-3241) 2通を提出することにより行わせ、税関においてこれを承認したときは、うち1通に承認印を押印し、指定書として申請者に交付する。

(2) 延長を認める期間は、税関長が真にやむを得ないと認めた期間をもつて指定するものとする。

　なお、延長を認めた期間が経過することとなるときは、税関長がさらに延長する必要があると認めた場合には、当初の延長の際の手続きと同様の手続きを行わせるものとする。

(蔵入承認の申請の特例)

43の3－7　法第43条の3第3項で準用する法第67条の19の規定の適用を受けて行われる蔵入承認の申請については、後記67の19－1 ((3) を除く) 及び67の19－2の規定をそれぞれ準用する。

(外国貨物を置くことの承認等の際の検査)

43の4－1　法第43条の4《外国貨物を置くことの承認等の際の検査》の規定による検査 (貨物確認 (他法令の該非の確認、関税分類、知的財産侵害物品の認定等輸入貨物等についての適正な審査を行うため、従来、通関部門が行つていた貨物の検査のことをいう。) を含む。) については、後記67-3-8 (輸入検査の種類) から67-3-14 (輸入貨物の数量の確認) までの規定 (本船扱い及びふ中扱いに係る規定を除く。) を準用する。

(貨物の収容能力の増加についての取扱い)

44－1　新たに保税蔵置場として利用しようとする建設物その他の施設が次の (1) 及び (2) に該当するときは、現に保税蔵置場として利用している蔵置場の貨物の収容能力を増加するものとして、法第44条第1項の規定に基づき、届出により処理することとして差し支えない。

(1) 前記42－9(1) 若しくは (2)、42－15(1) 又は42－16(1) のいずれかに該当するものであること

(2) 貨物の収容能力の増加分が、現に保税蔵置場として利用している蔵置場の収容能力を超えないものであること又は前記34の2－9の規定により提出された貨物管理に関する社内管理規定若しくは法第51条第3号に規定する規則に変更をきたさないと認められる場合であること

（貨物の収容能力の増減等の届出の手続）

44-2　法第44条第1項の規定に基づく貨物の収容能力の増減等の届出の手続については、次による。

(1) 令第37条に規定する届出は、「貨物収容能力増減等の届」（C-3160）2通（支署、出張所その他の官署に届け出る場合にあっては3通）を税関に提出することにより行い、税関においてこれを受理したときは、うち1通に受理印を押なつして届出人に交付する。

(2) 令第37条の規定により添付する図面は、貨物の収容能力の増減又は工事を行う部分を明らかにするため必要と認められる場合に限り添付するものとし、その内容は、保税地域の配置の関係を明らかにした簡易な平面図のもので足りるものとする。

　なお、貨物の収容能力を減少する場合において、独立した地域等その減少する対象が明確であるときは、添付される図面には、面積のみを記入し、面積を算定する際の長さの記入は省略することとして差し支えない。

(3) 改築その他の工事により貨物の収容能力が増加又は減少する場合にあっては、改築その他の届出と貨物の収容能力の増加又は減少の届出とは、別個に行うものとする。

(4) 上記(3)の場合において、工事の結果として生ずる収容能力の増減が、保税蔵置場の許可手数料に影響を及ぼすものではなく、工事の終了後直ちに貨物の収容能力の増減を行うこととなるときは、便宜、改築その他の工事の届出により貨物の収容能力の増減の届出を兼ねることとして差し支えない。

(5) 収容能力の減少によって、前記44-1(1)及び(2)に該当しなくなるときは、新たな許可を受ける必要があるので留意すること。

（届出を要しない改築移転その他の工事）

44-3　法第44条第1項《貨物の収容能力の増減等の届出》に規定する改築、移転その他の工事が行われる場合において、その工事の内容が単なる補修工事又はこれに類するものであって、その工事による保税蔵置場の現状の変更が軽微なものであり、かつ、それにより保税蔵置場の面積に変更がないときは、同項の規定による届出を要しないものとする。

（収容能力の増減又は工事についての必要な措置）

44-4　法第44条第2項《収容能力の増減又は工事についての必要な措置》の規定により収容能力の増減又は工事につき必要な措置を講ずることを求める場合の取扱いについては、次による。

(1) 同項に規定する「その増減又は工事をした後の保税蔵置場と他の場所との区分が明確でなく」とは、収容能力の増減又は工事をした結果、同一の建物内の一部分が保税蔵置場となり又は同一の敷地内の土地の一部分が保税蔵置場となるような場合において、保税蔵置場とそれ以外の場所との区画が明らかでなくなることをいい、「当該増減若しくは工事をした後の外国貨物の保管設備が不十分である」

とは、収容能力の増減又は工事をした結果、保税蔵置場の保管設備が外国貨物の
蔵置のためには不十分と認められる状態になることをいうものとする。
（2）措置の要求は、口頭により行うものとし、また、その要求により相手方に不当
な義務を課することのないよう留意する。

（「災害その他やむを得ない事情により亡失した場合」及び「滅却」の意義）
45−1　法第45条第1項ただし書《関税を徴収されない場合》に規定する「災害その他
やむを得ない事情により亡失した場合」及び「滅却」の意義については、前記23−9
（「災害その他やむを得ない理由により亡失した場合」及び「滅却」の意義）と同様とす
る。

（貨物の滅却の承認申請手続等）
45−2　法第45条第1項ただし書の規定による外国貨物（輸出の許可を受けた貨物を
除く。以下この項において同じ。）の滅却の承認申請手続等については、次による。
（1）外国貨物の滅却の承認申請は、当該承認申請に係る貨物が置かれている保税蔵
置場の所在地を所轄する税関官署に「滅却（廃棄）承認申請書」（C−3170）2通を税
関に提出することにより行わせ、税関においてこれを承認したときは、うち1通
に承認印を押印し、承認書として申請者に交付する。
　なお、恒常的に滅却貨物の発生があり、滅却に係る申請者、貨物、方法及び場
所が一定している場合であって、税関長が取締上支障がないと認めたときは、一
定期間について包括的に承認して差し支えない。この場合においては、あらかじ
め「包括滅却承認申請書」（C−3171）を2通税関に提出させ、うち1通に承認印を
押印して申請者に交付するものとし、当該交付を受けた者には、滅却に際しては、
口頭又は電話により当該滅却の日時、数量等を事前に税関へ連絡させるとともに、
滅却の事績について「滅却（廃棄）承認申請書」に記載し、整理、保管させておくも
のとする。
（2）貨物の滅却の承認は、原則として、保税蔵置場にある貨物が著しく腐敗したた
め、その本来の用途に供せられないと認められる場合に行うものとする。
　なお、これ以外の場合であつても、貨物が国内消費の需要に適合しなくなり、
かつ、これを外国に積戻しすれば採算的に多大の損失を来たすこととなると認め
られるときには、滅却の承認を行つて差し支えないものとする。

（外国貨物が亡失した場合の届出）
45−3　法第45条第3項《外国貨物が亡失した場合の届出》の規定による届出は、亡失
した貨物を蔵置してあつた保税蔵置場の許可を受けた者から当該保税蔵置場を所轄
する税関官署に「外国貨物亡失届」（C−3175）を1通提出させて行うものとする。
　また、当該外国貨物亡失届に警察署長、消防署長その他の公的機関が発行する災
害等に関する証明書を添付した場合は、同条第1項ただし書に規定する「災害その
他やむを得ない事情」により当該貨物が亡失したものとしてその事実を認定するも
のとする。

　なお、輸出の許可を受けた貨物（定率法第17条《再輸出免税》、第18条《再輸出減税》、第19条《輸出貨物の製造用原料品の減免、免税又はもどし税》又は第19条の２《課税原料品等による製品を輸出した場合の免税又はもどし税》の規定の適用を受けた貨物を除く。）が災害その他やむを得ない事情により亡失した場合の認定については、上記の証明書の添付を省略させて差し支えない。

（「業務の休止」の意義）

46－1　法第46条《休業又は廃業の届出》にいう「業務の休止」とは、保税蔵置場の許可を受けた者が、営業上その他の理由によりその許可を受けた保税蔵置場において一定の期間、外国貨物の積卸し、運搬及び蔵置を行わないことをいう。したがつて、休業期間中は、保税蔵置場に外国貨物が置かれていないことを原則とする。ただし、法第73条《輸入の許可前における貨物の引取り》の規定に基づき輸入の許可前における引取りの承認を受けた貨物が、引き続き置かれていることを妨げない。

（休業・廃業等の届出）

46－2　法第46条《休業又は廃業の届出》の規定に基づく保税蔵置場の休業又は廃業の届出は、「保税蔵置場・工場・総合保税地域休（廃）業届」（C-3180）により行わせるものとする。

　なお、保税蔵置場の業務の休止を届出た者が、その業務を再開する場合に行う令第39条第２項《業務の再開届》の規定に基づき行う業務の再開届は、「保税蔵置場・工場・総合保税地域の業務の再開届」（C-3190）により行わせるものとする。

（休業等に関する他税関への通報）

46－3　保税蔵置場の業務の休止又は再開の届出があつた場合においては、それらの届出を受理した税関から他の税関に対し速やかにその旨を通知するものとする。ただし、休業期間満了に伴う再開の場合においては、この限りでない。

（保税蔵置場の許可の失効の公告等）

47－1　法第47条第２項《許可の失効の公告》の規定による保税蔵置場の許可の消滅の公告は、次の内容につき行うものとする。

　なお、この場合においては、同様の内容を速やかに他の税関に通報するものとする。

- (1) 被許可者の住所及び氏名名称
- (2) 保税蔵置場の名称及び所在地
- (3) 許可の失効の原因
- (4) 蔵置中の外国貨物の搬出期限
- (5) 許可失効年月日

（保税蔵置場とみなすことの効果）

47－2　法第47条第３項《許可の失効後における外国貨物》の規定により保税蔵置場と

みなされた場所に置かれている外国貨物については、その搬出、取扱い、亡失等につき、その貨物が従前の保税蔵置場に置かれていた場合と全く同じ規制が及ぶことになるので、留意する。

（保税蔵置場とみなされる期間の指定）

47−3　法第47条第3項《許可の失効後における外国貨物》の規定による期間の指定については、前記41−1（指定保税地域とみなされる期間の指定）に準ずる。

（「保税蔵置場についての義務」の意義）

47−4　法第47条第3項《許可の失効後における外国貨物》にいう「保税蔵置場についての義務」とは、次に掲げる義務をいい、保税蔵置場についての許可手数料の納付義務は、これに含まないものとする。

(1) 外国貨物（輸出の許可を受けた貨物を除く。）が亡失し、又は滅却された場合のその外国貨物についての関税の納付義務

(2) 外国貨物が亡失した場合に、直ちに税関長へ届け出る義務

(3) 改築、移転その他の工事につき税関長に届け出る義務

（保税蔵置場に対する処分の基準等）

48−1　保税蔵置場について、法第48条第1項の規定に基づく処分を行おうとする場合は、次による。ただし、次により処分を行うことが適当でないと判断される場合又は疑義が生じた場合は、意見を付して、あらかじめ本省と協議する。

(1) 法第48条第1項第1号に基づく処分

　イ　処分の時期

　　　処分は、原則として非違（法の規定に違反する行為。以下この項において同じ。）の事実が判明次第、遅滞なく行う。

　ロ　処分の対象

　　　処分は、非違が行われた保税蔵置場に限って行う。なお、保税業務検査等で複数の非違が発覚した場合は、原則として、これらの非違を一括して処分する。

　ハ　処分点数の算出方法

　　　処分は、非違の内容に応じて、順次、次により算出した点数の合計点数（1点未満の端数があるときは、これを切り捨てる。下記(2)イ(ハ)において同じ。）に基づき行う。

　　(イ) 別表1により算出した点数

　　(ロ) 別表2により算出した点数

　　(ハ) 非違が故意に行われたと認められる場合は、20点（当該非違が関税等のほ脱若しくは無許可輸出入を目的として行われた場合又はこれらの事実を隠ぺいするために行われた場合は40点）を加算する。

　　(ニ) 被許可者から非違が行われた旨の申し出があった場合は、(イ)から(ハ)までにより算出した合計点数から、その2分の1に相当する点数を減算することができる。ただし、税関が具体的な非違の指摘をした後に申し出があった場

合その他減算することが適当でないと認められる場合を除く。

(ホ) 被許可者である法人が、非違が行われたことを受け、社内管理体制を改善する等、直ちに再発防止のための方策を講じた場合は、(イ)から(ニ)までの合計点数から10点を限度として減算することができる。ただし、過去にも同様の非違が行われた場合その他減算することが適当でないと認められる場合を除く。

ニ　処分内容の決定

処分内容は、上記ハにより算出した合計点数に応じ、次により決定する。

この場合において、保税蔵置場の許可を取り消そうとするときは、あらかじめ本省と協議する。

(イ) 10点以下の場合は、原則として処分は行わない。

(ロ) 10点を超え、100点未満の場合は、10点を超える点数１点につき１日として算出した日数に相当する期間の外国貨物又は輸出しようとする貨物（以下この項において「外国貨物等」という。）の搬入を停止させる（以下この項において「搬入停止処分」という。）。

ただし、60点以上の場合で、今後も貨物管理体制の改善が見込まれない等、当該保税蔵置場の許可を取り消すことがやむを得ないと税関長が判断したときは、当該許可を取り消すことができる。

(ハ) 100点以上の場合は、原則として保税蔵置場の許可を取り消す。

(2) 法第48条第１項第２号に基づく処分

イ　法第43条第２号又は第６号（同条第２号に該当する者に係るものに限る。）に該当することとなった場合

(イ) 処分の時期

処分は、原則として、法の規定に違反して刑に処せられ、又は通告処分を履行した後、遅滞なく行う。

(ロ) 処分の対象

処分は、原則として、被許可者が許可を受けている全ての保税蔵置場について、告発又は通告処分単位で行う。

(ハ) 処分点数の算出方法

処分は、処罰の根拠となった罰条及び非違の内容に応じて、順次、次により算出した点数の合計点数に基づき行う。

A　別表３により算出した点数。

B　別表２の加算点数表②により算出した点数。この場合において、同表中「別表１」とあるのは「別表３」と読み替えて適用する。

C　被許可者から非違が行われた旨の申し出があった場合は、A及びBにより算出した合計点数から、その２分の１に相当する点数を減算することができる。ただし、税関が具体的な非違の指摘をした後に申し出があった場合その他減算することが適当でないと認められる場合を除く。

D　被許可者である法人が、非違が行われたことを受け、社内管理体制を改善する等、直ちに再発防止のための方策を講じた場合は、AからCまでの

合計点数から10点を限度として減算することができる。ただし、過去にも同様の非違が行われた場合その他減算することが適当でないと認められる場合を除く。

　(ニ)　処分内容の決定

　　　処分内容は、上記(1)ニに準じて決定する。この場合において、保税蔵置場の許可を取り消そうとするときは、あらかじめ本省と協議する。

ロ　法第43条第3号から第10号までのいずれかに該当することとなった場合（上記イに該当する場合を除く。）

　(イ)　処分の時期

　　　処分は、原則として、被許可者が法第43条第3号から第10号までのいずれかに該当することとなった後、遅滞なく行う。

　(ロ)　処分の対象

　　　法第43条第9号又は第10号に該当することとなったときの処分は、同各号に該当することとなった保税蔵置場に限って行い、これ以外の処分は、原則として、被許可者が許可を受けている全ての保税蔵置場について行う。

　(ハ)　処分内容の決定

　　　処分の必要性及び妥当性等を十分勘案し、処分を行うことが適当であると税関長が判断した場合は、原則として保税蔵置場の許可を取り消す。ただし、今後、改善が見込まれる等許可を取り消すことが適当でないと認められる場合は、改善に要する日数等を勘案した上で、搬入停止処分とすることができる。

　　　なお、保税蔵置場の許可を取り消そうとするときは、あらかじめ本省と協議する。

(3)　搬入停止処分期間中における非違に対する処分

　　搬入停止処分期間中に外国貨物等を搬入した場合その他搬入停止処分期間中に非違が行われた場合は、改めて上記(1)又は(2)イにより処分点数を算出して処分する。なお、この場合の処分は、当初の搬入停止処分の終了を待つことなく行って差し支えない。

(4)　法第48条第1項第1号及び第2号に基づく一括処分

　　法第48条第1項第1号及び第2号に基づく処分を一括して行う場合であっても、処分はそれぞれの規定毎に処分内容を決定して行う。この場合において、処分内容がいずれも搬入停止処分である場合は、それぞれの搬入停止日数を合算して行う。

(5)　処分の通知等

イ　法第48条第2項に規定する通知は、「処分に関する意見聴取等の通知書」（C-3191）により行う。

ロ　処分を行う際の保税蔵置場の被許可者への通知は、「処分通知書」（C-3192）に「不服申立て等について」（C-7009）を添付したものを書留郵便で送付することにより行う。

ハ　上記(1)又は(2)により処分を行ったとき（上記(1)ニ(イ)又は上記(2)イ(ニ)

の規定により処分を行わなかった場合を含む。）は、「保税地域処分報告（通報）書」（C-3193）により、本省に報告するとともに、他の税関に通報した上、当該報告（通報）書を10年間保存する。なお、当該報告（通報）及び保存は、電子情報処理組織により行って差し支えない。

別表1

（本表の適用方法）

(1) 件数の算定に当たっては、原則として、輸入貨物にあっては、処分の対象となる保税蔵置場への貨物搬入時における船荷証券（Bill of Lading）、航空運送状（Air Waybill）等を単位とし、輸出貨物にあっては、当該貨物搬入時における船積指図書（Shipping Order）、船積依頼書（Shipping Instruction）、貨物受取証（Dock Receipt）、貨物運送状引渡書（Local Delivery Receipt）等を単位とする。ただし、これらの単位によって件数を算定することが適当でないと認められるものについては、通常、一件の許可、承認等の対象とされる範囲を一の単位として件数を算出するものとする。

(2) 複数の非違が行われた場合は、違反した非違の規定毎に非違件数に応じた点数を算出することとする。ただし、一の非違が複数の規定に該当する場合は、最も基礎点数の高い非違のみがあったものとして算出する。

(3) 上記(2)の場合において、非違件数が10件を超えるときは、その超える件数10件まで毎に右欄に掲げる基礎点数を加算する。ただし、同表の左欄2．に掲げる基礎点数の合計は60点を限度とする。

（留意事項）

表の左欄に掲げる非違は、保税地域における業務に関連する可能性の高い非違として、法第4章及び第5章から例示的に掲げたものであり、これ以外の非違であっても本表の適用の対象となり得る。

非違の態様	基礎点数
	10点以下
1．禁止されている行為を行い、若しくは許可又は承認を要する行為について、当該許可又は承認を受けることなく当該行為を行うこと。	
①　他所蔵置の許可を受けることなく、保税地域以外の場所に外国貨物（特例輸出貨物を除く。）を置くこと（法第30条第1項）。	
②　許可を受けることなく、保税地域にある外国貨物を見本として一時持ち出すこと（法第32条）。	
③　保税地域においてできることとされている行為以外の行為を行うこと（法第37条第1項、法第40条第1項（法第49条において準用する場合を含む。）、法第42条第1項、法第56条第1項、法第62条の2第3項、法第62条の8第1項）。	
④　承認を受けることなく、置くことができる期間を超えて外国貨物を保税蔵置場、保税工場又は総合保税地域に置くこと（法第43条の2及び第43条の3第1項（法第61条の4及び第62条の15において準用する場合を含む。）、法第56条第2項、法第57条、法第62条の9、法第62条の10）。	
⑤　許可を受けることなく、外国貨物等についての見本の展示、簡単な加工その他これらに類する行為を行うこと（法第40条第2項（法第49条において準用する場合を含む。））。	
⑥　搬入停止処分を受けている期間中において、外国貨物等を保税蔵置場に搬入すること（法第41条の2第1項、法第48条第1項（法第62条又は法第62条の7において準用する場合を含む。）、法第62条の14第1項）。	3
⑦　許可を受けることなく、保税工場以外の場所で保税作業を行うこと（法第61条第1項（法第62条の15において準用する場合を含む。））。	
⑧　承認を受けることなく、保税展示場に外国貨物を入れること（法第62条の3第1項）。	
⑨　保税展示場において、販売貨物用等貨物の蔵置場所の制限に反して外国貨物を蔵置すること（法第62条の4第1項（法第62条の15において準用する場合を含む。））。	
⑩　許可を受けることなく、保税展示場以外の場所で外国貨物を使用すること（法第62条の5（法第62条の15において準用する場合を含む。））。	
⑪　承認を受けることなく、外国貨物（特例輸出貨物を除く。）を運送すること（法第63条第1項、法第64条第1項）。	
⑫　上記のほか、法の規定により禁止されている行為を行い、又は行うべき行為を怠ること、若しくは許可又は承認を要する行為について、当該許可又は承認を受けることなく当該行為を行うこと。	

2．税関への届出若しくは報告等又は自主的な記帳を要する行為について、当該届出、報告等又は記帳を怠ること。	
①　外国貨物を廃棄することにつき、税関への届出を怠ること（法第34条）。	
②　指定保税地域、保税蔵置場、保税工場又は総合保税地域において管理する外国貨物等に係る記帳を怠り、又は虚偽の記帳等をすること（法第34条の2、法第61条の3、（法第62条の7において準用する場合を含む。））。	
③　保税蔵置場の貨物の収容能力の増減又は改築、移転その他の工事を行うことにつき、税関への届出を怠ること（法第44条第1項（法第61条の4、第62条の7及び第62条の15において準用する場合を含む。））。	
④　保税蔵置場において外国貨物が亡失した場合に、税関への届出を怠ること（法第45条第3項（法第36条第1項、第41条の3、第61条の4、第62条の7、第62条の15において準用する場合を含む。））。	
⑤　保税蔵置場の業務を休止し、又は廃止することにつき、税関長への届出を怠ること（法第46条（法第61条の4、第62条の7及び第62条の15において準用する場合を含む。））	2
⑥　保税工場における保税作業の開始又は終了の際の税関への届出を怠ること（法第58条ただし書きに規程する場合を除く。）（法第58条）。	
⑦　指定保税工場における製造に係る製造報告書の税関への提出を怠ること（法第61条の2第2項（法第62条の15において準用する場合を含む。））。	
⑧　総合保税地域において販売され、又は消費される外国貨物を当該総合保税地域に入れることにつき、税関への届出を怠ること（法第62条の11）。	
⑨　保税運送の発送及び到着の際に、当該運送に係る運送目録について税関への提示等を怠ること（法第63条第3項、第5項及び第6項）。	
⑩　難破貨物等について、税関長の承認を受けて運送した場合において、当該承認を証する書類の到着地の税関への提出を怠ること（法第64条第3項、法第66条第2項）。	
⑪　その他、法の規定により、税関への届出若しくは報告等又は自主的な記帳を要する行為について、当該届出、報告等又は記帳を怠ること。	

別表2

加算点数表①

（本表の適用方法）

　　一の処分を行う場合において、左欄に掲げる者が非違に関与していると認められる場合は、右欄に掲げる点数を加算する。この場合において、複数の者が左欄に該当しているときであっても、加算点数の最も高い1者に係る点数を加算する。

関与者	加算点数
A　被許可者（被許可者が法人である場合は、その役員）	30
B　代理人又は支配人その他の主要な従業者	10

加算点数表②

（本表の適用方法）

　一の処分を行う場合において、非違が左欄に掲げる期間内に行われた場合は、右欄に掲げる点数を加算する。この場合において、複数の非違が行われたときは、処分の通知を行った日（以下この項において「通知日」という。）以後、最初の非違が行われた日に全ての非違が行われたものとして算出する。

期間	加算点数
A　通知日以後、搬入停止処分期間の末日まで	別表1により算出した点数の2倍に相当する数に10を加えた点数
B　通知日以後、同日から起算して1年を経過する日まで（Aの期間を除く。）	別表1により算出した点数の1.5倍に相当する数に10を加えた点数
C　通知日以後1年を経過した日から、通知日以後2年を経過する日まで	別表1により算出した点数の1倍に相当する数に10を加えた点数
D　通知日以後2年を経過した日から、通知日以後3年を経過する日まで	別表1により算出した点数の0.5倍に相当する数に10を加えた点数

加算点数表③

（本表の適用方法）

　一の処分を行う場合において、非違が左欄に掲げる期間内に行われた場合は、右欄に掲げる点数を加算する。この場合において、複数の非違が行われたときであっても、最初に行われた非違に係る点数を加算する。

期間	加算点数
A　処分を行わなかった非違が最後に行われた日（以下この表において「最後の日」という。）から1年を経過する日まで	10
B　最後の日から1年を経過した日から、最後の日から2年を経過する日まで	7
C　最後の日から2年を経過した日から、最後の日から3年を経過する日まで	5

別表3

（本表の適用方法）

　一の処分に複数の者が含まれているときは、当該者毎にそれぞれ算出した点数を合算する。この場合において、当該者が複数の罰条に該当しているときは、最も点数の高い罰条の非違のみがあったものとして算出する。

罰条	点数	
	法第43条第２号	法第43条第６号に係る同条第２号
法第108条の４、法第109条、法第109条の２第１項から第４項	120	70
法第110条、法第111条第１項から第３項、法第112条第１項	110	60
第109条の２第５項	90	50
法第111条第４項、法第112条第３項、法第113条	64	40
法第112条の２、法第113条の２	36	28
法第114条、法第114条の２	16	8
法第115条、法第115条の２、法第115条の３	12	
法第116条、法第117条	処罰の根拠となった罰条の点数	

（許可の承継の承認手続等）

48の２－１　令第39条の２の規定に基づく保税蔵置場の許可の承継の承認申請手続等は、次による。

(1) 許可の承継の承認申請は、「保税蔵置場・保税工場・保税展示場・総合保税地域許可の承継の承認申請書」(C-3195) １通（税関支署を経由する場合には、２通）を税関に提出することにより行わせるものとする。なお、税関においてこれを認めたときは、「保税蔵置場・保税工場・保税展示場・総合保税地域許可の承継の承認書」(C-3196) を交付するものとし、承認しないこととしたときは、「保税蔵置場・保税工場・保税展示場・総合保税地域許可の承継の不承認通知書」(C-3197) により申請者に通知するものとする。

(2) 令第39条の２第３項に規定する許可の承継の承認申請書に添付する書類の取扱いについては、次による。

イ　「信用状況を証するに足りる書類」は、前記42-8の (1) のイに準じるものとする。

ロ　「その他参考となるべき書類」は、承継に係る保税蔵置場の許可の際に提出された前記42-8の (2) に掲げる書類のうち、内容に変更があるものについて提出させるほか、相続の場合には、地位の承継を証する書類（例えば、相続人の同意により選定された場合は当該事実を証する書面）、合併若しくは分割又は保税蔵置場の業務の譲渡し（以下この項において「合併等」という。）の場合には、合併等が確実であると認められる書類（例えば、業務の譲渡に係る契約（会社法第467条）、吸収合併契約（会社法第749条第１項）、新設合併契約（会社法第753条第１項）、吸収分割契約（会社法第758条）、新設分割計画（会社法第763条）等に係る書面の写し。）を提出させるものとする。

なお、合併後存続する法人若しくは合併により設立される法人、分割により設立される法人又は当該業務を譲り受ける法人（登記内容に変更が生じた場合

に限る。)にあっては、登記後速やかに登記事項証明書を提出させるものとする。
ただし、登記した旨を税関へ連絡し、税関職員が情報通信技術を活用した行政
の推進等に関する法律第11条に基づき、法務省の登記情報連携システムを使用
して、登記情報を入手することができる場合には、提出を要しないものとする。
- (3) 令第39条の２第１項第２号に規定する「相続があった年月日」とは、被相続人の
死亡日をいい、令第39条の２第２項第３号に規定する「合併若しくは分割又は当
該保税蔵置場の業務の譲渡しが予定されている年月日」とは、吸収合併契約若し
くは吸収分割契約又は業務の譲渡に係る契約に関する書面に記載された効力発生
日又は新設合併若しくは新設分割の登記(成立)予定日をいう。
- (4) 合併等に係る許可の承継の承認の申請は、上記(3)に規定する効力発生日又は
登記(成立)予定日以前に行わせるものとし、当該申請の申請者は、以下のとおり
とする。
  - イ　合併の場合には、合併しようとする法人の連名
  - ロ　分割の場合には、分割しようとする法人と、分割後当該許可の承継を受けよ
うとする既存の法人がある場合には当該既存の法人の連名
  - ハ　保税蔵置場の業務の譲渡しの場合には、当該業務を譲り渡そうとする者と譲
り受けようとする者の連名
- (5) 上記(4)に規定する申請については、上記(2)に規定する合併等が確実である
と認められる書類により、これらの者の間の関係が明らかである場合には、当該
合併等に係る一の者の名をもって申請を行わせて差し支えない。
- (6) 保税蔵置場の許可の承継の承認を受けようとする者(相続人又は合併若しくは
分割しようとする法人又は保税蔵置場の業務を譲り渡そうとする者)が同一税関
管轄内に複数の保税蔵置場の許可を有する場合で、これら複数の保税蔵置場の全
部又は一部につき許可の承継の承認の申請を行おうとする場合には、承継に係る
保税蔵置場につき一括して上記(1)の申請を行わせて差し支えない。
  なお、この場合において、承認申請書に添付する書類の提出部数は、保税蔵置
場ごとに内容が異なる場合を除き１部とする。
- (7) 保税蔵置場の被許可者が、会社法第２条第26号に規定する組織変更を行う場合
には、法第48条の２の規定に基づく承継の承認は要しないが、許可を受けた税関
長に対して届出を行うものとする。

(保税蔵置場の許可の承継の基準)
48の２－２　保税蔵置場の許可の承継の承認申請があつた場合において、申請者につい
て法第43条第８号に規定する事項の審査に当たっては、前記43－１の(1)(保税蔵置
場の許可の際の人的要件)に準じて取り扱うものとする。

(欠格条項の確認)
48の２－３　保税蔵置場の許可の承継の承認申請があった場合において、申請者につい
て法第43条第１号から第７号までに掲げる欠格条件に該当するかどうかの確認は、
前記43－２(欠格条項に該当するかどうかの確認)に準じて行うものとする。

（許可の承継の際に付す条件の取扱い）

48の2−4　令第39条の２第４項《承継の際の条件変更》に基づき、許可の際に付され
ていた条件を取り消し、変更し、又は、新たに条件を付す場合には、前記42−11に
準ずることとし、「保税蔵置場・保税工場・保税展示場・総合保税地域許可の承継の承
認書」（C-3196）に変更等の行われた条件を記載のうえ交付するものとする。
　　なお、条件の変更等を行わない場合には、承継に係る保税蔵置場に付されていた
条件がそのまま付されていることとなるので留意する。

（許可の承継に係る公告）

48の2−5　法第48条の２第６項の規定による保税蔵置場の許可の承継の公告は、次
の内容につき行うものとする。
　(1) 承継を受けた者の氏名又は名称及び住所
　(2) 承継に係る保税蔵置場の名称及び所在地
　(3) 承継前に許可を受けていた者の氏名又は名称及び住所
　(4) 承継後の保税蔵置場の名称及び所在地
　(5) 承継された許可期間

（指定保税地域についての取扱いの準用）

49−1　保税蔵置場における貨物の取扱いについては、前記40−1（指定保税地域にお
ける貨物の取扱いの範囲）、40−2（貨物の取扱いに関する許可申請の手続）及び40−
3（貨物の取扱いに際しての税関への連絡）に準ずる。

（届出の取扱い）

50−1　特定保税承認者が行う、法第50条第１項の届出の取扱いは、次による。
　(1) 届出は、「外国貨物の蔵置等・保税作業に関する場所の届出書」（C-9120）（法第42
　　条第１項の許可を受けている場所について届出を行う場合にあっては「外国貨物
　　の蔵置等・保税作業に関する場所の届出書（兼 保税蔵置場・保税工場 廃業届）」
　　（C-9123））２通を法第50条第１項に規定する外国貨物の蔵置等に関する業務（以
　　下この節において「貨物管理業務」という。）をしようとする場所の所在地を所轄す
　　る税関（以下この節において「所轄税関」という。）の本関の担当部門（法第50条第
　　１項の承認等に係る事務を担当する部門をいう。以下この節において同じ。）に提
　　出することにより行う。なお、届出をする者の利便性等を考慮し、所轄税関の最
　　寄の官署（以下この項及び次項において「署所」という。）の窓口担当部門（各税関の
　　実情に応じて定める書類提出先部門をいう。以下この節において同じ。）を経由し
　　て本関に提出することを妨げない。この場合において、当該届出書の提出があっ
　　た署所の窓口担当部門においては、その届出書を速やかに本関の担当部門に送付
　　するものとする。
　(2) 令第41条第２項各号に規定する届出書の添付書類の取扱いは次による。
　　イ　同項第３号に規定する「保管規則及び保管料率表」については前記42−8の(1)
　　　のロに準じて取り扱うものとする。

　　ロ　届出をするにあたり法第51条第3号に規定する規則を変更する必要がある場合には、変更後の規則を提出するものとする。

　　ハ　届出をする者が同一の税関の管内において既に他の場所について届出書を提出している場合であって、既に提出された届出書の添付書類に記載されている内容と同様であることが確認できるものについては、その提出を省略するものとする。また、届出をする者が同一の税関の管内において同時に2箇所以上の場所について届出書を提出する場合には、当該届出書の添付書類で同一の内容のものについては、1部で足りるものとする。

(3) 上記(1)により届出がされた場合において、当該届出に係る場所が規則第4条の2に規定する基準に適合していると認めるときは、当該届出を受理するものとする。なお、外国貨物の保税販売を目的とした場所については、貨物管理業務を適正かつ確実に遂行することが困難であり、同条第2号に規定する要件に適合しないと解することとなるので留意すること。

(4) 所轄税関の本関の担当部門は、届出を受理した場合には、届出書の1部に受理印を押なつし、届出者に交付するものとする。

(5) 上記(4)により届出が受理された場所について、法第50条第2項の規定の適用を受ける必要がなくなった場合には、当該場所について前記46-2の規定による廃業の手続を行うことを求めるものとする。なお、特定保税承認者が当該場所において引き続き貨物管理業務を行おうとする場合には、「届出に係るみなし許可変更申出書(兼 保税蔵置場・保税工場許可申請書)」(C-9124)1通(署所を経由する場合は2通)を所轄税関に提出することを求めるものとする。この場合において、申出者の利便性等を考慮し、署所の窓口担当部門を経由して本関に提出することを妨げないものとし、当該申出書の提出があった署所の窓口担当部門は、その申出書を速やかに本関の担当部門に送付するものとする。

(6) 上記(5)なお書きにより申出書を受理した所轄税関は、前記42-8、42-10、42-11及び42-13並びに43-1から43-3までの規定に準じて処理するものとするが、添付書類の提出は、前記34の2-9に規定する社内管理規定を除き、原則として省略して差し支えない。なお、この場合において、上記(5)による申出を認めた場合には、「保税蔵置場許可書」(C-3130)を申請者に交付するものとし、当該申出を認めないこととしたときは、「保税蔵置場不許可通知書」(C-3135)により申請者に通知する。

(届出事項の変更手続)

50-2　令第41条第1項第3号又は第4号に掲げる事項について変更が生じた場合は、遅滞なく届出を行わせるものとする。この場合の届出は、「外国貨物の蔵置等・保税作業に関する場所の変更届」(C-9125)1通を所轄税関の担当部門に提出することにより行わせるものとする。

　　なお、届出者の利便性等を考慮し、署所の窓口担当部門へ届け出ることを妨げない。この場合の届出においては、当該届出書を受理した署所の窓口担当部門は、その届出書を速やかに本関の担当部門に送付するものとする。

　ただし、関税法第44条第1項の規定に基づく貨物の収容能力の増減等に係る届出の取扱いは、前記44−2の規定を準用するものとし、「貨物収容能力増減等の届」（C-3160）により届出を行わせるものとする。

（特定保税承認者の承認申請手続）

50−3　法第50条第1項の規定に基づく承認の申請（以下この節において「承認申請」という。）は、「特例輸入者等承認・認定申請書」（C-9000）（以下この節において「承認申請書」という。）2通（原本、申請者用）（申請者が特定保税承認者の承認の申請と同時に特定保税運送者（法第63条の2第1項に規定する特定保税運送者をいう。以下同じ。）の承認又は認定通関業者の認定を受けることを希望する場合には、当該申請者が受けようとする1承認又は認定につき1通を加えた数の申請書を提出することとする。）を、申請者の住所又は居所の所在地（申請者が法人である場合は、当該法人の登記簿に登記された本店又は規則第4条の5第1号イに規定する部門が置かれている場所の所在地をいう。）を所轄する税関（以下この節において「担当税関」という。）の本関の担当部門に提出することにより行う。この場合において、法人である申請者が希望するときは、承認申請書を所轄税関に提出することにより行うこととして差し支えない。

　ただし、申請者の利便性等を考慮し、担当税関又は所轄税関（複数ある場合には、当該申請者が法第50条第1項に規定する届出を行おうとする場所のうち、主たる場所の所在地を所轄する税関。以下この節において「主な所轄税関」という。）の最寄の官署（以下この節において「署所」という。）の窓口担当部門へ提出することを妨げない。この場合において、当該承認申請書を受理した署所の窓口担当部門は、その申請書を速やかに本関の担当部門に送付するものとする。

　なお、承認申請書の添付書類及び承認申請書の記載事項の取扱いは、次による。

(1) 承認申請書には、令第42条第2項に規定する法第51条第3号の規則（以下この項及び後記61の5−1において「法令遵守規則」という。）2通（原本、申請者用）（申請者が特定保税承認者の承認の申請と同時に特定保税運送者の承認又は認定通関業者の認定を受けることを希望する場合には、当該申請者が受けようとする1承認又は認定につき1通を加えた数の法令遵守規則を提出することとする。以下この項において同じ。）を添付するものとする。令第42条第3項に規定する登記事項証明書については、承認申請書の提出先税関において、情報通信技術を活用した行政の推進等に関する法律第11条に基づき、法務省の登記情報連携システムを使用して、登記情報を入手することができる場合には、添付を要しないものとする。ただし、申請者が法人以外の者であるときは、法令遵守規則2通及び住民票その他の本人確認が可能な書類1通を添付するものとする。

(2) 規則第4条の6ただし書に規定するその他の事由とは、申請者が法第61条の5第1項若しくは法第63条の2第1項の承認又は法第79条第1項の認定を受けており、これらの事項が既に明らかである場合又はこれらの事項を明らかにする書類が添付されている場合をいうので留意する。

(3) 前記7の2−5(3)の規定は、令第42条第3項ただし書に規定するその他の事由

の取扱いについて準用する。

（承認申請の撤回手続）

50−4　承認申請書の提出後において、承認又は不承認の通知までの間に申請の撤回の申出があった場合には、申請者の住所、氏名又は名称及び撤回の理由を記載した任意の様式による「特定保税承認者承認申請撤回申請書」1通を承認申請書の担当税関の担当部門へ提出することにより行う。ただし、申請者の利便性等を考慮し、担当税関又は主な所轄税関の署所の窓口担当部門へ提出することを妨げない。この場合において、当該申請書を受理した署所の窓口担当部門は、その申請書を速やかに本関の担当部門に送付するものとする。

（承認等の通知）

50−5　令第42条第4項の規定に基づく承認又は不承認の申請者への通知は、次による。

　(1) 申請者への通知は、「特定保税承認者承認書」（C-9011-1又はC-9011-2）又は「特定保税承認者不承認通知書」（C-9021）（以下この節において「承認書等」という。）を交付することにより行うこととする。

　　　なお、当該承認書を交付するときは、「特定保税承認者承認期間通知書」（C-9016）をあわせて交付するものとする。

　(2) 承認書等の交付は、承認申請書を受理した日（署所の窓口担当部門に提出された場合にあっては、当該窓口担当部門において受理した日）から1月以内に行うよう努めることとするが、やむを得ない理由により1月を超える場合は、あらかじめ申請者にその旨を通知するものとする。

（承認内容の変更手続）

50−6　令第42条第5項の規定に基づく特定保税承認者の承認内容の変更の届出は、「特例輸入者等承認・認定内容変更届」（C-9030）2通（原本、届出者用）を担当税関の担当部門に提出することにより行う。また、法第51条第1号ハ又は法第53条第3号に該当することとなった場合にはその旨を、次のいずれかに該当する場合にはその内容を承認内容の変更手続により遅滞なく税関に届け出るようしょうようする。なお、申請者の利便性等を考慮し、担当税関又は主な所轄税関の署所の窓口担当部門へ提出することを妨げない。この場合において、当該変更届を受理した署所の窓口担当部門は、その変更届を速やかに本関の担当部門に送付するものとする。

　(1) 法令遵守規則（業務手順書、規則第4条の5第1号に規定する各部門の名称を示した体制図等の補足資料を含む。）に変更があった場合

　(2) 役員、代理人又は規則第4条の5第1号に規定する各部門の責任者に変更があった場合

　(3)「特例輸入者の承認要件等の審査要領について」別紙2の4③に規定する、貨物の蔵置場所における貨物の管理のために必要な措置に変更があった場合

　(4) 貨物の管理を関連会社等に委託している場合の委託先に変更があった場合

（承認の更新）

50−7　特定保税承認者が法第50条第４項に規定する更新を受けようとする場合には、「特定保税承認者の承認の更新申請書」(C-9130) ２通（原本、申請者用）を担当税関の担当部門へ提出することにより行うものとする。ただし、申請者の利便性等を考慮し、担当税関又は主な所轄税関の署所の窓口担当部門へ提出することを妨げない。この場合において、当該申請書を受理した署所の窓口担当部門は、その申請書を速やかに本関の担当部門に送付するものとする。なお、承認期間の更新の申請書には、前記50−3に準じて所要の書類の添付を求めることができる。

　　税関において更新を認めるときは、「特定保税承認者の承認の更新通知書」(C-9140) を交付するものとし、更新しないこととしたときは、「特定保税承認者の承認期間の更新をしない旨の通知書」(C-9145) により申請者に通知するものとする。

　　なお、特定保税承認者の承認の有効期間が終了する前に更新がなされなかった場合は、当該承認は失効することとなるので留意すること。

（新たな場所につき届出を行った場合の公告）

50−8　特定保税承認者が新たな場所につき法第50条第１項の届出を行い、本関の担当部門が受理した場合には、法第42条第３項に準じ、以下の事項につき公告するものとする。この場合において、(5) に掲げる許可の期間については、届出受理日をその初日とし、当該届出を行った特定保税承認者の承認期間の末日をその末日とする。
  (1) 届出者の住所及び名称
  (2) 届出に係る場所（保税蔵置場）の名称及び所在地
  (3) 保税蔵置場の構造、棟数及び延べ面積
  (4) 蔵置貨物の種類
  (5) 許可の期間

（電子メールによる送信）

50−9　以下の届出書等の提出又は送付については、税関の事務処理上支障があると認められる場合を除き、当該届出書等を電子メールに添付することにより行って差し支えない。この場合において、税関は必要な確認等を行い、当該届出書等を受理したときは、その旨を電子メールにより届出者等に連絡するものとする。
  (1) 前記50−1、50−2又は後記52の２−1の届出書及び添付書類
  (2) 前記50−1の申出書及び添付書類
  (3) 前記50−3、50−4、50−7又は後記55−1の申請書及び添付書類
  (4) 前記50−6の変更届及び添付書類

（承認の審査）

51−1　法第51条に規定する承認の要件の審査は、「特例輸入者の承認要件等の審査要領について」(平成19年３月31日財関第418号) に基づき行うものとする。

（改善措置の求め）

52−1　法第52条の規定による改善措置の求めは、例えば次の場合において行うものとする。

(1) 特定保税承認者に係る保税蔵置場における貨物管理業務について、法の規定に違反する行為が発見された場合

(2) 貨物管理業務において輸出入・港湾関連情報処理システムを適時、適正に使用していない場合

(3) 法令遵守規則に即して貨物管理業務が適正かつ確実に行われていないと認められる場合

(4) その他税関手続の履行又は貨物の管理に関して不適切と認められる行為があった場合

（特定保税承認者からの事情の聴取等）

52−2　前記52−1の規定により改善措置を求める場合には、その原因となった行為が生じた理由等について特定保税承認者から事情を聴取したうえで、再発を防止するための措置を講じることを求めるものとする。

（保税蔵置場の許可の特例を受ける必要がなくなった旨の届出手続）

52の2−1　令第43条の2の規定による届出（以下この項において「取りやめの届出」という。）の手続については、次による。

(1) 取りやめの届出を行おうとする場合には、「特例輸入者の承認等取りやめ届」（C-9040）2通（原本、届出者用）を担当税関の担当部門に提出することにより行う。ただし、届出者の利便性等を考慮し、署所の窓口担当部門へ提出することを妨げない。この場合において、当該届出に係る書面を受理した署所の窓口担当部門は、その書面を速やかに本関の担当部門に送付するものとする。

(2) 「特例輸入者の承認等取りやめ届」には、届出者の住所又は居所及び氏名又は名称、承認を受けた年月日、取りやめの理由及び法第50条第1項に規定する届出に係る場所に外国貨物があるときは、その旨を記載する。

(3) 法第50条第1項に規定する届出に係る場所について、取りやめの届出を行った後、当該場所を廃業する場合であって、当該場所に外国貨物がある場合には、当該場所における当該貨物を出し終わる年月日を聴取するものとする。

(4) 届出者が取りやめの届出を行った後、法第50条第1項の規定により届け出た場所において引き続き貨物管理業務を行おうとする場合には、承認の失効時に法第42条第1項の規定により許可を受けることを求めるものとする。

（承認の失効後の取扱い）

53−1　特定保税承認者の承認が失効した場合において、失効することとなる法第50条第1項に規定する届出が受理された保税蔵置場の取扱いは、前記47−1から47−4までによることとなるので留意すること。ただし、失効することとなる当該保税蔵置場について、引き続き貨物管理業務を行おうとして前記52の2−1(4)により許可

を受ける場合を除く。

（特定保税承認者の承認の取消し）

54−1　法第54条の規定に基づき特定保税承認者の承認を取り消す場合の取扱いについては、次による。

(1) 法第51条第1号ハに該当することとなった場合は、遅滞なく承認を取り消す手続を開始するものとする。

(2) 法第51条第2号に適合しないこととなったため承認を取り消すことができる場合とは、例えば、特定保税承認者が法第50条に規定する届出を行った場所につき、法第48条第1項の規定により処分を受けることとなった場合をいう。

(3) 令第44条の規定に基づく通知は、後記89−5(3)に規定する「不服申立て等について」（C-7009）を添付した「特例輸入者等承認・認定取消書」（C-9050）を交付することにより行うものとする。

（承継の承認申請手続等）

55−1　法第55条において準用する法第48条の2第1項から第5項までの規定に基づく特定保税承認者の承認を承継する場合の承認申請手続の取扱いは、次による。

(1) 特定保税承認者の承継の承認申請（以下この項において「承継の承認申請」という。）は、「特例輸入者等の承認・認定の承継の承認申請書」（C-9060）（以下この項において「承継の承認申請書」という。）2通（原本、申請者用）を担当税関の本関の担当部門に提出することにより行わせるものとする。ただし、申請者の利便性等を考慮し、担当税関又は主な所轄税関の署所の窓口担当部門へ提出することを妨げない。この場合において、当該承継の承認申請書を受理した署所の窓口担当部門は、その承継の承認申請書を速やかに本関の担当部門に送付するものとする。

　なお、特定保税承認者間の合併若しくは分割又は承認取得者に係る保税蔵置場の業務の譲渡し（以下この項において「合併等」という。）の場合で、各々の担当税関が異なる場合、承継の承認申請書を提出する担当税関は、原則として、合併等の後における主たる貨物管理業務を行う予定の事業所の所在地を管轄する担当税関とする。

(2) 承継の承認申請書の添付書類については、前記50−3(1)の規定並びに7の2−5(2)のイからニまで、チ及びルの規定に準じて取り扱うこととして差し支えない。この場合において、同項の(2)チ中「輸入業務に携わる担当者（特例輸入者の承認要件等の審査要領について（平成19年3月31日財関第418号）2(1)②に規定する担当者をいう。）」とあるのは「支配人その他の主要な従業者」と、同項の(2)ル中「輸入貨物の管理を申請者以外の者に」とあるのは「自らの貨物管理の一部について業務を」と、「その者の氏名又は名称及び住所又は居所並びに責任者の氏名」とあるのは「その者の氏名又は名称、住所又は居所、責任者の氏名及び業務委託に関する契約の内容等」と読み替えるものとする。

(3) 令第44条の2第2項において準用する令第39条の2第3項に規定する「信用状況を証するに足りる書類」とは、前記42−8(1)イに準じるものとし、相続の場合

には、地位の承継を証する書類（例えば、相続人の同意により選定された場合は当該事実を証する書面）、合併等の場合には、合併等が確実であると認められる書類（例えば、業務の譲渡に係る契約（会社法第467条）、吸収合併契約（会社法第749条第1項）、新設合併契約（会社法第753条第1項）、吸収分割契約（会社法第758条）、新設分割計画（会社法第763条）に係る書面の写し。）を提出させるものとする。

　また、合併後存続する法人若しくは合併により設立される法人、分割により設立される法人又は承認取得者に係る保税蔵置場の業務を譲り受ける法人（登記内容に変更が生じた場合に限る。）にあっては、登記後速やかに登記事項証明書を提出させるものとする。なお、登記した旨を承継の承認申請書の提出先税関へ連絡し、提出先税関において、情報通信技術を活用した行政の推進等に関する法律第11条に基づき、法務省の登記情報連携システムを使用して、登記情報を入手することができる場合には、提出を要しないものとする。

(4) 令第44条の2第2項において準用する令第39条の2第1項第2号に規定する「相続があつた年月日」とは被相続人の死亡日をいい、令第44条の2第2項において準用する令第39条の2第2項第3号に規定する「合併若しくは分割又は承認取得者に係る保税蔵置場の業務の譲渡しが予定されている年月日」とは、吸収合併契約若しくは吸収分割契約又は業務の譲渡に係る契約に関する書面に記載された効力発生日又は新設合併若しくは新設分割の登記（成立）予定日をいう。

(5) 合併等に係る承継の承認の申請は、上記(4)に規定する効力発生日又は登記（成立）予定日以前に行わせるものとし、当該申請の申請者は、以下のとおりとする。
　イ　合併の場合には、合併しようとする法人の連名
　ロ　分割の場合には、分割しようとする法人と分割後当該承認の承継を受けようとする既存の法人がある場合には当該既存の法人の連名
　ハ　承認取得者に係る保税蔵置場の業務の譲渡しの場合には、当該業務を譲り渡そうとする者と譲り受けようとする者の連名

(6) 上記(5)に規定する申請については、上記(3)に規定する合併等が確実であると認められる書類により、これらの者の間の関係が明らかである場合には、当該合併等に係る一の者の名をもって申請を行わせて差し支えない。

(7) 特定保税承認者が、会社法第2条第26号に規定する組織変更を行う場合には、法第55条で準用する法第48条の2に規定する許可の承継によらず、前記50-6に規定する承認内容の変更手続によることに留意すること。

(8) 承継の承認申請について承認するときは、「特例輸入者等承認・認定の承継の承認書」（C-9070）を、承認しないときは、「特例輸入者等承認・認定の承継の不承認書」（C-9080）を交付することにより行う。

第4節　保税工場

（保税工場の許可の方針）
56-1　保税工場の許可は、次の方針に従つて行うものとする。

(1) 外国貨物である原料品を使用して、その製品を積み戻すことが確定しており又はその見込みがある工場については、工場側における外国貨物の蔵置及び加工製造の管理形態等からみて、税関の取締上支障がないと認められるものに限り、その工場における加工製造の期間、積戻しされる製品の数量及び税関官署と工場所在地との距離的関係のいかんにかかわらず、原則として保税工場の許可を行うものとする。

(2) 製品の積戻しが行われない工場については、製品の用途、作業の性質等から判断して特に保税工場とする必要があると認められ、かつ、税関の取締上支障がないと認められるものに限り、保税工場の許可を行うものとする。

(3) 上記(1)又は(2)に該当する工場のうち、外国貨物についての加工又は製造をすべて法第61条《保税工場外における保税作業》に規定する保税工場外における保税作業により行うこととなるものについては、そのような作業形態になることにつき、やむを得ない事情があると認められる場合に限り保税工場の許可を行つて差し支えないものとする。

（保税作業に使用できる外国貨物）

56-2　法第56条第1項《保税工場の許可》に規定する保税作業に使用することができる外国貨物は、次に掲げるものとする。

(1) 直接原料（製品に化体される全ての貨物）

(2) 作業工程中において主原料に直接混じ、又は添加して使用する消耗的補助原料（助剤、還元剤、溶剤等）で、その消費数量が確実に把握できるもの。したがつて、これらの貨物以外の貨物（作業工程中において使用する補助原料でその使用数量の不明確なもの又は消耗されないもの、作業工程中において使用する燃料、圧さくガス、潤滑油等の消耗品、保税工場用の機械、工具、事務用品等の設備用品等）については、その使用前に輸入手続が必要とされるので、留意する。

（保税作業に使用できる消耗的補助原料の品目）

56-3　前記56-2の(2)にいう消耗的補助原料の具体的品目は、次に掲げるものとする。

なお、これ以外に追加適用の必要があると認められる品目があるときは、本省に照会のうえ処理することとする。

(1) 船舶の建造等のため使用されるペイント溶剤用のシンナー

(2) ビタミンAの製造に使用されるリチウムハイドライド及び金属カリ

(3) 製鋼用銑鉄の製造の際に鉄鉱石の還元及び加炭のために使用されるコークス

(4) 3、4-ジクロルプロピオンアニリド製造に使用される三塩化燐及びオキシリン塩化燐

(5) 酒石酸-トランス-1-メチル-2(2-（アルフアチエニル）ビニール)-1、4、5、6-テトラヒドロピリミジン（バンミンス）の製造に使用されるぎ酸メチル

(「混合」の意義)

56-4　法第56条第1項《保税工場の許可》に規定する「混合」とは、品質又は種類の異なる2以上の貨物を混じて原状を識別できないものとし、又は経済的に原状に回復し難い程度のものにすることをいう。ただし、前記42-3(保税蔵置場における貨物の同時蔵置)、42-4(保税蔵置場における同時蔵置の特例)、後記56-6又は後記56-7の規定(後記62の15-2(その他の規定の準用)の規定により準用される前記42-3及び42-4を含む。)による同時蔵置は、ここでいう混合には当たらないものとして取り扱うことになるので、留意する。

(保税工場として許可する範囲)

56-5　保税工場の許可は、外国貨物である原料品及び製品の蔵置施設並びに加工製造等の施設について行うものとする。

　　なお、造船を行う保税作業で進水後艤装を行う場合における占用水域については、これを保税工場に含めるものとする。この場合、港湾区域内の水域の占用については、港湾法(昭和25年法律第218号)第37条第1項《港湾区域内の工事等の許可》、河川の流水の占用については、河川法(昭和39年法律第167号)第23条《流水の占用の許可》の規定によりそれぞれ許可を要するので留意する。

(保税工場における貨物の同時蔵置)

56-6　前記56-5により保税工場の許可の対象に含められるタンク等における貨物の同時蔵置については、前記42-3(保税蔵置場における貨物の同時蔵置)に準ずる。

(保税工場における貨物の同時蔵置の特例)

56-7　前記56-5により保税工場の許可の対象に含められるタンク等における貨物の同時蔵置の特例については、前記42-4(保税蔵置場における同時蔵置の特例)及び42-5(同時蔵置の特例の適用を受ける場合の届出)に準ずる。

(保税工場の許可の申請手続)

56-8　法第56条第1項の規定に基づく保税工場の許可の申請は、申請者が法人の場合には、法人の代表者名により、「保税工場許可申請書」(C-3200)1通(税関支署を経由する場合には、2通)を税関に提出することにより行うものとする。なお、税関においてこれを許可したときは、「保税工場許可書」(C-3210)を申請者に交付するものとし、許可しないこととしたときは、「保税工場不許可通知書」(C-3215)により申請者に通知するものとする。

(許可申請書の添付書類)

56-9　令第50条の2において準用する令第35条第2項に規定する申請書に添付すべき書類の取扱いについては前記42-8(許可申請書の添付書類の取扱い)の(2)、(3)及び(4)を準用するほか、次による。

(1) 許可申請書に添付すべき書類は、原則として、申請者の信用状況を証するに足

りる書類、許可を受けようとする工場の図面及び登記事項証明書で足りるものと
する。ただし、申請に係る工場における作業の内容が特殊なものである場合又は
製造歩留りの査定上必要がある場合において、それぞれ作業工程図及び製造設備
その他の参考資料の提出を求めることを妨げない。

(2)「申請者の信用状況を証するに足りる書類」としては、法人の場合にあつては、
最近の事業年度における事業報告書を、個人の場合にあつては、納税証明書又は
これらの書類以外の書類でその資産状態を表示するものをそれぞれ添付させる。

(3)「許可を受けようとする工場の図面」としては、許可を受けようとする工場の配
置図及び求積図を添付させる。

(4)「登記事項証明書」は、申請者が法人の場合に添付させることとする。ただし、
情報通信技術を活用した行政の推進等に関する法律第11条に基づき、税関職員が
法務省の登記情報連携システムを使用して、登記情報を入手することができる場
合には、添付を要しないものとする。申請者が個人の場合にあつては、当該書類
に代えて住民票を添付させるものとする。

（保税工場の一括許可）

56−10　保税工場の許可を受けようとする工場が、同一の企業体に属するものであつ
て、かつ、同一の税関管轄内にある２以上の工場である場合又は同一の工場若しく
は近接する２以上の工場が異なる税関の管轄区域にまたがるものである場合におい
て、これらの工場が次の各条件に適合するものであるときは、これらの工場につき
一括して保税工場の許可（１許可)を行うこととして差し支えないものとする。この
場合において、同一の工場又は近接する２以上の工場が異なる税関の管轄区域にま
たがるときは、関係税関の間で協議の上、いずれか１つの税関において許可を行う
こととする。なお、法第61条の５の規定に基づく届出を行おうとする場合にも、同
様とする。

(1) 加工製造の工程上、各工場を通じての一貫した保税作業が必要であること。

(2) 各保税作業についての数量的把握が製造歩留り等によつて明確に行えるもので
あること。

（作業の目的が異なる保税作業を同一の工場で行う場合の許可の取扱い）

56−11　保税工場の許可を受けようとする工場において、保税作業の目的を異にする
作業を併せて行う場合で、これらの作業を行う場所が地域的に分離している場合に
は、別許可の保税工場として許可するものとする。

（組合に対する保税工場の許可）

56−12　保税工場の許可を受けようとする者が、民法（明治29年法律第89号）第３編
第２章第12節《組合》に規定する組合である場合においては、その許可に関する取扱
いは、次によるものとする。

(1) 保税作業が組合の共同の工場において行われる場合にあつては、その工場を保
税工場として許可する。

(2) 外国貨物である原料の購入を組合で一括して行い、これについての保税作業は各組合員の工場で行つた上、その製品を組合の製品置場（組合が製品の出荷を管理統制する場合にあつては、各組合員の工場に附属する製品置場を含む。）に集荷し、これを組合の名をもつて積戻しする場合にあつては、保税作業を行う各組合員の工場を一括して一つの保税工場として許可して差し支えないものとする。ただし、組合が外国貨物である原料の一括購入及び配分のみを行い、これについて保税作業及びその製品の積戻しを組合員各自が行う場合にあつては、その保税作業を行う工場ごとに保税工場の許可を受けさせるものとする。

（許可の際に付する条件）
56－14　保税工場の許可をするに際しては、令第50条の2において準用する令第35条第3項の規定に基づき、次の条件を付するものとする。
(1) 保税作業の種類又は保税作業に使用する貨物の種類を変更する必要が生じた場合にはあらかじめ税関長に届け出る旨の条件
(2) 保税工場の名称、所在地、支配人その他の主要な従業者（許可を受けた者が法人であるときは、法人の商号及び役員を含む。）に変更があった場合（特例輸入者の承認等を担当する部門へ届け出ている場合を除く。）には遅滞なく税関長に届け出る旨の条件
(3) 保税工場に出入れされる貨物及び保税作業に関する帳簿を、記載すべき事項が生じた日から起算して2年を経過する日までの間（その間に当該帳簿について保税業務検査を受けた場合にあっては、当該保税業務検査を受けた日までの間）保存すべき旨の条件
(4) 法第61条の4において準用する法第43条第3号から第7号に該当することとなった場合には直ちに届け出る旨の条件
(5) 保税作業の種類の変更、保税作業に使用する貨物の種類の変更、貨物の収容能力の増減又は周辺状況の変化等に応じ、保税工場における貨物の亡失等を防止し、外国貨物の適正な保全を図るため、必要な措置を講じるべき旨の条件
(6) 次に掲げる物品を原料として使用する保税工場について、国内に引き取る見込みの製品を製造する場合（ただし、当該製品が次に掲げる物品に該当する場合を除く。）は、内国産又は輸入許可済みの原料を使用すべき旨の条件（なお、許可期間中の保税工場についても当該条件が付されているものとみなす。）
　イ　乳製品等で以下のもの
　　　関税定率法別表第04.02項（第0402.91号又は第0402.99号の1の(1)に該当するものを除く。）、第0403.90号の1（バターミルクパウダーその他の固形状の物品に限る。）、第0404.10号の1及び第04.05項に該当するもの
　ロ　砂糖等で以下のもの
　　　関税定率法別表第1701.14号の1の(1)及び2、第1701.12号、第1701.91号、第1701.99号、第1702.30号の2の(1)及び(2)のB、第1702.40号の2、第1702.60号の2、第1702.90号の1（分みつ糖に限る。）、2（分みつ糖のものに限る。）、5の(2)のA及びBの(c)並びに第2106.90号の2の(2)のA（分みつ糖のものに

　　限る。）に該当するもの
　ハ　生糸で以下のもの
　　関税定率法別表第5002.00号の２に該当するもの

（許可の期間の更新手続等）

56－15　法第61条の４において準用する法第42条第２項ただし書の規定に基づく保
　税工場の許可の期間の更新の手続等については、次による。
　（1）許可の期間の更新の申請は、「保税蔵置場・工場許可期間の更新申請書」（C-3140）
　　　１通（税関支署を経由する場合には、２通）をその工場の所在地を管轄する税関に
　　　提出することによつて行わせ、税関において更新を認めたときは、「保税蔵置場・
　　　工場許可期間の更新書」（C-3150）を交付する。
　（2）許可期間の更新申請書の添付書類は、法人の場合にあっては、最近の事業年度
　　　における事業報告書、個人の場合にあっては、納税証明書又はこれに代わる書類
　　　のみで足りるものとする。
　（3）許可の期間の更新の申請に当たっては、許可期間の更新申請書の記載事項のう
　　　ち、「申請の事由」を「利用の見込」に改め、その該当欄に更新後１年間における外
　　　国貨物の使用見込み（数量及び価格の概算）等を記載させるものとする。
　（4）許可の更新に際し指定する更新の期間については、６年を超えないものとする。

**（保税蔵置場の許可を併せて受けているとみなされる場所を使用することができる輸
入貨物）**

56－16　法第56条第２項《保税蔵置場のみなし許可》に規定する「当該保税工場におい
　て使用する輸入貨物」には、当該保税工場において外国貨物のままで又は輸入の許可
　を受けて保税作業に使用されることが見込まれる原料品のほか、これらの輸入原
　料品と同種の輸入原料品で、輸入の許可を受けてその保税工場における内貨作業に
　使用されることとなるものを含むものとする。

（保税蔵置場の許可を併せて受ける場合の手続）

56－17　法第56条第３項の規定により、保税工場の一部の場所につき保税蔵置場の許
　可を併せて受ける場合の手続は、それぞれ次による。
　（1）保税蔵置場の許可を併せて受けようとする場所が既に保税工場の許可を受けて
　　　いる工場の一部の場所である場合においては、その場所につき前記42－7により
　　　手続を行わせるものする。
　　　なお、この場合においては、保税蔵置場許可申請書の様式中「営業用、自家用の
　　　別」の欄に「関税法第56条第３項扱い」の旨を注記させるとともに、その申請に係
　　　る保税蔵置場の部分を明らかにした図面（区画を明らかにした平面図で足りる。）
　　　を添付させるものとし、税関においてこれを許可したときは、保税蔵置場許可書
　　　の様式中「営業用、自家用の別」の欄に「関税法第56条第３項扱い」の旨を記載し
　　　て申請者に交付するものとする。
　（2）保税蔵置場の許可を併せて受けようとする場所が、保税工場の許可を受けてい

る工場と同一の構内にある保税工場以外の場所である場合において、その場所がいまだ保税蔵置場の許可を受けていない場所であるときは、上記(1)の手続と同時にその場所についての保税工場の収容能力の増加の手続を行わせるものとする。

(3) 保税工場と同一の構内にある別個の保税蔵置場の全部又は一部について法第56条第3項の規定の適用を受けようとする場合においては、便宜、その適用を受けようとする保税蔵置場の全部又は一部について保税工場の収容能力の増加及び保税蔵置場の収容能力の減少の手続を行わせることにより、同項の規定を適用することとするものとする。この場合においては、保税工場の収容能力の増加及び保税蔵置場の収容能力の減少についての届出書の様式中「変更後の延べ面積」の欄の次に「重複許可に係る保税蔵置場の面積」の欄を追加し、同欄に重複許可に係る保税蔵置場の面積を朱記させるとともに同様式中の「届出の事由」欄には、関税法第56条第3項の規定の適用を受けたい旨の記載をさせるものとする。

(4) 製造工場が2カ所に分散した工場について、一許可扱いの保税工場としている場合において、それぞれの製造場所に設置するそれぞれの併設蔵置場の順路による距離がおおむね1.5キロメートル以上であるときは、当該蔵置場は別許可とする。

(農林漁業用重油を製造する保税工場の取扱い)

56-18　定率法の別表第2710.19号の1の(3)のAの(b)に掲げる重油及び粗油について軽減税率の適用を受けるため、本邦に到着した定率法の別表第2710.12号の1の(3)、第2710.19号の1の(2)及び第2710.20号の1の(3)に掲げる軽油と関税納付済の石油製品を混合する保税作業を行う保税工場(総合保税地域(法第62条の8第1項第2号に掲げる行為を行う施設)を含む。以下この項において同じ。)の取扱いについては、関税定率法基本通達20の2-2に規定するところによるほか、次による。

(1) 保税工場の許可

　イ　定率法の別表第2710.19号の1の(3)のAの(b)に掲げる重油及び粗油について軽減税率の適用を受けるため、本邦に到着した定率法の別表第2710.12号の1の(3)、第2710.19号の1の(2)及び第2710.20号の1の(3)に掲げる軽油(以下この項において「外貨軽油」という。)に関税納付済の石油製品(以下この項において「ブレンド材」という。)を混合する保税作業を行う保税工場の許可は、外貨軽油及びブレンド材の蔵置及び混合並びにこれらを混合して得られる石油製品(以下この項において「農林漁業用重油」という。)の蔵置を行う場所として使用するタンクについて行って差し支えない。

　　　なお、保税工場の許可に際しては、「外国貨物である軽油が保税工場に置かれている間は、保税工場からいかなる石油製品の搬出も行わないこと」を条件として付するものとする。

　ロ　上記イの保税工場については、法第61条の2第1項に規定する税関長の指定を行わないものとする。

(2) 保税タンクにおける同時蔵置

　イ　上記(1)のイにより保税工場の許可を受けたタンク(以下この項において「保

税タンク」という。）に、外貨軽油又はブレンド材と、農林漁業用重油又はこれと同種の重油（内国貨物を含む。）が時期を異にして搬入される場合には、前記56－6の規定にかかわらず、これらの石油製品は、混合されることなく、それぞれ搬入の順序に従って同時蔵置されているものとして取り扱って差し支えない。

　　ロ　上記イにより保税タンクに農林漁業用重油と同種の重油（内国貨物を除く。）が蔵置されることとなる場合には、法第56条第３項の規定により、当該タンクについて保税蔵置場の許可を併せて受けさせる必要があるので、留意する。

(3) 保税タンクにおけるブレンド材の取扱い

　　ブレンド材は、原則として、保税作業の都度、当該作業に必要とする数量のものを保税タンクに搬入させるものとする。ただし、上記(2)のイにより同時蔵置が認められる農林漁業用重油と同種の重油をブレンド材として使用する場合は、この限りでない。

(4) 外貨軽油等の数量及び性状の把握

　　外貨軽油、ブレンド材及び農林漁業用重油の数量及び性状の把握については、「石油の数量査定及び価格鑑定について」（昭和34年２月12日付蔵税第199号）及び後記67－3－19(当事者分析)によるものとする。

(5) 保税作業終了届の取扱い

　　法第58条の規定により提出する「保税作業終了届」（C-3260）には、令第45条第２項に定める事項のほか、当該保税作業によって得られた農林漁業用重油の性状に関する次の事項を記載させるとともに、当該重油（当該重油が他の石油製品と同時蔵置されている場合においては、保税作業終了時に保税タンク内にある石油製品）並びに当該保税作業に使用した外貨軽油及びブレンド材の性状に関する分析成績書を添付させるものとする。

　　イ　定率令第72条に定める分留性状の試験方法による90％留出温度

　　ロ　温度15度における密度

　　ハ　定率令第72条に定める試験方法による10％残油の残留炭素分の当該残油に対する重量割合

　　ニ　引火点

（外国貨物の蔵置期間の取扱い）

57－1　法第57条第１項の規定による外国貨物の蔵置期間の取扱いについては、次による。

(1) 保税工場に置くことの承認を受けた日が異なる原料品を同時に使用して保税作業を行つた場合における外国貨物の蔵置期間は、それらの原料品のうち最後に置くことの承認を受けたものについてのその承認の日から計算する。

(2) 後記61の4－6に規定する２以上の保税工場にわたつて保税作業が行われた場合における外国貨物の蔵置期間は、第１次保税作業が行われた保税工場において置くことの承認が行われた日から計算するものとする。

（保税作業開始の際の届出）

58－1　法第58条《保税作業の届出》の規定による保税作業の開始の際の届出について
は、次による。

（1）同条本文の規定による保税作業の開始の届出は、保税作業の種類又はこれに使
用される原料品の性質が特殊なものであるため、税関における取締りの見地から
その原料品の使用状況を常に把握しておくことが必要である等特別の必要がある
場合を除き、同条ただし書の規定により、その届出を要しないものとして運用す
るものとする。

（2）上記（1）の場合に該当せず、保税作業の開始の際の届出を要することとする場
合においても、その届出については「保税作業開始届」（C-3250）によることなく、
令第45条第1項ただし書《口頭による作業開始の届出》の規定をできるだけ広く適
用して、口頭（電話による場合を含む。）によらせるものとして差し支えない。

（3）上記（1）により保税作業の開始の際の届出を要しないものとする場合において
は、その取扱いを認める保税工場の許可又はその許可の更新の際に、「作業開始の
際の届出は、法第58条ただし書の規定により要しないものとする。」旨を許可書又
は更新書に記載して交付することにより法第58条ただし書に規定する通知に代え
ることができるものとする。

（4）上記（1）の場合に該当せず、保税作業の開始の際の届出を要することとなつて
いた保税工場について新たにその届出を要しないこととする場合においては、適
宜の様式による文書をもつてその旨を通知するものとする。

（保税作業終了の際の届出等）

58－2　法第58条《保税作業の届出》の規定による保税作業の終了の際の届出について
は、次により「保税作業終了届」（C-3260）を提出することにより行わせる。

なお、保税作業終了届の様式については、保税作業の種類その他の事情により特
に必要があると認められる場合においては、その実情に即するよう適宜調整を加え
た様式によらせるものとして差し支えない。

（1）保税作業の終了の際の届出は、保税作業の単位ごとに行わせるものとし、保税
作業が終了した場合においては、その保税工場が法第61条の2第1項《指定保税
工場の簡易手続》に規定する指定保税工場である場合を除き、必要に応じて現物
確認を行うものとする。

（2）保税作業の終了の際の届出をする保税工場が、前記56－10（保税工場の一括許
可）の規定により2以上の工場について一括許可を受けたものである場合におい
て、それらの工場における保税作業の取締上必要があると認められるときは、そ
の保税工場における保税作業の終了の際の届出は、それぞれの工場ごとに行わせ
るものとする。この場合においては、一括許可に係る2以上の工場のうち一貫保
税作業における中間製品の保税作業を終わつた工場の保税作業終了届には、その
届出に係る製品が一括許可に係る他の工場に移送されるものである旨を記載して
整理するものとする。

（内外貨混合使用の場合の作業終了届）

58-3　法第59条第2項《内外貨の混合使用》に規定する税関長の承認を受けたところ
に従つて行つた保税作業が終了した場合の保税作業終了届には、外国貨物と内国貨
物との混合使用によりできた製品のうち外国貨物とみなされる貨物についてのみ所
要の事項を記載すれば足り、その他の貨物についてはその記載を必要としない。

（保税作業による製品に係る納税申告等の特例）

58の2-1　法第58条の2の規定は、石油精製の保税作業を行う保税工場について適
用があるものとし、その適用については、次による。

（1）石油精製の保税作業により製造された外国貨物のうち、外国に向けて積み戻さ
れるものその他令第46条各号《保税作業により製造されるべき外国貨物の指定》に
掲げるもの以外のものについては、常圧蒸留装置による留出分の数量確定後遅滞
なく輸入申告を行わせるものとする。

　なお、保税作業の終了前に製造設備の理由から、製品を内貨工程に連続して引
き取られることが真にやむを得ないと認められる場合には、製品の製造予定数量
で輸入申告させて許可前引取りを認め、製造数量確定後輸入を許可する取扱いと
する。

（2）石油精製の保税作業により製造された外国貨物のうち、その外国貨物を使用し
て引き続き令第46条各号に掲げる貨物を製造するものについては、常圧蒸留装置
による留出が終わった段階では輸入申告をさせるには及ばないが、それらの外国
貨物を使用するその後の作業工程で、副次的に製造された内需用の製品について
は、その製造が終わった段階で遅滞なく輸入（納税）申告（特例申告貨物にあって
は、輸入申告）を行わせる。

（3）法第58条の2の規定の適用を受けて輸入の許可を受けた貨物が、揮発油税法（昭
和32年法律第55号）上の揮発油に該当する貨物である場合においては、その貨物
が揮発油税法上の製造場から引き取られない限り、揮発油税法上の未納税引取り
の手続を行わせるには及ばない。

（内外貨の混合使用の承認の取扱い）

59-1　法第59条第2項《外国貨物と内国貨物との混用》の規定に基づく外国貨物と内
国貨物との混合使用の承認については、次による。

（1）外国貨物と内国貨物との混合使用の承認は、原則として申請に係る保税工場の
許可又は更新の期間を超えない範囲内において包括して行うものとする。

（2）令第47条第1項《内外貨の混合使用を承認できる場合》に規定する「これと同種
の内国貨物」には、原料として使用される外国貨物と全く同種の内国貨物のほか、
次のようなものを含むものとする。

　イ　原料として使用される外国貨物とは、税番、税率又は統計番号が異なるが、
商慣習上は同種の原料と認められる内国貨物

　ロ　原料として使用される外国貨物とは、税番、税率又は統計番号が異なり、商
慣習上も必ずしも同種の原料とはいえないが、それらの原料が同時に使用され、

かつ、それにより製造される製品が外国貨物である原料のみから製造されるものと等質である内国貨物（ただし、かす等の低価値の部分については、あえて等質であるに及ばない。）

(3) 令第47条第１項に規定する「混じて使用」には、物理的な混合のほか、接合をも含み、同項に規定する「等質の製品」には、商品としての等級別（１級品、２級品、格落品、不良品等）が異なる程度のものを含むものとして取り扱うものとする。

(4) 外国貨物による作業と内国貨物による作業とを区分することなく、同時に行うことが作業の工程上やむを得ない場合において、その同時に行われる内国貨物による作業に使用される内国貨物が外国貨物による作業による外国貨物と同種のものであり、かつ、その内国貨物が前段階の保税工場において内外貨の混合使用の承認を受けて製造されたものであるときは、それらの外国貨物と内国貨物とが現実に混合しない場合においても、法第59条第２項の規定の適用があるものとして取り扱うものとする。

　なお、この場合においては、その内国貨物に係る前段階の保税工場における内外貨の混合使用の承認書の写しを添付して、新しい保税作業についての内国貨物の混合使用の承認を受けさせるものとする。

(5) 電線製造における第２次作業の際に発生するくず又は亜鉛を使用して鉄板に亜鉛メッキをする際に生ずるドロス等については、便宜、そのすべてが内国貨物である原料から生じたものとして取り扱つて差し支えない。

（内外貨混合使用の承認の申請）

59－2　内外貨の混合使用の承認の申請は、「内外貨混合使用承認申請書」（C-3270）2通を提出して行わせ、税関においてこれを承認したときは、うち１通に承認印を押なつし、承認書として申請者に交付するものとする。

（内外貨混合使用の際における製造歩留り）

59－3　内外貨の混合使用の際において、外国から本邦に到着した外国貨物とみなされる製品の数量は、原則として保税工場において外国貨物である原料のみを使用した場合における歩留りによつて算出するものとするが、次に掲げる場合においては、それぞれ次によりその数量を算出するものとして差し支えないものとする。

(1) 原料糖を使用して精製糖、氷砂糖又は角砂糖を製造する場合

　外国貨物である原料糖に含まれるしよ糖の量に0.995を乗じた量のしよ糖を含む精製糖、氷砂糖又は角砂糖の数量をもつて、外国から本邦に到着した外国貨物とみなされる製品の数量とする。この場合において、精製糖、氷砂糖又は角砂糖に含まれるしよ糖の量（糖度の数値の100に対する割合をしよ糖の割合とみなして算出した数量をいう。）の計算については、これらの製品の糖度が99.5度以上であるときは、その全量をしよ糖の量とみなし、その糖度が99.5度未満であるときは、その含まれるしよ糖の量に還元糖の95.0／100に相当する量を加えた量をしよ糖の量とみなすものとする。

(2) アイアンスカール又は銑鉄を使用して鋼材を製造する場合

次の歩留りを適用して外国から本邦に到着した外国貨物とみなされる製品の数量を算出する。

$$歩留り = \frac{外貨原料の純鉄分（A）}{鋼材の純鉄分（B）}$$

なお、便宜A = 0.935として差し支えない。また、普通鉄鋼材についてはB = 1とする。

（内外貨混合使用による製品の特定）

59-4　内外貨混合使用による製品のうち、外国から本邦に到着した外国貨物とみなすものの特定の方法は、次によるものとする。

(1) 製品の特定は、保税工場が次に掲げる製造計画ごとにその製造に要する外国貨物である原料品（以下「保税原料品」という。）の使用開始後その製造が終了するまでの期間（以下「製造期間」という。）を定め、当該製造期間経過後（当該製造期間内に製造が終了したときは、その後）遅滞なく行わせるものとする。

　　イ　製品の船積み又は出荷の計画ごとに、製造計画数量を定めて製造を行う場合（下記ハに掲げる場合を除く。）は、これに基づく船積み又は出荷計画ごとの製造計画

　　ロ　旬、週等特定の期間ごとに製造計画数量を定めて製造を行う場合は、これに基づく製造計画

　　ハ　製造の計画が長期にわたる場合は、月間又は1月以内の期間で定める期間ごとに区切つた製造計画数量を定め、これに基づく製造計画

(2) 上記(1)の製造期間は、当該保税工場における通常の工程管理上合理的と認められる製造所要日数に基づき定めるものとする。

(3) 製造期間を定めた場合は、特にその届出は要しないものとし、製造計画ごとに作成する製造指図書又は製造計画表（下記(5)により製造計画決定前に保税原料品を使用する場合においては、製造計画見込表）等の書類に製造期間の始期及び終期を記入させた上、当該工場に保存させる。

(4) 上記(1)により製品の特定を行わない場合は、当該製造計画に基づく製造期間の終了又は保税原料品の使用開始後合理的と認められる製造所要日数の経過後において、当該保税原料品の使用数量に対応する数量の製品を外国貨物とみなして処理するものとする。したがつて、輸入の許可を受けないで当該製品を保税工場から引き取つた場合は、無許可輸入の行為に該当することになるので、上記(1)による適正な処理を行うよう指導する。

(5) 保税原料品の使用は、原則として、製造計画決定後に行うものとするが、船腹の手配又は受注の時期等の関係から、保税原料品の使用に先立つて製造計画を決定することが困難な事情にあると認められる場合には、あらかじめ製造計画数量を見込んでこれに要する保税原料品の使用を認めて差し支えない。

　なお、製造計画決定前に保税原料品の使用を認める場合においては、その使用の時期が製造の終了を予定する時期からみて合理的な製造所要日数に基づくものであり、かつ、その使用数量が製造計画見込数量を上まわらないよう指導する。この場合においては、事後、製造計画が決定した段階において既に使用された保税原料品につき製造計画上の製造期間との関係を明らかにさせる。

（指定保税工場における内外貨混合使用の特例）

59-5　指定保税工場において内外貨の混合使用によりできた製品を月の中途に積戻しする場合においては、その製品に見合う外国貨物である原料品が現実にその作業に投入されていないときにおいても、その製品に見合う外国貨物である原料品が、製造の時点において現実に保税工場に入れられていれば、その製造に外国貨物である原料品の使用があつたものとみなすこととして差し支えない。

（映画フィルム等の保税作業の取扱い）

59-6　保税工場において外国貨物である映画フィルムと内国貨物であるフィルムを使用して行う現像及び焼付作業並びに編集作業については、次によるものとする。

(1) 外国貨物であるフィルムと内国貨物であるフィルムを使用し、これらの貨物に物理的若しくは化学的変化を生ぜしめる作業は、「保税作業」とし、当該作業によって変化を受けた貨物をもって法第59条第1項《内国貨物の使用等》の適用上「保税作業によってできた製品」とする。したがって、

　イ　内貨フィルムを使用して外貨生フィルムに現像・焼付けをした場合の内貨フィルムは、この作業によって特に変化を受けないものと認められるので、作業終了後も内貨として取り扱うものとする。

　ロ　業務試写又は税関検査のため外貨フィルムを用いて内貨フィルムにプリントする作業は、保税作業とする。

(2) 外国映画の割当てがないことその他の理由により保税作業によってできたフィルムを輸入しないときは、申請により滅却を承認するものとする。

(3) フィルムの編集作業特に長編ものを短編に編集する作業は、これを保税作業として認めるものとする。

(4) 録音テープの保税作業については、上記(1)から(3)までに準じて処理するものとする。

（保税工場外における保税作業の許可）

61-1　法第61条第1項《保税工場外における保税作業》の規定による保税工場外における保税作業の許可は、次の各条件を充足する場合に限り、行うものとする。ただし、外国貨物である映画フィルムを使用して撮影を行つたうえ積戻しを行う保税工場において、保税工場外における撮影を行う場合については、この限りでない。

　なお、保税工場外における作業の許可に当たつては、その作業場についての調査等は、原則として必要としないものとする。

(1) 保税工場外の保税作業が、次に掲げるいずれかの条件に該当するものであるこ

と。

イ　保税工場内において外国貨物である原料品を使用して製造又は加工を行い、それによつてできた製品を使用して更に加工又は製造（梱包作業を含む。）を行う必要がある場合において、その保税工場に一貫作業を行う施設がなく又はその施設の能力が十分でないため、行うものであること。

ロ　保税工場においては、第1次の保税作業を行わず、第2次以降の保税作業を行う場合において、その第1次保税作業として行われるものであること。

ハ　保税工場に入れられた外国貨物である原料品のうち当該保税工場の製造能力の30％以下の数量のものにつき保税工場における作業と一貫して行われるものであり、その作業を保税工場以外の場所において行うことにつきやむを得ない理由があること。

ニ　保税工場に入れられた外国貨物である原料品の全量について、その保税作業を保税工場以外の場所において行うことにつき真にやむを得ない事情があること（この保税工場の許可については、前記56-1（保税工場の許可の方針）の(3)参照）。

(2) 保税工場外における保税作業を行う工場が、原則として保税工場と同一の企業体に属するものでなく、かつ、小企業等でその場所を保税工場とすることが困難若しくは不適当と認められ、又はその場所において保税作業を行うことが経済上その他の理由によりやむを得ないと認められること、又は保税工場外における保税作業を行う工場と保税工場とが同一の企業体に属する場合であつて、その場所において行う保税作業の量が少なく（その工場の生産高の30％以内）、その場所を保税工場とすることが必ずしも適当と認められないこと。

(3) 保税工場外における保税作業の製造歩留りが明らかであつて、これによりその製品の数量等を確実に把握することが可能であること。

(4) 保税工場と保税工場外における保税作業を行う工場との間にその保税作業に係る貨物について、次に掲げるいずれかに該当する関係があること。

イ　保税工場外における保税作業によりできた貨物が再びもとの保税工場（後記63-27（保税工場外作業の許可を受けた場所からの保税地域への運送）に規定する保税運送が認められる場合にあつては、その運送先の保税地域）に搬入され、それがもとの保税工場から出された貨物の製品であることが確認できること。

ロ　保税工場外における保税作業を行う工場が保税工場の下請工場である場合のように、貨物の所有権が保税工場の許可を受けた者にあり、又は所有権がその間に移転する場合においても、以後の加工、製造、販売等がすべて保税工場の許可を受けた者の指揮、監督のもとに行われ、実質的な貨物の管理が保税工場の許可を受けた者によつて行われること。

（保税工場外における保税作業の一括許可）

61-2　保税工場外における保税作業を許可する場合において、月間の搬出数量が契約の内容によつてあらかじめ判明しているときは、その許可は、原則として申請に係る保税工場の許可の期間を超えない範囲内の搬出数量について一括して行うもの

とする。ただし、保税作業の性質上、貨物の記号、番号等の事項を個別に確認する必要がある場合（例えば、機械類の組立て等の作業において、その取付部分を個別に確認する必要がある場合）においては、その許可は個別に行うものとする。

　なお、同一の貨物に係る加工又は製造が二次以上の工程にわたつて行われる場合において、各段階の作業の種類、期間、場所等があらかじめ明らかで、取締上支障がないと認められるときは、それらの各段階における場外作業を一括して場外作業の許可を行つて差し支えないものとする。

（保税工場外における保税作業の許可の申請手続）

61−3　保税工場外における保税作業の許可の申請は、「保税工場・総合保税地域外保税作業（一括・個別）許可申請書」（C-3290）2通を税関に提出することによつて行わせ、税関においてこれを許可したときは、うち1通に許可印を押なつし、許可書として申請者に交付する。この場合において、保税工場外における保税作業を許可する税関とその保税作業を行う場所を所轄する税関とが異なることとなり、許可税関において保税検査又は貨物の確認上必要があると認めるときは、申請書の写しを場外作業場を所轄する税関に送付することによりその依頼を行うものとする。

（保税工場外保税作業の期間又は場所の変更申請手続）

61−4　法第61条第1項《保税工場外における保税作業の許可》の規定により指定した期間又は場所の変更の申請は、「保税工場・総合保税地域外における保税作業期間（場所）変更申請書」（C-3220）2通を税関に提出することにより行わせ、税関においてこれを認めたときは、うち1通を申請者に交付する。指定した場所の追加の申請についても、また同様とする。

　なお、指定した期間又は場所の変更又は追加の申請があつた場合における税関の事務処理は、即決的に行うよう留意するものとする。また、保税工場外における保税作業を行う場所の変更又は追加により、その変更又は追加を認める税関の管轄区域外において場外作業が行われることとなる場合における他税関への依頼については、前記61−3の場合に準ずる。

（2箇所の保税工場から出た貨物を混用して場外作業を行う場合の取扱い）

61−5　異種の貨物を2箇所の保税工場から同一の場外作業場に出し、その作業場においてそれらの貨物を混用して保税作業を行う必要があると認める場合は、いずれか一方の保税工場に貨物を運送及び移入れした後、その保税工場の責任において保税工場外における保税作業の許可を受けさせるものとするが、取締上支障がないと認める場合は、便宜、一方の保税工場への運送は、書類面の手続にとどめ、貨物の場外作業場への直送を認めることとして差し支えない。

　なお、書類面の手続のみによる取扱いを認めるに当たつては、貨物の発送を認めることとなる税関は、その書類面での運送先である保税工場を管轄する税関と十分に協議を行い、貨物の取扱いに関する責任体制について遺憾のないよう留意するものとする。

（場外作業に係る貨物の検査及び確認）

61－6　保税工場外における保税作業に係る貨物の検査及び確認については、次による。

(1) 保税工場外における保税作業場に置かれている貨物については、その製品の数量等を審査するため特に必要があると認められる場合に限り、随時その検査又は確認を行うものとする。

(2) 保税工場外における保税作業の許可をした税関以外の税関が、前記61－3（前記61－4において準ずる場合を含む。）の規定による許可税関からの依頼に基づき場外作業場について検査又は確認を行つた場合において、指定期間の経過その他の事故を発見したときは、その旨を直ちに許可税関に通報するものとする。

（保税地域から保税工場外作業の許可を受けた場所への直接搬入の特例）

61－7　保税作業の原料として使用する貨物で、保税工場に搬入後保税工場外作業の許可を受けた場所へ運送することが、作業工程上経済的に著しく不利であると認められ、かつ、取締上支障がないと認められるものについては、便宜、保税地域から当該保税工場外作業の許可を受けた場所への直接搬入を認めることとし、この場合の具体的取扱いについては、次による。

(1) 税関への申出書の提出

イ　直接搬入をしようとする者は、あらかじめ、保税工場を管轄する税関に、原料品の品名、数量、保税工場外作業の許可を受けた場所、作業工程及び直接搬入を希望する理由を記載した申出書2通を提出するものとする。

税関においてこれを容認したときは、うち1通にその旨を記載して申出者に交付する。

ロ　移入承認申請は、当該貨物が蔵置されている保税地域（他所蔵置の許可を受けた場所を含む。）を管轄している税関に対して行うものとし、申請時には上記イの申出書を併せて提示するものとする。

(2) その他の手続

イ　保税運送の運送先は、法第61条第4項の規定により蔵置されているとみなされる移入先保税工場とし、保税工場外作業の許可を受けた場所をかっこ書させるものとする。

ロ　運送の到着確認は、当該保税工場外作業の許可を受けた場所に到着した時に、当該保税工場の責任において、運送承認書等と貨物を対査確認するものとする。

ハ　当該保税工場における記帳については、当該保税工場外作業の許可を受けた場所に搬入された日をもって当該保税工場への搬入として記載等を行い、保税工場外作業の許可を受けた場所への直接搬入である旨を注記等させる。

（保税工場外作業場における積戻し申告の特例）

61－8　保税工場外作業場においてできた製品が巨大重量貨物で、その貨物を出された保税工場に戻し入れることが経済的に著しく不利であると認められ、かつ、当該製品を他の保税地域に入れることが困難と認められる場合においては、当該保税工

場外作業場において積戻し申告ができるものとする。この場合における取扱いは、保税工場を管轄する税関に製品の品名、数量及び場外作業場の場所を記載した申出書2通を提出させ、税関においてこれを認容したときは、うち1通にその旨を記載して申出者に交付し、積戻し申告に当たっては、これを場外作業場を管轄する税関に提示して処理させるものとする。

（保税工場外作業場におけるさ細な副産物等の引取り）

61-9　保税工場外作業場における保税作業において発生したさ細な副産物で課税上問題がない場合においては、その保税工場外作業場からの引取りを認めて差し支えない。この場合においては、保税工場を管轄する税関に引き取ろうとする副産物の品名、数量及び場外作業場の場所を記載した申出書2通を提出させ、税関においてこれを認容したときは1通を申出者に交付するものとし、その引き取ろうとする副産物について、現物の確認を必要と認める場合においては、保税工場外作業場を管轄する税関に確認を依頼するものとする。

（「指定された場所に出されている外国貨物」の意義）

61-10　法第61条第4項《保税工場にあるとみなされる外国貨物》にいう「指定された場所に出されている外国貨物」とは、指定された場所にある貨物のほか、もとの保税工場からその場所へ又はその場所からもとの保税工場へ運送中の貨物を含むものとする。

（指定保税工場の指定の方針）

61の2-1　法第61条の2《指定保税工場の簡易手続》に規定する指定保税工場の指定の方針は、次による。

(1) 保税工場は、次に掲げるものを除き、原則として指定保税工場として指定する。なお、次に掲げるものについても取締上支障がないと認められる場合においては、これを指定保税工場として指定して差し支えない。

　イ　保税作業によつてできる製品の数量が、製造歩留りにより数値的に把握することが困難であり、かつ、原則として保税作業の過程において又は保税作業終了の都度、製品の数量について確認する必要がある場合

　ロ　保税原料品を組み立て、又は取り付ける保税作業で、製品完成後においてはその取付けの事実を確認することが困難な場合で、かつ、保税作業の過程又は保税作業終了の段階において確認する必要がある場合

　ハ　保税作業の届出の件数が2月を通じて1回程度であるため、その都度の届出とした方が手続上の負担も少ないと認められる場合

　ニ　石油の精製を行う保税工場である場合

(2) 新たに種類追加した保税作業が指定とならないため、税関に対する届出が保税作業終了届と加工製造等報告書の2本立になるような保税工場で、新たに種類追加した保税作業の実績値が平均化しており、かつ、信用度の高いものについては、指定の方向で処理する。

（3）組合に対して一括して保税工場の許可をしている場合においては、その組合の
さん下の一部の工場についてのみの指定保税工場の指定は行わない。

（指定保税工場の指定の手続）

61の2－2 法第61条の2《指定保税工場の簡易手続》の規定による指定保税工場を指
定した場合においては、「指定書」(C-3300)をその保税工場の許可を受けた者に交付
するものとする。

（指定保税工場の指定の一時停止又は取消し）

61の2－3 税関における保税工場検査の結果、関税法規の遵守状況等が不良と評定さ
れた指定保税工場で、税関において指導を行つても、なお改善のあとが見受けられ
ないものについては、その指定の一時停止又は取消しを行う等の措置により指定の
実効を確保するものとする。

（加工、製造等に関する報告書の提出）

61の2－4 法第61条の2第2項《加工、製造等に関する報告書の提出》に規定する報
告は、原則として「外国貨物加工製造等報告書」(C-3310)を提出して行わせるもの
とするが、保税作業の種類その他の事情により特に必要があると認められる場合に
おいては、その実情に即するよう適宜調整を加えた様式によらせるものとして差し
支えない。

　なお、指定保税工場において場外作業に出された貨物に関する報告については、
次による。

（1）保税工場外作業のため保税工場から出された貨物については、製造工程中にあ
る貨物として処理させる。したがつて、未加工のまま出される場合は、その時点
で使用原料品として計上させる。

（2）保税工場外作業によりできた製品のうち、場外作業場から直接他の保税地域に
保税運送されることが予定されている貨物については、場外作業場において製品
化された時点で製品として計上させる。

（3）保税工場外作業によりできた製品のうち、保税工場における製造工程の最終段
階の製品であるものについては、製品として計上し、それ以外のものについては、
製造工程中にある貨物として処理させる。

（加工、製造等に関する報告の対象期間）

61の2－5 法第61条の2第2項《加工、製造等に関する報告書の提出》に規定する報
告の対象期間の取扱いについては、次による。

（1）同項に規定する「毎月」とは、原則として暦月による各月をいうものとするが、
棚卸しとの関係等から事情やむを得ないと認められる保税工場については、申出
により暦月によらない1月の期間によることとして差し支えない。

　なお、この取扱いを認めた場合においては、加工製造等報告書に報告の対象期
間（例えば、「6月26日〜7月25日」とする。）を注記させるものとする。

(2) 同項に規定する「1月を超える期間」の指定は、次に掲げる保税作業の場合に行うものとする。

　　なお、この指定を行う場合においては、「指定書」の様式中「保税作業により製造される外国貨物である製品」の欄の次に「関税法第61条の2第2項の規定による特別の指定期間」の欄を設け、この欄に特別の指定期間を併記して交付するものとする。

イ　みかん缶詰の製造その他季節的に一定の期間に集中して行われることが明らかなもの

ロ　契約その他の関係から一定の期間内に集中して行われることが明らかなもの

（指定保税工場における貨物管理の特例）

61の2－6　指定保税工場のうち、税関長が関税徴収の確保上問題がないと認めた工場における保税作業に係る貨物管理については、次の(1)及び(2)の要件を充足する保税作業に限り、当該作業に使用する移入れ承認済の貨物とそれ以外の貨物（ただし、外国貨物であって移入れ承認手続等未済貨物を除く。）との区分蔵置を不要とし、搬入の時期を異にする外国貨物がその搬入の順序に従って蔵置され、加工・製造・搬出されるものとして取り扱うこととして差し支えない。この場合における貨物管理は、当該保税作業に係る原料品及び製品の数量を総合的に管理すること（以下「貨物の総量管理」という。）により行うものとし、保税台帳への記帳は当該数量により行うものとする。

(1) 確定歩留りが設定されている作業又は原料として使用される外国貨物の数量に対応する製品等の数量が即物的に、かつ、容易に把握できる作業であること

(2) 貨物の総量管理の適用を受けようとする保税作業が、法第59条第2項《外国貨物と内国貨物との混用》に規定する外国貨物と内国貨物とを混じて使用する承認を受けているものである場合については、当該作業に使用する内国貨物は、原料として使用される外国貨物と同一税番及び同一統計番号に属し、かつ、商品的にも同種のものとして取り扱われる貨物であること。

（貨物の総量管理を適用するための手続き等）

61の2－7　貨物の総量管理の適用を受けるための手続等については、次による。

(1) 貨物の総量管理の適用を受けるための手続き

　　貨物の総量管理の適用を希望する者については、「貨物の総量管理適用（更新）申出書」（C‐3305）2通（支署を経由する場合には、3通）をその工場の所在地を管轄する税関官署の保税取締部門へ提出することを求めるものとする。税関においてこれを認めたときは、うち1通（交付用）にその旨を記載し、受理印を押なつして申出人に交付するものとする。

(2) 適用申出書の添付書類の取扱い

　　上記(1)に規定する申出書には、適用を受けようとする保税作業に係る原料品、製品及び仕掛品の数量を確認できる社内帳票名を付記した作業工程図（製造工程図）を添付させるものとする。

(3) 貨物の総量管理の適用期間の指定

　　貨物の総量管理の適用を認める場合には、保税工場の許可期間を超えない期間で、かつ、3年を超えない期間を指定するものとする。

(4) 貨物の総量管理の適用期間の更新手続等

　　貨物の総量管理の適用期間の更新手続等については、次による。

　イ　貨物の総量管理の適用を受けている場合において、その適用期間の更新を申し出る者があるときは、当該期間の満了前に、あらかじめ、「貨物の総量管理適用（更新）申出書」（C-3305）2通（支署を経由する場合には、3通）をその工場の所在地を管轄する税関官署の保税取締部門へ提出することを求めるものとする。税関においてこれを認めたときは、うち1通（交付用）に受理印を押なつして申出人に交付するものとする。

　ロ　税関長が必要と認めた場合には、適用（更新）申出書に、上記(2)に準じて所要の書類を添付させるものとする。

　　なお、貨物の総量管理の適用申し出時に提出されている添付書類に記載された内容について変更がないときは、その添付を省略させることとする。

　ハ　適用期間の更新に際しての期間の指定は、上記(3)に準じて行うものとする。

(5) 保税工場に対する取消し等

　　貨物の総量管理の適用を受けた工場又は保税作業が、次の要件のいずれかに該当することとなった場合には、直ちにその状況について是正を求め、又は適用を一時停止し、若しくは適用を取り消すものとする。

　イ　前記61の2-6に規定する要件を満たさないこととなったと認められる場合

　ロ　法第61条の4において準用する法第48条第1項の規定に基づき、期間を指定して外国貨物又は輸出しようとする貨物を保税工場に入れ、又は保税工場において保税作業をすることの停止を受けた場合

　ハ　指定保税工場の指定が一時停止又は取消しされた場合

　ニ　関税法等の遵守状況又は貨物の管理の状況等が不十分と認められるに至った場合

(6) 事務処理手続

　　貨物の総量管理の適用を受けた指定保税工場の事務処理手続きについては、次による。

　イ　法第61条の3の規定により指定保税工場の許可を受けた者が備えることとされる帳簿の記載等については、当該指定保税工場における作業に係る関係帳票の保管を求めるものとし、令第50条第1項第2号、第3号及び第4号に基づく記帳は省略して差し支えないものとする。

　　なお、この場合において、保税作業によりできたものとして搬出された製品の数量に対応する原料品の数量については、「使用内訳表」（C-3307）に記入し、これを移入承認書に添付し、処理することを求めるものとする。

　ロ　貨物の総量管理が認められた指定保税工場において貨物が亡失したときは、原則として、内国貨物が亡失したものとして取扱って差し支えない。

　　ただし、その亡失により欠減した数量が、当該工場における亡失時の内国貨

物の在庫数量を超えた場合には、その超えた部分について外国貨物が亡失したものとして処理するものとする。

ハ　法第61条の2第2項に規定する報告は、「貨物の総量管理の適用を受けた指定保税工場における外国貨物加工製造等報告書」(C-3312)の提出により行うことを求めるものとする。

(7) 経過措置

貨物の総量管理の適用の初日に在庫する移入承認済の貨物については、次のいずれかの手続きによるものとする。

イ　在庫する移入承認済の貨物について、貨物の総量管理の適用対象の貨物として取扱う。

ロ　貨物の総量管理の適用の初日に在庫する移入承認済の貨物について、従来どおりの貨物管理、記帳、報告を行うことを希望する場合には、「外国貨物加工製造等報告書(C-3310)」を提出させて行わせるものとする。

（保税工場における記帳義務）

61の3-1　法第61条の3の規定により保税工場の許可を受けた者が備え付けることとされる帳簿の記帳等については、次によるものとする。

(1) 帳簿の様式は、適宜の様式によらせて差し支えないものとし、内容的に重複する事項は省略させる。(例えば、同一の貨物について各欄に記号を記入する必要はなく、最初の欄だけで足りる。)

営業上の帳簿によることはもとより差し支えないが、この場合においては、所要の事項を追記し、外国貨物である旨を明確にするよう措置させるものとする。

(2) 指定保税工場以外の保税工場の記帳は、保税作業終了届に所要の事項を追記してこれを一括ファイルすることにより代用させて差し支えない。この場合、原料品の搬入及び使用の事績は、事前に保税工場に置くこと等の承認を受けている場合にあっては、令第50条第3項の規定により当該承認書に裏書させることとして差し支えない。

なお、この場合においては、別に「使用内訳表」(C-3230)を添付させるものとする。

(3) 原料品と製品を別個の帳簿に記載することとしている場合においては、それらの相互の関係を明確にするため、年別に一連の番号とした製造番号(工場側が作業計画に基づいて付した保税作業ごとの番号又は受注の番号)をそれぞれの記載部分に付記させる。

(4) 原料品の使用の年月日は、原則として当該原料品管理部門から製造のために払い出した年月日とする。

(5) 記帳は、毎日の事績を確実に記録させる。

(6) 保税工場における原料品及び製品の受払い並びに工程の管理に関する製造計画表、入荷伝票、倉出伝票、作業日報その他の伝票類は、これら以外のものと区別を明らかにするための表示をさせるとともに、当該許可に係る工場内に保存させ、必要に応じて提示させるものとする。

(7) 見本の一時持出し、内外貨混合使用及び保税工場外における保税作業に係る許可又は承認若しくはこれらの書類の写しは、保税工場に保存させ、必要に応じ提示させるものとする。

(8) 帳簿を電磁的記録により保存する場合の取扱いは、前記34の２−４に準じて取り扱うものとする。

(9) 造船所内の保税工場における外国籍船舶の修理、改装用資材の搬出入に係る帳簿及びその記帳は、前記34の２−10に準ずる。

　　この場合において、「法第34条の２」とあるのは「法第61条の３」と、「関税法基本通達34の２−10扱い」とあるのは、「関税法基本通達61の３−１扱い」と読み替えるものとする。

(10) 帳簿を保存する期間は、記載すべき事項が生じた日から起算して２年を経過する日までの間（その間に当該帳簿について保税業務検査を受けた場合にあっては、当該保税業務検査を受けた日までの間）（法第61条の５に規定する承認を受けた者にあっては１年を経過する日）までとする。

（保税作業によるさ細な副産物の引き取り）

61の３−２　保税作業において発生したさ細な副産物で課税上問題がないものについては、副産物の品名、数量を記載した適宜の様式による申出書２通を保税工場の許可・更新申請の際に併せて提出させ、税関においてこれを認容したときは、その旨を記載して１通を当該申出者に交付するものとし、個々の引取りについては、その都度、記帳させておくものとする。

（保税工場の許可の期間の指定）

61の４−１　法第61条の４において準用する法第42条第２項の許可の期間は、６年を超えないものとする。

（外国貨物の蔵置期間の延長の手続）

61の４−２　法第61条の４において準用する法第43条の２第２項に規定する外国貨物の蔵置期間の延長の申請手続については、次による。

(1) 外国貨物の蔵置期間の延長申請は、当該外国貨物が置かれている保税工場の所在地を所轄する税関官署に「外国貨物蔵置期間延長承認申請書」（C-3240）２通を提出することにより行わせ、税関においてこれを承認したときは、うち１通に承認印を押印し、承認書として申請者に交付する。

(2) 延長を認める期間は、２年以内とする。

　　なお、延長を認めた期間が経過することとなるときは、税関長がさらに延長する必要があると認めた場合には、上記 (1) と同様の手続を行わせるものとする。ただし、前回の延長の際の申請内容から延長を必要とする期間以外の内容変更がない場合は、「外国貨物蔵置期間延長承認申請書」（C-3240-1）により、前回の延長の際の承認書一式の写しを添付の上、申請して差し支えないものとする。

（外国貨物を置くことの承認手続）

61の4−3　法第61条の4において準用する法第43条の3の承認については、次による。ただし、保税工場であるドックに修繕のため入きょする船舶については、この承認を必要としないので、留意する。

(1) 保税工場に搬入の日から3月を超える貨物の蔵置についての承認は、その貨物を保税作業における原料品として外国貨物のままで使用する目的がある場合について行うものとし、単に長期蔵置を目的とするものについては、その承認を行わないものとする。

　　ただし、原油（石油精製用の粗油を含む。）については、単に長期蔵置を目的とするものについて承認を行うことを妨げない。

(2) 上記(1)の承認は、外国貨物を使用しようとする保税工場に入れる前に行い、又は保税工場を管轄する税関以外の税関においてその管轄する保税地域に置かれている貨物について行うことを妨げない。

　　なお、この場合における取扱いについては、次による。

　イ　保税工場を管轄する税関以外の税関において、承認をする場合においては、その承認に併せて法第63条の承認を行うものとする。

　ロ　上記イの承認をしたときは、承認書（運送兼用の旨を表示したもの）を交付するほか、承認書の写し2通を作成し、うち1通は保税工場を管轄する税関の保税取締部門へ送付し、他の1通は運送承認書写し（到着証明用）の旨を表示して運送者に交付するものとする。

　ハ　発送地を管轄する税関の保税取締部門において発送を確認したときは、上記ロの承認書及びその写し（到着証明用）に発送確認の旨を記載してこれを運送者に交付するものとし、到着地の保税工場を管轄する税関の保税取締部門において到着を確認したときは、これらの承認書及びその写しに到着確認の旨を記載するものとする。また、到着証明をした承認書写しを運送者に交付して発送地税関へ提出することを求めるものとする。

(3) 上記(1)の承認については、前記43の3−2、43の3−7及び43の4−1の規定を準用する。この場合において、前記43の3−2の規定中「蔵入承認申請書」とあるのは「移入承認申請書」と、読み替えるものとする。

（保税工場搬入貨物の承認申請の時期）

61の4−4　法第61条の4において準用する法第43条の3第1項の規定による承認申請については、原則として港頭の保税地域において行うよう指導する。ただし、その貨物の梱包その他の事情から、保税工場に搬入した後検査することが適当であると認められるときは、未検査扱いにより保税運送を承認することとし、検査は省略する扱いとする。

（置くこと等の承認を受けない貨物の使用）

61の4−5　法第61条の4において準用する法第43条の3第1項の規定により、保税工場に入れられた外国貨物はあらかじめ同項の承認を受けた後でなければ保税作業

に使用することができないが、次の各条件を充足する場合にあっては、便宜、その承認を受ける前に保税作業に使用することを認めて差し支えないものとする。

(1) 置くこと等の承認前に使用することにつきやむを得ない事情があること。

(2) すでに置くこと等についての承認の申請がなされていること。

(3) 検査鑑定上支障がないと認められること。

（同一の法人が許可を受けた保税工場間における一貫作業の簡易手続）

61の4−6　同一の法人が許可を受けた保税工場が税関の管轄を異にする2以上の場所にある場合において、これらの各工場間における作業工程が連結しており、一貫して保税作業を必要とするときは、その保税作業に係る外国貨物の各工場間の移送については、保税運送の承認及び移送先の保税工場における移入れの承認等の手続を必要とせず、工場側で作成した移送伝票により同一許可に係る保税工場間の移送として取り扱って差し支えないものとする。

　なお、この場合における取扱いについては、次による。

(1) 各工場間の貨物の移送については、工場側で作成した移送伝票により、貨物の発送及び到着を自主的に行わせ、記帳は原則として各工場ごとに行わせる。

(2) 移送伝票に記載する事項は、移送しようとする貨物の品名、個数、数量で足りるものとし、移送伝票には、暦年別の一連番号を付し、これに「税関用」の旨を表示させる。

(3) 貨物を発送した保税工場においては、各月に発送した貨物の明細を一覧表として取りまとめ（移送伝票の写しを取りまとめ、これに総括表を付したもので差し支えない。）、その2通を税関に提出させる。

(4) 発送貨物の明細表を受理した税関は、その1通を移送先である保税工場を管轄する税関に送付する。

(5) 移送伝票（移送のため貨物を発送した保税工場においては、その写し）は、番号順にこれを編綴のうえ保存させる。

（保税作業による製品が積戻しできなくなった場合の取扱い）

61の4−7　保税作業による製品が積戻しできなくなった場合の取扱いは、次による。

(1) 積戻しの許可を受ける前の製品を国内に引き取ろうとする場合で、外国貨物であった部分と内国貨物であった部分との分離を希望する場合は、当該保税作業を行った保税工場において、便宜、分離作業のための作業種類の追加を認めて差し支えない。

　なお、分離作業の結果、分離された内国貨物であった部分の引取りについては、関税定率法基本通達（昭和47年3月31日蔵関第101号）14−15の(1)に規定するところにより、定率法第14条第10号の規定の適用があるので留意する。

(2) 不良品又は損傷品であつて再生用として廃棄する場合は、当該保税工場において、便宜作業種類の追加により廃棄のための加工を認めて差し支えない。

(3) 港頭地区保税地域において契約キャンセル等の理由で、次の契約待ちのためもとの保税工場で保管する必要が生じた場合は、便宜、保税運送によりもとの保税

工場への搬入を認めて差し支えない。

　この場合、当該再搬入した製品については、改めて移入れの承認を要しないものとし、帳簿にその旨を追記させる。

（輸徴法上の「記帳義務」及び「書類」の代用）

61の4－8　輸入品に対する内国消費税の徴収等に関する法律（昭和30年法律第37号）第16条第1項又は第2項に該当する貨物についての同条第11項の規定による記帳は、令第50条の規定による記帳をもって兼ねさせて差し支えないものとする。また、輸入品に対する内国消費税の徴収等に関する法律第16条第10項に規定する書類の提出は、保税作業終了届又は加工製造等報告書に不足事項（加工製造等報告書については、価額）を追記して提出することにより行わせて差し支えないものとする。この場合においては、提出書類の件名の下に「輸徴法第16条第10項兼用」と併記させる。

（保税蔵置場についての取扱いの準用）

61の4－9　法第61条の4の規定により保税工場について準用されることとされている法の各条文に関する取扱いについては、前記61の4－3の（3）の規定によるほか、それぞれそれらの条文につき規定しているこの通達の取扱い（43－1の（2）、42－9及び44－1を除く。）に準ずる。

（保税工場の許可の特例）

61の5－1　前記50－1から50－9までの規定は、法第61条の5第1項の承認を受けた者又は受けようとする者に係る同条に基づく手続等についてそれぞれ準用する。

（保税蔵置場の許可の特例についての準用）

62－1　法第62条において準用することとされている法の各条文に関する取扱いについては、それぞれそれらの条文につき規定しているこの通達の取扱いに準ずる。

第5節　保税展示場

（法第62条の2の規定に関する用語の意義）

62の2－1　法第62条の2の規定に関する用語の意義については、次による。

（1）令第51条の2に規定する「博覧会等」とは、一定の会期を有する博覧会、見本市その他これらに類するもので物品の展示を目的とするものをいい、展示会、物産展等その名称のいかんを問わず、また参加国（主催者）が1国であるかどうかを問わないものとする。

（2）令第51条の2に規定する「本邦若しくは外国の政府若しくは地方公共団体」には、国又は地方公共団体の附属機関（例えば、国立近代美術館）を含む。

（3）規則第5条第3号に規定する「これに準ずる者」とは、特殊法人（特別の法律により設立される法人をいう。例えば、日本赤十字社）で営利を目的としない者をいう。

(4) 規則第5条第4号に規定する「後援」とは、一般に博覧会等の開催につき役務を提供し、又は物的な援助を行うことによりその開催に協力することをいうものとする。ただし、後援する機関が本邦又は外国の行政機関である場合には、役務の提供又は物的な援助を伴わないときであっても、その他の事情等を総合的に勘案し、妥当と認められるときは、後援に該当するものとして取り扱って差し支えない。

（保税展示場の許可基準）

62の2－2　法第62条の2《保税展示場の許可》の規定による保税展示場の許可基準は、次による。
(1) 専ら外国貨物の展示を目的とする施設に対する保税地域は、保税展示場を適用することとし、保税蔵置場の許可は行わないこととする。
(2) 保税展示場の許可を受けようとする施設の場所的要件については、原則として前記43－1（保税蔵置場の許可基準）の (2) に準じて取り扱うものとするが、博覧会等の会場の規模その他の事情を勘案して税関長が特に必要と認めた場合は、例外として取り扱って差し支えない。
(3) 申請者が大公使館である場合には、「保税展示場並びに当該展示場に搬入される外国貨物に関する税関手続については、関税法その他国内法令等の規定を遵守する」旨の誓約書を税関長あてに提出させるものとし、後記62の2－5の規定を適用する場合は、外務省からの依頼書がある場合に限り許可するものとする。

（保税展示場として許可する施設の範囲）

62の2－3　保税展示場は、外国貨物につき同条第3項《政令により保税展示場でることができる行為》に規定する行為をする場所（例えば、外国貨物の展示館、外国特設館、屋外の一定の地域等）を一括して許可するものとする。

（保税展示場の許可期間）

62の2－4　保税展示場の許可期間は、当該博覧会等の会期のほか、準備及び整理のための期間等を勘案して適当と認める期間とする。

（保税展示場の許可の特例）

62の2－5　博覧会等の開催者が、博覧会等を反復して開催するための会場施設について保税展示場としての許可申請を行う場合には、前記62の2－4の規定にかかわらず、博覧会等の開催の計画又はその見込みを勘案して必要と認める一定の期間につき、便宜、包括して許可して差し支えない。

この場合の許可の期間は、1年以内において税関長が適当と認める期間とし、許可に当たつては、「保税展示場において展示又は使用することができる外国貨物は、当該保税展示場において開催される個別の博覧会等に出品する目的で搬入する貨物に限る。」旨の条件を付する。

(注) 法第62条の2《保税展示場の許可》に規定する保税展示場の許可は、本来、個別

に博覧会等の会期を勘案して行うことを予定しているものであるが、本項の許可の特例は、事務の便宜を考慮して包括して許可する性格のものである。したがって、当該保税展示場において展示又は使用することができる外国貨物は、博覧会等の終了後搬出することを予定する出品物に限られ、当該保税展示場に常備する装飾品、器具、事務用品等は含まれない趣旨であるので、留意する。

（保税展示場の許可の申請）
62の2－6　令第51条の8において準用する令第35条の規定による保税展示場の許可の申請は、「保税展示場許可申請書」(C-3320) 1通に博覧会等の規模及び内容等に関する資料を添付のうえ提出して行うものとする。なお、税関においてこれを許可したときは、「保税展示場許可書」(C-3330)を申請者に交付するものとし、許可しないこととしたときは、「保税展示場不許可通知書」(C-3333)により申請者に通知するものとする。

　　また、許可申請に係る博覧会等が規則第5条第2号又は第4号に規定する博覧会等である場合には、許可申請書の提出は後記62の2－8に規定する承認申請書と併せて行うものとして差し支えない。この場合、許可申請書に添付すべき書類と承認申請書に添付すべき書類が重複するときは、当該重複する書類の許可申請書への添付は省略させるものとする。

（保税展示場の許可の条件）
62の2－7　保税展示場の許可に当たつては、「会場において小売販売をする物品は、あらかじめ輸入許可を受けなければならない」旨の条件を付する。
　(注) 会場において展示する物品につき購入の申込みがあつた場合、その予約だけを行うことは差し支えないものとするが、その場合は後記62の3－6（購入の申込みがあつた展示物品の通関）による旨を十分指導する。

（博覧会等の承認の申請手続等）
62の2－8　規則第6条に規定する博覧会等の承認の申請手続等については、次による。
　(1) 規則第6条に規定する申請は、「博覧会等の指定に関する承認申請書」(C-3335)とし、2通（原本、承認書用）に規則第5条第4号の規定に該当する者の後援を証する書類（同号に規定する博覧会等の申請に限る。）並びに申請者が法人である場合には、当該法人の登記事項証明書及び定款の写し各1通を添付して、承認を受けようとする博覧会等の開催場所の所在地を所轄する税関（本関。以下この項において同じ。）（当該博覧会等が開催場所を異にして引き続き行われる場合で、それらの開催場所の所在地を所轄する税関が異なるときは、原則として、最初の開催場所の所在地を所轄する税関）へ提出することを求めるものとする。
　　なお、規則第5条第2号に規定する承認と関税定率法施行規則第2条の2第2号に規定する承認又は規則第5条第4号に規定する承認と関税定率法施行規則第2条の2第4号に規定する承認とを併せて受けようとする場合には、これらの承

認の申請は、同一の申請書で兼ねて差し支えない。この場合の申請書の受理は、保税地域の許可を担当する部門において行うものとする。

(2) 上記（1）の申請書を受理した税関は、申請に係る博覧会等が開催場所を異にして引き続き開催される場合で、申請書の受理税関以外にその開催場所の所在地を所轄する税関があるときは、その開催場所の所在地を所轄する税関に対し、当該申請に係る博覧会等の開催場所を保税展示場として許可することが適当であるかどうか、また、定率法第14条第３号の３又は同法第15条第１項第５号の２の規定を適用することが適当かどうかにつき、あらかじめ協議するものとする。

(3) 上記（1）の承認の申請に際し、申請に係る博覧会等が規則第５条第２号又は同条第４号に規定する博覧会等かどうかの認定については、次による。

　イ　規則第５条第２号に規定する博覧会等については、以下のいずれかに該当するものであること

　　(イ) 公益社団法人及び公益財団法人の認定等に関する法律（平成18年法律第49号）第２条第１号に規定する公益社団法人又は同条第２号に規定する公益財団法人が開催するもの

　　(ロ) 上記(イ)に準ずる者が開催するものであって、公益目的事業（公益社団法人及び公益財団法人の認定等に関する法律第２条第４号に規定する公益目的事業をいう。）を行うことを主たる目的とすると認められるもの

　ロ　規則第５条第４号に規定する博覧会等については、以下の事項を満たすものであること。

　　(イ) 博覧会等の開催が文化、経済、技術の交流を目的とするものと認められること

　　(ロ) 博覧会等の開催が貿易の一層の促進に寄与するものと認められること

　　(ハ) 博覧会等の開催が地域の国際化・活性化に寄与するものと認められること

　　(ニ) 後援者が上記イ(イ)に該当する者であること（後援者が一般社団法人又は一般財団法人である場合に限る。）

(4) 上記（1）の申請を承認した税関は、承認申請書１通（承認書用）に承認印を押なつし、これを申請者に交付するとともに、博覧会等の承認をした旨を博覧会等の開催場所を所轄する税関及び免税を受けようとする物品の輸入予定地を所轄する税関にその写しをもって通知する。

（保税展示場に入れることができる貨物のうち展示、使用等ができるもの）

62の２－９　令第51条の３第１項《保税展示場に入れることができる貨物》に規定する貨物のうち、同条第２項《保税展示場ですることができる行為》に規定する「外国貨物の蔵置、積卸し、運搬、内容の点検及び改装、仕分けその他の手入れ、展示並びに使用」ができる貨物は、次に掲げるものとする。

(1) 建物、その他の施設（事務所、倉庫等の建物その他の施設を含む。）の建設又は維持のため必要な資材（例えば、セメント、釘、ボルト、接着剤、塗料、パテ、ニス、ワックス等であり、保税展示場への搬入の際未加工であるか又は完成品であるかを問わない。）

（2）家具、調度品、装飾用品及び展示物品又は販売品に係る陳列用具（敷物、日よけ布、生花等を含む。）

（3）展示物品及びその保持のための物品

（4）宣伝用品（国際博覧会等の参加者の国情、製品等の紹介又は宣伝のための映画フィルム、スライド、録音テープ、映写機等を含み、有償で直接に観覧又は使用に供される物品を除く。）

　　なお、この場合において、国際博覧会等の入場料は、有償には含めないものとし、直接に観覧又は使用に供される物品とは、例えば、劇映画フィルム、娯楽用具等をいう。（以下（6）において同じ。）

（5）展示された機械、装置その他の物品の性能を実演して示すために使用される物品（それらの機械等を動かすための燃料油、潤滑油、切削油その他の消費物品を除く。）

（6）文化、芸術又はスポーツに関する催し物のために使用される物品（有償で直接に観覧又は使用に供される物品を除く。）

（7）事務所用の家具、調度品、装飾品及び事務用品（タイプライター、録音機、複写機等を含む。）

（8）販売又は消費の不確かな物品（これらの物品が販売又は消費することとなつた場合には、直ちに正式の輸入手続を要する。）

（9）上記（1）〜（8）に掲げる物品に類するもので税関長が適当と認めた物品

（保税展示場に入れることができる貨物のうち展示又は使用ができないものの取扱い）

62の2−10　令第51条の3第2項ただし書《保税展示場に入れることができる貨物のうち展示又は使用ができないもの》の規定により保税展示場で展示又は使用することができない貨物について、その用に供しようとするときは、あらかじめ正式の輸入手続を保税展示場又は保税展示場以外の保税地域のいずれかにおいて行わせるものとする。

（映画祭等に出品する映画フィルムの取扱い）

62の2−11　保税展示場において開催される映画祭等文化的催し物（以下この項において「映画祭等」という。）に出品する映画フィルムについては、次に掲げる各条件を満たす映画祭等である場合に限り、法第62の3第1項《保税展示場に外国貨物を入れる場合の申告及び承認》の規定による法第62条の2第3項《政令により保税展示場ですることができる行為》の行為をすること（以下「展示等」という。）の承認を受けさせ当該展示場において使用させて差し支えない。

（1）入場料が無料又は整理費（会場借上料及び会場整理のための雑費の合計額を入場予定人員で除して得た額の範囲内の額）の程度であること。

（2）開催期間が通算して10日間を超えないこと。

　　上記に掲げる条件を満たすか否かを審査するため、当該映画祭等に出品される映画フィルムの展示等の申告の際に、当該映画フィルムの輸入者から、当該映画祭等に係る次に掲げる事項を記載した「映画祭等実施計画書」を税関に提出させる

ものとする。
- イ　主催者又は後援者の氏名又は名称
- ロ　入場料の有無（整理費を徴収する場合は、当該整理費の一人当たりの徴収額及びその算出の根拠）
- ハ　開催期間
- ニ　開催場所
- ホ　出品される映画フィルムの明細
- ヘ　その他必要な事項

（展示等の承認の手続等）

62の3−1　法第62条の３第１項の規定による展示等の申告手続等については、次による。

(1) 展示等の申告は、「展示等申告書（運送申告書）」（C-3340）３通（原本、管理者（保税展示場の許可を受けた者をいう。以下同じ。）用、承認書用）に、必要があるときは、仕入書又はこれに代わる書類２通及び包装明細書２通（各１通は展示等の承認後の管理者交付用）、その他の申告の内容を確認するために必要な書類並びに他法令の規定により必要とされる許可書、承認書、検査書等を添付して提出することにより行わせる。

なお、「必要があるとき」とは、他の通達で提出の省略を認めている場合以外の場合とする。

税関において、これを承認したときは、申告書のうち１通（承認書用）に承認印を押なつして、展示等承認書として申告者に交付する。

なお、この場合において、その承認に係る物品が明らかに性質、形状に変更が加えられることがないと認められるときを除き、当該承認書の中段余白に「性質、形状に変更が加えられるものについては、販売物品等使用状況報告書を提出すること。」と記載するものとする。

(2) 上記（1）の展示等の承認の手続については、保税展示場又は保税展示場以外の保税地域のいずれかにおいて行わせる。

なお、保税展示場において行わせる場合には、上記申告書及び添付書類に加え、当該保税展示場までの運送承認書を提出させるものとする。

(3) 展示等の申告を保税展示場以外の保税地域において行う場合においては、「展示等申告書（運送申告書）」（C-3340）に保税運送に必要な事項を記入させ、展示等の承認に併せて法第63条に規定する保税運送の承認を行うものとする。

また、これらの承認したときは、承認書（運送兼用の旨を表示したもの）を申告者に交付するほか、承認書の写し２通を作成し、うち１通に別途作成した包装明細書写し１通を添付して保税展示場を所轄する税関官署の保税取締部門へ送付し、他の１通に運送承認書写し（到着証明用）の旨を表示して申告者に交付する。

なお、発送地を所轄する税関官署の保税取締部門において発送を確認したときは、上記の承認書及びその写し（到着証明用）に発送確認の旨を記載してこれを申告者又はこれに代わる者に交付するものとし、到着地の保税展示場を所轄する税

関官署の保税取締部門において到着を確認したときは、これらの承認書及びその写しに到着確認の旨を記載する。また、到着確認をした承認書の写しを申告者又はこれに代わる者に交付して発送地税関へ提出することを求めるものとする。

(4) 上記(1)の承認については、前記43の3－7の規定を準用する。

（外国貨物の保税展示場への保税運送手続等）

62の3－2　外国貨物を、その到着した港又は保税展示場以外の保税地域から保税展示場へ保税運送する場合の手続等については、次による。

(1) 前記62の3－1に規定する手続を保税展示場において行う場合の保税運送の申告は、当該申告に係る貨物が置かれている保税地域等の所在地を所轄する税関官署に「展示等申告書（運送申告書）」（C-3340）又は「外国貨物運送申告書（目録兼用）」（C-4000）のいずれかを使用し、3通（原本、運送承認用、到着証明用）を提出して行わせるものとする。

なお、当該保税運送の申告の際に仕入書及び包装明細書等が不備のため到着物品の明細が不明の場合又は各種物品が同一の梱包に含まれている場合等使用区分ごとの申告が困難な場合においては、便宜、包括的な品名により申告を認めて差し支えない。この場合において、当該貨物が保税展示場に到着した後、展示等の申告前に開梱を行わせ、新たに包装明細書2通を作成の上、その包装明細書に基づき直ちに展示等の申告を行わせるものとする。

(2) 保税運送の申告があつた場合における貨物の検査は、後記62の3－4の取扱いに準ずる。

(3) 貨物が保税展示場に到着したときは、到着地税関は、上記(1)の運送承認書、運送承認書写し及び包装明細書写し（税関提出用）の提出を求め、到着した貨物と対査確認の上、運送承認書写しに貨物の異常の有無及び到着年月日を記載して後記63－14及び63－15の区分に従い運送申告者又はこれに代わる者に交付し、又は発送地税関に返送し、包装明細書写しには、運送承認番号及び承認年月日等必要事項を記入の上保管し、運送承認書は申告者に返付する。この場合において、その到着貨物に係る展示等の申告書の提出は、その貨物の確認後直ちに行うことを求めるものとし、その貨物の搬入が税関の開庁時間外に行われる場合においては、その搬入後開始される開庁時間内に遅滞なく行うことを求めるものとする。

（展示等の承認をしない貨物の処置）

62の3－3　展示等の申告に係る貨物が、法第62条の2第3項《保税展示場に搬入できる貨物等》に規定する貨物に該当しないことにより保税展示場への搬入が認められない場合については、法第62条の3第3項後段《展示等を承認しない場合の税関長の措置》の規定に基づき「展示等不承認通知書」（C-3350）により展示等の不承認の旨を申告者に通知するとともに、搬出その他の処置を求めるものとする。

なお、令第51条の4第3項《他法令による許可、承認等を受けていることの証明》に規定する他法令の許可、承認等を受けている旨の証明がない場合についても、これに準ずるものとする。

(展示等の承認の際の貨物の検査)

62の3−4　法第62条の３第２項《展示等の承認の際の検査》の規定により展示等の申告があつた場合における貨物の検査(同条第１項に規定する申告の審査のための貨物確認(他法令の該非の確認、関税分類、知的財産侵害物品の認定等輸入貨物等についての適正な審査を行うため、従来、通関部門が行つていた貨物の検査のことをいう。)を含む。)は、高価品、展示場において使用される貨物、消費、使用又は販売のおそれのある貨物、その他税関において取締上必要があると認められる貨物について重点的に行うものとする。

(展示物品の展示の方法等)

62の3−5　外国出品物とともに展示するために国内出品物を保税展示場に搬入した場合で取締上必要があると認めるときは、外国出品物の識別ができるようにして展示させる。

(購入の申込みがあつた展示物品の通関)

62の3−6　小売販売を行う物品は、あらかじめ輸入許可を受けたうえ販売させることとし、展示物品につき購入の申込みがあつた場合は、その予約のみを行わせ、会期終了後、当該保税展示場又は他の保税地域において輸入の許可を受けさせた後購入者に引き渡すようにする。

　　ただし、購入者がやむを得ない事情により引取りを急ぐ場合には、会期中であつても一定期間分をとりまとめて輸入の許可を受けさせ、引き渡すことを認めて差し支えない。

(注)輸入申告は、できるだけ集中的に行わせるよう指導する。

(保税展示場から貨物を搬出する場合の取扱い)

62の3−7　保税展示場内にある外国貨物を保税展示場から搬出する場合の取扱いについては、次による。

(1) 保税運送の承認を受けた貨物(積戻し許可を受けて保税運送するものを除く。)については、当該保税運送承認書に管理者の確認を受けたものを提出させ、これに受理印を押なつして搬出の確認を行う。

　　管理者の確認は押印により行って差し支えない。以下この項において同じ。

　　ただし、管理者における貨物の管理体制が十分であると認められる場合においては、保税運送承認書に管理者の確認を受けさせ、貨物の搬出後速やかにその写しを提出させることとして差し支えない。

(2) 積戻し貨物については、「展示等承認貨物積戻し申告書」(C-3410) ４通(原本、管理者用、許可書用、到着証明用)に包装明細書を添えて提出させ、税関においてこれを許可したときは、うち１通に許可印を押なつし、許可書として他の１通(到着証明用)とともに申告者に交付する。

　　なお、この申告書は、保税運送申告書を兼用しているので、その積戻し申告に当たつては、保税運送に関する必要な事項についても記入させるものとする。

(3) 積戻しの許可を受けた貨物についての搬出の際の確認は、上記(2)により交付した当該貨物の積戻し許可書の「管理者」の欄に管理者の確認を受けたものを提出させ、これに受理印を押なつすることにより行うものとする。

　　ただし、管理者における貨物の管理体制が十分であると認められる場合においては、積戻し許可書に管理者の確認を受けさせ、貨物の搬出後速やかにその写しを提出させることとして差し支えない。

(4) 他の保税地域への保税運送申告又は積戻し申告に際して、それらの申告に係る貨物の包装状況が展示等の申告の際の包装状況と異なるときは、新たな包装明細書に管理者の確認を受けたものを提出させる。

　　なお、再包装する場合に数量等に過不足があつた場合においては、管理者を経由して直ちに税関に報告させるものとする。

(積戻し貨物の積込みの確認)

62の3-8　前記62の3-7の(2)及び(3)の手続により保税展示場から積戻しされる貨物が積込港に到着したときは、到着地税関は、「積戻し許可書」及び「展示等承認貨物積戻し申告書(到着証明用)」を提出させ、その貨物と対照して、その異常の有無及び積込みの確認を行つた上、積戻し許可書の「積込確認印」の欄に確認印を押なつするとともに展示等承認貨物積戻し申告書(到着証明用)の「積込確認年月日」の欄には、確認年月日を記載の上、到着証明書として申告者に返付する。

(空容器等の搬出入の取扱い)

62の3-9　展示等承認貨物に係る空容器等を一時保税展示場以外の保税地域に移動のうえ保管する場合には、適宜の様式による申出書に管理者の確認を受けたものを提出させ、当該申出書により法第63条の規定による保税運送の承認を行つた上で、搬出を認めて差し支えない。この場合においては、当該申出書の裏面に運送を承認した年月日、運送先、運送期間等の所要事項を記載するものとする。

　　なお、会期終了後、その容器等を再搬入するときも、また同様とする。

　　また、保税展示場以外の保税地域に搬入することが困難な場合においては、上記申出書に「他所蔵置許可申請」の旨を表示させ、他所蔵置の許可を併せて行って差し支えない。

(販売用貨物等の蔵置場所の制限)

62の4-1　法第62条の4第1項《販売用貨物等の蔵置場所の制限等》の規定による蔵置場所の制限は、次の貨物について行うものとし、令第51条の5第1項《蔵置場所の制限についての通知》に規定する通知は、「蔵置場所の制限に関する通知書」(C-3360)をもつて行うものとする。

(1) 前記62の2-9(保税展示場に入れることができる貨物のうち、展示、使用等ができるもの)の(4)、(5)、(6)及び(8)に掲げる貨物

(2) 前記62の2-10(保税展示場に入れることができる貨物のうち展示又は使用ができないものの取扱い)のただし書の貨物で展示等承認を受けたもの

（3）その他税関において取締上必要と認められるもの

（使用状況の報告）

62の4－2　法第62条の4第1項《販売用貨物等の使用状況の報告》の規定による使用状況の報告は、前記62の2－9（保税展示場に入れることができる貨物のうち展示、使用等ができるもの）に掲げる貨物のうち、その性質及び形状に変更が加えられるものについて求めることとし、その手続については、次による。

　（1）使用状況の報告は、その報告に係る貨物の使用責任者から「販売物品等使用状況報告書」（C-3370）を提出して行わせるものとし、その貨物の使用前に標題に「計画」と付記したものを3通（原本、管理者用、報告者用）提出させ、その貨物の使用後更に標題に「実績」と付記したものを3通提出させる。

　（2）上記（1）の報告書（計画及び実績）について確認をしたときは、管理者用及び報告者用に確認印を押なつして報告者に返付する。

（製品課税を受ける場合の承認申請）

62の4－3　保税展示場内に入れられた外国貨物のうち、保税展示場において外国貨物を加工し、又はこれを原料として製造して得た製品について、令第2条第3項《課税物件の確定の時期の特例を受ける製品》の規定による税関長の承認を受けようとする場合においては、その製品の輸入申告の時までに「加工製造貨物の課税物件確定時期承認申請書」（C-3380）3通（原本、管理者用、承認書用）を提出して行わせ、税関においてこれを承認したときは、うち1通（承認書用）に承認印を押なつするとともに他の1通（管理者用）にその旨を記載してこれを申請者に交付する。

（展示等の承認後の貨物の輸入申告）

62の4－4　展示等が承認された貨物がその性質又は形状に変更が加えられないものにつき、正式の輸入申告をする場合には、輸入申告書に展示等承認書を添付して提出させるものとし、展示等が承認された貨物でその性質又は形状に変更が加えられたものにつき、正式の輸入申告をする場合は、輸入申告書に展示等承認書及び販売物品等使用状況報告書（実績）を添付して提出させるものとする。

（保税展示場外における使用の許可の申請手続）

62の5－1　法第62条の5《保税展示場外における使用の許可》の規定に基づき外国貨物を保税展示場外において使用する場合の許可の申請は、その申請に係る貨物の場外使用の責任者から「保税展示場・総合保税地域外使用許可申請書」（C-3390）3通（原本、管理者用、許可書用）を提出して行わせ、税関においてこれを許可したときは、うち1通（許可書用）に許可印を押なつするとともに他の1通（管理者用）にその旨を記載してこれを申請者に交付する。

　なお、許可に際しては、有償で使用することの禁止、使用期間又は使用場所を無届で変更することの禁止その他取締上必要と認められる条件を付するものとする。

（保税展示場外使用の指定期間又は場所の変更手続）

62の5－2 令第51条の6第2項《保税工場外における保税作業の許可の手続の準用》
で準用する令第49条第4項《保税工場外保税作業の期間又は場所の変更申請手続》
（令第51条の15において準用する場合を含む。）の指定期間又は指定場所の変更申請
は、「保税展示場・総合保税地域外における使用期間（場所）変更申請書」（C-3400）2
通を提出して行い、税関においてこれを認めたときは、うち1通を申請者に交付す
る。

（許可期間満了後の外国貨物の搬出等の処置）

62の6－1 法第62条の6第1項の規定により保税展示場の許可期間の満了その他そ
の許可の失効の際、その保税展示場にある外国貨物について搬出その他の処置を求
める場合には、「外国貨物搬出等要求書」（C-3420）により行うものとする。この場合
において、「外国貨物搬出等要求書」には、法第62条の6の規定による期間を指定し、
当該期間は、その貨物の蔵置場所について法第62条の7の規定により準用する法第
47条第3項の規定により保税展示場とみなす旨その他必要な事項を記載する。

　なお、上記要求書の指定期間満了後なお搬出その他の処置がとられない場合には、
法第62条の6第1項の規定により管理者から直ちにその貨物に係る関税を徴収する
こととし、同条第2項に該当する場合には、法第80条第1項第4号の規定により収
容することができることとなるので留意する。

（廃棄届又は滅却承認申請の手続）

62の7－1 保税展示場にある外国貨物の廃棄の届出及び滅却承認の申請は、当該申請
に係る貨物が置かれている保税展示場の所在地を所轄する税関官署に「外国貨物廃
棄届」（C-3080）又は「滅却（廃棄）承認申請書」（C-3170）を提出して行わせるものと
する。

　なお、廃棄届又は滅却承認申請書中「搬入年月日」は「展示等承認年月日」と読み替
え、廃棄届の同欄には展示等承認番号を記載させ、滅却承認申請書の「積載船舶又
は航空機の名称又は登録記号及びその入港年月日」欄の記載は省略させて差し支え
ない。

（記帳義務）

62の7－2 法第62条の7《保税蔵置場等についての準用》において準用する法第61条
の3《記帳義務》の規定による帳簿については、次による。

（1）帳簿は、令第51条の7第2項《帳簿の代用》の規定により、展示等承認書、販売
物品等使用状況報告書、保税展示場外使用許可書、輸入許可書、輸入許可前引取
承認書、保税運送承認書、展示等承認貨物積戻し許可書、外国貨物廃棄届、滅却
（廃棄）承認書及び亡失の届出書又はこれらの写し等により代用させることができ
る。

（2）帳簿を電磁的記録により保存する場合の取扱いは、前記34の2－4（電磁的記録
による帳簿の保存）に準じて取り扱うものとする。

（保税蔵置場及び保税工場についての取扱いの準用）

62の7－3　法第62条の7の規定により保税展示場について準用されることとされている法の各条文に関する取扱いについては、前記62の7－1及び62の7－2に規定するもののほかは、それぞれの条文につき規定しているこの通達の取扱い（42－9及び44－1を除く。）に準ずる。

第6節　総合保税地域

（総合保税地域の規定に関する用語の意義）

62の8－1　法第62条の8《総合保税地域の許可》の規定に関する用語の意義については、次による。

(1) 同条第2項第2号《総合保税地域の許可の基準》に規定する「貿易に関連する施設」とは、同条第1項各号《総合保税地域においてできる行為》に掲げる行為が行われる施設（以下本節において「貨物施設」という。）の他、当該行為を行う者の貨物施設以外の事務所、通関業者、運送業者、金融機関等貿易に関連する業者の事務所及び貿易に関する情報を提供する施設等で施設の目的、業務内容等からみて貿易に関連するものと認められるものをいう。

(2) 同条第2項第5号《総合保税地域の許可の基準》に規定する「当該法人以外に当該一団の土地等において貨物を管理する者」とは、当該法人以外に当該一団の土地等において同条第1項各号《総合保税地域においてできる行為》に掲げる行為を実際に行う者（例えば、入居企業をいう。以下本節において「貨物管理者」という。）をいう。

（総合保税地域の許可の方針）

62の8－2　総合保税地域の許可は、各貨物施設において行われる行為の種類が当該行為を行う者の業務処理能力及び当該施設の設備の状況等に照らし妥当なものであると認められるものに限り行うものとする。

（総合保税地域の許可の基準）

62の8－3　法第62条の8《総合保税地域の許可》第2項の規定による総合保税地域の許可基準は、次による。

(1) 同項第1号に規定する「所有され、又は管理される」については、申請者が申請に係る一団の土地等につき所有権又は借地権等法律上の権利をもつて所有又は管理していることを原則とする。ただし、申請に係る一団の土地等の一部について申請者が法律上の権利をもつて所有又は管理していない場合であつても、申請者と当該一部の土地等における貨物管理者とが次に掲げる事項について合意しており、申請者が総合保税地域の許可要件の具備状況及び保税地域の管理・運営状況を常に把握できると認められる場合については、同号に規定する所有又は管理がされていると認めて差し支えない。

　イ　当該貨物管理者は、申請に係る地域における事業を変更又は終了する場合、

事前に申請者と協議すること

ロ　当該貨物管理者は、申請者による保税地域の管理運営上の指導監督を受けること

ハ　当該貨物管理者は、役員等の変更及び施設の増減坪等税関長への届出が必要な事由が発生した場合、直ちに申請者に対しその旨通報すること

(2) 同項第3号に規定する「前項各号に掲げる行為が総合的に行われる」については、法第62条の8第1項各号のうち、いずれか一つの号に掲げる全ての行為が欠ける場合であつても、一団の土地等の位置及び当該一団の土地等において行われる事業の内容等を勘案し、輸入の円滑化その他の貿易の振興に特に資するものとして税関長が認めた場合には、同条第2項第3号に規定する基準に適合するものとする。

(3) 同項第4号に規定する「設備」については、申請に係る総合保税地域と当該地域以外の場所とを区別するため、当該地域にしょう壁その他これに類する施設を設ける等適正な貨物管理を行ううえで十分と認められるものである場合には、同号に規定する基準に適合するものとする。

(4) 同項第6号に規定する「業務を遂行するのに十分な能力」については、次の要件を充足するものである場合には、同号に規定する基準に適合するものとする。

イ　申請者については、次の要件を備える法人であること。

(ｲ) 申請に係る総合保税地域の事業内容その他から判定し、当該地域の事業を適正に行ううえで必要な法令等についての知識等が十分であつて当該地域内において同条第1項各号《総合保税地域においてできる行為》に掲げる行為に関する業務 (以下この項において「貨物管理業務」という。) を行う貨物管理者に対して十分な監督を行うことができると認められる法人 (ただし、当該地域内において貨物管理業務を実際に行う法人にあつては、以上の要件に加え、更に、当該業務を適正に行ううえで必要な記帳能力及び業務処理能力が十分であると認められることを要する。)

(ﾛ) 貨物取扱量を勘案して、法の規定により課される許可手数料、亡失貨物に係る関税等の経済的負担に耐え得る資力を有すると認められる法人

ロ　貨物管理者については、次の要件を備える者であること。

(ｲ) 申請に係る総合保税地域内において行う貨物管理業務の内容その他から判定し、当該業務を適正に行ううえで必要な法令等についての知識、記帳能力及び業務処理能力が十分であると認められる者

(ﾛ) 貨物取扱量を勘案して、亡失貨物に係る関税等の経済的負担に耐え得る資力を有すると認められる者

(総合保税地域として許可する範囲)

62の8－4　総合保税地域として許可する範囲については、次による。

なお、貿易に関連しない土地、建設物その他の施設については、許可する範囲には含まれないので留意する。

(1) しょう壁等によつて区画された一固まりの場所 (公道等の設置その他やむを得

ない理由により分割されている場合で、税関の取締上支障がないと認められるものを含む。)
(2) 申請に係る場所の中に一固まりでない場所が含まれる場合であつて、当該一固まりでない場所と上記(1)の場所の機能、設備の内容等から判断して、双方の場所が相互補完的に関連して利用され、かつ、税関の取締上支障がないと認められるもの

（総合保税地域の許可の申請手続）
62の8－5　令第51条の9の規定による総合保税地域の許可の申請は、「総合保税地域許可申請書」(C-3500) 1通（税関支署を経由する場合には、2通）を税関に提出することにより行うものとする。なお、税関においてこれを許可したときは、「総合保税地域許可書」(C-3510)を申請者に交付するものとし、許可しないこととしたときは、「総合保税地域不許可通知書」(C-3515)により申請者に通知するものとする。
　また、新たに総合保税地域の許可をしようとするときは、あらかじめ本省に報告するものとする。

（許可申請書の添付書類の取扱い）
62の8－6　令第51条の9第2項《許可申請書に添付すべき書類》の規定により許可申請書に添付すべき書類については、前記42－8（許可申請書の添付書類の取扱い）に準ずる。この場合において、42－8中「申請者」とあるのは「申請者（貨物管理者を含む。以下この項において同じ。）」と、「蔵置場」及び「保税蔵置場」とあるのは「総合保税地域内にある貨物施設」と読み替えるとともに、(3)の次に、「なお、保税作業を行おうとする施設については、当該施設の配置図及び求積図を添付させる。ただし、当該施設における作業の内容が特殊なものである場合又は製造歩留りの査定上必要がある場合において、それぞれ作業工程図及び製造設備その他の参考資料の提出を求めることを妨げるものではない。」を加えて読み替えるものとする。

（許可の際に付する条件）
62の8－7　総合保税地域の許可をするに際しては、令第51条の15で準用される令第35条第3項の規定に基づき、次の条件を付するものとする。
(1) 貨物施設において貨物を管理する者を変更しようとするとき、又は当該施設において行う法第62条の8第1項各号に掲げる行為の種類若しくは当該行為を行おうとする貨物の種類を変更しようとするときは、あらかじめ税関長に届け出る旨の条件
(2) 令第51条の9第1項第2号から第5号までの事項に変更があつた場合には、法第62条の15の規定により準用する法第44条第1項の届け出があつた場合又は前記(1)に該当する場合を除き遅滞なく税関長に届け出る旨の条件
(3) 貨物管理者は、総合保税地域内における貨物管理業務に関する帳簿を、記載すべき事項が生じた日から起算して2年を経過する日までの間（その間に当該帳簿について保税業務検査を受けた場合にあつては、当該保税業務検査を受けた日ま

での間) 保存すべき旨の条件
（4）次に掲げる物品を原料として使用する総合保税地域について、国内に引き取る
見込みの製品を製造する場合 (ただし、当該製品が次に掲げる物品に該当する場
合を除く。) は、内国産又は輸入許可済みの原料を使用すべき旨の条件
　イ　乳製品等で以下のもの
　　　関税定率法別表第04.02項 (第0402.91号又は第0402.99号の１の (1) に該当す
　　るものを除く。)、第0403.90号の１ (バターミルクパウダーその他の固形状の物
　　品に限る。)、第0404.10号の１及び第04.05項に該当するもの
　ロ　砂糖等で以下のもの
　　　関税定率法別表第1701.14号の１の (1) 及び２、第1701.12号、第1701.91号、第
　　1701.99号、第1702.30号の２の (1) 及び (2) のB、第1702.40号の２、第1702.60
　　号の２、第1702.90号の１ (分みつ糖に限る。)、２ (分みつ糖のものに限る。)、5
　　の (2) のA及びBの (c) 並びに第2106.90号の２の (2) のA (分みつ糖のものに
　　限る。) に該当するもの
　ハ　生糸で以下のもの
　　　関税定率法別表第5002.00号の２に該当するもの
（5）法第62条の８第１項第３号に掲げる行為を行う場合には、「会場において小売販
売をする物品は、あらかじめ輸入許可を受けなければならない」旨の条件
　(注) 会場において展示する物品につき購入の申込みがあつた場合、その予約だけ
　　を行うことは差し支えないものとするが、その場合、一定期間分をとりまとめ
　　て輸入の許可を受けさせた後購入者に引き渡すようにする。

（総合保税地域に入れることができる貨物のうち展示、使用等ができるもの）
62の8−8　令第51条の10《総合保税地域においてすることができる展示等》に規定す
る展示又はこれに関連する使用は、前記62の2−9 (保税展示場に入れることができ
る貨物のうち展示、使用等ができるもの) の (1) から (9) までに掲げる貨物に係るも
のとする。この場合において、(1) 中「建物、その他の施設 (事務所、倉庫等の建物そ
の他の施設を含む。)」とあるのは「展示及び展示品の保管のための施設その他これら
に関する施設」と、(4) 中「宣伝用品 (国際博覧会等の参加者の国情、製品等の紹介)」
とあるのは「宣伝用品 (外国の製品等の紹介)」と、「国際博覧会等の入場料」とあるの
は「実費を超えない対価として徴収する入場料」と読み替えるものとする。

（総合保税地域において展示、使用等ができない貨物の取扱い）
62の8−9　令第51条の10《総合保税地域においてすることができる展示等》の規定に
より展示等ができない貨物について、その用に供しようとするときは、あらかじめ
正式の輸入手続を総合保税地域その他の保税地域において行わせるものとする。

（許可の期間の更新の手続等）
62の8−10　法第62条の15において準用する法第42条第２項ただし書の規定に基づく
総合保税地域の許可の期間の更新の手続等については、次による。

(1) 許可の期間の更新の申請は、「総合保税地域許可期間の更新申請書」(C-3520) 1 通 (税関支署を経由する場合には、2通) を税関に提出することにより行うものとする。なお、税関において更新を認めたときは、「総合保税地域許可期間の更新書」(C-3530) を交付するものとし、許可しないこととしたときは、「総合保税地域許可期間の更新をしない旨の通知書」(C-3535) により申請者に通知するものとする。

(2) 許可期間の更新申請書には、前記62の8-6(許可申請書の添付書類の取扱い) に準じて所要の書類の添付を求めることができるものとするが、その添付は許可の期間の更新の実状に照らして、特に必要とされるものに限るものとする。

(3) 許可の更新に際し指定する更新の期間については、前記42-12を準用する。

(4) 許可の期間の更新に際しては、令第51条の15《許可の条件に関する規定の準用》の規定に基づき、前記62の8-7に準じて条件を付するものとする。

(許可又はその期間の更新の公告等)

62の8-11　法第62条の15《保税蔵置場、保税工場及び保税展示場についての規定の準用》の規定により準用する法第42条第3項《保税蔵置場の許可等の公告》の規定による総合保税地域の許可又はその期間の更新の公告は、それぞれ次の内容につき行うものとする。

なお、新規許可の場合においては、その内容を速やかに他の税関に通報するものとする。

(1) 許可した場合の公告の内容

　　イ　許可を受けた法人の名称及び本店又は主たる事務所の所在地並びに代表者の氏名

　　ロ　総合保税地域の名称及び所在地並びに土地の面積

　　ハ　総合保税地域内の貿易に関連する施設の棟数及び延べ面積 (うち貨物施設の棟数及び延べ面積)

　　ニ　許可の期間

(2) 許可期間を更新した場合の公告の内容

　　イ　更新を認められた法人の名称及び本店又は主たる事務所の所在地並びに代表者の氏名

　　ロ　総合保税地域の名称及び所在地

　　ハ　更新した期間

(販売用貨物等を入れる場合の届出の手続)

62の11-1　法第62条の11《販売用貨物等を入れることの届出》の規定に基づく届出は、「販売用貨物等搬入届」(C-3540) 2通を提出して行わせ、税関においてこれを受理したときは、うち1通に受理印を押なつして届出者に交付する。

(総合保税地域に対する処分の基準等)

62の14-1　総合保税地域について法第62条の14第1項《許可の取消し等》の規定に

基づく処分を行おうとする場合の処分の基準については、前記48－1（保税蔵置場に対する処分の基準等）の規定を準用するものとする。この場合において、同項中「保税蔵置場」とあるのは「総合保税地域（貨物を管理する者を指定する場合には、その者に係る施設）」と、「被許可者」とあるのは「被許可者（貨物を管理する者を指定する場合には、その者。）」と読み替えるものとする。

（法令に基づく保税蔵置場等についての規定の準用）

62の15－1　この節に特別の定めがあるほか、法第62条の15《保税蔵置場、保税工場及び保税展示場についての規定の準用》の規定により総合保税地域について準用されることとされている法の各条文に関する取扱いについては、それぞれ当該条文につき規定している前記第3節から第6節までの規定の取扱いに準ずる。この場合において、45－3中「保税蔵置場の許可を受けた者」とあるのは「総合保税地域の許可を受けた法人又は貨物を管理する者」と、「当該保税蔵置場」とあるのは「当該総合保税地域」と、46－1中「保税蔵置場の許可を受けた者」とあるのは「総合保税地域の許可を受けた法人又は貨物を管理する者」と、「保税蔵置場」とあるのは「総合保税地域又は貨物施設」と、46－2及び46－3中「保税蔵置場の」とあるのは「総合保税地域又は貨物施設の」と、62の4－4中「展示等」とあるのは「総保入」と読み替えるものとする。

（その他の規定の準用）

62の15－2　前記62の15－1に規定するほか、前記第3節から第5節までの規定の総合保税地域に対する準用については、以下による。

(1) 前記42－3から42－6まで、42－14、42－15、42－16、42－17、43－2、43の2－1、43の3－1から43の3－4まで、43の3－7及び43の4－1の規定は総合保税地域について準用する。この場合において、42－17中、「法第43条の3第1項」とあるのは「法第62条の10」と、「前記40－1(7)ロに該当する行為として税関長の許可を受けるものとする。」とあるのは「前記62の11－1に規定する届出を行うものとする。」と、「当該許可を申請する者」とあるのは「当該届出を行う者」と、43－2中、「申請者」とあるのは「申請に係る一団の土地等を管理し、又は管理する法人（貨物管理者を含む。）」と、43の3－2中「法第43条の3第1項」とあるのは「法第62条の10」と、「令第36条の3第1項」とあるのは「令第51条の12第1項」と、「蔵入承認申請書」とあるのは「総保入承認申請書」と、「令第36条の3第2項」とあるのは「令第51条の12第2項」と、「令第36条の3第8項」とあるのは「令第51条の12第8項」と、43の3－4中「3月（法第43条の3第1項の規定により税関長が期間を指定する場合には、当該指定する期間。以下この項において同じ。）以内」とあるのは「3月以内」と読み替えるものとする。

(2) 前記56－2から56－4まで、57－1、61の3－2、61の4－3((1)及び(3)を除く)、61の4－4から61の4－8までの規定は総合保税地域内において法第62条の8第1項第2号に掲げる行為が行われる施設について準用する。

(3) 前記62の2－11、62の3－5の規定は総合保税地域内において法第62条の8第1

項第3号に掲げる行為が行われる施設について準用する。

第5章　運送

（保税運送の承認をしない外国貨物）

63-1　次に掲げる貨物については、保税運送を承認しないものとする。ただし、運送することについて、やむを得ない理由があり、かつ、取締上支障がないと認められる場合（貨物が法第65条の3《保税運送ができない貨物》に規定する貨物に該当する場合を除く。）については、この限りでない。

(1) 法第69条の2第1項各号《輸出してはならない貨物》に掲げる貨物及び法第69条の11第1項各号《輸入してはならない貨物》その他法令により輸出入が禁止されている貨物

(2) 他の法令の規定により輸入について許可、承認等を必要とする貨物のうち要注意品目（例えば、銃砲、危険品等）と認められるもの（当該許可、承認等を取得している場合を除く。）

(3) 数量の確定していない貨物（外国貿易船の船側から揚地せん議等のまま運送される貨物で、施封等により到着地までの運送が保全される場合を除く。）で、法第4条《課税物件の確定の時期》に規定する課税物件の確定上支障があると認められるもの

（保税運送の手続を要しない外国貨物）

63-2　令第52条《保税運送の手続を要しない外国貨物》に規定する用語の意義及び取扱いについては、次による。

(1) 第1号に規定する「引き続き当該外国貿易船等により運送されるもの」とは、その船舶に積まれたまま運送されるもの及び仮陸揚げされた後再びその外国貿易船等に積み込まれて運送されるものをいう。

(2) 第1号及び第2号に規定する「他の外国貿易船等に積み替えられて運送されるもの」とは、同一港において、外国貿易船等から直接他の外国貿易船等に積み替えられ又は仮陸揚げした後、他の外国貿易船等で運送されるものをいう。

(3) 一港に仮陸揚げされた外国貨物で、外国貿易船等以外の運送手段を使用して陸路、海路又は空路によつて他の港に運送した後、外国貿易船等に積み替える場合においては、運送及び積戻しの手続をさせるものとする。ただし、前記21-5（仮陸揚貨物の積込み）に該当する場合においては、積戻しの手続は要しないものとする。

（同一開港等における貨物の移動の取扱い）

63-3　同一開港等における貨物の移動の取扱いについては、次による。

(1) 外国貨物の場所的移動が次のいずれかに該当する場合には、保税運送の手続を要しないものとする。

　イ　外国貨物の移動が同一開港又は同一税関空港の中で行われる場合

　ロ　外国貨物の移動が同一保税地域（前記42－9、42－15(1)、42－16(1)又は56－10の規定により一括許可を受けた保税地域を含む。）の別棟等までの間で行われる場合

　ハ　外国貨物の移動が被許可者等が同一であり、かつ、同一又は隣接（公道を隔てている場合を含む。）した敷地内に存在する別許可に係る保税地域との間で行われる場合

(2) 上記(1)のハに該当する場合においては、それぞれの保税地域の被許可者等は、当該貨物の移動を明らかにした帳票類を整理保管するとともに、その事実を記載した書面等を一定期間（一週間程度）分まとめて保税取締部門に提出するものとする。

　　ただし、税関長が取締り上支障がないと認めるときは、書面等の提出を省略して差し支えないものとする。

（運送の申告者）

63－4　保税運送の申告は、原則として運送しようとする外国貨物についての運送契約上の当事者である貨主、荷送人、運送人又は運送取扱人の名をもつて行わせるものとし、これらの者の委任に基づいて通関業者が代理申告を行う場合においては、代理人である旨の記載及びその名を連記させるものとする。また、保税運送の申告をする者が運送に係る貨物の運送人又は運送取扱人であり、かつ、通関業者である場合においては、その通関業者の名において申告させて差し支えない。この場合においては、「自社運送」又は「自社運送取扱い」の旨を申告書に注記させるものとする。

（保税運送の申告手続）

63－5　輸出（積戻しを含む。）の許可を受けたもの以外の外国貨物（以下この章においては「輸入貨物」という。）の運送申告は、次による。

(1) 発送の際における運送手段（陸路、海路、空路の別をいう。）又は運送先を異にするごとに、運送しようとする貨物が置かれている保税地域等の所在地を所轄する税関官署に「外国貨物運送申告書（目録兼用）」（C-4000）を3通（原本、承認書用、到着証明用）提出させるものとする。

　　ただし、運送状その他の書類で令第53条に規定する記載事項を網羅した書面により申告させること、又はこれらを添付することにより上記申告書の記載事項の記載を省略させることとしても差し支えない。

　　なお、運送途上において運送手段の変更を伴う場合であっても、取締上支障がないと認められるときは、1申告で行わせて差し支えない。

(2) 輸入貨物を保税蔵置場又は保税工場に蔵置することについて法第43条の3第1項（法第61条の4において準用する場合を含む。）又は法第62条の10の承認を受けようとする場合において保税運送を必要とするときは、「蔵入承認申請書」、「移入承認申請書」又は「総保入承認申請書」を外国貨物運送申告書に兼用することができる。

（3）次に掲げる保税運送の申告をする場合には、申告書の記載事項のうち「申告価格」等記載の必要がないと認められるものについては、適宜記載の省略を認めて差し支えないものとする。

　イ　同一市町村内の保税運送

　ロ　その他税関長が取締上支障がないと認めた貨物の保税運送

（4）原油、重油等の液状貨物又は穀物その他のばら貨物に係る保税運送を行う場合であって、税関長が取締り上支障がないと認めた場合には、予定数量による保税運送を認めて差し支えないものとする。この場合において、当該保税運送に係る貨物のバージ等への積込みが完了したとき（運送数量が確定したとき）は、当該保税運送承認書及びその写し（以下この項において「保税運送承認書等」という。）に、当該貨物の積込みに立ち会った公認の検数機関等が発給する検数報告書又は倉主が作成した適宜の様式による搬出数量計算書等を添付させることとし、当該保税運送を承認した税関は、後日返送される当該検数報告書等を添付した保税運送承認書等により当該保税運送に係る承認数量の訂正を行うものとする。

（税関において運送申告書に記入すべき事項）

63－6　輸入貨物の保税運送の承認をしたときは、外国貨物運送申告書に運送の期間及び次の事項を記載し、うち１通に受理印及び承認印を押なつのうえ運送承認書として、他の１通を運送承認書写し（到着証明用、以下この章において同じ。）として申告者に交付する。

（1）保税蔵置場において内国貨物を用いて手入れをした外国貨物を運送する場合には、手入れに用いた内国貨物の品名、数量及び使用の方法

（2）保税工場製品である外国貨物の運送を承認したときは、その貨物に使用した原料の品名、数量及び価格並びに承認の年月日。ただし、保税運送される貨物が積戻しされることが確実であり、かつ、取締上支障がないと認められるものについては、「保税工場製品」と表示するのみで差し支えない。

（3）担保を提供させた場合には、担保の種類

（4）発送及び到着の際に、税関職員による現物確認を行う必要がある貨物については「要確認」の旨

（5）発送の際に、施封を行う必要がある貨物については「要施封」の旨

（担保の提供）

63－7　法第63条第２項《保税運送のための担保》に規定する関税の額に相当する担保は、次に掲げる場合を除くほか、提供をさせるものとする。

（1）定率法の規定により関税の免除を受けることが確実と認められる貨物を運送する場合

（2）輸出の許可を受けた貨物を運送する場合

（3）通関業者、船会社、航空会社若しくは令第30条の２に規定する者の所有又は管理に係る指定保税地域の貨物管理者又は保税蔵置場、保税工場、保税展示場若しくは総合保税地域の許可を受けた者であつて、税関長が信用確実と認め、かつ、

　以前において関税法規違反の事実がなかつた者が保税運送の承認を受ける場合
（4）保税運送の承認を受ける者の資力、信用等が確実であると認められる場合

（運送貨物の発送の際の現物確認及び施封）
63－8　運送貨物の発送に当たつては、申告に係る貨物の品名、数量、価格、形状、運送経路及び運送の方法等を勘案して、必要な限度において貨物の現物確認及び施封を行うものとする。

（運送貨物の発送手続）
63－9　法第63条第3項に規定する確認は、保税運送の承認の際併せて行って差し支えないものとする。
　　ただし、保税運送の承認に際して要確認又は要施封の指定を受けた貨物については、当該貨物の発送時にその運送承認書及び運送承認書写しを税関職員に提出するものとし、税関職員が発送を確認したときはその旨、施封を行った場合にはその種類及び個数、また、乱装、破装等のある貨物についてはその旨を運送承認書及び運送承認書写しに記載し、運送申告者又はこれに代わる者に交付する。
　　また、保税運送の承認を受けた貨物を分割して発送する場合には、運送者が最初の発送の際に運送承認書を携行するものとし、その後の個々の発送に当たっては、運送承認書ごとの一連番号を付した送り状（その運送承認を受けた者が使用している適宜の様式でよい。）を使用するものとする。また、最終回の貨物発送時には、運送承認書写しに個々の運送数量、発送年月日等を記載するものとする。
　　なお、当該確認を受けた貨物について、発送前、運送途中、到着時等において破損その他の事故又は異常が発見されたときは、運送者から直ちに発送地を管轄する税関官署又は貨物の所在地を管轄する税関官署の保税取締部門に報告するようしょうようする。

（運送の期間の指定）
63－10　法第63条第4項《運送の期間》に規定する運送の期間は、その運送に使用される運送手段、運送距離及び運送事情等を考慮して十分な余裕を見込んで指定するものとする。

（「運送期間の延長」に係る用語の意義）
63－11　法第63条第4項《運送の期間》にいう「災害その他やむを得ない事由」とは、震災、風水害等の天災又は火災その他運送の承認を受けた者の責に帰することができないと認められる事由をいうものとする。

（運送期間の延長の手続）
63－12　運送期間の延長の手続は、「運送期間延長承認申請書」（C-4020）3通を提出させ、承認したときは、うち1通に承認印を押なつの上、承認書として申請者に、他の1通を運送先の所在地を管轄する税関官署あて送付するものとする。また、貨

物のある場所を管轄する税関において延長の承認をしたときは、他の1通をその保税運送を承認した税関に送付するものとする。

　なお、保税運送貨物が運送先に到着している事実が明らかな場合で、荷役待ちその他の事情から搬入等の事実が遅延したため数量の確認が遅れる場合においては、数量の確認後その保税運送貨物の到着した日にさかのぼつて貨物到着の処理を行うものとし、運送期間の延長手続を要しない。

（運送貨物の到着の確認）

63－13　保税運送された輸入貨物が運送先の保税地域に到着したときは、倉主等は前記34の2－1（保税地域における事務処理手続）の(1)のイにより処理するものとする。この場合において、税関職員による運送承認書写しへの確認印の押なつは、倉主等からの当該運送承認書写しの提出を受けた日に行うものとし、発送地税関における到着の事実に関する処理については、倉主等が当該運送承認書写しに記載した到着年月日等の内容をもって、到着の事実があったものとして処理するものとする。また、運送先が保税地域以外の場合並びに保税運送された貨物が前記63－6の(4)の「要確認」の貨物及び(5)の「要施封」の貨物である場合には、運送先についての事務を行う税関職員は、到着した運送貨物の異常の有無を確認した上、運送承認書写しに到着年月日並びに到着した貨物の数量及び異常の有無を記載して、運送承認書写しを後記63－14及び63－15の区分に従い運送申告者又はこれに代わる者に交付し、又は発送地税関に返送する。

　なお、運送された貨物に重大な異常があった場合においては、到着地税関は、異常のあった貨物の品名、数量等について必要に応じ電話等をもって速やかに発送地税関に連絡するものとする。

（到着確認を受けた運送承認書写しの提出）

63－14　前記63－13により到着の確認を受けた運送承認書写しは、法第63条第6項の規定により到着の確認を受けた日から1月以内に、当該運送の承認を行った税関官署の担当部門に提出することを求めるものとする。

（到着の連絡）

63－15　輸入貨物の保税運送が次のいずれかに該当する場合には、前記63－14による到着確認済の運送承認書写しの提出は要しないものとし、到着事実の連絡は、到着を確認した税関官署から当該運送の承認を行つた税関官署に到着確認済の運送承認書写しを返送することにより行う。

(1) 保税運送の承認と到着の確認を行う税関官署が同一であつて、その税関官署の管轄区域内（本関の管轄区域については、税関の管轄区域から税関出張所、税関支署、税関支署出張所、税関監視署及び税関支署監視署の管轄する区域を除いた区域）における場所相互間で行われる保税運送

(2) 同一の税関の管轄区域内において常例的に相互に多数の保税運送が行われる場所として、税関長が指定した特定の場所相互間において行われる保税運送（この

指定をしたときは、適宜の方法によりその指定の旨を掲示して、関係者に周知するよう措置するものとする。)

（輸出又は積戻し貨物の運送）

63－16　輸出又は積戻しの許可を受ける貨物について、保税運送しようとする場合は、前記63－5の規定によることなく、当該貨物の輸出又は積戻しの申告の際にこれと併せて保税運送の申告を行うことができるものとし、この場合における取扱いについては、次による。

(1)「輸出申告書（積戻しする場合は積戻し申告書）」(C-5010又はC-5015-2)又は後記67－2－3(Air Waybill等による輸出申告)による場合は「航空貨物簡易輸出申告書（搬出入届・運送申告書）」(C-5210)の「保税運送」の欄に運送についての所要の事項を記入し運送申告書の提出に代えるものとする。

(2) 上記(1)の申告に際しては、通常の輸出申告又は積戻し申告の際の提出部数により行うこととし、到着証明用の運送申告書については、輸出許可書又は積戻し許可書をもって代用する。

(3) 保税運送の承認をしたときは、輸出許可書又は積戻し許可書の「保税運送」の欄にその旨チェックするとともに運送期間を記入する。

(4) 輸出又は積戻しの許可後の事情変更により、輸出許可書又は積戻し許可書記載の積込港以外の港に運送のうえ積込みをすることとなった場合においては、その運送承認について新たな手続を要することなく上記(1)から(3)までに準じて処理する。この場合の運送承認月日は、便宜、その輸出許可の日として処理して差し支えない。

(5) 輸出又は積戻しの許可と運送の承認とを併せて受けて運送された貨物が船積港で全量又は一部不積になり運送を承認した税関に返送される場合においては、便宜、新たな運送手続を要することなくその旨を記載した適宜の様式による申出書に輸出許可書（運送承認書兼用）又は積戻し許可書（運送承認書兼用）を添付して提出することとし、運送を認めて差し支えない。この場合における申出書の提出部数は、2通（原本及び到着証明用）とし、運送を承認したときは、輸出許可書（運送承認書兼用）又は積戻し許可書（運送承認書兼用）に「不積返送扱い」と注記して処理する。

(6) 輸出又は積戻しの許可と運送の承認とを併せて受けて運送された貨物が運送先に到着後、事情の変更により、更に他港に運送のうえ積み込むこととなった場合においては、新たな運送手続を要することなく、便宜、到着地税関において「船名、数量等変更申請書」(C-5200) 2通に輸出許可書又は積戻し許可書を添付して提出することとし、船名変更の手続又は積込港変更の手続により処理するとともに、必要に応じ運送期間を延長し、変更後の積込港まで運送を認めて差し支えない。この場合においては、その申請書の1通を輸出又は積戻しの許可（運送の承認）をした税関に送付する。

(7) 輸出（積戻しを含む。以下この項において同じ。）の許可を受けた貨物を、輸出申告時の蔵置場所からコンテナー埠頭内又はコンテナー埠頭外にあるCFSまで一

旦運送し、当該CFSでコンテナー詰した上で船積予定船まで運送する場合の保税運送については、輸出申告時の蔵置場所から当該CFSを経由して船積予定船までの間の一貫した保税運送（以下この項において「一貫保税運送」という。）として承認することとして差し支えない。この場合における取り扱いは、次による。

イ　一貫保税運送の申告は、当該一貫保税運送に係る貨物の輸出申告書の下段の「個数、記号、番号」欄の最下部に、当該貨物がコンテナー詰するものである旨（CARGOS TO BE CONTAINERIZED）及び当該貨物をコンテナー詰する場所（VIA ○○○○ HOZEI WAREHOUSE）を記載することにより、当該輸出申告と併せて行うものとし、当該一貫保税運送の申告を受理した通関部門においては、当該申告に係るCFSが保税地域であることを確認した上で、輸出許可と併せて一貫保税運送の承認を行うものとする。

ロ　一貫保税運送の承認を受けて運送された貨物が、当該承認に係るCFSへ到着後、事情の変更等により、他のCFSでコンテナー詰されることとなった場合には、便宜、「船名、数量等変更申請書」（C-5200）2通に必要事項を記載させ、輸出許可書を添付して当該他のCFSを所轄する税関（以下この項において「到着地税関」という。）の通関部門に提出するものとする。なお、到着地税関の通関部門においてコンテナー詰場所の変更を認めた場合には、当該「船名、数量等変更申請書」1通を輸出許可をした税関の通関部門へ送付するものとする。

ハ　上記により一貫保税運送の承認を受けた貨物が、コンテナー詰場所であるCFSに搬入され、当該貨物をコンテナー詰した後にCYに向けて搬出されたときは、当該CFSにおいて貨物を管理する者に、当該貨物に係る輸出許可書の写し、ドック・レシート（B/L Instructionsを含む。）の写し、及びコンテナー詰タリーシートの写しをセットして保管することにより、当該貨物の搬出入事績の記帳に代えて差し支えない。

（輸出運送貨物の到着の確認）

63-17　開港内にてい泊中の外国貿易船あてに輸出許可書（運送承認書兼用）又は積戻し許可書（運送承認書兼用）により保税運送される輸出又は積戻し貨物の到着確認については、次による。

（1）外国貿易船に到着した貨物が直ちにその外国貿易船に積み込まれる場合においては、便宜、輸出許可書又は積戻し許可書にその貨物の船積確認の際に到着確認を併せて行うものとする。

　　なおこの際、船積み準備のため一時的にCYに搬入される場合であっては、輸出許可書等を保管することにより、当該貨物の搬出入の記帳に代えて差し支えない。

（2）積込予定船舶の入港待ちその他やむを得ない理由により保税蔵置場等に一時蔵置するためにそれらの場所に搬入する場合においては、その搬入の際に到着確認を行うものとする。

（3）到着した貨物について船積みの確認を行う際に運送期間の経過したものがある場合においては、事情やむを得ないものとして、運送期間の延長の手続を行わせ

ることなく、便宜、監視部門において、その訂正を行って差し支えない。

（到着の確認を受けた積戻し許可書の提示）

63－18　積戻しの許可を受け保税運送された貨物については、前記63－17により到
　着の確認を受けた積戻し許可書を、到着の確認を受けた日から１月以内に、当該運
　送の承認を行つた税関官署の輸出通関担当部門に提示させる。

（到着貨物についての過不足の取扱い）

63－19　運送先に到着した運送貨物の数量と運送承認書記載の数量との間に過不足
　がある次に掲げる場合については、それぞれの定めるところにより処理して差し支
　えない。

　(1) 運送先に到着した運送貨物の数量に過不足がある場合に、到着の際の施封の状
　　況、積付けの状況その他の状況から判断して、明らかに発送に際し数量が過不足
　　していたと認められるときは、発送地税関に照会の上、関係書類の訂正を行うも
　　のとする。この場合において発送地税関は、到着地税関からの連絡と運送申告者
　　の申請に基づき関係書類の訂正を行う。

　(2) 運送先に到着した運送貨物である石油その他の液体貨物又は穀物その他のばら
　　貨物の数量に過不足がある場合に、到着の際の施封の状況、積付けの状況、その
　　他の状況から判断して、数量の過不足の原因が発送地における測定誤差、荷扱い
　　又は運送中の荷こぼれ等に基づくものであり、かつ、その過不足が通常生ずべき
　　範囲内であると認められるときは、到着地における実測数量をもつて保税地域へ
　　の搬入を認め、運送承認書の訂正は要しないものとする。

　(3) 運送先の保税工場に対する移入れの承認を受けている貨物の数量に過不足があ
　　る場合に、到着の際の施封の状況、積付けの状況その他の状況から判断して数量
　　の過不足の原因が、発送地における測定誤差、荷扱い又は運送中の荷こぼれ等に
　　基づくものであり、かつ、その過不足が通常生ずべき範囲内であると認められる
　　ときは、移入承認書を訂正することなく、到着の際の実測数量を法第61条の３《記
　　帳義務》に規定する帳簿に記載させて、製造歩留りの計算その他保税工場におけ
　　る数量の管理を行わせる。

（運送中の貨物の運送先等の変更の特例）

63－20　次に掲げる場合においては、それぞれの定めるところにより取り扱つて差し
　支えないものとする。

　(1) 甲港から運送されて乙港に仕向けられた運送貨物が、船舶又は航空機の運航の
　　都合その他やむを得ない事故により乙港に運送することができず、運送先以外の
　　丙港で他の船舶又は航空機に積み替えて乙港に運送する場合は、直ちに丙港を管
　　轄する税関において積替えの手続を行い運送承認書にその旨裏書し、甲、乙の両
　　税関に通知することにより処理する。

　(2) 運送貨物が保税運送の途中において運送先の保税地域が満庫等のため、やむを
　　得ずその保税地域近くの他の保税地域に搬入しなければならないことになつたと

きは、後記63-21に準じて処理する。

（到着貨物の運送先等の変更の特例）

63-21　次に掲げる場合においては、それぞれの定めるところにより取り扱つて差し支えないものとする。

（1）輸入貨物を保税運送する場合において、これを外国港に誤送し、かつ、その船舶により運送承認書記載の運送先に運送する場合においては、積戻しがなかつたものとして取り扱い、その貨物の到着地税関において運送期間の延長手続のみで処理する。

（2）運送貨物が運送先に到着した場合において、運送先の保税地域が満庫等のためやむを得ずその保税地域近くの他の保税地域に搬入しなければならないことになつたときは、到着地税関に搬入についての所定の手続を行わせて、その保税地域への搬入を認め、この旨を運送承認書及び運送承認書写しに裏書のうえ処理する。

（3）保税運送される貨物が誤つて法第63条《保税運送》に規定する場所以外あてに運送承認された場合においては、上記（2）に準じて処理して差し支えない。この場合において、その貨物の到着地に保税地域がないときは、この貨物を搬入する場所について法第30条第1項第2号《税関長の許可を受けて保税地域以外の場所に置くことができる外国貨物》の規定により他所蔵置の許可をとらせるものとする。

（包括保税運送の承認要件）

63-22　次に掲げるすべての要件を充足し、取締上支障がないと認められる保税運送については、一括して保税運送の承認を行うことができる。

（1）運送をしようとする者が次のいずれかに該当する者であること

イ　保税地域の被許可者

ロ　通関業者

ハ　その他、税関手続に関する十分な知識を有する者で、税関長が適当と認める者

（2）運送が次の区間において継続的に行われること

なお、本規定の適用においては、一の指定保税地域にあるすべてのコンテナーヤードを一の保税地域とみなして差し支えないものとする。

イ　一の保税地域と他の一の保税地域（税関検査場を含む。以下同じ。）の間

ロ　同一の税関官署の管轄区域に所在する一の保税地域（発送地である場合に限る。）と複数の保税地域の間

ただし、コンテナー詰された貨物（船卸後に開扉されたものを除く。）については、到着地の保税地域が、発送地所轄税関官署の管轄区域に所在するか否かは問わないものとする。

ハ　開港（一の岸壁に接岸する外国貿易船の停泊場所（発送地である場合に限る。）に限る。下記ニにおいて同じ。）と一の保税地域の間

ニ　同一の税関官署の管轄区域に所在する開港と複数の保税地域の間

（3）運送される貨物が次に掲げるいずれかに該当するものであること。

イ　航空貨物であつて航空会社又はこれらの会社から委託を受けた者の責任で運送されるもの
ロ　コンテナー詰された貨物（船卸後に開扉されたものを除く。）
ハ　保税工場の保税作業による製品
ニ　旅具通関のため運送される貨物（同一税関管内において通関業者が自己の責任において自ら運送するものに限る。）
ホ　運送される貨物が特定されているもの（関税率表の類程度）
　　ただし、外国貿易船から直接運送される貨物（令第15条第１項第２号《積卸について呈示しなければならない書類》に規定する船卸票が発給される貨物を除く。）を除く。
ヘ　蔵入承認済貨物等取締上支障がないものとして税関長が定めた貨物

（包括保税運送の承認手続等）

63－23　包括保税運送の承認手続等については、次による。
(1) 包括保税運送の承認を受けようとする者は、「包括保税運送申告書」（C-4010）３通を発送地所轄税関官署の保税取締部門に提出する。
(2) 包括保税運送の申告は、発送地の保税地域若しくは岸壁又は到着地の保税地域が異なるごとに行うものとする。
　　ただし、運送区間が前記63－22(2)ロ又はニに該当する運送については、発送地の保税地域又は岸壁ごとに１申告として差し支えない。この場合、前記63－22(2)ロただし書に該当するときは、上記(1)に規定する申告書の提出部数は、２通に、到着地所轄税関官署の数に相当する部数を加えたものとする。
(3) 発送地所轄税関官署は、包括保税運送の承認に際し、運送の期間を指定して、包括保税運送申告書に記入するものとし、その１通を保管し、１通に承認印を押なつの上、運送承認書として申告者に交付し、他の１通を到着地所轄税関官署に送付するものとする。
　　なお、運送期間経過により関税を徴収する場合の法第４条第５号《課税物件の確定の時期》の規定の適用については、当該貨物の発送の時に承認があつたものとして取り扱うものとする。
(4) 包括保税運送の承認の期間は、１年以内とする。
(5) 包括保税運送の承認に当たつては、包括保税運送の承認を受けた者が、関税関係法令を遵守しないこと等により、指定された承認期間内において包括保税運送の適用を継続することが適当でないと認められることとなつたときは、当該承認を取り消すことがある旨の条件を付し、取締りの実効を確保するものとする。
　　なお、承認を取り消すときは、その旨を当該承認を受けた者にあらかじめ通知するとともに到着地所轄税関官署及び発送地の倉主等に遅滞なく通知する。
(6) 包括保税運送の承認を受けた者（以下「運送者」という。後記63－24においても同じ。）は、最初の運送の際に、運送承認書の写しを発送地及び到着地の倉主等に引き渡す。
(7) 継続して包括保税運送の承認を受けようとする場合は、当初の承認の期間の満

了日が到来する前に前記（1）の手続により申告するものとする。

　　この場合において、当該包括保税運送申告書の提出を受けた税関官署は、当該運送が前記63－22に規定する要件を満たさないこととなつたと認められる場合を除き、原則として承認を行うものとする。

　　なお、前記63－22に規定する要件を満たさないとして承認を行わない場合には、その旨を当該申告者に通知するとともに到着地所轄税関官署及び発送地の倉主等に遅滞なく通知する。

(8) 外国貿易船から直接運送される貨物については、上記（5）から（7）までに規定する発送地の倉主等に対する手続は、適用しない。

（包括保税運送貨物を運送する際の手続等）

63－24　包括保税運送貨物を運送する際の手続等については、次による。

(1) 運送者は、貨物の運送を行う際に、当該貨物の送り状（様式については、原則として、「外国貨物運送申告書（目録兼用）」（C－4000）を使用し、貨物の品名、記号及び番号、個数、数量、申告価格等を記載する。）4部を発送地の倉主等に提示し、運送貨物についての発送の確認を受けるものとする。発送の確認は押印により行って差し支えない。

　　また、送り状の右上余白部に包括保税運送の承認を受けた貨物である旨並びに承認番号及び運送に係る一連番号（発送地の倉主等別とする。）を記載させるものとする。

　　なお、申告価格については、下記に掲げる場合にはその記載の省略を認めて差し支えないものとする。

　イ　同一市町村内の運送

　ロ　コンテナー詰貨物等その他税関長が取締上支障がないと認めた貨物の運送

(2) 運送者は、上記（1）の確認を受けた送り状のうち1部は当該発送地の倉主等に引き渡すものとし、当該倉主等は当該送り状を保管することにより搬出の記帳として差し支えないものとする。

(3) 運送者は、貨物が運送先に到着したときは、前記（1）により発送地の倉主等の確認を受けた送り状（3部）を到着地の倉主等に提示し、運送貨物についての到着の確認を受けるものとする。到着の確認は押印により行って差し支えない。

(4) 運送者は、上記（3）の確認を受けた送り状（3部）のうち2部を当該到着地の倉主等に引き渡すものとし、他の1部については1月分を取りまとめの上、翌月の10日までに発送地所轄税関官署の保税取締部門に提出するものとする。

　　また、到着地の倉主等は運送者から引き渡された送り状（2部）のうち1部を保管することにより搬入の記帳として差し支えないものとし、他の1部については当該倉主等が1月分を取りまとめの上、翌月の10日までに到着地所轄税関官署の保税取締部門に提出するものとする。

(5) 外国貿易船から直接運送される貨物については、上記（1）から（4）までに規定する発送地の倉主等に対する手続は、適用しない。

　　なお、この場合において、送り状に記載する運送貨物の数量は、令第15条第1

　　項第2号《積卸について呈示しなければならない書類》に規定する船卸票に記載されている数量とし、運送者は当該船卸票を送り状に添付するものとする。
（6）運送者、発送地の倉主等及び到着地の倉主等が相互に接続された電算システムにより貨物管理を行っている場合で、税関長が取締上支障がないと認めたものについては、上記（1）から（4）までの規定にかかわらず、1月分の送り状の内容を記録した運送実績を適宜の書面又はフロッピィーディスクにより提出することにより、税関への送り状の提出を省略することができるものとする。この場合にあつては、運送者、発送地の倉主等及び到着地の倉主等は、税関職員の求めに応じ、運送実績を随時出力（映像による出力を含む。）することができるよう措置するものとする。
（7）運送者は、運送貨物に関し、発送前、運送途中、到着時等において破損その他の事故又は異常を発見したときは、直ちに発送地所轄税関官署又は貨物の所在地所轄税関官署の保税取締部門に報告するものとする。
（8）税関からあらかじめ通知のあった貨物については、発送地の倉主等又は運送者は、発送前に発送地所轄税関官署の保税取締部門に通報するものとする。この場合の運送貨物の発送は、前記63-8（運送貨物の発送の際の現物確認及び施封）の規定に準じ取り扱うとともに送り状には必要な事項を記載することを求めるものとする。
　　また、到着地の倉主等は、当該貨物が到着したときは直ちに到着地所轄税関官署の保税取締部門に通報するものとする。

（旅具検査のため保税地域から運送される別送貨物の取扱い）

63-25　旅具通関のため保税地域から同一市町村内にある税関又は当該保税地域を管轄する税関の旅具検査場へ運送する別送貨物の取扱いについては、次による。
　　なお、別送貨物以外のもので、旅具通関扱いをする貨物については、これに準じて取り扱うものとする。
（1）保税地域、税関官署又は法第30条第1項第2号の規定により税関長の許可を受けた場所に蔵置されている別送貨物を旅具検査場へ運送する必要があるときは、適宜、簡易な様式2通により旅具担当職員に提出することを求めるものとする。
（2）運送申告書が提示された場合において、担当職員は、別送申告書及び旅券等を審査し、次の各号に該当する場合を除き、その運送申告書の備考欄に施封を要する旨を記載して運送申告者に交付する。
　　なお、この場合における別送貨物の運搬具（トラック等）については、なるべく施封可能なもの又はコンテナーその他貨物の運送中に事故の生じない構造のものを使用するよう常時運送業者を指導するものとする。
　　イ　大公使、領事又はこれらに準ずるものが輸入するもの
　　ロ　貨物の内容及び形態が明確なもの
　　ハ　その他施封の必要がないと認められるもの
（3）保税取締部門において、施封を要する旨の運送申告書を受理したときは、現品と対査し、異常がないことを確認した上、その発送貨物又は運搬具に施封を行い、

運送の承認を行うとともに貨物の発送を認める。

(同時蔵置が認められる貨物の運送の特例)

63-26　前記42-3(保税蔵置場における貨物の同時蔵置)(56-6(保税工場における貨物の同時蔵置)において準用する場合を含む。)及び42-4(保税蔵置場における同時蔵置の特例)(56-7(保税工場における貨物の同時蔵置の特例)において準用する場合を含む。)により同時蔵置が認められる貨物について、輸送の都合上やむを得ない理由があり、かつ、運送数量が明確に把握でき、取締上支障がない場合においては、同一運送具により同時蔵置の形態のままで運送(2以上の運送先に運送する場合を含む。以下この項において同じ。)を認めて差し支えない。ただし、運送具が2以上(例えば数車両)にわたる場合においては、その1の運送具(1車両)に限り、同時蔵置の形態のままで運送を認めるものとする。この場合において、上記により運送が認められた貨物が運送中において亡失したときは、同時蔵置のままの形態で運送した貨物のうち内国貨物が亡失したものとし、その亡失数量が内国貨物の数量を超える部分についてのみ外国貨物が亡失したものとして処理して差し支えない。

　なお、上記により運送を認めた場合においては、保税運送承認書、保税運送承認書写し等に同時蔵置の形態のままで運送される貨物の運送具(車両等)の番号及び積載数量を明確にさせておくものとする。

(保税工場外作業の許可を受けた場所からの保税地域への運送)

63-27　法第61条《保税工場外における保税作業》の規定に基づく保税工場外作業の許可を受けた場所から保税作業によつてできた製品をその工場以外の他の保税地域(他所蔵置の許可を受けた場所を含む。)へ保税運送する場合の取扱いについては、次による。
(1) 保税作業によつてできた製品が、次のいずれかの条件に該当し、かつ、取締上支障がないと認められる場合においては、その運送の承認を行つて差し支えない。
　イ　保税工場外における保税作業によつてできる製品の2次加工又は集荷を、その保税工場以外の他の保税地域において連続又は緊急に行う必要がある場合
　ロ　保税工場外における保税作業を行う場所の地理的条件からみて、製品をその保税工場に再び入れることが経済的に著しく不利であると認められる場合
(2) 法第61条第4項《保税工場にあるとみなされる外国貨物》の規定により蔵置されているとみなされる保税工場を発送場所として取り扱うものとし、「外国貨物運送申告書」(C-4000)の「発送場所」欄の記載に当たつては、当該保税工場のほか保税工場外作業の許可を受けた場所をかつこ書させるものとする。

(保税工場外作業の許可を受けた場所から保税地域へ運送された貨物の返送)

63-28　保税工場外作業の許可を受けた場所からその保税工場以外の保税地域(他所蔵置の許可を受けた場所を含む。)に積戻しのため保税運送された貨物について、再加工の必要等やむを得ない事由により、その保税工場外作業の許可を受けた場所へ返送する必要が生じた場合には、取締上支障がない限り、当該保税工場外作業の許

可を受けた場所へ直接運送することを認めて差し支えない。

　なお、この運送に当たつては、速やかに保税工場外作業の許可申請手続を行うよう指導するものとする。

（特定保税運送者の承認申請手続）

63の2－1　法第63条の2第1項の規定に基づく承認（以下この章において「特定保税運送者の承認」という。）の申請（以下この章において「承認申請」という。）は、「特例輸入者等承認・認定申請書」（C‐9000）（以下この章において「承認申請書」という。）2通（原本、申請者用）（申請者が特定保税運送者の承認の申請と同時に特定保税承認者（法第50条第1項又は法第61条の5第1項に規定する承認を受けた者をいう。以下同じ。）の承認又は認定通関業者の認定を受けることを希望する場合には、当該申請者が受けようとする1承認又は認定につき1通を加えた数の申請書を提出することとする。）を、原則として、認定通関業者にあってはその認定をした税関、特定保税承認者にあってはその承認をした税関、法第63条の2第1項に規定する国際運送貨物の運送又は管理業務を行う者（特定保税承認者を除く。）にあっては、当該業務を行っている主たる事務所の所在地を所轄する税関の特定保税運送者の承認に係る事務を担当する部門（以下この章において「担当部門」という。）に提出することにより行う。

　ただし、申請者の利便性等を考慮し、承認申請書の提出先税関（以下この章において「担当税関」という。）の最寄の官署（以下この章において「署所」という。）の窓口担当部門へ提出することを妨げない。この場合において、当該承認申請書を受理した署所の窓口担当部門は、その申請書を速やかに本関の担当部門に送付するものとする。

　なお、承認申請書の添付書類及び承認申請書の記載事項の取扱いは、次による。

(1)　承認申請書には、令第55条の5第2項に規定する法第63条の4第3号の規則（以下この章において「法令遵守規則」という。）2通（原本、申請者用）（申請者が特定保税運送者の承認の申請と同時に特定保税承認者の承認又は認定通関業者の認定を受けることを希望する場合には、当該申請者が受けようとする1承認又は認定につき1通を加えた数の法令遵守規則を提出することとする。以下この項において同じ。）を添付する。令第55条の5第3項に規定する登記事項証明書については、担当税関において、情報通信技術を活用した行政の推進等に関する法律第11条に基づき、法務省の登記情報連携システムを使用して、登記情報を入手することができる場合には、添付を要しないものとする。ただし、申請者が法人以外の者であるときは、法令遵守規則2通及び住民票その他の本人確認が可能な書類1通を添付する。

　なお、承認申請書を提出する担当税関又は国土交通省（申請者が令第55条の2第4号に掲げる者である場合に限る。）に、これらの添付書類を既に提出している場合には、その提出を省略して差し支えないものとする。この場合において、税関長は必要と認める場合には、国土交通省に対しその提出の有無を確認するものとする。

（2）規則第７条の３ただし書に規定するその他の事由とは、申請者が法第50条第１項、法第61条の５第１項若しくは法第63条の２第１項の承認又は法第79条第１項の認定を受けており、これらの事項が既に明らかである場合又はこれらの事項を明らかにする書類が添付されている場合をいうので留意する。

（3）前記7の２-５（3）の規定は、令第50条の４第３項ただし書に規定するその他の事由の取扱いについて準用する。

（承認申請の撤回手続）

63の２-２　承認申請書の提出後において、承認又は不承認の通知までの間に申請の撤回の申出があった場合には、申請者の住所、氏名又は名称及び撤回の理由を記載した任意の様式による「特定保税運送承認申請撤回申請書」１通を承認申請書の担当税関の担当部門へ提出することにより行う。ただし、申請者の利便性等を考慮し、担当税関の署所の窓口担当部門へ提出することを妨げない。この場合において、当該申請書を受理した署所の窓口担当部門は、その申請書を速やかに本関の担当部門に送付するものとする。

（承認等の通知）

63の２-３　令第55条の５第５項の規定に基づく承認又は不承認の申請者への通知は、次による。

（1）申請者への通知は、「特定保税運送者承認書」（C-9012）又は「特定保税運送者不承認通知書」（C-9022）（以下この節において「承認書等」という。）を交付することにより行うこととする。

（2）承認書等の交付は、当分の間、承認申請書を受理した日（署所の窓口担当部門に提出された場合にあっては、当該窓口担当部門において受理した日）から２月以内に行うよう努めることとするが、やむを得ない理由により２月を超える場合は、あらかじめ申請者にその旨を通知するものとする。

（承認内容の変更手続）

63の２-４　令第55条の５第６項の規定に基づく特定保税運送者の承認内容の変更の届出は、「特例輸入者等承認・認定内容変更届」（C-9030）２通（原本、届出者用）を担当税関の担当部門に提出することにより行う。なお、申請者の利便性等を考慮し、担当税関の署所の窓口担当部門へ提出することを妨げない。この場合において、当該変更届を受理した署所の窓口担当部門は、その変更届を速やかに本関の担当部門に送付するものとする。

　また、法第63条の４第１号イからトまで又は第63条の７第１項第２号若しくは第３号に該当した場合にはその旨を、次のいずれかに該当する場合にはその内容を承認内容の変更手続により遅滞なく税関に届け出るようしょうようする。

（1）法令遵守規則（業務手順書、規則第７条の４第１号に規定する各部門の名称を示した体制図等の補足資料を含む。）に変更があった場合

（2）役員、代理人又は規則第７条の４第１号に規定する各部門の責任者に変更が

あった場合
(3)「特例輸入者の承認要件等の審査要領について」別紙２の４③に規定する、運送
　途上において貨物の積み替え等を行う施設における貨物の管理のために必要な措
　置に変更があった場合
(4) 貨物の管理を関連会社等に委託している場合の委託先に変更があった場合

（該当要件の追加手続）
63の２−５　認定通関業者又は令第55条の２第１号から第４号まで（第４号には、イか
　らホまでの別を含む。）のいずれかの要件を満たす者として特定保税運送者の承認を
　受けた者が、当該要件に係る営業所以外の営業所において特定保税運送制度の適用
　を受けようとする場合には「特例輸入者等承認・認定内容変更届」（C-9030）２通（原
　本、届出者用）及び当該営業所に係る規定を追加した法令遵守規則を担当税関の担
　当部門に提出することにより行う。当該変更届を受け付けた担当税関は、速やかに
　法第63条の４に規定する承認要件の審査に準じ審査等を行い、当該要件を満たして
　いることにつき確認した場合には、当該変更届を受理するものとする。

（承認の審査）
63の２−６　法第63条の４に規定する承認の要件の審査は、「特例輸入者の承認要件等
　の審査要領について」（平成19年３月31日財関第418号）に基づき行うものとする。

（運送目録の記載事項等）
63の２−７　令第55条の４第１項後段の規定に基づき、次の保税地域相互間（規則第７
　条の２に該当する保税地域に限る。）の特定保税運送については、法第63条の２第２
　項に規定する運送目録の記載事項のうち、記号、番号、個数等必要がないと認める
　事項の記載を極力省略し、特定保税運送者の負担とならないよう努めることとする。
(1) 税関空港（同一の税関の管轄区域内の税関空港に限る。）の近隣に所在する保税
　地域相互間
(2) 同一又は近接する税関官署の管轄区域内に所在する保税地域相互間

（電子メールによる送信）
63の２−８　以下の申請書等の提出又は送付については、税関の事務処理上支障がある
　と認められる場合を除き、当該申請書等を電子メールに添付することにより行って
　差し支えない。この場合において、税関は必要な確認等を行い、当該申請書等を受
　理したときは、その旨を電子メールにより申請者等に連絡するものとする。
(1) 前記63の２−１、63の２−２又は後記63の８の２−１の申請書及び添付書類
(2) 前記63の２−４又は63の２−５の変更届及び添付書類
(3) 後記63の６−１の届出書及び添付書類

（承認の公告）
63の３−１　法第63条の３第２項の規定による公告は、次に掲げる事項について、担

当税関の税関官署の見やすい場所に掲示して行うほか、各税関のホームページに掲載するものとする。なお、全国の特定保税運送者の一覧については、関税局において各税関のホームページに掲載することとしているので留意する。
　(1) 承認を受けた者の氏名又は名称及び住所
　(2) 承認を受けた者が認定通関業者である場合にはその旨、それ以外の者である場合には、令第55条の2各号のうち、該当する号（同条第4号に該当する者にあっては、同号イからホまでの別を含む。）。

（改善措置の求め）
63の5−1　法第63条の5の規定による改善措置の求めは、例えば次の場合において行うものとする。
　(1) 特定保税運送に関する業務について、法の規定に違反する行為が発見された場合。
　(2) 特定保税運送に関する業務において輸出入・港湾関連情報処理システムを適時、適正に使用していない場合。
　(3) 法第67条の3第1項に規定する特定委託輸出申告において、後記67の3−2−3の(4)に規定する貨物の確認を適正に行っていない場合
　(4) 法令遵守規則に則して特定保税運送に関する業務が適正かつ確実に行われていないと認められる場合
　(5) その他税関手続の履行又は貨物の管理に関して不適切と認められる行為があった場合

（特定保税運送者からの事情の聴取等）
63の5−2　前記63の5−1の規定により改善措置を求める場合には、その原因となった行為が生じた理由等について特定保税運送者（法第63条の2第1項に規定する特定保税運送者をいう。以下同じ。）から事情を聴取したうえで、再発を防止するための措置を講じることを求めるものとする。

（保税運送の特例を受ける必要がなくなった旨の届出手続）
63の6−1　令55条の7の規定による届出（以下この項において「届出」という。）の手続については、次による。
　(1) 届出を行おうとする場合には、「特例輸入者の承認等取りやめ届」（C-9040）2通（原本、届出者用）を担当税関の担当部門に提出することにより行う。ただし、届出者の利便性等を考慮し、署所の窓口担当部門へ提出することを妨げない。この場合において、当該届出に係る書面を受理した署所の窓口担当部門は、その書面を速やかに本関の担当部門に送付するものとする。
　(2) 「特例輸入者の承認等取りやめ届」には、届出者の住所及び氏名又は名称、承認を受けた年月日、取りやめの理由及び特定保税運送に係る外国貨物の全てが運送先に到着している旨を記載する。

（承認の失効の公告）

63の7－1　法第63条の7第2項に規定する承認の失効の公告は、失効年月日、特定保税運送者の住所又は居所及び氏名又は名称について、担当税関の税関官署の見やすい場所に掲示して行うほか、各税関のホームページに掲載するものとする。

（特定保税運送者の承認の取消し）

63の8－1　法第63条の8の規定に基づき特定保税運送者の承認を取り消す場合の取扱いについては、次による。

(1) 法第63条の4第1号イからトまでに該当することとなった場合は、遅滞なく承認を取り消す手続を開始するものとする。

(2) 法第63条の4第2号に適合しないこととなったため承認を取り消すことができる場合とは、例えば特定保税運送者が、令第55条の6第3号に掲げる法律の規定に基づき、事業の停止等の処分を受けることとなった場合をいう。

(3) 令第55条の8の規定に基づく通知は、後記89－5(3)に規定する「不服申立て等について」（C-7009）を添付した「特例輸入者等承認・認定取消書」（C-9050）を交付することにより行うものとする。

（承継の承認申請手続等）

63の8の2－1　法第63条の8の2において準用する法第48条の2第1項から第5項までの規定に基づく特定保税運送者の承認を承継する場合の承認申請手続の取扱いは、次による。

(1) 特定保税運送者の承継の承認申請（以下この項において「承継の承認申請」という。）は、「特例輸入者等の承認・認定の承継の承認申請書」（C-9060）（以下この項において「承継の承認申請書」という。）2通（原本、申請者用）を担当税関の担当部門に提出することにより行わせるものとする。ただし、申請者の利便性等を考慮し、担当税関の署所の窓口担当部門へ提出することを妨げない。この場合において、当該承継の承認申請書を受理した署所の窓口担当部門は、その承継の承認申請書を速やかに本関の担当部門に送付するものとする。

　なお、特定保税運送者間の合併若しくは分割又は特定保税運送者に係る法第63条の2第1項に規定する特定保税運送に関する業務の譲渡し（以下この項において「合併等」という。）の場合で、各々の担当税関が異なる場合、承継の承認申請書を提出する担当税関は、原則として、合併等の後における主たる特定保税運送業務を行う予定の事業所の所在地を管轄する担当税関とする。

(2) 承継の承認申請書の添付書類については、前記63の2－1(1)の規定並びに7の2－5(2)のイからニ及びチの規定に準じて取り扱うこととして差し支えない。この場合において、同項の(2)チ中「輸入業務に携わる担当者（特例輸入者の承認要件等の審査要領について（平成19年3月31日財関第418号）2(1)②に規定する担当者をいう。）」とあるのは「特定保税運送等の業務に携わる担当者（規則第7条の3第3号に規定する担当者をいう。）」と読み替えるものとする。

(3) 法第63条の8の2において準用する法第48条の2第1項に規定する特定保税運

送者に係る相続の場合には、地位の承継を証する書類（例えば、相続人の同意により選定された場合は当該事実を証する書面）、同条第4項に規定する合併等の場合には、合併等が確実であると認められる書類（例えば、業務の譲渡に係る契約（会社法第467条）、吸収合併契約（会社法第749条第1項）、新設合併契約（会社法第753条第1項）、吸収分割契約（会社法第758条）、新設分割計画（会社法第763条）に係る書面の写し。）を提出させるものとする。

　また、合併後存続する法人若しくは合併により設立される法人、分割により設立される法人又は特定保税運送者に係る法第63条の2第1項に規定する特定保税運送に関する業務を譲り受ける法人（登記内容に変更が生じた場合に限る。）にあっては、登記後速やかに登記事項証明書を提出させるものとする。なお、登記した旨を担当税関へ連絡し、担当税関において、情報通信技術を活用した行政の推進等に関する法律第11条に基づき、法務省の登記情報連携システムを使用して、登記情報を入手することができる場合には、提出を要しないものとする。

(4) 令第55条の8の2第2項において準用する令第39条の2第1項第2号に規定する「相続があつた年月日」とは被相続人の死亡日をいい、令第55条の8の2第2項において準用する令第39条の2第2項第3号に規定する「合併若しくは分割又は特定保税運送者に係る法第63条の2第1項に規定する特定保税運送に関する業務の譲渡しが予定されている年月日」とは、吸収合併契約若しくは吸収分割契約又は業務の譲渡に係る契約に関する書面に記載された効力発生日又は新設合併若しくは新設分割の登記（成立）予定日をいう。

(5) 合併等に係る承継の承認の申請は、上記(4)に規定する効力発生日又は登記（成立）予定日以前に行わせるものとし、当該申請の申請者は、以下のとおりとする。

　イ　合併の場合には、合併しようとする法人の連名

　ロ　分割の場合には、分割しようとする法人と分割後当該承認の承継を受けようとする既存の法人がある場合には当該既存の法人の連名

　ハ　特定保税運送者に係る法第63条の2第1項に規定する特定保税運送に関する業務の譲渡しの場合には、当該業務を譲り渡そうとする者と譲り受けようとする者の連名

(6) 上記(5)に規定する申請については、上記(3)に規定する合併等が確実であると認められる書類により、これらの者の間の関係が明らかである場合には、当該合併等に係る一の者の名をもって申請を行わせて差し支えない。

(7) 特定保税運送者が、会社法第2条第26号に規定する組織変更を行う場合には、法第63条の8の2で準用する法第48条の2に規定する許可の承継によらず、前記第63の2-4に規定する承認内容の変更手続によることに留意すること。

(8) 承継の承認申請について承認するときは、「特例輸入者等承認・認定の承継の承認書」（C-9070）を、承認しないときは、「特例輸入者等承認・認定の承継の不承認書」（C-9080）を交付することにより行う。

（承継の承認の公告）

63の8の2-2　法第63条の8の2において準用する法第48条の2第6項の規定に基づ

く承継の承認をした際の公告は、次に掲げる事項について、担当税関の税関官署の見やすい場所に掲示して行うほか、各税関のホームページに掲載するものとする。

(1) 承継を受けた者の氏名又は名称及び住所

(2) 承継前に承認を受けていた者の氏名又は名称及び住所

(3) 承継の承認を受けた者が認定通関業者である場合にはその旨、それ以外の者である場合には、令第55条の２各号のうち、該当する号（同条第４号に該当する者にあっては、同号イからホまでの別を含む。）

（郵便物の保税運送の届出手続等）

63の9－1　郵便物（法第30条第１項第３号の特定郵便物を除く。以下この項及び63の9－2において同じ。）の保税運送の届出手続等については、次による。

(1) 郵便物の保税運送の届出を行おうとする者は、「郵便物保税運送届出書」（C-4015）３通を発送地又は到着地所轄税関官署の保税担当部門に提出する。この場合において、当該届出者は、届出日から１年以内に発送する郵便物の運送について一括して届け出ることができる。

(2) 郵便物の保税運送の届出は、発送地の保税地域若しくは岸壁又は到着地の保税地域が異なるごとに行うものとする。

(3) 発送地又は到着地所轄税関官署は、郵便物保税運送届出書の受理に際し、その１通を保管し、１通に受理印を押なつの上、届出受理書として届出者に手交し、他の１通を到着地又は発送地所轄税関官署に送付するものとする。

(4) 郵便物運送者（郵便物の保税運送の届出を行った者をいう。後記63の9－2において同じ。）は、最初の運送の際に、届出受理書の写しを発送地及び到着地の倉主等に引き渡す。

(5) 継続して郵便物の保税運送の届出を行おうとする場合は、当初の届出の有効期間の満了日が到来する前に前記(1)の手続により届け出るものとする。

(6) 外国貿易船から直接運送される貨物については、上記(4)及び(5)に規定する発送地の倉主等に対する手続は、適用しない。

（郵便物を保税運送する際の手続等）

63の9－2　前記63の9－1の(2)により届出が受理された郵便物を運送する際の手続等については、次による。

(1) 郵便物運送者は、郵便物の運送を行う際に、当該郵便物の送り状（原則として、万国郵便条約に基づき、差出国が閉袋送達に関する情報を記載し、当該閉袋に添付することが必要とされている書類（通常郵便物に関する施行規則第186条第３項の規定により記入された引渡明細表CN37，CN38又はCN41等）を使用し、必要に応じ、貨物の品名、記号及び番号、個数、数量、申告価格等を追記する。）４部を発送地の倉主等に提示し、運送貨物についての発送の確認を受けるものとする。発送の確認は押印により行って差し支えない。

　　また、送り状の右上余白部に郵便物の保税運送の届出を行った郵便物である旨並びに受理番号及び運送に係る一連番号を記載するものとする。

　なお、下記に掲げる場合には、申告価格その他必要がないと認める事項につきその記載の省略を認めて差し支えないものとする。

　イ　同一市町村内の運送

　ロ　コンテナー詰貨物その他税関長が取締り上支障がないと認めた貨物の運送

(2) 郵便物運送者は、上記(1)の確認を受けた送り状のうち1部は当該発送地の倉主等に引き渡すものとし、当該倉主等は当該送り状を保管することにより搬出の記帳として差し支えないものとする。

(3) 郵便物運送者は、郵便物が運送先に到着したときは、前記(1)により発送地の倉主等の確認を受けた送り状(3部)を到着地の倉主等に提示し、郵便物についての到着の確認を受けるものとする。到着の確認は押印により行って差し支えない。

(4) 郵便物運送者は、上記(3)の確認を受けた送り状(3部)のうち2部を当該到着地の倉主等に引き渡すものとし、他の1部については1月分を取りまとめの上、翌月の10日までに発送地所轄税関官署の保税担当部門に提出するものとする。

　　また、到着地の倉主等は郵便物運送者から引き渡された送り状(2部)のうち1部を保管することにより搬入の記帳として差し支えないものとし、他の1部については当該倉主等が1月分を取りまとめの上、翌月の10日までに到着地所轄税関官署の保税担当部門に提出するものとする。

(5) 外国貿易船から直接運送される郵便物については、上記(1)から(4)までに規定する発送地の倉主等に対する手続は、適用しない。

(6) 郵便物運送者、発送地の倉主等及び到着地の倉主等のすべてが送り状を保存している場合であって、税関長が取締上支障がないと認めたものについては、上記(1)から(4)までの規定にかかわらず、1月分の送り状を保存することにより、税関への送り状の提出を省略することができるものとする。この場合にあっては、郵便物運送者、発送地の倉主等及び到着地の倉主等は、税関職員の求めに応じ、運送実績を随時提示することができるよう措置するものとする。

(7) 郵便物運送者は、運送貨物に関し、発送前、運送途中、到着時等において破損その他の事故又は異常を発見したときは、直ちに発送地所轄税関官署又は貨物の所在地所轄税関官署の保税担当部門に報告するものとする。

(8) 税関からあらかじめ通知のあった貨物については、発送地の倉主等又は郵便物運送者は、発送前に発送地所轄税関官署の保税担当部門に通報するものとする。この場合の運送貨物の発送は、前記63-8の規定に準じ取り扱うとともに送り状には必要な事項を記載することを求めるものとする。

　　また、到着地の倉主等は、当該貨物が到着したときは直ちに到着地所轄税関官署の保税担当部門に通報するものとする。

（難破貨物等の運送に関する用語の意義）

64-1　法第64条第1項《難破貨物等の運送》に規定する「難破貨物」等の用語の意義については、次による。

(1) 「難破貨物」とは、遭難その他の事故により船舶又は航空機から離脱した貨物をいう。

(2)「運航の自由を失つた船舶又は航空機」とは、災害等の外部的障害により、あるいは船舶又は航空機自体の内部的故障により自力で航行を継続することができない状態にある船舶又は航空機をいう。
(3)「仮に陸揚された貨物」とは遭難その他やむを得ない事故等により、本来の目的とした陸揚地以外の場所に一時陸揚げ又は取卸しされた貨物をいう。

(難破貨物等の運送の承認)
64-2 法第64条第1項《難破貨物等の運送の承認又は届出》の規定により、難破貨物等をそのある場所から運送する場合の承認申請は、「外国貨物運送申告書(目録兼用)」(C-4000)3通(原本、承認書用、到着証明用)を提出して行わせ、税関においてこれを承認したときは、申告書の備考欄に法第64条に該当するものである旨を注記し、うち1通を運送承認書、他の1通を運送承認書写しとして申告者に交付する。

(難破貨物等が警察官に届け出て運送される場合の取扱い)
64-3 法第64条第1項ただし書《難破貨物等の運送を警察官にあらかじめ届け出る場合》の規定により、難破貨物等が警察官への届出後運送される場合においては、当該警察官から届出を受けた事項について書面、電話その他の方法により最寄りの税関官署に対して速やかに通知があることとなつているから、これにより通知を受けた税関はその旨を直ちに到着地税関に通知し、到着地税関においては当該通知及び法第64条第3項《運送貨物の到着の際の届出》の規定により提出される届出を証する書類と現品とを対照して、その到着を確認するものとする。

(保税運送の取扱いの準用)
64-4 前記63-1(保税運送の承認をしない外国貨物)、63-6(税関において運送申告書に記入すべき事項)、63-8(運送貨物の発送の際の現物確認及び施封)から63-15(到着の連絡)まで及び63-20(運送中の貨物の運送先等の変更の特例)の取扱いは、承認を受けて運送される難破貨物等について準用するものとする。この場合において、これらの取扱い中「運送申告書」とあるのは「運送承認申請書」と読み替えるものとする。

(運送期間の経過による関税の徴収)
65-1 運送期間の経過による関税の徴収については、次による。
(1) 法第63条第1項又は法第64条第1項の規定により運送の承認を受けて運送された外国貨物(輸出の許可を受けた貨物を除く。この項において同じ。)の場合
到着地税関から運送貨物について全部若しくは一部が到着しない旨又は運送中に損傷があった旨の通知があったときは、運送承認税関は、その運送貨物について調査し、法第65条第1項本文の規定により直ちにその運送貨物の関税を徴収することとなるときは、その運送の承認を受けた者に賦課決定通知書(前記8-1)及び納税告知書(前記9の2-1)を送達する。この場合において、その関税が告知に係る納期限までに完納されない場合には、運送の承認の際に提供させた担保を

　もってその関税に充当し、又は国税徴収の例により徴収する。

　　なお、亡失した貨物が輸出の許可を受けた貨物であるときは、同項本文の規定により関税の徴収を行う必要はなく、また、運送貨物が石油その他の液体貨物又は穀物その他のばら貨物である場合であって、運送中の欠減量が運送貨物の特性、運送方法等から勘案し通常生ずべき範囲内と認められる程度のものであるときも、同項ただし書の規定を適用し、関税の徴収を行う必要はないので留意する。

(2) 特定保税運送に係る外国貨物の場合

　　到着地税関から運送貨物について全部若しくは一部が7日以内に到着しない旨又は運送中に損傷があった旨の通知があつたときは、発送地を管轄する税関は、上記(1)に準じて取り扱うものとする。

（運送期間の経過による関税の徴収に係る用語の意義）

65－2　法第65条第1項ただし書《亡失等により関税を徴収しない場合》に規定する「災害その他やむを得ない事情により亡失した場合」及び「滅却」の意義については、前記23－9（「災害その他やむを得ない理由により亡失した場合」及び「滅却」の意義）と同様とする。

（運送貨物の滅却の承認の申請）

65－3　運送貨物（輸出の許可を受けた貨物を除く。）の滅却の承認の申請は、「滅却（廃棄）承認申請書」（C-3170）2通を提出して行わせ、税関においてこれを承認したときは、うち1通に承認印を押なつし、承認書として申請者に交付する。

（運送貨物が亡失した場合の届出）

65－4　法第65条第4項に規定する届出の取扱いは、前記45－3に準じて取り扱うものとする。この場合において、45－3中「を蔵置してあつた保税蔵置場の許可を受けた」とあるのは「について運送の承認を受けた」と、「当該保税蔵置場を所轄する」とあるのは「当該貨物について運送の承認を受けた」と読み替えるものとする。

（運送貨物が保税地域等に搬入する前に亡失した場合の取扱い）

65－5　保税運送された外国貨物が保税地域又は他所蔵置場所に実際に搬入される前に亡失した場合においては、その貨物が既に保税地域又は他所蔵置場所に接岸又は到着している場合であつても、運送中における亡失として取り扱うものとする。

（開港と不開港との間の内国貨物の運送）

66－1　内国貨物を外国貿易船等に積んで不開港から開港若しくは税関空港に、又は開港若しくは税関空港から不開港に運送することは、運送貨物の確認等貨物の取締りに支障を生じないと認められる場合に限り承認するものとする。

（内国貨物の運送申告）

66－2　法第66条の規定により内国貨物を運送する場合の申告は、外国貿易船、外国

貿易機の別又は運送先を異にするごとに、内国貨物を運送しようとする外国貿易船又は外国貿易機が入港する開港、税関空港又は不開港の所在地を所轄する税関官署に「内国貨物運送申告書（目録兼用）」（C-4030）を3通（原本、承認書用、到着証明用）提出させるものとする。

（運送された内国貨物の引取り）

66-3　外国貿易船等によつて運送された内国貨物を引き取るときは、船卸し（取卸し）に際し運送承認書を提出させ、引取りを認める旨を裏書して交付するものとする。

（保税運送の取扱いの準用）

66-4　前記63-5（保税運送の申告手続）(3)及び(4)、63-6（税関において運送申告書に記入すべき事項）(4)及び(5)、63-9（運送貨物の発送手続）、63-10（運送の期間の指定）、63-12（運送期間の延長の手続）から63-15（到着の連絡）まで並びに63-20（運送中の貨物の運送先等の変更の特例）の取扱いは、内国貨物の運送について準用するものとする。

Ⅱ　税関様式

税関様式Ｃ第 3030 号

令和　　年　　月　　日

長 期 蔵 置 貨 物 報 告 書 （令和　　年　　月分）

税関御中

報　告　者
　　保税地域の所在地及び名称
　　氏　名（責任者氏名）

搬入年月日	品　名	数　量	貨　主	蔵置期間を経過した事由	備　考

（注）法人については、報告者欄に法人の保税地域所在地並びに名称及びその代表権者又は法人の内部において当該業務についての責任者を定めて
　　いるときはその責任者の氏名を記載してください。

（規格Ａ４）

税関様式Ｃ第 3060 号

申請番号

見 本 持 出 許 可 申 請 書

令和　　年　　月　　日

税 関 長 殿

申 請 者

住　　　所

氏名（名称及び代表権者の氏名）

　関税法第 32 条の規定により下記のとおり外国貨物を見本として一時持ち出したいので申請します。

記

蔵置場所 _____

上記場所に搬入した年月日 _____	持出しの期間　自 令和　　年　　月　　日 　　　　　　　　至 令和　　年　　月　　日

持出し先 _____

記号及び番号	品　　名	個　　数	数　　量	価　　格
持出し事由				

（注）1.　法人においては、申請者欄に法人の住所及び名称並びにその代表権者の氏名を記載して下さい。
　　　　　なお、申請者は原則として貨主である法人の名称及び代表者の氏名（申請者が個人の場合は、申請者の氏名）を記載するものとするが、通関業者が貨主に代わって申請する場合は、代理人である旨を明記し、貨主の名称等を併記してください。
　　　2.　この申請書は 2 通提出して下さい。

（規格Ａ4）

税関様式C第3061号

包括見本持出許可申請書

令和　　　年　　　月　　　日

税　関　長　殿

申　請　者
住所
氏名又は名称

　下記のとおり外国貨物の包括見本の一時持出の許可を受けたいので申請します。

記

品　　名		数　　量	個　　数	価　　格
記号及び番号	包括の許可の数　　量			
	1回当たりの持出限度数量			
蔵　置　場　所				
一時持出の期間	一時持出の日から　　　　日間			
持　　出　　先				
持　出　の　事　由				
包括許可の期間	令和　　年　　月　　日から令和　　年　　月　　日まで			

(注) 1.　この申請書は2通提出して下さい。
　　　2.　包括許可の期間が満了した場合又は見本として持ち出された
　　　　貨物の数量の合計が包括許可の数量を超えることとなる場合に
　　　　は、速やかに許可税関へ返納して下さい。

（規格A4）

（裏面）

確 認 欄

一 時 持 出 年 月 日	数 量	倉主等 確認欄	戻入れ又は輸 入許可年月日	数量又は輸入 許 可 番 号	倉主等 確認欄

税関様式C第3062号

見本持出台帳

通関士名		通関士証票番号						通関業者名				税関確認欄		
許可年月日	保税地域名	持出年月日	記号・番号	品名	数量	価格	持出期間	持出先	持出事由	倉主確認欄	戻入れ又は輸入許可年月日	数量又は輸入許可書番号	倉主確認欄	

（注）「通関士証票番号」及び「通関業者名」の欄に通関士証票番号及び通関業務に従事する通関業者の氏名又は名称を記載するとともに、「通関士名」の欄には、通関士の氏名を記載して下さい。

税関様式Ｃ第 3080 号

届出番号

外　国　貨　物　廃　棄　届

税　関　御　中

令和　　年　　月　　日

届　出　者

住　　所

氏名又は名称

記号及び番号	品　名	個　数	数　量	蔵　置　場　所	搬入年月日
廃 棄 の 方 法					
廃 棄 の 日 時					
廃 棄 の 事 由					

（注）　この届出書は２通提出して下さい。

（規格Ａ４）

税関様式Ｃ第 3110 号

申請番号

貨物取扱い許可申請書

令和　　　年　　　月　　　日

税　関　長　殿
申　請　者
　　　住　　　所
　　　氏名（名称及び代表権者の氏名）

　関税法第 40 条第 2 項（第 49 条）の規定により下記のとおり保税地域内の貨物の取扱いをしたいので申請します。

記

貨 物 の 蔵 置 場 所	
上 記 場 所 の 区 分	指定保税地域、保税蔵置場
同 上 搬 入 年 月 日	
取 扱 場 所	
取 扱 い の 期 間	自　令和　　　年　　　月　　　日　午前・後　　　時 至　令和　　　年　　　月　　　日　午前・後　　　時
取 扱 い の 種 類 及　び　内　容	
※取扱貨物の区分	外国貨物、輸出しようとする貨物、運送貨物

取　扱　貨　物　の　明　細

記号及び番号	品　　名	個　　数	数　　量

（注）1.　法人においては、申請者欄に法人の住所及び名称並びにその代表権者（法人の代表権者から当該業務を行うことにつき委任を受けている支店、営業所等の長を含む。）の氏名を記載して下さい。
　　　 2.　この申請書は２通提出して下さい。
　　　 3.　※印の欄は該当する事項を○で囲んで下さい。

（規格Ａ４）

税関様式Ｃ第 3120 号

申請番号

保税蔵置場許可申請書

令和　　　年　　　月　　　日

税　関　長　殿
申　請　者
　　　住　　　　所
　　　法　人　番　号
　　　氏名（名称及び代表権者の氏名）

関税法第 42 条の規定により、関係書類を添えて下記のとおり保税蔵置場の許可を申請します。

記

蔵 置 場 の 名 称	
所　　在　　地	
営業用、自家用 の　　　　　別	
蔵 置 場 の 構 造 棟 数 及 び 面 積	
蔵 置 す る 貨 物 の 種　　　　　類	
許可を受けよう と す る 期 間	自　令和　　　年　　　月　　　日 至　令和　　　年　　　月　　　日

（注）　1.　法人においては、申請者欄に法人の住所、法人番号及び名称並びにその代表権者の
　　　　　　氏名を記載して下さい。
　　　　2.　この申請書は1通（税関支署を経由する場合は2通）提出して下さい。

（規格Ａ4）

税関様式Ｃ第 3130 号

許可番号

保 税 蔵 置 場 許 可 書

令和　　年　　月　　日

殿

税 関 長　　　　　　　　　㊞

　平成　　年　　月　　日付で申請のあった保税蔵置場については、関税法第４２条の規定により下記のとおり許可する。

記

蔵 置 場 の 名 称

所　　　　在　　　　地

営 業 用 ・ 自 家 用 の 別

蔵 置 場 の 構 造

棟 数 及 び 面 積

蔵 置 す る 貨 物 の 種 類

許　　可　　期　　間　　　　自　令和　　年　　月　　日
　　　　　　　　　　　　　　至　令和　　年　　月　　日

許　　可　　条　　件

（規格Ａ４）

税関様式C第 3140 号

申請番号

保税 蔵置場／工場 許可期間の更新申請書

令和　　　年　　　月　　　日

税 関 長 殿
申 請 者
　　　住　　　所
　　　法 人 番 号
　　　氏名（名称及び代表権者の氏名）

　　関税法施行令第 36 条（第 50 条の 2）の規定により、下記保税蔵置場（保税工場）の許可期間の更新を申請します。

記

保　税　蔵　置　場 （保　税　工　場）の　名　称	
所　　　　在　　　　地	
保税蔵置場（保税工場） の 許 可 を 受 け た 期 間	自　令和　　　年　　　月　　　日 至　令和　　　年　　　月　　　日
更新を受けようとする期間	自　令和　　　年　　　月　　　日 至　令和　　　年　　　月　　　日
更新を受けようとする事由	

（注）1.　法人においては、申請者欄に法人の住所、法人番号及び名称並びにその代表権者の
　　　　　氏名を記載して下さい。
　　　2.　この申請書は 1 通（税関支署を経由する場合は 2 通）提出して下さい。
　　　3.　許可を受けた期間には、更新を受けたものである場合は最後の更新を受けた期間を
　　　　　記入して下さい。

（規格 A 4）

税関様式Ｃ第 3150 号

番　　号

蔵置場
保　税　　　　　許 可 期 間 の 更 新 書
工　　場

令和　　　年　　月　　　日

殿

税　関　長　　　　　　　　　　㊞

　　平成　　　年　　　月　　　日申請に係る保税　　　　　蔵置場　許可期間の更新申請については、
　　　　　　　　　　　　　　　　　　　　　　　　　工　　場
関税法第42条（第61条の4）の規定により下記のとおり更新したので通知する。

記

保　税　蔵　置　場 （ 保 税 工 場 ） の 名 称	
所　　　在　　　地	
保税蔵置場（保税工場） の 許 可 を 受 け た 期 間	自　令和　　　　年　　　　月　　　　日 至　令和　　　　年　　　　月　　　　日
更　新　し　た　期　間	自　令和　　　　年　　　　月　　　　日 至　令和　　　　年　　　　月　　　　日
更　新　に　伴　う　条　件	

（規格Ａ4）

税関様式Ｃ第3160号

貨 物 収 容 能 力 増 減 等 の 届

令和　　年　　月　　日

税 関 長 殿

届 出 者
　住　　　所
　氏名（名称及び代表権者の氏名）

　　関税法第44条第1項（第61条の4、第62条の15）の規定により下記のとおり

保税蔵置場
保 税 工 場　について貨物の収容能力の増減等をしたいので関係書類を添えて届け出ます。
総合保税地域

記

保 税 蔵 置 場　， 保 税 工 場　の名称及び 総合保税地域 所　　　　在　　　　地	
貨物の収容能力の増減又 は改築移転その他の工事 の別（改築移転その他の 工事についてはその概要）	
変 更 前 の 延 べ 面 積	平方メートル
変 更 し よ う と す る 延 べ 面 積 （ 増 減 ）	平方メートル
変 更 後 の 延 べ 面 積	平方メートル
届　　出　　の　　事　　由	

（注）1.　法人においては、届出者欄に法人の住所及び名称並びにその代表権者の氏名を記載して下さい。
　　　　　なお、届出者が法人である場合で、あらかじめ法人の代表権者から役員又は従業員に対して委
　　　　任する旨、保税地域の許可申請の際に税関へ包括して委任状の提出があった場合についてはその
　　　　委任を受けた者の氏名で届け出ることができます。
　　　2.　この届出書は2通（税関支署、出張所その他の官署に届け出る場合には3通）提出して下さい。
　　　3.　不要の部分は抹消して下さい。
　　　4.　改築、移転その他の工事を行おうとする場合は、「変更前の延べ面積」、「変更しようとする延
　　　　べ面積」及び「変更後の延べ面積」の欄の記載は要しない。

（規格Ａ４）

税関様式Ｃ第3170号

申請番号

滅 却 （ 廃 棄 ） 承 認 申 請 書

令和　　　年　　　月　　　日

税 関 長 殿

申 請 者
住　　　　所
氏名又は名称

下記の物品を滅却（廃棄）したいので申請します。

※ 適 用 法 令	イ．関税法第４５条第１項（第３６条第１項、第４１条の３、第６１条の４、第６２条の７、第６２条の１５） ロ．関税法第６５条第１項 ハ．関税法第６５条第２項により準用される同条第１項 ニ．関税法第６５条の２第１項 ホ．関税定率法第１７条第５項 ヘ．関税定率法第２０条第２項 ト．関税定率法施行令第６１条により準用される同法施行令第１１条第２項			
記　号・番　号	品　　　名	個　　　数	数　　量	
輸 入 許 可 税 関		輸入許可等の 年　月　日		
		輸入許可書等 番　　　号		
蔵　置　場　所				
滅却（廃棄）の日時				
滅却（廃棄）の方法・ 場所				
積載船舶（航空機） の 名 称 及 び 入 港 年 月 日				
滅却（廃棄）の理由				

(注)　1．　この申請書は2通提出して下さい。
　　　2．　この申請書は、輸入の許可書又はこれに代わる税関の証明書を添付して下さい。
　　　3．　廃棄承認申請書として使用する場合には、廃棄することがやむを得ないものであることを証する書類を添付して下さい。
　　　4．※印の欄は該当する適用法令の記号を○で囲んで下さい。

（規格Ａ４）

税関様式Ｃ第3171号

包 括 滅 却 承 認 申 請 書

令和　　　年　　　月　　　日

税 関 長 殿

申 請 者
住　　　所
氏名又は名称

　関税法第45条第1項（第41条の3、第61条の4、第62条の7、第62条の15）に基づく、外国貨物の滅却について、下記のとおり包括滅却の承認を受けたいので申請します。

記

保税地域の名称及び所在地	
滅却管理責任者の氏名	
実 行 者 の 氏 名	
恒常的に発生する滅却貨物の品名及び年間予定数量	
滅 却 の 場 所	
滅 却 の 方 法	
滅 却 の 事 由	
※承 認 期 間	令和　　年　　月　　日から令和　　年　　月　　日まで
備 考	

(注)　1．　この申請書は2通提出して下さい。
　　　 2．　※印欄は、税関において記入します。
　　　 3．　記載内容に変更があった場合には、改めて提出して下さい。

（規格Ａ4）

税関様式C第3175号

届出番号

外 国 貨 物 亡 失 届

令和　　　年　　　月　　　日

税関長　殿
届 出 者
　　住　　　　所
　　氏名（名称及び代表権者の氏名）

外国貨物を亡失したため、下記のとおり届け出ます。

記

適用法令	1．関税法第45条第3項（法第36条第1項、第41条の3、第61条の4、第62条の7、第62条の15） 2．関税法第65条第4項 3．関税法第65条の2第3項 4．関税法第67条の5 （上記1から4で該当する番号を〇で囲んで下さい。）		
保税地域の名称・所在地 （上記1に該当する場合のみ記載）	保税地域名： 住所：		
亡失した貨物の明細	品　　名		
	記号・番号		
	数　　量		
	価　　格		
	参考事項		
亡失した貨物が置かれていた場所（亡失した場所）			
亡失した年月日			
亡失の事由			

（注）　1．　　法人においては、届出者欄に法人の住所及び名称並びにその代表権者（法人の代表権者から当該業務を行うことにつき委任を受けている支店、営業所等の長を含む。）の氏名を記載してください。
　　　　2．　　この届出書は、1通提出して下さい。
　　　　3．　　参考事項欄には、適用法令が1に該当する場合は、輸出貨物又は輸入貨物の別、2に該当する場合は、保税運送の承認書の番号、3に該当する場合は、郵便物の保税運送の届出番号、4に該当する場合は輸出の許可書の番号を記入して下さい。

（規格A4）

税関様式C第3180号

届出番号

　　　　　　　　　　保 税 蔵 置 場
　　　　　　　　　　保 税 工 場　休（廃）業届
　　　　　　　　　　総合保税地域
　　　　　　　　　　　　　　　　　　令和　　　年　　　月　　　日
　　　　　　　税 関 長 殿

　　　　　　　届 出 者
　　　　　　　　住　　　　　所
　　　　　　　　法 人 番 号
　　　　　　　　氏名（名称及び代表権者の氏名）

　　下記のとおり休（廃）業することとしたので届け出ます。

　　　　　　　　　　　　　　　　　記

保税蔵置場 保税工場　の名称 総合保税地域	
所　　　　在　　　　地	
休　業　の　期　間 ［業務休止の日又は 廃業の場合はその年月日］	令和　　年　　月　　日から令和　　年　　月　　日まで （令和　　年　　月　　日）
外国貨物があるときは当該 貨物を出し終わる日時	
休（廃）業の理由	

（注）1.　法人においては、届出者欄に法人の住所、法人番号及び名称並びにその代表権者の
　　　　　氏名を記載して下さい。
　　　　　　なお、届出者が法人である場合で、あらかじめ法人の代表者から役員又は従業員に
　　　　　対して委任する旨、保税地域の許可申請の際に税関へ包括して委任状の提出があった
　　　　　場合についてはその委任を受けた者の氏名で届出ることができます。
　　　　2.　この届出書は1通提出して下さい。

　　　　　　　　　　　　　　　　　　　　　　　　　　　　　　　（規格A4）

税関様式C第3190号

届出番号

保税蔵置場
保税工場　の業務の再開届
総合保税地域

令和　　年　　月　　日

税関長殿

届出者
住所
氏名（名称及び代表権者の氏名）

下記により業務を再開することとしたので届け出ます。

記

保税蔵置場 保税工場　の名称 総合保税地域	
所　　在　　地	
業務再開の年月日	
業務再開の理由	

(注) 1.　法人においては、届出者欄に法人の住所及び名称並びにその代表権者の氏名を記載
して下さい。
　　　　なお、届出者が法人である場合で、あらかじめ法人の代表者から役員又は従業員に
対して委任する旨、保税地域の許可申請の際に税関へ包括して委任状の提出があった
場合についてはその委任を受けた者の氏名で届出ることができます。
　　 2.　この届出書は1通提出して下さい。

（規格A4）

税 関 様 式 C 第 3191 号
番 号
令和　　年　　月　　日

処分に関する意見聴取等の通知書

　　　　　殿

税 関 長

　　　　について関税法第　　条第　　項の規定に基づく処分に関し、
意見の聴取を行う必要がありますので、下記により出頭して下さい。

記

　１．処分の内容

　２．処分の原因となる事実

　３．意見聴取の期日及び場所

　４．意見聴取に係る問合せ先
　　　　　　税関　　　　部門

（注１）意見聴取の期日に出頭して意見を述べ、及び証拠書類又は証拠物（以
　　　下「証拠書類等」という。）を提出し、又は意見聴取の期日への出頭に代え
　　　て陳述書及び証拠書類等を提出することができます。
（注２）意見聴取が終結するまでの間、当該処分の原因となる事実を証する資
　　　料の閲覧を求めることができます。

税 関 様 式 C 第 3192 号

番　号

令和　　年　　月　　日

処 分 通 知 書

殿

税　関　長

関税法第　　条第　　項の規定に基づき、下記のとおり処分します。

記

1．処分の対象

2．処分の内容

3．理　　　　由

税関様式Ｃ第 3193 号

保税地域処分報告（通報）書

適用条項：関税法第　　条第　　項第　　号　　　　　　　　　　（　　　　　　税関）

貨物管理者又は 被許可者について	名称 　　　　　（保税地域コード　　　　　　）	代表者氏名
	保税地域の区分（保税地域の種類並びに自家用・営業用の別等を記入）	
	所在地	
	蔵置貨物の種類	
	資本金	系列
	従業員数（企業全体　　　　　　　人）　（当該保税地域　　　　　　人）	
	管轄官署名　　　　　　　　　　　（官署コード　　　　　）	
違 反 行 為 の 内 容	条項：件数：期間（条項別に件数及び期間を記入）	
	違反事実の概要	
違 反 に 係 る 貨 物	品名	数量	価格（建値）
発 見 の 状 況	発見日	端緒
処分基準適用状況	基礎点数表　　　　　　点 加算点数表①　　　　　点 加算点数表②　　　　　点 加算点数表③　　　　　点 加算　　　　　　　　　点 減算　　　　　　　　　点	合計点数　　　　点 処分内容及び期間
そ の 他 参 考 事 項		

（規格Ａ４）

税関様式C第3195号

申請番号

保 税 蔵 置 場
保 税 工 場　　許可の承継の承認申請書
保 税 展 示 場
総 合 保 税 地 域

令和　　　年　　　月　　　日

税 関 長 殿

　　　　申 請 者
　　　　　　住　　　　所
　　　　　　法 人 番 号
　　　　　　氏名又は名称

　　　　申 請 者
　　　　　　住　　　　所
　　　　　　法 人 番 号
　　　　　　氏名又は名称

　関税法施行令第39条の2第1項又は第2項（第50条の2、第51条の8、第51条の15）の規定により、下記のとおり申請します。

記

保税蔵置場（保税工場・保税展示場・総合保税地域）の名称	
保税蔵置場（保税工場・保税展示場・総合保税地域）の所在地	
承継後の保税蔵置場（保税工場・保税展示場・総合保税地域）の名称	
（被相続人・合併前の法人・分割前の法人・業務を譲り渡そうとする者）の氏名又は名称	
（被相続人・合併前の法人・分割前の法人・業務を譲り渡そうとする者）の住所	
（合併後存続する法人・合併後設立される法人・分割により許可を承継する法人・業務を譲り受ける者）の氏名又は名称	
（合併後存続する法人・合併後設立される法人・分割により許可を承継する法人・業務を譲り受ける者）の住所	
許 可 の 承 継 の 理 由	
（相続があった・合併・分割・業務の譲渡しが予定されている）年月日	

（注）1.　法人においては、申請者欄に法人の住所、法人番号及び名称並びにその代表権者の氏名を記載して下さい。
　　　2.　この申請書は1通（税関支署を経由する場合は2通）提出して下さい。

（規格A4）

税関様式 C 第 3196 号

申請番号

保 税 蔵 置 場
保 税 工 場
保 税 展 示 場　　許可の承継の承認書
総 合 保 税 地 域

令和　　　年　　　月　　　日

殿

税 関 長　　　　　　㊞

　平成　　年　　月　　　日申請に係る保税蔵置場・保税工場・保税展示場・総合保税地域許可
の承継申請については、関税法第 48 条の 2（第 61 条の 4、第 62 条の 7、第 62 条の 15）の規
定により下記のとおり承認する。

記

保税蔵置場（保税工場・保税展示場・総合 保 税 地 域 ） の 名 称	
保税蔵置場（保税工場・保税展示場・総合 保 税 地 域 ） の 所 在 地	
承 継 後 の 保 税 蔵 置 場 等 の 名 称	
被相続人の氏名、合併前若しくは分割前の法人の名称、又は業務を譲り渡そうとする者の名称若しくは氏名	
被相続人の住所、合併前若しくは分割前の法人の住所又は業務を譲り渡そうとする者の住所	
合併後存続する若しくは設立される法人の名称、分割後当該許可を承継する法人の名称又は業務を譲り受ける者の名称若しくは氏名	
合併後存続する若しくは設立される法人の住所、分割後当該許可を承継する法人の住所又は業務を譲り受ける者の住所	
相続、合併若しくは分割又は業務の譲渡しが予定されている年月日	
変 更 等 の 行 わ れ た 条 件 の 内 容	

税関様式Ｃ第 3200 号

申請番号

保 税 工 場 許 可 申 請 書

令和　　　年　　　月　　　日

税 関 長 殿

申 請 者
　　　住　　　　　所
　　　法 人 番 号
　　　氏名（名称及び代表権者の氏名）

関税法第 56 条の規定により、関係書類を添えて下記のとおり保税工場の許可を申請します。

記

工 場 の 名 称	
所 在 地	
工 場 の 構 造 棟 数 及 び 面 積	
保 税 作 業 の 種 類 及 び 内 容	
保 税 工 場 で 使 用 す る 外 国 貨 物 の 種 類	
許 可 期 間	自　令和　　　年　　　月　　　日 至　令和　　　年　　　月　　　日
利 用 の 見 込 み	

（注）1.　法人においては、申請者欄に法人の住所、法人番号及び名称並びにその代表権者の
　　　　　氏名を記載して下さい。
　　　2.　この申請書は１通（税関支署を経由する場合は２通）提出して下さい。

（規格Ａ４）

税関様式Ｃ第 3210 号

許可番号

保　税　工　場　許　可　書

令和　　年　月　日

　　　殿

税　関　長　　　　　　　㊞

　平成　　年　　月　　日付で申請のあった保税工場については、関税法第５６条の規定により下記のとおり許可する。

記

工　場　の　名　称

所　　　在　　　地

工　場　の　構　造

棟　数　及　び　面　積

保税作業の種類及び内容

保 税 工 場 で 使 用 す る
外 国 貨 物 の 種 類

許　可　期　間　　　　自　令和　　年　　月　　日

　　　　　　　　　　　至　令和　　年　　月　　日

許　可　条　件

（規格Ａ４）

税関様式C第3220号

保税工場（総合保税地域）外における保税作業期間（場所）変更申請書

令和　　　年　　　月　　　日

税 関 長 殿

保税工場（総合保税地
域）の所在地及び名称
責 任 者 氏 名

関税法施行令第49条第4項（第51条の15）の規定により下記のとおり保税工場（総合保税地域）外における保税作業の期間（場所）を変更したいので申請します。

記

保税工場（総合保税地域）外における保税作業許可の年月日及び番号	
変更を受けようとする事項及び内容	

変更後における保税工場（総合保税地域）外作業を行う場所	名　　　　　　　称	所　　　在　　　地
申請事由		

（注）　この申請書は2通提出して下さい。

（規格A4）

税関様式Ｃ第 3230 号

使　用　内　訳　表

選別の結果仕分された貨物	品　　　　　名	数　　量	仕 分 後 の 用 途

製　造　番　号	使　用　年　月　日	数　　量	残　　高

（規格Ａ４）

税関様式C第3240号

申請番号

外 国 貨 物 蔵 置 期 間 延 長 承 認 申 請 書

令和　　　年　　　月　　　日

税 関 長 殿

申 請 者

住　　　　　所

氏名又は名称

　関税法第43条の2第2項（第61条の4、第62条の15）の規定により、下記のとおり保税蔵置場（保税工場、総合保税地域）について外国貨物蔵置期間の延長の承認を受けたいので申請します。

記

保税蔵置場（保税工場、総合保税地域）の名称					
所　　　在　　　地					
蔵置期間の延長をしようとする貨物の明細	記号及び番号	品　　　　名	個　　数	数　　　量	
最初蔵入（移入、総保入）承認年月日及び承認番号	令和　　年　　月　　日　承認番号　第　　　号				
延長を必要とする期間	自　令和　　　　年　　　　　月　　　　　日 至　令和　　　　年　　　　　月　　　　　日				
延長を必要とする事由					

　（注）　1．　この申請書は2通提出して下さい。

　　　　　2．　不要な字句は2本線で抹消して下さい。

（ 規格A4 ）

税関様式C第3240−1号

申請番号

外 国 貨 物 蔵 置 期 間 延 長 承 認 申 請 書

令和　　　年　　　月　　　日

税 関 長 殿

申 請 者
住　　　　所

氏名又は名称

　関税法第４３条の２第２項（第６１条の４、第６２条の１５）の規定により、下記のとおり保税蔵置場（保税工場、総合保税地域）について、外国貨物蔵置期間の延長の承認を受けたいので関係書類を添えて申請します。

記

延 長 を 必 要 と す る 期 間	自　令和　　　　年　　　　　　月　　　　　　日
	至　令和　　　　年　　　　　　月　　　　　　日

（注）１．　この申請書は２通提出して下さい。
　　　　２．　関係書類は、前回承認を受けた際の承認書の写し及び添付資料の写しを添付して下さい。
　　　　３．　２回目以降の外国貨物蔵置期間の延長の承認申請において、前回承認を受けた内容から変更がない場合、この申請書を使用することができます。

（規格Ａ４）

税関様式C第 3241 号

申請番号

蔵入承認を受けずに外国貨物を置くことができる期間の指定申請書

令和　　　年　　　月　　　日

税　関　長　殿
申　請　者
　　　住　　　　所
　　　氏名（名称及び代表権者の氏名）

　関税法第 43 条の 3 第 1 項の規定により、下記のとおり保税蔵置場において承認を受けずに外国貨物を置くことができる期間についての税関長の指定を受けたいので申請します。

記

保税蔵置場の名称					
所　　在　　地					
貨物の明細	記号及び番号	品　　　　名	個　　　数	数　　　量	
原　　産　　地					
積　　出　　地		（都市）		（国）	
積載船（機）名					
延長を必要とする期間	自　　令和　　　年　　　月　　　日 至　　令和　　　年　　　月　　　日				
延長を必要とする理由					
その他の参考となるべき事由					

（注）1.　法人においては、申請者欄に法人の住所及び名称並びにその代表権者の氏名を記載して下さい。

　　　2.この申請書は 2 通提出して下さい。

（規格A4）

税関様式Ｃ第3250号

届出番号

税　関　御　中

保　税　作　業　開　始　届

令和　　年　　月　　日

届　出　者

保税工場の所在地及び名称

氏　名（責任者氏名）

保税作業の種類及び内容			保税作業 の期間	自　令和　　年　　月　　日 至　令和　　年　　月　　日			
移入承認番号	移入年月日	記号及び番号	品　　名	内外貨の別	個　　数	数　　量	

（注）1.　法人においては、届出者欄に法人の保税工場の所在地並びに名称及びその責任者（原則として工場長）の氏名を記載してください。
　　　　なお、法人内に保税工場業務責任者を定めている場合については、その責任者の氏名を届出により届出ることができます。
　　　2.　移入承認番号及び移入年月日の欄は、内国貨物については記載する必要はありません。

（規格Ａ４）

税関様式Ｃ第3260号

保 税 作 業 終 了 届

番　号

届出税関

保税作業開始届　　年　　月　　日　　番　　号

保税工場の所在地及び名称

責任者氏名

令和　　年　　月　　日

保税作業の種類及び内容					

保税作業に使用した貨物

移　入 承認番号	移　入 年月日	記号及び 番　号	品　名	内外貨 の別	数　　量	
					個数	総重量

保税作業の期間　自令和　　年　　月　　日　至令和　　年　　月　　日

保税作業によってできた貨物

欄	記号及び 番　号	品　名	数　　量		内外貨混合使用の承認 を受けた場合その年月 日及び番号 令和　年　月　日	備　考
			個数	総重量		
1						
2						
3						
4						
5						
6						
7						
8						
9						
10						

（注）　1.　この届出書は２通提出して下さい。
　　　　2.　移入承認欄は内国貨物については記載する必要がありません。
　　　　3.　※印は税関において記入します。

※税関確認欄

（規格Ａ４）

（裏面）

貨物移動明細欄

整理番号	年月日	区分	許可、承認又は届出の番号	移動		残		取扱者確認欄	備考
	年 月 日			個数	総重量	個数	総重量		考

税関様式Ｃ第 3270 号

内外貨混合使用承認申請書

令和　　年　　月　　日

税 関 長 殿

申 請 者

保税工場（総合保税地

域）の所在地及び名称

氏名（責任者氏名）

　関税法第 59 条第 2 項（第 62 条の 15）の規定により下記のとおり外国貨物と内国貨物を混じて使用したいので申請します。

記

適用を受けようとする期間			令和　　年　　月　　日から令和　　年　　月　　日まで
保税作業の種類及び内容			
保税作業において使用する原料品	外国貨物	品　　名	
		品質規格	
	内国貨物の品名		
しようとする内国貨物混じて使用	品　　　名		
	品 質 規 格		
製　造　歩　留　り			

（注）1.　法人においては、申請者欄に法人の住所及び名称並びにその責任者の氏名を記載して下さい。
　　　 2.　この申請書は 2 通提出して下さい。

（規格Ａ４）

税関様式Ｃ第 3290 号

保税工場（総合保税地域）外保税作業（一括・個別）許可申請書

令和　　年　　月　　日

税 関 長 殿

保税工場（総合保税地
域）の所在地及び名称

責 任 者 氏 名

　関税法第６１条第１項（第６２条の１５）の規定により下記のとおり保税工場外における
保税作業の許可を受けたいので申請します。

記

適用をうけよう と す る 期 間	令和　　年　　月　　日 から 令和　　年　　月　　日 まで		
保税工場（総合保税 地域）外における 保 税 作 業 の 種 類			
保税工場（総合保税地域）外において 保税作業をしようとする貨物の品名		保税工場（総合保税地域）外における 保 税 作 業 に よ っ て で き る 製 品	
保税工場（総合保税地域）外作業を行う場所	名　　　　　称	所　　　在　　　地	
場 外 作 業 に お け る 作 業 期 間			
申 　 請 　 の 　 事 　 由			

（注）1．　この申請書は２通提出して下さい。
　　　2．　不要の部分は抹消して下さい。

（規格Ａ４）

税関様式Ｃ第3300号

指　　　定　　　書

令和　　　年　　　月　　　日

殿

税　関　長

　　下記の保税作業については、関税法第６１条の２の規定による保税作業として指定したので通知する。

記

保 税 工 場 の 名 称	
所　　　在　　　地	
保税作業に使用される外国貨物である原料品の品名	
保税作業により製造される外国貨物である製品の品名	
指　定　の　条　件	

（規格Ａ４）

税関様式Ｃ第3305号

貨物の総量管理適用（更新）申出書

令和　　年　　月　　日

税　関　長　殿

申　出　者
　　住　　　　　所
　　氏名（名称及び代表権者の氏名）

　　当保税工場における貨物管理について、総量管理の適用（更新）を受けたいので、下記のとおり申し出ます。

記

適用を受けようとする期間		令和　　年　　月　　日から令和　　年　　月　　日
総量管理をしようとする製品	品　　　名	
	品質・規格	
総量管理をしようとする原料品	品　　　名	
	品質・規格	
製造歩留り又は仕様		
同時蔵置の有無		原料品について（有・無）　　製品について（有・無）

（注）１．法人においては、申出者欄に法人の住所及び名称並びにその代表権者の氏名を記載して下さい。

　　　２．この申出書には、「原料品、製品及び仕掛品の数量を確認できる社内帳票名を付記した作業工程図（製造工程図）」を添付して下さい。

　　　３．この申出書は２通（税関支署を経由する場合は３通）提出して下さい。

（規格Ａ４）

税関様式C第3307号

使 用 内 訳 表

選別の結果仕分された貨物	品　　　名	数　量	仕分後の用途

積戻許可番号等	積戻等年月日	数　量	残　　　高

（規格A4）

税関様式Ｃ第3310号

外 国 貨 物 加 工 製 造 等 報 告 書 (　　月分)

令和　　年　　月　　日

税 関 長 殿

保税工場（総合保税地域）の
所在地及び名称
責任者氏名

1．原 料 品

品 名 及 び 規 格				
前 月 末 繰 越 数 量 ①				
当 月 中 搬 入 数 量 ②				
当 月 中　輸　　　　入				
搬 出 数 量　そ　の　他				
③　　　　　計				
保税作業に使用した数量④				
未使用残高（①+②-③-④）				
上欄中承認を受けた数量				

2．製品及び副産物

製品及び副産物の品名・規格				
前 月 末 繰 越 数 量 ⑤				
当 月 中 出 来 高 ⑥				
当 月 中　積　戻　し				
搬 出 数 量　保 税 運 送				
⑦　　　輸　　　　入				
そ　の　他				
計				
製品残高（⑤+⑥-⑦）				

3．仕 掛 品

原 料 品 の 品 名 及 び 規 格				
前 月 末 繰 越 数 量 ⑩				
原料使用数量（上記1の④）				
製品及び副産物出来高に含まれる原料品の数量⑪				
本月末残高（⑩+④-⑪）				
備　　　　　　　考				

(注)　第1欄中「承認を受けた数量」とは、関税法第61条の4において準用する同法第43条の3の承認を受けた数量をいいます。

(規格Ａ4)

税関様式C第3312号

貨物の総量管理の適用を受けた指定保税工場における外国貨物加工等製造等報告書 （　　月分）

令和　　年　　月　　日

税　関　長　殿

報　告　者
指定保税工場の所在地及び名称
氏名（責任者氏名）

1. 原料名

品名及び規格	前月末繰越数量 ①	当月中搬入数量 ②	当月中搬出数量 ③			製品及び副産物の搬出高に含まれる原料品の数量（下記2の⑧）④	原料品及び仕掛品の合計残高（①＋②－③－④）⑤	左欄中承認を受けた数量
			輸入	その他	計			

2. 製品及び副産物

製品及び副産物の品名・規格	当月中搬出数量 ⑥					製品及び副産物の数量算出根拠 ⑦	製品及び副産物の搬出高に含まれる原料品の数量 ⑧
	積戻し	保税運送	輸入	その他	計		

（注）
1. 法人においては、報告者欄に保税工場の所在地並びに名称及びその責任者（原則として工場長）の氏名を記載して下さい。
2. この報告書は2通を工場所轄税関に提出して下さい。
3. 第1欄中「承認を受けた数量」とは、関税法第61条の4において準用する同法第43条の3の承認を受けた数量をいいます。
4. 第2欄中「製品及び副産物に含まれる原料品の数量算出根拠」には、歩留計算又は仕掛等算出の根拠を記入して下さい。

（規格A4）

税関様式Ｃ第 3500 号

申請番号

総合保税地域許可申請書

令和　　　年　　　月　　　日

税　関　長　殿

申　請　者
名　　　　　称
法　人　番　号
代表者の氏名

　関税法第 62 条の 8 の規定により、関係書類を添えて下記のとおり総合保税地域の許可を申請します。

記

総合保税地域の名称	
所　在　地	
土　地　の　面　積	
許可を受けようとする　期　間	自　令和　　　年　　　月　　　日 至　令和　　　年　　　月　　　日
参考となる事項	

（注）　1.　申請者欄には、名称、法人番号及び代表者の氏名を記載して下さい。
　　　　2.　この申請書（（つづき 1）から（つづき 3）までを含む）は 1 通（税関支署を経由する場合は 2 通）提出して下さい。

（規格Ａ4）

税関様式C第3500号−2

総合保税地域許可申請書（つづき1）

(1) 総合保税地域を所有又は管理する法人に関する事項（その1）

法 人 の 名 称	
代 表 者 の 氏 名	
本店又は主たる事務所の所 在 地	
事 業 の 内 容	
株主又は出資者若しくは拠 出 者 の 構 成	
貿易に関連する施設の棟 数 及 び 配 置	（注）配置については図面を添付のこと

（規格A4）

税関様式Ｃ第 3500 号－3

総合保税地域許可申請書（つづき 2）

(1)総合保税地域を所有又は管理する法人に関する事項（その 2）

貿易に関連する各施設の構造及び延べ面積	
	（注）　貨物施設とそれ以外の施設と区分して記入のこと
総合保税地域と他の場所とを区別するための設備の状況その他取締りに関し必要な事項	

（規格Ａ4）

税関様式C第3500号－4

<h1 align="center">総合保税地域許可申請書（つづき3）</h1>

(2) 総合保税地域において貨物を管理する者に関する事項

氏　名　又　は　名　称 〔法人の場合は代表者 　の　氏　名　を　含　む〕	
住所又は本店若しくは 主たる事務所の所在地	
総合保税地域において 行おうとする関税法第62 条の8第1項各号に掲げる 行　為　の　種　類　及　び　内容	
上記行為を行おうとする 施設（貨物施設）の名称及 び　　　　位　　　　置	

上記行為を行おうとする貨物の種類	うち輸入しようとするものの割合

（注）この申請書は貨物を管理する者ごとに別葉に作成のうえ提出して下さい。

（規格A4）

税関様式Ｃ第 3510 号

許可番号

総 合 保 税 地 域 許 可 書

令和　　　年　　　月　　　日

殿

税　関　長　　　　　　　　㊞

　　平成　　　年　　月　　　日付で申請のあった総合保税地域については、
関税法第６２条の８の規定により下記のとおり許可する。

記

総 合 保 税 地 域 の 名 称

所　　　　在　　　　地

土　地　の　面　積

貿 易 に 関 連 す る 施 設 の 棟 数
及　び　延　べ　面　積

⎡うち貨物施設の棟数　　　　　　　　　　　　　　　　　　⎤
⎣及　び　延　べ　面　積　　　　　　　　　　　　　　　　　⎦

許　可　期　間　　　　　自　令和　　　年　　　月　　　日
　　　　　　　　　　　　至　令和　　　年　　　月　　　日

許　可　条　件

（規格Ａ４）

税関様式C第 3520 号

申請番号

総合保税地域許可期間の更新申請書

令和　　　年　　　月　　　日

税　関　長　殿

　　申　請　者
　　　名　　　　　称
　　　代表者の氏名

　関税法施行令第51条の15の規定により、下記総合保税地域の許可期間の更新を申請します。

記

総合保税地域の名称	
所　　在　　地	
総合保税地域の許可を受けた期間	自　令和　　　年　　　月　　　日 至　令和　　　年　　　月　　　日
更新を受けようとする期間	自　令和　　　年　　　月　　　日 至　令和　　　年　　　月　　　日
更新を受けようとする事由	

（注）1.　申請者欄には、名称及び代表者の氏名を記載して下さい。
　　　2.　この申請書は1通（税関支署を経由する場合は2通）提出して下さい。
　　　3.　許可を受けた期間には、更新を受けたものである場合は最後の更新を受けた期間を記入して下さい。

（規格A4）

税関様式Ｃ第 3530 号

番号

総合保税地域許可期間の更新書

令和　　　年　　　月　　　日

殿

税　関　長　　　　　　　㊞

　令和　　　年　　　月　　　日申請に係る総合保税地域許可期間の更新申請については、関税法第６２条の１５の規定により下記のとおり更新したので通知する。

記

総合保税地域の名称	
所　　在　　地	
総合保税地域の許可を受けた期間	自　令和　　　年　　　月　　　日 至　令和　　　年　　　月　　　日
更　新　し　た　期　間	自　令和　　　年　　　月　　　日 至　令和　　　年　　　月　　　日
更　新　に　伴　う　条　件	

（規格Ａ４）

税関様式Ｃ第3540号

届出番号

令和　　年　　月　　日

販売用貨物等搬入届

税　関　長　殿

届　出　者
　　住　所
　　氏名（名称及び代表者の氏名）

関税法第62条の11の規定により下記のとおり販売用貨物等を総合保税地域に搬入したいので届け出ます。

記

搬入しようとする総合保税地域の名称：

記号及び番号	品　名	搬入貨物の明細			販売等をしようとする貨物施設
		個　数	数　量	用　途	

（注）　1.　法人にあっては、届出者欄に法人の住所及び名称並びにその代表権者の氏名を記載して下さい。
　　なお、届出者が法人である場合で、あらかじめ法人の代表者から役員又は従業員に対して委任する旨、保税地域の許可申請の際に税関へ包括して委任状の提出があった場合については、その委任を受けた者の氏名で届出ることができます。
　　2.　この届出書は2通提出して下さい。

（規格Ａ４）

税関様式Ｃ第4000号

外国貨物運送申告書（目録兼用）

申　告　税　関 _____	運 送 の 目 的 _____	申 告 年 月 日 _____
発　送　場　所 _____	運　送　具 _____	※申 告 番 号 _____
発 送 年 月 日 _____	運　送　先 _____	※保税工場製品　　否
最初蔵入年月日 _____	積載船（機）名 _____	運 送 期 間　令和　年　月　日から
原産地又は製造地 _____	入 港 年 月 日 _____	令和　年　月　日まで

記号及び番号	品　　　　　名	個　数	数　量	申 告 価 格

コンテナー番号	シール番号	コンテナー番号	シール番号

発送地リマーク	到着地リマーク
	施封の状況　　異常の有無

発送地倉主確認欄	施封をした者	到着地倉主確認欄	到着年月日 令和　年　月　日
	税　　関　（　　か所）		承認印・承認年月日
	公認検数検量機関等（　か所）		

税関記入欄 認発送 認到着			

備　　考	申告者住所氏名
	□　自社運送　□　他社運送

（注）1.　この申告書は3通提出して下さい。
　　　2.　運送具欄には自動車、はしけ等の区別を記入して下さい。
　　　3.　申告者が通関業者の場合は該当の□の中に✔印を記入して下さい。
　　　4.　発送地倉主確認欄及び到着地倉主確認欄は、押印により行って差し支えありません。
　　　5.　※印の欄は税関において記入します。

（規格Ａ4）

税関様式C第4010号

※承認番号

包括保税運送申告書

令和　　年　　月　　日

殿　　　　　　申　告　者
　　　　　　　　　　住　　　所
　　　　　　　　　　氏名又は名称

　下記のとおり包括保税運送の承認を受けたいので、申告します。

記

発 送 地 保 税 地 域 の　名　称　所　在　地	
到 着 地 保 税 地 域 の　名　称　所　在　地	
運 送 経 路 及 び 運 送 具	
月間取扱予想件数（概数）	
品　　　　　　　　名	
※運　　送　　期　　間	発送の日から　　　　　　　　日間
※包　括　承　認　の　期　間	令和　年　月　日から令和　年　月　日まで
備　　　　　　　考	（関税法基本通達集63-22（3）の　　　に該当）

（注）　1.　この申告書は3通提出して下さい。

　　　　2.　備考欄には、関税法基本通達集63-22（包括保税運送の承認要件）の（3）に規定する貨物のうち、申告貨物が該当する番号を記入して下さい。

　　　　3.　※印の欄は税関において記入します。

（規格A4）

税関様式Ｃ第4015号

※届出番号

郵便物保税運送届出書

令和　　　年　　　月　　　日

　　　殿

　　　　　届出者　住　　　　　所

　　　　　　　　　氏名又は名称

郵便物の保税運送につき、以下のとおり届け出ます。

記

発 送 地 保 税 地 域 の 名 称 所 在 地	
到 着 地 保 税 地 域 の 名 称 所 在 地	
運 送 経 路 及 び 運 送 具	
品　　　　　　　　名	
個　　　　　　　　数	
届　出　の　期　間	令和　　年　　月　　　日（届出受理日）から 令和　　年　　月　　　日（届出受理日から１年以内）まで
備　　　　　　　考	

（注）1.　この届出書は、3通提出して下さい。
　　　2.　※印の箇所は税関において記入します。
　　　3.　「個数」欄については、包括の届出を行う場合には記入を省略することができます。

（規格Ａ4）

税関様式Ｃ第 4020 号

申請番号

運送期間延長承認申請書

令和　　　年　　月　　　日

税 関 長 殿

申　請　者

住　　　　　所

氏名又は名称

　関税法第６３条第４項の規定により下記のとおり運送期間の延長の承認を受けたいので申請します。

記

運送承認年月日		運送承認番号	
発 送 場 所		運 送 先	
指定を受けた 運送の期間	自　令和　　　年　　　　月　　　　　日 至　令和　　　年　　　　月　　　　　日		
貨　物　の　明　細			
記 号 及 び 番 号	品　　　名	個　　数	数　　　量
発 送 の 年 月 日			
延長を必要 とする期間	自　令和　　　年　　　月　　　　日 至　令和　　　年　　　月　　　　日		
延長を必要 とする理由			

（注）　１．　この申請書は３通提出して下さい。

　　　　２．　この申請書には申請の基礎となる承認書を添付して下さい。

（規格Ａ４）

税関様式 C 第 4030 号

内国貨物運送申告書（目録兼用）

申 告 税 関＿＿＿＿＿＿＿　運　送　先＿＿＿＿＿＿＿　申告年月日＿＿＿＿＿＿＿
発 送 場 所＿＿＿＿＿＿＿　積載船（機）名＿＿＿＿＿＿＿　※申告番号＿＿＿＿＿＿＿
発 送 年 月 日＿＿＿＿＿＿＿　入 港 年 月 日＿＿＿＿＿＿＿
運 送 の 目 的＿＿＿＿＿＿＿　　　　　　　　運送期間　令和　　年　　月　　日から
　　　　　　　　　　　　　　　　　　　　　　　　　　　令和　　年　　月　　日まで

記号及び番号	品　　名	個　　数	数　　量	価　　格

コンテナー番号	シール番号	コンテナー番号	シール番号

※　税関記入欄	承認印・承認年月日
認発送　　　　認到着	

備　　考	申 告 者 　住　　所 　氏名又は名称

（注）１．この申告書は３通提出して下さい。
　　　２．法人においては、申告者欄に法人の住所及び名称並びにその代表権者の氏名を記載して下さい。
　　　３．※印の欄は税関において記入します。

（規格Ａ４）

税関様式Ｃ第 6000 号

通知番号

緊 急 収 容 通 知 書

令和　　　年　　　月　　　日

殿

税関長　　　　　　　　㊞

　関税法第８０条第２項の規定により、下記貨物は同条第１項所定の期間にかかわらず収容したので通知します。

記

記号及び番号	品　　　　　　名	個 数	数 量	緊急収容の事由
現在ある場所				

（注）　1.　　関税法第８０条第２項「前項各号に掲げる貨物が生活力を有する動植物であるとき、腐敗し、若しくは変質したとき、腐敗若しくは変質の虞があるとき、又は他の外国貨物を害する虞があるときは、同項各号の掲げる期間は、短縮することができます。」
　　　　2.　　収容貨物は、原則として収容の日から４月を経過したとき公売又は売却されますが、上記の貨物については、特に４月を待たないで公売又は売却されることがあります。その場合は改めて通知します。

（規格Ａ４）

税関様式C第6010号

収容貨物解除承認申請書

令和　　年　　月　　日

税　関　長　殿

申請者
住所
氏名（名称及び代表権者の氏名）

収容された年月日							
※収容番号							

※収容の際あった場所

※現在ある場所

記号番号	貨物の明細			収容課金の計算				
	品名	個数	数量	重量	※収容期間	※収容課金額 ※収容課金率	※収容課金額	※運搬費 ※その他諸費
			立法メートル					

※計

※合計

※解除番号	
※解除年月日	

（注）1. 申請者欄には、原則として収容の際の貨物所有者の住所及び氏名を記載して下さい（法人にあっては、法人の住所及び名称並びにその代表権者の氏名を記載）。
2. この申請書は2通提出して下さい。
3. この申請書には収容された貨物の引取りが確実であることを証する書類（輸入許可書、積戻し許可書、運送承認書等）及びその収容の際質権又は留置権を有している者がある場合は、収容解除について質権者又は留置権者の承諾書を添付しなければなりません。
4. ※印は税関において記載します。
5. この申請書を税関に提出し税関において収容課金額の計算を了したときは申請者はその収容課金に相当する収入印紙を裏面上部にはり付けて下さい。

（規格A4）

税関様式 C 第 6020 号
Customs Form C No.6020

留置番号
Sequential Number of Detention

携　帯　品　留　置　証
Certificate of the Detention of Personal Effects

令和　　年　　月　　日
Date:

殿

To:

税関長㊞
Director of　　　　　Customs (Seal)

関税法第８６条第１項の規定により、貴殿の下記携帯品を留置しました。
This is to certify that the following your personal effects have been detained in accordance with Article 86 Paragraph 1 of the Customs Law.

記

包装の種類 Type of Package	品　　　名 Description	個　数 Number	数　量 Quantity	備　考 Remarks
留置の理由 Reasons for Detention				

(注意)　1．上記物件は留置の日から４月を経過したときは、公売、売却又は廃棄処分の対象となります。(ただし、腐敗等の虞があるときは、留置期間が短縮される場合があります。)
　　　　2．上記物件の留置の事由が消滅したときは、返還をうけることができますが、その場合には、留置に要した費用を納付しなければなりません。

(Note)　1．The above article(s) will be subject to public auction, sale or destruction when 4 months have elapsed from the date of detention.　(The term of detention could be shortened when there is a danger of spoiling or other risks.)
　　　　2．The above article(s) may be returned to you once the said reasons cease to exist, but in such a case, you shall pay the expenses incurred for the detention.

(規格 A 4)

税関様式Ｃ第 6030 号

申請番号

留 置 貨 物 返 還 申 請 書

令和　　年　　月　　日

税 関 長 殿

申　請　者
住　　　　所
氏名又は名称

　貴関において留置中の下記貨物については、留置の事由が消滅したと考えられますので返還を申請します。

記

記号番号	品　名	個　数	数　量	留置年月日	留置事由消滅の内容

（注）　この申請書は２通提出してください。

（規格Ａ４）

税関様式 C第 7009号

不服申立て等について

【不服申立てについて】

1　この処分について不服があるときは、この通知を受けた日の翌日から起算して3月以内に○○税関長に対して再調査の請求又は財務大臣に対して審査請求をすることができます。

2　再調査の請求についての決定があった場合において、当該決定を経た後の処分になお不服があるときは、当該再調査の請求をした方は、決定書の謄本の送達があった日の翌日から起算して1月以内に財務大臣に対して審査請求をすることができます。

3　再調査の請求をした場合は、当該再調査の請求についての決定を経た後でなければ、審査請求をすることはできませんが、次のいずれかに該当する場合には、この決定を経ずに審査請求をすることができます。

(1)　再調査の請求をした日の翌日から起算して3月を経過しても決定がないとき。

(2)　その他再調査の請求についての決定を経ないことにつき正当な理由があるとき。

【取消しの訴えについて】

1　この処分については、再調査の請求又は審査請求を行わずに、裁判所に対して処分の取消しの訴え（以下「取消訴訟」といいます。）を提起することができます。

2　取消訴訟の被告とすべき者は国（代表者　法務大臣）となります。

3　取消訴訟は、処分があったことを知った日若しくは再調査の請求若しくは審査請求をしたときはこれに対する決定若しくは裁決があったことを知った日の翌日から起算して6月を経過したとき又は当該処分若しくは決定若しくは裁決の日の翌日から起算して1年を経過したときは、提起することができません。

税関様式Ｃ第 9000 号－ 1

受理番号

特例輸入者等 承認・認定 申請書

令和　　年　　月　　日

税 関 長 殿

申請者
住　　　　　所
氏名又は名称
（対象事業部門の名称）
電 話 番 号
輸出入者符号

代理人
住　　　　　所
氏名又は名称

・関税法第 7 条の 2 第 1 項に規定する特例輸入者
・関税法第 50 条第 1 項（特定保税承認者）
・関税法第 61 条の 5 第 1 項（特定保税承認者）
・関税法第 63 条の 2 第 1 項に規定する特定保税運送者　　　の　承認　を受けたいので、下記の
・関税法第 67 条の 3 第 1 項第 1 号に規定する特定輸出者　　　　認定
・関税法第 67 条の 13 第 1 項（認定製造者）
・関税法第 79 条第 1 項（認定通関業者）
とおり申請します。

記

1.　・関税法第 7 条の 2 第 1 項に規定する申告の特例の適用を受けようとする　　貨物の品名
　　・関税法第 67 条の 3 第 1 項の適用を受けて輸出申告しようとする

　　・関税法第 7 条の 5 第 1 号イからリまでのいずれか
　　・関税法第 51 条第 1 号イからハまで（第 62 条におい
　　　て準用する場合を含む。）のいずれか
　　・関税法第 63 条の 4 第 1 号イからチまでのいずれか
2.　・関税法第 67 条の 6 第 1 号イからチまでのいずれか　　　　　に該当する事実の有・無
　　・関税法第 67 条の 13 第 3 項第 1 号イからチまで又は
　　　同項第 3 号イに規定する第 67 条の 6 第 1 号イからチ
　　　までのいずれか
　　・関税法第 79 条第 3 項第 1 号イからホまでのいずれか
　　（該当する事実がある場合にはその内容）

税関様式C第9000号－2

3．　許可を受けている　保税蔵置場
　　　　　　　　　　　　保税工場　　の名称及び所在地
　　　　　　　　　　　　営業所

4．　その他参考となるべき事項

5．　申請担当者の氏名、所属及び連絡先

　　　　　　　代理人

税関様式Ｃ第 9030 号

特例輸入者等　承認・認定　内容変更届
（通関業の許可申請事項等の変更届兼用）

令和　　　年　　　月　　　日

税 関 長 殿

届出者
　住　　　　　所
　氏名又は名称
　（対象事業部門の名称）
　電 話 番 号
　輸出入者符号

代理人
　住　　　　　所
　氏名又は名称

平成 令和　　年　　月　　日付 承認 認定 番号　　　　号により 承認 認定 を受けた	特例輸入者 特定保税承認者 特定保税運送者 特定輸出者 認定製造者 認定通関業者	承認 認定

の内容について変更がありましたので、下記のとおり届け出ます。

記

1．変更内容等

変更内容	変更理由	変更事実の発生年月日

2．
・関税法第７条の５第１号イからリまで
・関税法第51条第１号イからハまで（法第62条において準用する場合を含む。）
・関税法第63条の４第１号イからチまで
・関税法第67条の６第１号イからチまで
・関税法第67条の 13 第３項第１号イからチまで及び同項第３号イ
・関税法第79条第３項第１号イからホまで
（該当する事実がある場合には、その内容）

のいずれかに該当する事実の有・無

税関様式Ｃ第 9040 号

特例輸入者の承認等取りやめ届

令和　　年　　月　　日

税　関　長　殿

　　　　届　出　者
　　　　　　住　　　　　　所
　　　　　　氏名又は名称
　　　　　　電　話　番　号
　　　　　　輸出入者符号

　　　　代　理　人
　　　　　　住　　　　　　所
　　　　　　氏名又は名称

令和　　年　　月　　日付　承認　番号　　　　　　号により　承認　を受けた
　　　　　　　　　　　　　認定　　　　　　　　　　　　　　認定

特例輸入者
特定保税承認者
特定保税運送者　　承認
特定輸出者　　の　認定　について、
認定製造者
認定通関業者

　　関税法第 ７ 条の２第１項
　　関税法第 50 条第１項
　　関税法第 61 条の５第１項
　　関税法第 63 条の２第１項　　の規定の適用を受ける必要
　　関税法第 67 条の３第１項
　　関税法第 67 条の 13 第１項
　　関税法第 79 条第１項

　　　　　関税法第７条の 10
　　　　　関税法第 52 条の２（第 62 条に
　　　　　おいて準用する場合を含む。）
がなくなったので、関税法第 63 条の６　　　　　　の規定に基づき届け出ます。
　　　　　関税法第 67 条の９
　　　　　関税法第 67 条の 15
　　　　　関税法第 79 条の３

　　　取りやめの理由等

税関様式Ｃ第9050号

特例輸入者等　承認・認定　取消書

令和　　年　　月　　日

　　　　　殿

税　関　長　　　　　印

令和　　年　　月　　日付 承認 番号　　　　号により 承認 した 特例輸入者
　　　　　　　　　　　　認定　　　　　　　　　認定　　　特定保税承認者
　　　　　　　　　　　　　　　　　　　　　　　　　　　特定保税運送者 の
　　　　　　　　　　　　　　　　　　　　　　　　　　　特定輸出者
　　　　　　　　　　　　　　　　　　　　　　　　　　　認定製造者
　　　　　　　　　　　　　　　　　　　　　　　　　　　認定通関業者

承認 については、下記の理由により 取り消した ので、通知します。
認定　　　　　　　　　　　　　　取り消す

記

税関様式Ｃ第 9060 号

申請番号

特例輸入者等　承認・認定の承継の承認申請書

令和　　年　　月　　日

税 関 長 殿

申 請 者　　　　　　　　　　　　　　申 請 者
住　　　所　　　　　　　　　　　　　住　　　所
氏名又は名称　　　　　　　　　　　　氏名又は名称
電 話 番 号　　　　　　　　　　　　　電 話 番 号
輸出入者符号　　　　　　　　　　　　輸出入者符号

代 理 人
住　　　所
氏名又は名称

- ・関税法施行令第４条の 15 第２項
- ・関税法施行令第 44 条の２第２項
- ・関税法施行令第 50 条の２
- ・関税法施行令第 55 条の８の２第２項　において準用する関税法施行令第 39 条の２第１項、第２項
- ・関税法施行令第 59 条の 15 第２項
- ・関税法施行令第 59 条の 19 第２項
- ・関税法施行令第 69 条の４第２項

及び第３項の規定により、下記のとおり申請します。

記

承継の区分	特例輸入者　特定保税承認者　特定保税運送者 特定輸出者　認定製造者　　認定通関業者		
（被相続人・合併前の法人・分割前の 法人・業務を譲り渡そうとする者）の 氏名又は名称			
（被相続人・合併前の法人・分割前の 法人・業務を譲り渡そうとする者）の 住所			
（合併後存続する法人・合併後設立さ れる法人・分割により承認等を承継す る法人・業務を譲り受ける者）の氏名 又は名称			
（合併後存続する法人・合併後設立さ れる法人・分割により承認等を承継す る法人・業務を譲り受ける者）の住所			
承認・認定の承継の理由			
（相続があった・合併・分割・業務の 譲渡しが予定されている）年月日			

（注）1.　申請者の欄には、
　　　　　イ　合併の場合には、合併しようとする法人
　　　　　ロ　分割の場合には、分割しようとする法人と、分割後当該承認・認定の承継を受けようとする既存の法
　　　　　　人がある場合には当該既存の法人
　　　　　ハ　業務の譲渡しの場合には、当該業務を譲り渡そうとする者と譲り受けようとする者
　　　　　をそれぞれ記載してください。
　　　　2.　申請者が２者以上の場合には、欄を追加の上、記載してください。
　　　　3.　合併等が確実であると認められる書類により、申請者間の関係が明らかである場合には、一の申請者の名
　　　　　で申請することができます。

（規格Ａ４）

税関様式C第9120号

外国貨物の蔵置等・保税作業に関する場所の届出書

令和　　　年　　　月　　　日

税　関　長　殿

届　出　者
　　　住所又は居所
　　　氏名又は名称

関税法　第 50 条第 1 項
　　　　第 61 条の 5 第 1 項　　　の規定により、令和　　年　　月　　日から下記の場所において

外国貨物の蔵置等
保　税　作　業　　　に関する業務を行いたいので関係書類を添えて届け出ます。

記

法第 50 条第 1 項・法第 61 条の 5 第 1 項の承認年月日、承認番号及び承認した税関名	承認年月日：　　　　年　　　　月　　　　日 承認番号： 承認税関：
場所の名称、所在地、構造、棟数及び延べ面積	名称： 所在地： 構造　　　　　　　　　　棟数 延べ面積（平方メートル）
営業用、自家用の別	
置こうとする貨物の種類又は保税作業の種類及び当該保税作業に使用する貨物	

(注) 1.　この届出書は 2 通提出して下さい。
　　　2.　不要の部分は抹消して下さい。

（規格A4）

税関様式C第9123号

外国貨物の蔵置等・保税作業に関する場所の届出書
（兼　保税蔵置場・保税工場　廃業届）

令和　　年　　月　　日

税　関　長　殿

届　出　者
　　住所又は居所
　　氏名又は名称

関税法　第50条第1項　の規定により、令和　年　月　　日から下記の場所において
　　　　第61条の5第1項

外国貨物の蔵置等　に関する業務を行いたいので関係書類を添えて届け出ます。
保　税　作　業

記

法第50条第1項・法第61条の5第1項の承認年月日、承認番号及び承認した税関名	承認年月日：　　　　年　　　月　　　日 承認番号： 承認税関：
場所の名称、所在地、構造、棟数及び延べ面積	名称： 所在地： 構造　　　　　　　　　　棟数 延べ面積（平方メートル）
営業用、自家用の別	
置こうとする貨物の種類又は保税作業の種類及び当該保税作業に使用する貨物	

（注）1.　この届出書は2通提出して下さい。
　　　2.　不要の部分は抹消して下さい。
　　　3.　本届出書が受理された場合には、同場所に係る保税蔵置場又は保税工場につき、同日付で廃業の届出がなされたこととなります。

（規格A4）

税関様式C第9124号

<h2 style="text-align:center">届出に係るみなし許可変更申出書
（兼　保税蔵置場・保税工場許可申請書）</h2>

令和　　年　　月　　日

税関長殿

申出者
　　住　　　所
　　氏名又は名称

関税法 第50条第1項／第61条の5第1項 の規定により届け出た場所について、関税法 第42条第1項／第56条第1項 に

規定する 保税蔵置場／保税工場 に変更したいので下記のとおり申し出ます。

記

法第50条第1項・法第61条の5第1項の承認年月日、承認番号及び承認した税関名	承認年月日：　　　　年　　　月　　　日 承認番号： 承認税関：
場所の名称、所在地、構造、棟数及び延べ面積	名称： 所在地： 構造　　　　　　　　棟数 延べ面積（平方メートル）
営業用、自家用の別	
置こうとする貨物の種類又は保税作業の種類及び当該保税作業に使用する貨物	
許可を受けようとする期間	自　令和　　　年　　　月　　　日 至　令和　　　年　　　月　　　日

（注）1．　この申出書は1通（署所を経由する場合は2通）提出して下さい。
　　　2．　不要の部分は抹消してください。

（規格A4）

税関様式C第9125号

外国貨物の蔵置等・保税作業に関する場所の変更届

令和　　年　　月　　日

税　関　長　殿

届　出　者
　　住所又は居所
　　氏名又は名称

関税法 第50条第1項　の届出に係る事項について、下記のとおり変更するので、届け出
　　　 第61条の5第1項
ます。

記

法第50条第1項・法第61条の5第1項の届出に係る場所の名称及び所在地	名称： 所在地：	
	変　更　前	変　更　後
変更のあった事項		
変更のあった年月日		

(注)　1.　この届出書は1通提出して下さい。
　　　 2.　不要の部分は抹消して下さい。

（規格A4）

税関様式Ｃ第 9130 号

申請番号

特定保税承認者の承認の更新申請書

令和　　年　　月　　日

税　関　長　殿

申　請　者
住所又は居所
法人番号
氏名又は名称

関税法　第 50 条第 4 項
　　　　第 61 条の 5 第 4 項　　の規定により、下記の承認について、

更新を申請します。

記

特定保税承認者の承認番号	
特定保税承認者の承認を受けた税関名	

（注）この申請書は 2 通提出して下さい。

（規格Ａ４）

税関様式Ｃ第 9140 号

申請番号

特定保税承認者の承認の更新通知書

令和　　年　　月　　日

　　　　　殿

税　関　長

令和　　年　　月　　　日付け申請の関税法　第 50 条第 4 項　　の規定に
　　　　　　　　　　　　　　　　　　　　　　　第 61 条の 5 第 4 項

よる更新申請については、下記のとおり更新したので通知する。

記

特定保税承認者の承認番号	
承認の期間（8 年間）	令和　　年　　月　　日から 令和　　年　　月　　日まで
承認の更新に伴い許可が更新された保税蔵置場・保税工場の名称	

(規格Ａ４)

税関様式T第1070号

製 造 用 原 料 品
輸出貨物製造用原料品 製造工場承認申請書

令和　　年　　月　　日

税 関 長 殿

申 請 者
　　住　　　　所
　　法 人 番 号
　　氏名（名称及び代表権者の氏名）

関税定率法第13条第1項
関税定率法第19条第1項　　　　　　　の規定により、下記のとおり製造工場の承認を受けた
関税暫定措置法第9条の2第1項
いので申請します。

記

工 場 の 名 称	
所　　在　　地	
工場の構造及び面積	．
承　認　期　間	令和　　年　　月　　日から 令和　　年　　月　　日まで
製造工場に入れる減免税又は譲許の便益適用原料品の品名	
製造の方法及び計画並びに製品の品名	
備　　　　考	

(注) 1.　法人においては、申請者欄に法人の住所及び名称並びにその代表権者の氏名を記載して下さい。
　　2.　この申請書は、1通（支署に提出する場合は2通）提出して下さい。
　　3.　製造工場の承認を受けた場合、製造工場の名称、法人番号及び所在地を原則、公表することとしておりますが、これに関して以下の項目の□にチェックしてください。なお、回答内容により、承認の審査に影響を与えることはありません。
　　□公表することに同意する。
　　□公表することに同意しない。(理由：　　　　　　　　　　　　　　　　　)

（規格A4）

税関様式Ｔ第 1080 号

製　造　工　場　承　認　書

令和　　年　　月　　日

殿

税　関　長　　　　　　　　　㊞

　　令和　　年　　月　　日付で申請のあった製造工場については、

関税定率法第 13 条第１項
関税定率法第 19 条第１項　　　　　　　の規定により、下記のとおり承認する。
関税暫定措置法第９条の２第１項

記

工　場　の　名　称	
所　　在　　地	
工場の構造及び面積	
製造工場に入れる減免税又は譲許の便益適用原料品の品名	
製造の方法及び製品の品名	
承　認　期　間	令和　　年　　月　　日から 令和　　年　　月　　日まで
製造工場の種別	第　　　　　種

（規格Ａ４）

税関様式Ｔ第 1090 号

令和　　年　　月　　日

製 造 工 場 承 認 内 容 変 更 届

税 関 長 殿

届 出 者

製造工場の所在地及び名称

氏名（責任者氏名）

下記のとおり　関税定率法第 13 条第 1 項
　　　　　　　関税定率法第 19 条第 1 項　　の承認内容の変更をしたいので、届け出ます。
　　　　　　　関税暫定措置法第 9 条の 2 第 1 項

記

承 認 を 受 け た 事 項	変 更 す る 事 項

備 考	

（注）　1.　法人においては、届出者欄に法人の製造工場の所在地並びに名称及びその責任者の氏名を記載して下さい。
　　　　2.　この届出書は、2 通製造工場所轄税関に提出して下さい。
　　　　3.　「備考」欄には、変更の理由及びその他の事項を記載して下さい。

（規格Ａ 4 ）

申請番号

税関様式Ｔ第1110号

製造用原料品
輸出貨物製造用原料品 と同種の他の原料品との混用承認申請書

令和　　年　　月　　日

申請者
　　住　　所
　　氏名（名称及び代表者の氏名）

税　関　長　殿

　製造用原料品（輸出貨物製造用原料品）に同種の他の原料品を混じて使用したいので　関税定率法第13条第4項　関税定率法第19条第2項　関税暫定措置法第9条の2第4項　の規定により、下記のとおり申請します。

記

減免税又は譲許の便益適用輸入原料品				混じて使用する同種原料品			使　用　の　割　合		備　考
輸入許可の年月日及び許可番号	品　名	数　量		品　名	数　量		輸入原料品％	混じて使用する同種原料品％	

（注）　1.　法人においては、申請者欄に法人の住所及び名称並びにその代表者又はこれに代わる者の氏名を記載して下さい。
　　　　2.　この申請書は、2通を製造工場所轄の税関長に提出して下さい。

（規格Ａ4）

税関様式Ｔ第1120号

届出番号

製造用原料品による製造終了届
輸出貨物製造用原料品

令和　年　月　日

税関長　御中

届出者

　　住　所

　　氏名（名称及び代表権者の氏名）

製造用原料品（輸出貨物製造用原料品）による製造が終了しましたので、関税定率法第13条第5項（第19条第2項）の規定により、下記のとおり届け出ます。

記

製造用原料品（輸出貨物製造用）原料品の輸入許可の名称		製造工場の名称及び所在地		副　産　物		製造用（輸出貨物製造用）原料品		混じて使用した同種原料品	
品名	数量			品名	数量	品名	数量	品名	数量
		輸入許可の年月日及びその番号		産　名	物 数量	法第13条第4項の規定による承認年月日			
		検査した年月日		検査した年月日		検査職員の氏名			

検　査　書

上記の届出に基づいて令和　年　月　日検査をなし相違がないことを証明する。

令和　年　月　日

税関

（注）1．法人にあっては、届出者欄に法人の住所及び名称並びにその代表権者の氏名を記してください。
なお、届出者が法人である場合で、あらかじめその製造工場の製造の承認を受けた代表権者から権限の委任を受けている者である場合には、その委任を受けた者の氏名で届出ることができます。
2．輸出される貨物の製造が2以上の製造工場で連結して行われる場合の第2次以後の製造工場における「輸出貨物製造用原料品」欄の記載は、当該製造工場において製造するために使用した原料品名及び数量を（　）書し、これに対応する輸出貨物製造用原料品（輸入原料品）の品名及び数量を併記する。
3．この製造終了届は、2通（製造工場が2種製造工場であるときは3通）を製造工場所轄税関に提出してください。

（規格Ａ4）

税関様式Ｔ第 1130 号

製造終了届番号　　－

飼料製造用原料品による製造終了届

令和　　年　月　　日

_____ 税 関 御 中

届 出 者

住　　　所 _____

氏名（名称及び代表権者の氏名）

_____

　製造用原料品による製造が終了したので、関税定率法第 13 条第５項、関税暫定措置法第９条の２第５項の規定により下記のとおり届け出ます。

製造工場の名称及 び 所 在 地			承 認 期 間	令和　　年　月　　日から 令和　　年　月　　日まで
製　　　品	品　名 数　量　　　　　　kg		製 造 期 間	令和　　年　月　　日から 令和　　年　月　　日まで

歩 留 計 算 表

使用免税・譲許の便益適用原料品名	理 論 含 有 量 実 使 用 数 量	実績歩留り	使用免税・譲許の便益適用原料品名	理 論 含 有 量 実 使 用 数 量	実績歩留り
	_____ kg _____ kg	___ %		_____ kg _____ kg	___ %
	_____ kg _____ kg	___ %		_____ kg _____ kg	___ %
	_____ kg _____ kg	___ %		_____ kg _____ kg	___ %
	_____ kg _____ kg	___ %		_____ kg _____ kg	___ %
	_____ kg _____ kg	___ %		_____ kg _____ kg	___ %
製 品 出 来 高 使用した全原料品合計数量	_____ kg _____ kg		製造歩留り		___ %
免税・譲許の便益適用原料品合計使用数量					kg
免税・譲許の便益適用原料品以外の原料品合計使用数量					kg

（注）1.　法人においては、届出者欄に法人の住所及び名称並びにその代表権者の氏名を記載してください。
　　　　　なお、届出者が法人である場合で、あらかじめその製造工場の承認を受けた代表権者から権限の委任を受けた者である場合については、その委任を受けた者の氏名で届出ることができます。
　　　2.　この届出書は、２通（製造工場が第２種製造工場であるときは３通）を製造工場所轄税関に提出して下さい。
　　　3.　同一の又は隣接する敷地内に所在する製造工場について、関税定率法第 13 条第１項及び関税暫定措置法第９条の２第１項の承認を併せて受けている場合で、かつ、当該製造工場の種別が同一の場合には、併せて記載することができます。

　上記の届出に基づいて令和　　年　　月　　日検査を終了し相違ないことを（　証明　・　確認　）する。
　　　　　令和　　年　　月　　日

税 関 印

（規格Ａ４）

製造終了届番号　　　　　　－

飼料製造用原料品による製造終了届（つづき）

製　　造　　用　　原　　料　　品				
輸入許可番号	輸入許可年月日	品　　　　名	数　量　kg	残数量　kg
免税・譲許の便益適用原料品合計使用数量				kg

混　じ　て　使　用　し　た　同　種　又　は　そ　の　他　の　原　材　品						
品　　名	数　量　kg	備　　考	品　　名	数　量　kg	備　　考	
免税・譲許の便益適用原料品以外の原料品合計使用数量					kg	

（規格Ａ４）

税関様式T第1130号－2

飼料製造終了届明細票

製造終了届番号 　－　－

銘柄名	品数量	製造用原料品		製造による製品		混じて使用した同種又はその他の原料品			備考
		品名	配合率%	理論含有率	品名	配合率%	理論含有率		
内訳 @ kg× B/G @ kg× B/G @ kg× B/G @ kg× B/G @ kg× B/G @ kg× B/G 再生分 @ kg× B/G	kg kg kg kg kg kg kg								
内訳 @ kg× B/G @ kg× B/G @ kg× B/G @ kg× B/G @ kg× B/G @ kg× B/G 再生分 @ kg× B/G	kg kg kg kg kg kg kg								
内訳 @ kg× B/G @ kg× B/G @ kg× B/G @ kg× B/G @ kg× B/G @ kg× B/G 再生分 @ kg× B/G	kg kg kg kg kg kg kg								

(規格A4)

税関様式T第1140号

<h2 style="text-align:center">用途外使用等承認申請書</h2>

令和　　　年　　　月　　　日

税関長殿

申　請　者
住　　　　所
氏名（名称及び代表者の氏名）

下記の物品を用途外に使用すること等について承認を受けたいので申請します。

※ 適 用 法 令	イ．関税定率法第13条第6項ただし書　　ロ．関税定率法第19条第2項 ハ．関税定率法第20条の2第2項ただし書　　ニ．関税暫定措置法第9条の2第 6項ただし書　　ホ．関税暫定措置法第10条ただし書　　ヘ．コンテナーに関する 通関条約及び国際道路運送手帳による担保の下で行なう貨物の国際運送に関する 通関条約（ＴＩＲ条約）の実施に伴う関税法等の特例に関する法律第4条ただし書			
品　名	免税コンテ ナーの場合 はその種類	記号、番号又は型式	数　　　量	価　　　格
輸入許可税関			輸入許可の 年　月　日	
			輸入許可書 等の番号	
関税の軽減、免除 又は譲許の便益の 適用を受けた用途				
蔵置場所又は 使用していた場所				
承認を受けようと する　理　由				

（注）　1.　この申請書は2通（蔵置場所所轄税関と承認工場所轄税関が異なる場合には3通）
　　　　　を蔵置場所所轄税関に提出して下さい。
　　　　2.　※印の欄は該当する適用法令の記号を〇で囲んで下さい。

（規格Ａ4）

税関様式Ｔ第 1150 号

届出番号

製造用原料品等の亡失届

令和　　年　　月　　日

税 関 長 殿

届 出 者

住　　所

氏名（名称及び代表権者の氏名）

下記の物品を亡失したので届け出ます。

適用法令	イ．関税定率法第 13 条第 7 項ただし書　ロ．関税定率法第 19 条第 4 項　ハ．関税暫定措置法第 9 条の 2 第 7 項ただし書							
	原　　料			製　　品			
	輸 入 許 可 の 年 月 日	輸 入 許 可 書 番 号	品　名	数　量	当該原料品の輸入許可の年月日	当該原料品の輸入許可書番号	品　名	数　量
製造工場の名称及び所在地								
亡失した年月日及び亡失した事由								

（注）
1. 法人にあっては、届出者欄に法人の住所及び名称並びにその代表権者の氏名を記載して下さい。
2. この届出書は 2 通（蔵置場所所轄税関と承認工場所轄税関とが異なる場合には 3 通）を蔵置場所所轄税関に提出して下さい。
3. この届出には亡失地を所轄する警察官署、消防官署その他の公的機関の亡失の事実を証した書類を添付して、蔵置場所所轄税関に提出して下さい。
4. ※印の欄は該当する適用法令の記号を○で囲んで下さい。

（規格Ａ４）

税関様式T第1160号

申請番号

製造用原料品等の滅却承認申請書

令和　年　月　日

税関長殿

申請者

住所

氏名（名称及び代表権者の氏名）

下記の物品を滅却したいので申請します。

※適用法令	イ．関税定率法第13条第7項ただし書　ロ．関税定率法第19条第4項　ハ．関税暫定措置法第9条の2第7項ただし書							
	原　料				製　品			
	輸入許可書番号	輸入許可の年月日	品名	数量	当該原料品の輸入許可書番号	当該原料品の輸入許可の年月日	品名	数量
製造工場の名称及び所在地								
滅却の方法								
滅却の日時及び場所								
滅却の事由								

（注）1．法人においては、申請者欄に法人の住所及び名称並びにその代表権者の氏名を記載して下さい。

2．この申請書は2通（蔵置場所所轄税関と承認工場所轄税関とが異なる場合には3通）を蔵置場所所轄税関に提出して下さい。

3．※印の欄は、該当する適用法令の記号を○で囲んで下さい。

（規格A4）

税関様式Ｔ第 1170 号

製造用原料品等の譲渡届

令和　　年　　月　　日

税　関　長　殿

　　譲　渡　人
　　　　住　　　　所
　　　　氏名（名称及び代表権者の氏名）

　　譲　受　人
　　　　住　　　　所
　　　　氏名（名称及び代表権者の氏名）

　関税の減免を受けた製造用原料品を下記のとおり譲渡したいので関税定率法施行令第 11 条の２（第 49 条）、関税暫定措置法施行令第 33 条の 10 の規定により届け出ます。

記

品　　名	数　　量	軽減又は免除を受けた関税の額	輸入許可税　　関	輸入許可年 月 日	輸入許可書番　　号
当該貨物が置かれている場所					
譲渡先の名称及び所在地					
譲渡しようとする理由					

（注）1.　法人においては、譲渡人及び譲受人欄に法人の住所及び名称並びにその代表権者の氏名を記載して下さい。
　　　2.　この届出書は、2 通（蔵置場所所轄税関と譲渡先所轄税関とが異なる場合には 3 通）を譲渡しようとする前に製造用原料品等が置かれている場所の所在地を所轄する税関に提出して下さい。
　　　3.　関税暫定措置法施行令第33条の10の規定により届け出る場合の「軽減又は免除を受けた関税の額」とは、税関の監督の下で飼料の原料として使用することを要件としない税率により計算した関税の額と関税暫定措置法第9条の2に規定する譲許の便益による税率により計算した関税の額との差額に相当する額となります。

（規格Ａ４）

Ⅲ　個別通達

製造歩留事務提要の制定について

（蔵関第1282号　昭和45年6月1日）

最終改正（財関第1118号　令和2年12月23日）

　税関における製造歩留事務の合理化及び取扱いの統一を図るため、製造歩留事務提要を次のとおり定めたので、昭和45年7月1日から、これにより実施されたい。

第1部　総則

（趣旨）

1　この提要は、関税法（昭和29年法律第61号）、関税定率法（明治43年法律第54号）、関税暫定措置法（昭和35年法律第36号）その他関税に関する法令に規定する保税工場、総合保税地域（法第62条の8第1項第2号に掲げる行為を行う施設）及び承認工場（以下「製造工場」という。）において外貨原料品等から製造される製品等の製造歩留り（以下「歩留り」という。）の調査、計算及び適用その他歩留事務に関する事項を定めるものとする。

（定義）

2　この提要において、次の各号に掲げる用語は、当該各号に掲げる定義に従うものとする。

（1）「外貨原料品等」とは、外国貨物及び関税の減免戻税の対象となる内国貨物で、製造工場において製品の製造に原料として使用されるものをいう。

（2）「外貨作業」とは、外貨原料品等から、又は外貨原料品等及びその他の原料品から製品等を製造する作業をいう。

（3）「歩留り」とは、原料品の数量又は原料品に含まれる特定成分の数量に対する当該原料品から製造された製品（中間製品を含む。以下同じ。）、副産物若しくは発生くず（この提要において「製品等」という。）の数量及び当該製品等に含まれる特定成分の数量の割合をいう。

（4）「副産物」とは、外貨作業の工程において副次的に製造され、又は発生する物品をいう。ただし、次の（5）及び（6）に掲げる回転材及び発生くずを除く。

（5）「回転材」とは、外貨作業の工程において発生する物品で、溶解、還元等の処理により当該外貨作業に再び原料品として使用されるものをいう。

（6）「発生くず」とは、外貨作業の工程において発生する経済的価値のさ細な物品で廃棄されるもの又は公害対策等のため有害物質の除去若しくは再利用物品の回収に供されるもの（回収費用が再利用価値を超える場合に限る。）をいう。

（7）「消滅ロス」とは、原料品及びこれを使用する外貨作業の工程において発生する物品で、当該工程において消滅するものをいう。

（歩留調査事務に当たつての留意事項）

3　歩留調査事務の遂行に当たつては、次の各項目に従つて行わなければならない。
　(1) 適正な歩留りの設定
　　　製造歩留りは、外貨作業における原料品の数量とそれに対応する製品等の数量を明確にするものであり、歩留りの設定に当たり、その適正を欠く場合には、当該作業に係る関税の課税及び減免戻税の適正な運用に支障を来すばかりでなく、当該製造工場の損益にも大きな影響を及ぼすこととなる。
　　　したがつて、歩留りの設定に当たつては、事前調査、実地調査を通じて、製造工場の実態、製造実績等を的確に把握するとともに、その計算については、適正を期さなければならない。
　(2) 情報の収集
　　　製造工場における製造工程の変更、設備の更改、原料品の変更等、歩留りに影響を及ぼす諸事項の情報収集については、当該製造工場からの情報提供のみに頼ることなく、組織的、計画的に行うものとする。このため製造工場及び業界等の動向に常に留意するとともに、通関担当部門等他の部門との連絡の緊密化を図るものとする。
　(3) 歩留管理の徹底
　　　製造工場においては、常時製造実績の向上に努めていると考えられるので、設定後の歩留りについては、その変化に即応した歩留りの変更を行う等歩留りの管理を確実に行わなければならない。
　(4) 綱紀の維持及び秘密の保持
　　　歩留設定のための実地調査は、税関官署を離れて行われているが、税関職員は厳正な態度で調査に臨まなければならない。
　　　また、歩留りに関する事項には、製造工場の秘密に属することが多いので、製造工場から提出された製造実績、使用原料品名、製造工程、製造設備等に関する資料の取扱い及びその保管については、十分留意しなければならない。
　(5) 専門的、技術的知識等のかん養
　　　歩留調査事務には、高度の専門的、技術的知識を必要とするので、当該事務に従事する職員（以下「歩留担当官」という。）は、これらの知識のかん養に努めなければならない。

（歩留りの設定）

4　外貨作業には、次に掲げる外貨作業の場合を除き、歩留りを設定する。ただし、内外貨混用作業（6の(1)のロの(イ)においてその全量が内貨とみなされる副産物及び発生くずについては、歩留りの設定を要しない。
　(1) 原料品の数量に対応する製品等の数量が即物的に、かつ、容易に把握できるため、歩留りを設定する必要がないと認められる作業（例えば、ブラウン管を使用してテレビジョンを組み立てる作業、レーダーを船舶に取り付ける作業等）
　(2) 製品等の種類、品質、形状等を変更する必要があるため、その製造条件を随時に変更する作業（例えば、石油精製作業、貴石研磨作業等）

（3）その他歩留調査担当官が、作業の内容等からみて、製品等の数量を製造実績により把握することが適当であると認めた作業

（歩留りを設定する外貨作業）

5　歩留りの設定は、外貨作業を行う製造工場のそれぞれの製造工程に即し、原料品別（原料品の品目別、品質別、規格別等）に製品、副産物及び発生くずについて行うものとする。

　なお、次に掲げる場合は、製造工程に即し、又は原料品別に歩留りを設定することを要しない。

（1）同一製造工場内に同種の2以上の製造工程がある場合又は原料品若しくは製品等の品質又は規格が異なる場合において、いずれの場合においても歩留りが近似し、同一の歩留りを適用して支障がないと認められるとき。

（2）原料品若しくは製品等の品質又は規格が異なつても、これらに含まれる特定成分に基づいて歩留りを設定する場合（例えば、銑鉄を用いて鉄の含有率の異なる特殊鋼を製造する外貨作業については、製品の鉄分に基づいて歩留りを設定する場合）

　おつて、同一税関管内における同種の製造工場に対して統一的に歩留りを設定する必要があると認められる場合には、本省にりん議するものとする。

（歩留りの種類）

6　歩留りは、確定歩留り及び標準歩留りの2種類とし、それぞれ次に定めるところによる。

（1）確定歩留り

　確定歩留りは、外貨作業において製造される製品等の数量を確定する際、その計算基礎として使用する歩留りで、次に定める指定歩留り及び査定歩留りとする。

　イ　指定歩留り

　　同種の外貨作業に全国統一して適用する歩留りで、品目別に本省において設定するものとする。

　ロ　査定歩留り

　　原則として、次に掲げる外貨作業（上記イに規定する指定歩留りが設定されている外貨作業を除く。）に適用する歩留りで各税関において設定するものとする。ただし、次に掲げる外貨作業以外の外貨作業であつても、特にその歩留りが安定し、査定歩留りを適用することが望ましいと認められる作業については、査定歩留りを設定して差し支えない。

　　(ｲ)　外国貨物及びこれと同種の内国貨物が混じて使用される作業（内外貨混用作業）

　　(ﾛ)　関税の減免税に係る原料品とこれと同種の課税済原料品及び国産原料品とを混じて使用する作業

　　(ﾊ)　同一の製造装置等により外貨作業及びこれと同種の内貨作業が交互に行われる作業（内外貨連続作業）

　　(ニ) 外貨原料品等についての単独作業で、回転材が反復使用される作業
　　(ホ) 外貨原料品等についての単独作業で、製造工程が２以上に分かれ、それぞ
　　　　れの工程において中間製品が滞留し、投入外貨原料品等から製造される製品
　　　　等の数量を即物的に把握することが困難な作業
　(2) 標準歩留り
　　　標準歩留りは、上記 (1) の確定歩留りの適用の対象となる外貨作業以外の外貨
　　作業において、保税作業終了届、外国貨物加工製造報告書、貨物製造報告書、製
　　造用原料品による製造終了届等 (以下「保税作業終了届等」という。) により届出が
　　された製品等の数量が適正であるかどうかを認定する基準として、各税関が設定
　　するものとする。

(歩留りに関する届出)

7　製造工場の許可又は承認の申請及び製造品種の追加の申請が製造工場から貨物の
　取締りを担当する部門(以下「保税取締部門」という。)(保税取締部門のない署所にあ
　つては保税事務を担当する部門) に提出されたときは、当該保税取締部門は直ちに
　その旨を歩留担当官に連絡する。
　　歩留担当官は、製造工場の担当者に対し当該申請に係る作業の内容の概略の説明
　を求め、前記４の規定により歩留設定の要否を判断するものとする。
　　歩留担当官は、歩留設定の要否を保税取締部門へ通知するとともに、歩留設定の
　必要があると認めた場合には、当該申請に係る製造工場に別紙様式１により「製造
　歩留りに関する届出」の提出を求め、これに基づいて、下記８に掲げる調査を行う
　ものとする。
　　なお、製造工場において、製造工程の変更、設備の更改及び原料品の配合割合の
　変更等の作業内容を変更する場合も、この様式により届け出ることを求めるものと
　する。
　　また、歩留りの設定は、その性質上日時を要する場合もあるので、余裕をもって
　届け出るよう指導するものとする。

(歩留りの調査)

8　歩留りの調査は、原則として次に定めるところにより行うものとする。
　(1) 事前調査
　　　調査対象の製造工場に対し、次に掲げる事項のうち、必要と認められる資料の
　　提出を求め、あらかじめ外貨作業の概要を把握し、実地調査が適切に行えるよう
　　計画するものとする。
　　イ　原料品及び製品等の品名(商品名があるときはその商品名)、品質は規格(JIS、
　　　　JAS、JP、USP、GP、ASTM等の公的規格又は社内規格)
　　ロ　製造工程及び製造設備
　　ハ　発生くず及び消滅ロスの発生箇所及び発生原因
　　ニ　製造実績については、歩留設定の対象となる製品等と同種又は類似の製品等
　　　　の製造に使用された各原料品の数量及び当該原料品から製造された製品等の数

量。ただし、次の事項に留意するものとする。

(イ) 外貨原料品等以外の原料品が混用されている場合には、その混用された各原料品についても記入する。

(ロ) 提出を求める製造実績の調査期間は、最近の6月間（月別）とする。ただし、季節作業の場合、歩留りが不安定の場合等特殊の事情がある作業の場合には、適宜調査期間を変更して差し支えない。

(ハ) 仕掛品がある場合には、その数量を記載するとともに、原料品及び製品等との関連を明確にする。

(ニ) 製品等の包装形態及び表示数量の明細並びに表示数量と実数量との間に差異がある場合には、その差異の明細を記載する。

ホ　理論的に算出した歩留り及び実績に基づいて算出した歩留り並びにそれぞれの算出根拠

ヘ　その他参考事項

(2) 実地調査

製造工場の実地調査に当たっては、外貨作業の実態の把握に努めるものとする。

特に製造実績については、工場の生産管理の資料に基づいて確認を行うほか、発生くず及び消滅ロスについては、発生箇所、発生原因及び発生数量について十分調査を行うものとする。

（歩留りの計算）

9　前記8により調査した結果に基づき、次により歩留りの計算を行うこととする。

なお、外貨作業において発生する物品を回転材として使用する場合、製品に余長、入れ目又は公差がある場合、工程中に仕掛品がある場合、新規製造工場の歩留査定の場合等の歩留りの計算については、下記10から13までに留意するものとする。

(1) 歩留計算は、外貨原料品等と等質の原料品を用いた場合の製造実績に基づいて行う。ただし、当該製造実績がない場合には、同種又は類似の原料品を用いて同種又は類似の製品等を製造する場合の製造実績に合理的な調整を加えて計算するものとする。

(2) 歩留りの計算の基礎となる製造実績は、通常の作業量又は稼動率によらない月の製造実績その他異常な作業条件による月の製造実績で歩留りの計算の基礎として適当でないと認められるものを除き、原則として月ごとの6月の製造実績とする。

(3) 歩留りは、次の方法により計算し、原則として4けたの有効数字（例えば、90.89%、97.20%等）で表示するものとする。ただし、3けたの有効数字の表示により製品等の出来高、製品価格等に実質的に影響を与えないと認められる場合には、3けたで表示して差し支えない。

イ　査定歩留りは、原則として各月の歩留りの単純平均値とする。

$$\sigma = \pm \sqrt{\frac{\sum_{i=1}^{n}(X_i - \overline{X})^2}{n-1}}$$

X_i：各月の歩留り
$\overline{X}$：歩留りの単純平均値
n：月数
σ：標準偏差

　ロ　標準歩留りは、原則として査定歩留りと同様に計算し、許容範囲として次式により計算した標準偏差の3倍の値を付記するものとする。
　ハ　歩留りの表示けた数未満の端数は切り捨てる。
（4）歩留りの計算の基礎となる作業の製造条件と外貨作業の製造条件との間に歩留りに影響を及ぼす相違がある場合（例えば、でん粉からぶどう糖を製造する保税作業で、歩留りの計算を行う原料でん粉と実際に保税作業に使用するでん粉の種類とが相違する場合には、通常その発酵温度を変えることとなり、この結果、加水分解率、糖化率等が変化し、その収率に影響が及ぶこととなるが、このような場合をいう。）には、前記（3）により計算した歩留りに合理的な補正を行うものとする。

（回転材の取扱い）
10　外貨作業における発生品を回転材として使用する場合の当該作業の歩留りは、次式により計算するものとする。
　なお、回転材として使用するため、必要な精製等の処理を他の工場に委託したときも、この取扱いによる。

$$歩留り＝\frac{製品数量}{原料品の数量－回転材の数量×回転材の回収率}×100$$

（注）「回転材の回収率」とは、回転材の数量に対する当該回転材から回収される外貨原料品等と等質の原料品の数量の割合をいう。

（余長、入れ目及び公差の取扱い）
11　歩留りの計算に使用する原料品又は製品等の数量は、原則としてそれぞれの実数量によることとする。ただし、工場の生産管理が表示数量に基づいて行われている場合であつて、余長、入れ目若しくは公差が判明しないとき、又はこれらが一定と認められるときは、便宜、表示数量により歩留りを定めて差し支えない。

（仕掛品の取扱い）
12　歩留りの調査に当たつては、仕掛品の数量は、常に一定していると認められる場合を除き、原料品又は製品等の数量に算入することとする。この場合、仕掛品の組成、状態等を考慮して合理的な調整を加えることが必要であるが、その調整について調査対象の製造工場が定めている取扱いが適正であると認めるときは、その取扱いによつて差し支えない。

（歩留りの特例扱い）
13　調査対象製造工場において、調査対象の外貨作業と同種の作業による製造実績がない場合、計量設備がない等やむを得ない理由により歩留り決定の資料が得られない場合又は製造実績による歩留りが不安定であるが、歩留りを決定する必要がある

場合は、次により暫定的に歩留りを設定するものとする。これらの場合においては、外貨作業が開始され、計量器が設置される等歩留り決定のための資料が得られ、又は歩留りが安定状態となつた後、速やかに調査を行い、改めて歩留りを設定するものとする。

(1) 製造実績がない場合又は歩留り決定のための資料が得られない場合には、他工場における同種の外貨作業の歩留り、当該製造工場における試験操業の実績その他の資料を参考として、歩留りを決定することとし、更にこれにより難いときは、理論的に計算した歩留りに基づいて決定するものとする。

(2) 歩留りが不安定な場合には、当該製造工場における製造実績及び理論的に計算した歩留り等を参考として設定するものとする。

(歩留りの決定)

14　前記9による歩留りが、理論的に算出した歩留り又は同種の外貨作業の歩留りと比較し、調査対象製造工場の設備、製造方法、技術等を勘案して妥当と認められる場合には、当該計算値を歩留りとして決定するものとする。

(歩留りの通知)

15　歩留りを決定した場合には、次に掲げる事項を別紙様式2の「歩留通知書」に記入(別紙の歩留通知書(各関通報兼用)記入要領参照)の上、関係部課(署所を含む。)及び当該製造工場へ通知するものとする。

　　ただし、製造工場への通知は、当該歩留りが査定歩留りである場合には、次に掲げる全事項を、また、標準歩留りの場合には、次の(1)、(2)及び(3)の事項のみを記入し、(3)の製品等の歩留りについては、「投入(外貨)原料品の総数量に対する製品等(外貨)の総数量の割合である。」旨を記入するものとする。

(1) 製造工場名及び所在地

(2) 原料品及び製品等の品名、品質、組成、成分、仕様及び規格等

(3) 製品等の歩留り並びに歩留りの種類及び適用期間

　　歩留りの表示は、前記2に規定する歩留り又はその逆数を記入して行うものとし、歩留りに必要な単位、歩留りを製品等の表示数量に適用する場合は、その旨を記入するものとする。

　　(例) 99.5％(精製糖に含まれるしよ糖の量(kg)／原料糖に含まれるしよ糖の量(kg))

(4) 原料品又は製品等に一定の条件を付して歩留りを決定した場合には、当該条件(例えば、歩留りを原料又は製品等に含まれる成分の割合に対応させて修正する場合には、当該修正の方式)

(5) その他歩留りの適用に当たつての注意事項

(歩留りの適用)

16　歩留りの適用は、次による。

(1) 歩留通知書により通知した歩留りは、当該通知書に記載されている適用開始日

以降に終了する当該作業に係る外貨作業について適用する。

(2) 外貨作業について、歩留りを適用するに当たつては、当該歩留りの決定の条件を十分に理解し、なお、疑義がある場合には、歩留担当官と密接な連絡をとるものとする。

(3) 標準歩留りが適用される外貨作業に係る保税作業終了届等の確認又は積戻し申告書の審査に当たつては、これらの書面に記載されている原料品及び製品等の数量から算出した歩留りが当該外貨作業において定められている標準歩留りの許容範囲内にあり、かつ、当該外貨作業に異常がないと認められる場合には、当該書面の製品等の数量を認めるものとし、当該算出した歩留りが当該標準歩留りの許容範囲外の場合には、その原因を調査し、その原因が外貨原料品等の乾燥、欠減その他やむを得ない理由によると認められる場合を除き、歩留担当官に連絡するものとする。

（適用期間）

17　歩留りの適用期間は、原則として３年以内とする。

（歩留りの管理）

18　歩留担当官は歩留設定後の外貨作業について、製造設備の改善及び技術の進歩その他製造工場における事情の変化に即応した適正な歩留りを維持するため、次により歩留りの適否を審査し、必要があれば歩留りの改定を行うものとする。

(1) 情報の収集

　　歩留りを設定し、又は改定した場合には、作業の種類等を勘案し、見直しを必要とする場合には一定期間（例えば、１年又は２年）後及び適用期間の満了日前並びに製造設備の変更その他歩留りに影響を及ぼす製造条件に変更を生じた場合にはその都度、前記８の (1) の資料のうち最近の製造実績に関するもの、製造設備の変更に関するもの等必要最少限のものの提出を求めるものとする。

(2) 見直し調査

イ　歩留りを適用する外貨作業については、原則として３年に一度の割合で実地調査を行うこととする。また、前記 (1) に掲げるそれぞれの場合の書面の調査により、実地調査を行う必要があると認められたときは、その都度実地調査を行うものとする。

ロ　指定歩留りを適用する外貨作業については、対象製造工場の技術の進歩等に絶えず注意を払い、必要に応じ実地調査を行うものとする。

　　なお、調査を行う場合には、事前に本省に連絡し、事後当該調査結果を本省に報告するものとする。

（各関通報及び相互調整）

19　歩留りを設定し、若しくは改定した場合、又は適用期間の延長を行った場合には、別紙様式２の「歩留通知書（各関通報兼用）」により１月分を取りまとめて各税関相互に通報を行う。

　なお、他税関からの通報その他の情報により他税関との間に取扱いの相違を発見した場合には、その旨を本省に報告の上、その調整を図るものとする。

（別紙様式1）

令和　　年　　月　　日

税 関 長 殿

申　請　者

工　場　名

所　在　地

氏　名（名称及び代表権者の氏名）

製造歩留りに関する届出書

　当工場における外貨作業に適用を受ける製造歩留りの調査（再調査）については、下記の事項についての明細を添え届け出ます。

記

1　当該工場に係る作業の許可又は承認に関する該当事項

2　同種原料品混用承認の有無及びその該当事項

3　使用原料品の品名、品質又は規格及び内外貨の別

4　製品及び副産物の品名、品質又は規格

5　製造工程及び製造設備

6　作業の開始予定日及び予定期間

7　再調査申請の理由（再調査の場合）

　（注）法人においては、申請者欄に法人の所在地及び名称並びにその代表権者の氏名を記
　　　　載して下さい。

（規格 A4）

（別紙様式２）

㊙

原 料 品 番 号	

歩　留　通　知　書（各関通報兼用）

税 関 名	

通知番号	－　　－	原通知番号	（　　－　　－　　　）

工　　場　　名	（保工・総保・承工）

所　　在　　地	

原料品	外貨	品名、品質、組成、成分、仕様、規格等
	内貨	品名、品質、組成、成分、仕様、規格等

製品（中間製品を含む。）副産物及び発生くず	品名、品質、組成、成分、仕様、規格等

歩留り（査定・標準）	

歩留適用に当たっての注意事項	

適用期間	自令和　年　月　日 至令和　年　月　日	注１　期間満了の日の記入のない場合は、原則として開始日から３年 　２　この歩留通知書の適用期間内に、当該歩留りを改定した場合には、この歩留通知書は効力を失う。

注意事項	次の各号に掲げる場合には、最近６月間の製造実績その他歩留りの検討に必要な書類を、当該各号に指定されたときまでに提出して下さい。 １　適用期間内に製造設備の更改その他歩留りに影響する製造条件の変更を行う場合………その都度 ２　この歩留りが新たに設定又は改定されたものである場合………設（改）定時に指定された期間及び適用期間の満了日前

（規格Ａ４）

別　紙

歩留通知書（各関通報兼用）記入要領

1　使用方法
（1）この通知書により、通知、通報及び報告を行う場合には、適宜の送付書をつける。
（2）この通知書を歩留通知書として使用する場合は、「（各関通報兼用）」の文字は抹消し、各関通報の場合は、そのまま使用する。
（3）歩留りの適用期間の延長のみを行い、この通知書を各関通報に使用する場合は、税関名、通知番号、原通知番号、製造工場名、所在地及び適用期間の欄にのみ所要の事項を記入する。
（4）この通知書により各関通報を行う場合は、当該歩留りを定めた明細（歩留りの改定の場合はその改定の理由を含む。）を添付する。
2　記載方法
（1）「原料品番号」欄には、主要外貨原料品等が分類される関税率表番号を記入し、索引として使用する。
（2）「税関名」欄には、製造工場を所轄する税関名（署所の場合は署所名）を記入する。
（3）「通知番号」欄には、歩留りを設（改）定した場合又は適用期間の延長を行つた場合「東－45－0001」のように各税関の頭文字（一字）、年数及び暦年別の通し番号を記入する。
（4）「原通知番号」欄には、適用期間延長の場合に当該延長に係る歩留りの新規設定の際の通知番号を記入する。
（5）「工場名」欄には、できる限り詳細（例えば、○○工業東京製作所第1工場）に記載することとし、「（保工・総保・承工）」には、当該外貨作業の該当文字を残して、他の文字は抹消する。
（6）「原料品」及び「製品（中間製品を含む。）、副産物及び発生くず」の欄の「品名、品質、組成、成分、仕様、規格等」には、原料品及び製品等の品名、品質等を記入するほか、原料品又は製品等に一定の条件を付して歩留りを設定した場合には、当該条件も記入する。
（7）「歩留り（査定・標準）」欄には、該当する歩留りの種類の文字を残し、他の文字は抹消する。
　　　なお、歩留りについては、必要最小限のことを簡潔に記入する。
（8）「歩留適用に当たつての注意事項」欄には、通知を受けた者が、歩留りの適用上特に留意しなければならない事項を記入する。
（9）「適用期間」欄のうち適用開始日は、歩留通知書発送の日から当該製造工場への郵送所要日数を勘案して決定する。
　　　また、期間満了の日は、特に作業の性質等から確定する必要があると認められる場合に記入することとし、その他の場合は省略しても差し支えない。

第2部　個別事項

　次の各号に掲げる外貨作業の歩留りの計算、適用等は、当該各号に定めるところによるものとする。

　なお、当該各号に掲げる外貨作業と類似した外貨作業についても、合理的な調整を加えた上、この取扱いによつて差し支えない。

1　生糸から絹織物を製造する外貨作業
　(1) 作業の内容
　　　外貨生糸（未精練のもの）のみを使用し、又は経緯糸のうちいずれか一方に前記生糸を使用して、製織、精練、染色等の加工を行い、絹織物を製造する作業
　(2) 歩留りの計算
　　イ　絹織物の歩留算出の基本式は次のとおりとする。

$$歩留り = \frac{設計糸量}{必要糸量} \quad 又は \quad 必要糸量 = \frac{設計糸量}{歩留り}$$

　　　歩留適用の便宜のため上式を次のように変化させる。

$$歩留り = \frac{設計糸量}{設計糸量 + 加工ロス（糸量）} = \frac{1}{1 + \dfrac{加工ロス（糸量）}{設計糸量}} = \frac{1}{1 + L}$$

注(1)　上式において加工ロスとは、加工工程中発生する発生くず又は消滅ロスをいう。
　(2)　糸量とは、生糸の水分を11％とした場合（公定水分）の重量をいう。
　　　すなわち、必要糸量＝設計糸量×（1＋L）
　　　また、糸量は経糸と緯糸とに分けて計算する。

$$必要経糸量（g／m^2） = 設計経糸量 × （1 + L_1）$$
$$= \frac{経糸本数 × 製経長 × 繊度（d）}{9000} × （1 + L_1）$$

$$必要緯糸量（g／m^2） = 設計緯糸量 × （1 + L_2）$$
$$= \frac{打込数 × 通し幅 × 繊度（d）}{9000} × （1 + L_2）$$

　　(注)経糸本数とは、織上り絹織物の幅1m当たりの経糸の本数をいう。
　　　　打込数とは、織上り絹織物の幅1m当たりの緯糸の本数をいう。
　　　　ここで、Lは織りロス（L'）、撚りロス（L''）、撚縮ロス（L'''）、染縮ロス（L''''）、精練ロス（L'''''）等を統合したものであり、
　　　　$(1 + L_1) = (1 + L_1')(1 + L_1'')(1 + L_1''')(1 + L_1'''')(1 + L_1''''')$

$$(1 + L_2) = (1 + L_2{}')(1 + L_2{}'')(1 + L_2{}''')(1 + L_2{}'''')(1 + L_2{}''''') \text{ である}。$$

ロ　加工ロスの定義

　　撚りロス、織りロス等は、加工後の製品の重量に対する加工前の原料品（又は半製品）の重量と加工後の製品の重量の差の割合とし、撚縮ロスは、加撚後の糸長に対する加撚前の糸長と加撚後の糸長との差の割合とし、また、染縮ロス、精練ロス等は、加工後の製品の数量に対する加工前の半製品の数量と加工後の製品の数量の差の割合とする。

ハ　歩留りの計算の方法

　　歩留りの計算は、工場の製造実績（加工段階別の原料品投入量、製品出来高、くず発生量等）から上記の各種の加工ロスの割合を決定して行うものとする。この場合製造工程等から各種の加工ロス別の割合が判明しないときは、2以上の加工ロスの割合をまとめたものを使用して差し支えない。

(3) 歩留りの通知

イ　各関係部課及び製造工場

　　必要経糸量及び必要緯糸量につき、それぞれm^2当たりのgr数を記載することとする。

ロ　各関通報

　　上記イの必要糸量のほか、設計値及び加工ロスの割合を記載することとする。

(4) 歩留りの適用

イ　製品等の重量計算

(イ) 製造された絹織物に対する外貨生糸重量は、次式により計算するものとする。

　　生糸重量（gr）＝必要生糸重量（$g／m^2$）×絹織物数量（m^2）

　　上記の計算は、m^2以外の絹織物の取引数量単位に換算して行つて差し支えない。

(ロ) 繊度の調整

　　外貨生糸の繊度が歩留計算上の繊度と異なる場合で、繊度の調整が必要と認められるときは、上記の計算から求めた生糸重量（必要により経糸及び緯糸の重量別）に次の係数を乗じて調整を行うものとする。

$$R = \frac{\text{外貨生糸の繊度}}{\text{歩留り計算上の繊度}}$$

　　ただし、製造工場が打込数又は経糸本数を加減して目付どおりの絹織物を製造するときは、この調整を行う必要はない。

(ハ) 生糸くずの重量は、便宜次式により計算して差し支えない。

$$\text{生糸くずの重量} = \text{生糸重量（g）} \times \left(\frac{\text{織りロス}}{1 + \text{織りロス}} + \frac{\text{撚りロス}}{1 + \text{撚りロス}} \right)$$

ロ　計算例

(イ) 歩留り及び製造条件

SILK TAFFETA

13.5 匁付　48” × 50Y

経　糸　21^d × 2本＝42^d　双撚 800／700

経　糸　21^d × 3本＝63^d　片撚 180

通し幅　49”　1.245m

経糸総本数　9782本

織上密度　　114本／吋　4488本／m

整経長　56Y　51.21m

織上長　51Y　46.63m

織上幅　48 1／2”　1.232m

加工ロス

	撚　縮	撚りロス	染ロス	精練ロス	織りロス
経糸	3.5%	2.0%	1.0%	1.0%	3.0%
緯糸	1.0%	1.0%	1.0%	1.0%	6.0%

(ロ) 計算例

$$必要経糸量（g／m^2） = \frac{経糸本数×製経長×繊度（d）}{9,000} × （1 + L_1）$$

$$= \frac{7940 × 1.098 × 42 × 1.035 × 1.02 × 1.01 × 1.01 × 1.03}{9,000} = 45.13 g／m^2$$

$$必要緯糸量（g／m^2） = \frac{打込数×通し幅×繊度（d）}{9,000} × （1 + L_2）$$

$$= \frac{4488 × \dfrac{1,245}{1,232} × 63 × 1.01 × 1.01 × 1.01 × 1.01 × 1.06}{9,000} = 35.02 g／m^2$$

輸出入・港湾関連情報処理システムを使用して行う 税関関連業務の取扱いについて（抄）

（財関第142号　平成22年2月12日）
最終改正（財関第206号　令和4年3月31日）

第2章　貨物管理

第1節　他所蔵置許可申請等

（他所蔵置許可申請）

1－1　他所蔵置の許可を受けようとする者（以下この節において「申請者」という。）が、システムを使用して他所蔵置の許可の申請をしようとする場合は、「他所蔵置許可申請」業務を利用して必要事項をシステムに入力し、送信することにより行うことを求めるものとする。

　　なお、当該貨物について、法第24条第1項の規定により税関長が指定する場所以外の場所において積卸しをすることの許可を要するものであるときは、当該申請者は当該許可の申請と一括して行うことができるものとする。

（他所蔵置許可申請の書類審査及び関係書類の提出等）

1－2　前項の規定により他所蔵置許可申請が行われた場合には、保税取締部門及び申請者に「他所蔵置許可申請控情報」が配信されるので、当該申請に係る審査においては、当該申請控情報を書面出力する等により審査するものとし、必要に応じて当該申請者から当該申請控等関係書類の提出を求めるものとする。

　　なお、当該申請に係る審査が終了した場合は、「他所蔵置許可（期間延長）申請審査終了」業務を利用して必要事項をシステムに入力し、送信するものとする。この場合において、申請者に次の情報が配信される。

(1) 許可した場合

　　「他所蔵置許可通知情報」が配信されるので、当該申請者は、海上貨物に係る申請の場合は「他所蔵置許可通知情報」（別紙様式M-200号）を、航空貨物に係る申請の場合は「他所蔵置許可通知書」（別紙様式M-201号）を出力することができる。

(2) 許可しなかった場合

　　当該申請者に「他所蔵置審査結果通知情報」が配信される。

（書面申請に係る取扱い）

1－3　システムに参加している保税地域（以下「システム参加保税地域」という。）の被許可者又は通関業者その他のシステムを利用する者が、書面で他所蔵置許可申請をし、当該許可に係る貨物を置くことにつき税関長から指定を受けた場所（以下「他

所蔵置場所」という。）において、システムを使用して引き続き輸出入申告等の税関手続を行いたいとする場合には、当該申請を行う保税取締部門に「他所蔵置許可申請書」（税関様式C-3000号）を提出し、当該申請書の備考欄にシステム利用者の利用者コード及び当該許可を受けようとする貨物の貨物管理番号又はAWB番号を記入することを求めるものとする。この場合において、当該保税取締部門は、当該申請に係る許可をしたときは、速やかに「許可・承認等情報登録（保税）」業務を利用して必要事項をシステムに入力し、送信することを求めるものとする。

（他所蔵置許可申請の訂正又は撤回）

1－4　申請者が、この節1－1の規定により行われた他所蔵置許可申請後、当該許可前に申請事項の訂正又は申請の撤回を行いたいとする場合は、あらかじめ保税取締部門に申し出た上で、次により行うことを求めるものとする。

(1) 申請者が申請事項の訂正を行いたいとする場合は、「他所蔵置許可（期間延長）申請呼出し」業務を利用して申請時の内容を呼び出した後、「他所蔵置許可申請」業務を利用して必要事項をシステムに入力し、送信するものとする。ただし、申請先官署コード及び貨物管理番号又はAWB番号は訂正できないので、これらの事項を訂正する場合には、下記(3)により申請の撤回を行うものとする。

(2) 上記(1)により申請事項の訂正が行われた場合には、保税取締部門及び申請者に訂正後の「他所蔵置許可申請控情報」が配信されるので、当該保税取締部門は、当該情報を書面出力する等により審査し、これを認める場合には、「他所蔵置許可（期間延長）申請審査終了」業務を利用して必要事項をシステムに入力し、送信するものとする。

(3) 申請者が申請の撤回を行いたいとする場合は、申請者に「汎用申請」業務を利用して「NACCS登録情報変更申出」をシステムに入力し、送信するものとし、保税取締部門において、これを認める場合には、「他所蔵置許可（期間延長）申請審査終了」業務を利用して必要事項をシステムに入力し、送信するものとする。なお、当該「NACCS登録情報変更申出」について、書面による提出が行われた場合は、「他所蔵置許可申請控情報」を添付するものとする。

（他所蔵置許可の取消し）

1－5　申請者が、この節1－1の規定により行われた他所蔵置許可申請に係る許可後に、当該許可事項の訂正又は取消しを行いたいとする場合は、保税取締部門は、当該申請者に「汎用申請」業務を利用して「NACCS登録情報変更申出」をシステムに入力、送信することを求め、これを認めた場合には、「他所蔵置許可（期間延長）申請審査終了」業務を利用して必要事項をシステムに入力し、送信するものとする。なお、当該「NACCS登録情報変更申出」について、書面による提出が行われた場合は、「他所蔵置許可通知情報」又は「他所蔵置許可通知書」を添付することを求めるものとする。

　また、当該申請者が改めて申請しようとするときは、この節1－1の規定により再申請することを求めるものとする。

（他所蔵置許可期間の延長）

1－6　申請者が、この節1－1の規定により行われた他所蔵置許可申請に係る許可後に、他所蔵置期間の延長を行いたいとする場合は、次により行うことを求めるものとする。

(1) 申請者は、「他所蔵置許可（期間延長）申請呼出し」業務を利用して申請時の内容を呼び出し又は「他所蔵置許可期間延長申請」業務を利用して必要事項をシステムに入力し、送信するものとする。

(2) 上記(1)により他所蔵置許可期間延長申請を行われた場合には、保税取締部門及び申請者に「他所蔵置許可期間延長申請控情報」が配信されるので、当該申請に係る審査においては、当該申請控情報を書面出力する等により審査をするものとし、必要に応じて当該申請控情報等関係書類の提出を求めるものとする。なお、当該申請に係る許可期間の延長を認める場合は、「他所蔵置許可（期間延長）申請審査終了」業務を利用して必要事項をシステムに入力し、送信するものとする。この場合において、申請者に「他所蔵置許可期間延長承認通知情報」が配信される。

第2節　見本持出許可申請

（見本一時持出し許可申請）

2－1　見本の一時持出しの許可を受けようとする者（以下この節において「申請者」という。）が、システム参加保税地域又は前節1－1若しくは1－3の規定による他所蔵置場所（以下「システム参加保税地域等」という。）に置かれている貨物について、システムを使用して見本持出許可申請を行う場合は、「見本持出許可申請」業務を利用して必要事項をシステムに入力し、送信することにより行うことを求めるものとする。

（審査区分選定及び関係書類の提出等）

2－2　システムにおいては、前項の規定により見本持出許可申請が行われた場合、当該申請について審査区分の選定等の処理が行われ、当該処理の結果が申請者に配信されることとなるが、この場合の取扱いについては、次による。なお、申告控等関係書類の税関への提出に当たっては、便宜、システムの「添付ファイル登録」業務によることを認めるものとする。

(1)簡易審査扱い（区分1）となった場合

　　当該申請が簡易審査扱いに選定されたときは、直ちに許可となり、申請者に「見本持出許可通知情報」が配信されるので、当該申請者は、海上貨物にあっては「見本持出許可通知情報」（別紙様式M-202号）を、航空貨物にあっては「見本持出許可通知書」（別紙様式M-203号）を出力することができる。また、当該許可に係る貨物が置かれているシステム参加保税地域に「見本持出許可貨物情報」が同時に配信される。

　　なお、必要に応じて当該申請に係る関係書類の税関への提出を求めるものとする。

(2) 書類審査扱い（区分２）となった場合

　　当該申請が書類審査扱いに選定されたときは、保税取締部門及び申請者に「見本持出許可申請控情報」が配信されるので、当該申請に係る審査においては、当該申請控情報を書面出力する等により審査するものとし、当該申請者から必要に応じて当該申請控等関係書類の税関への提出を求めるものとする。

　　なお、保税取締部門において、当該申請に係る見本持出許可を行う場合は、「見本持出許可申請審査終了」業務を利用して必要事項をシステムに入力し、送信するものとする。この場合において、申請者に「見本持出許可通知情報」が配信されるので、当該申請者は、海上貨物にあっては「見本持出許可通知情報」を、航空貨物にあっては「見本持出許可通知書」を出力することができる。また、当該許可に係る貨物が置かれているシステム参加保税地域に「見本持出許可貨物情報」が配信される。

（書面申請に係る取扱い）

２－３　申請者が、システムに登録されている貨物について、書面により見本持出許可申請を行おうとする場合は、「見本持出許可申請書」（税関様式C-3060号）を保税取締部門へ提出することにより行うこととし、当該申請書の余白に当該貨物の貨物管理番号又はAWB番号及び当該貨物が置かれている保税地域のコード等を記入することを求めるものとする。この場合において、保税取締部門は、当該申請に係る許可をしたときは、速やかに「許可・承認等情報登録（保税）」業務を利用して必要事項をシステムに入力し、送信するものとする。

（見本持出許可申請の撤回）

２－４　申請者が、この節２－１の規定により行われた見本持出許可申請後、当該許可前に当該申請の撤回を行おうとする場合は、あらかじめ当該申請者から保税取締部門に申し出た上で、次により行うことを求めるものとする。

(1) 申請者は、海上貨物にあっては「見本持出取消」業務を、航空貨物にあっては「見本持出許可取消」業務を利用して必要事項をシステムに入力し、送信するものとする。

(2) 上記(1)により撤回が行われた場合には、保税取締部門に「見本持出取消通知情報」が配信されるので、当該情報により撤回されたことを確認するものとする。なお、当該申請者が改めて申請しようとするときは、この節２－１の規定により再申請することを求めるものとする。

（見本の一時持出しの許可の訂正又は取消し）

２－５　申請者が、この節２－１の規定により行われた見本持出許可申請に係る許可後に、当該許可の取消しを行いたいとする場合は、当該申請者に「汎用申請」業務を利用して「NACCS登録情報変更申出」をシステムに入力、送信することを求め、保税取締部門において、これを認めた場合には、海上貨物にあっては「見本持出取消」業務を、航空貨物にあっては「見本持出許可取消」業務を利用して必要事項をシステ

ムに入力し、送信するものとする。なお、当該「NACCS登録情報変更申出」について、書面による提出が行われた場合は、「見本持出許可通知情報」又は「見本持出許可通知書」を添付することを求めるものとする。

　なお、当該申請者が改めて申請しようとするときは、この節2－1の規定により再申請することを求めるものとする。

（見本の一時持出しに係る搬出確認）

2－6　この節2－1又は2－3の規定により見本持出許可を受けた外国貨物をシステム参加保税地域等から搬出する場合、当該貨物を蔵置しているシステム参加保税地域等の被許可者又は貨物管理者（以下「倉主等」という。）が行う搬出確認は、当該貨物と当該貨物に係る見本持出許可書又はこの節2－2（審査区分選定及び関係書類の提出等）の規定により当該システム参加保税地域に配信される「見本持出許可貨物情報」等を対査確認することにより行うことを求めるものとする。なお、倉主等が当該貨物の搬出を確認したときは、速やかに「見本持出確認登録」業務を利用して必要事項を入力し、送信することを求めるものとする。

第3節　輸出入貨物の搬出入関係

（輸入貨物の搬出入手続）

3－1　システム参加保税地域等における輸入貨物の搬出入手続は、次により行うことを求めるものとする。

　(1) 搬入手続

　　輸入貨物が搬入された場合、倉主等は、搬入関係書類又はシステムから配信される許可情報等に基づき、搬入貨物の記号、番号、品名、数量及び異常の有無等を確認する。確認が終了したときは、速やかに海上貨物にあっては「搬入確認登録（保税運送貨物）」等、航空貨物にあっては「貨物確認情報登録」等の業務を利用して搬入確認情報の登録を行う。

　(2) 搬出手続

　　輸入貨物を搬出しようとする場合、倉主等は、関係書類又はシステムから配信される許可情報等に基づき、搬出貨物の記号、番号、品名、数量及び異常の有無等を確認する。確認が終了したときは、速やかに海上貨物にあっては「搬出確認登録（保税運送貨物）」等、航空貨物にあっては「搬出確認登録（一般）」等の業務を利用して搬出確認情報の登録を行う。

　　なお、搬出しようとする輸入貨物について、システムを使用して輸入許可又は輸入許可前引取承認がされた場合は、システムから「許可・承認貨物（輸入）情報」が当該貨物の蔵置されている保税地域に配信されるので、倉主等は、当該貨物の貨主又はこれに代わる者から輸入許可書又は輸入許可前引取承認書の提出を求めることは要しない。

（輸出貨物の搬出入手続）

３－２　システム参加保税地域等における輸出しようとする貨物若しくは積戻ししようとする貨物（以下この項において「輸出未通関貨物」という。）又は輸出若しくは積戻しの許可を受けた貨物（以下この項において「輸出許可済貨物」という。）の搬出入手続は、次により行うことを求めるものとする。

（1）搬入手続

　　輸出未通関貨物又は輸出許可済貨物が搬入された場合、倉主等は、搬入関係書類又はシステムから配信される許可情報等に基づき、搬入貨物の記号、番号、品名、数量及び異常の有無等を確認する。確認が終了したときは、速やかに、海上貨物にあっては「搬入確認登録（輸出未通関）」等、航空貨物にあっては「一括搬入確認登録」等の業務を利用して搬入確認情報の登録を行う。

（2）搬出手続

　　輸出許可済貨物を搬出しようとする場合、倉主等は、関係書類又はシステムから配信される許可情報等に基づき、搬出貨物の記号、番号、品名、数量及び異常の有無等を確認する。確認が終了したときは、速やかに、海上貨物にあっては「搬出確認登録（輸出許可済）」等、航空貨物にあっては「搬出確認登録（AWB・HAWB単位）」等の業務を利用して搬出確認情報の登録を行う。

（事故等情報の登録）

３－３　システム参加保税地域等の倉主等が貨物の搬出入時又は蔵置中に、銃砲刀剣類、麻薬類等の特殊貨物又は事故貨物を発見したときは、当該システム参加保税地域等を管轄する税関官署の保税取締部門に当該事実について報告するとともに、「事故貨物確認登録」業務を利用して必要事項をシステムに入力し、送信することを求めるものとする。なお、事故貨物の内容によっては、システムを使用して当該貨物の貨物情報の内容を呼び出し、訂正事項の内容をシステムに入力し、送信することにより「貨物情報訂正」を行うことを求めるものとする。また、保税取締部門において当該報告を受けたときは、必要に応じ倉主等の立会いのもと事故状況等を確認し、必要な措置を講ずるものとする。

（搬出関係書類の保存の省略）

３－４　倉主等がこの章第4節4－1（1）イに規定する帳簿を保存している場合には、関税法基本通達34の2－1（3）イの規定による搬出関係書類の保存を要しないものとする。

　　また、システムから配信される「輸入許可貨物情報」等の貨物情報についても、同様とする。

（長期蔵置貨物報告書の提出の省略）

３－５　関税法基本通達34の2－1（3）ロの規定により倉主等が提出することとなっている「長期蔵置貨物報告書」（税関様式C－3030号）については、保税取締部門において、システムから配信される「長期蔵置貨物情報」又は「長期蔵置貨物データ」により

貨物の蔵置状況の確認に支障がないと認める場合には、当該報告書の提出を省略するものとする。この場合において、保税取締部門が必要と認める場合には、当該長期蔵置貨物情報を該当するシステム参加保税地域の倉主等に送付し、長期蔵置貨物の蔵置状況について調査、確認し、必要な措置を講ずることを求めるものとする。

第4節　保税台帳関係

（システム参加保税地域における帳簿の取扱い）

4−1　システム参加保税地域における帳簿の取扱いは、次による。

(1) システムを使用して許可、承認等がされた貨物に係る帳簿の取扱い

　イ　システムを使用して許可、承認等がされた貨物（下記ロの貨物を除く。）に係る帳簿の取扱い

　　　システムから配信される民間管理資料（海上貨物にあっては「輸入貨物搬出入データ」、「輸出貨物搬出入データ」及び「貨物取扱等一覧データ」、航空貨物にあっては「航空輸出貨物取扱等一覧データ」、「航空輸出貨物搬出入データ」、「航空輸入貨物搬出入データ」及び「航空輸入貨物取扱等一覧データ」に限る。以下この節において同じ。）を下記(3)の方法により保存することで、これを帳簿と認めるものとする。

　　　なお、システムから配信される貨物の搬出入、許可、承認等に係る情報を自社システムで整理したものを保存する場合又は許可、承認等に係る書面及び関係する社内帳票等を整理保管する場合も同様とする。

　ロ　第7章に規定する汎用申請等により税関手続が行われた貨物に係る帳簿の取扱い

　　　許可、承認又は届出が第7章に規定する汎用申請等により行われた場合は、民間管理資料に反映されないため、別途帳簿を設け、必要事項を記載するものとする。ただし、配信された民間管理資料に必要事項を追記した上で、これを上記イにより帳簿として保存する場合は、この限りでない。

(2) 上記(1)以外の貨物に係る帳簿の取扱い

　　　別途帳簿を設け、必要事項を記載するものとする。ただし、配信された民間管理資料に必要事項を追記した上で、これを上記(1)により帳簿として保存する場合は、この限りでない。

(3) 帳簿の保存方法

　イ　電磁的記録による保存

　　　上記(1)イの帳簿について、電磁的記録（民間事業者等が行う書面の保存等における情報通信の技術の利用に関する法律（平成16年法律第149号）第2条第4号に規定する「電磁的記録」をいう。以下この節において同じ。）により保存する場合は、関税法基本通達34の2−4（電磁的記録による帳簿の保存）に準じて取り扱うものとする。

　　　この場合において、システムより配信される民間管理資料を、そのままの形式（CSV方式）で電磁的記録に保存することを認めるものとするが、特に必要と

認める場合には、整然とした表形式で見読できることとする。
ロ　書面による保存
　　上記（1）イの帳簿を書面により保存する場合は、整然とした表で保存することを求めるものとする。
（4）保存期間
　　帳簿は、記載すべき事項が生じた日から起算して2年を経過する日までの間（その間に当該帳簿について保税業務検査を受けた場合にあっては、当該保税業務検査を受けた日までの間）（法第50条第1項に規定する承認を受けた者にあっては1年を経過する日までの間）保存することを求めるものとする。

第5節　貨物取扱い関係

（他所蔵置場所における貨物取扱いの届出）
5－1　この章第1節1－1又は1－3の規定による他所蔵置場所に置かれている貨物について、貨物取扱いの届出を行おうとする者が、システムを使用して当該届出を行おうとする場合は、当該者に対し、「貨物取扱登録（内容点検）」、「貨物取扱登録（改装・仕分け）」又は「貨物取扱登録（仕合せ）」業務を利用して必要事項をシステムに入力し、送信することにより行うことを求めるものとする。

（貨物取扱いの許可申請）
5－2　貨物取扱いの許可を受けようとする者（以下この節において「申請者」という。）が、システム参加保税地域に置かれている貨物について、システムを使用して貨物取扱いの許可申請を行おうとする場合は、当該申請者に対し、「貨物取扱許可申請」業務を利用して必要事項をシステムに入力し、送信することにより行うことを求めるものとする。

（審査区分選定及び関係書類の提出等）
5－3　システムにおいては、前項の規定により貨物取扱許可申請が行われた場合、当該申請について審査区分の選定等の処理が行われ、当該処理の結果が申請者に配信されることとなるが、この場合の取扱いについては、次による。
　　なお、申告控等関係書類の税関への提出に当たっては、便宜、システムの「添付ファイル登録」業務によることを認めるものとする。
（1）簡易審査扱い（区分1）となった場合
　　当該申請が簡易審査扱いに選定されたときは、直ちに許可となり、申請者に「貨物取扱許可通知情報」が配信されるので、当該申請者は、海上貨物にあっては「貨物取扱許可通知情報」（別紙様式M-204号）を、航空貨物にあっては「貨物取扱許可通知書」（別紙様式M-205号）を出力することができる。また、当該許可に係る貨物が置かれているシステム参加保税地域に「貨物取扱許可貨物情報」が同時に配信される。
　　なお、必要に応じて当該申請に係る関係書類の提出を求めるものとする。

(2) 書類審査扱い（区分２）となった場合

　　　当該申請が書類審査扱いに選定されたときは、保税取締部門及び申請者に「貨物取扱許可申請控情報」が配信されるので、当該申請に係る審査において、当該申請控情報を書面出力する等により審査するものとし、必要に応じて当該申請者から当該申請控等関係書類の提出を求めるものとする。

　　　なお、保税取締部門において、当該申請に係る許可をする場合は、「貨物取扱許可申請審査終了」業務を利用して必要事項をシステムに入力し、送信するものとする。この場合において、申請者に「貨物取扱許可通知情報」が配信されるので、当該申請者は、海上貨物にあっては「貨物取扱許可通知情報」を、航空貨物にあっては「貨物取扱許可通知書」を出力することができ、また、当該許可に係る貨物が置かれているシステム参加保税地域に「貨物取扱許可貨物情報」が配信される。

（書面申請に係る取扱い）

５－４　申請者が、システムに貨物情報が登録されている貨物について、書面により貨物取扱許可申請を行おうとする場合は、「貨物取扱い許可申請書」（税関様式C-3110号）を保税取締部門へ提出することにより行うこととし、当該申請書の余白に当該貨物の貨物管理番号又はAWB番号等必要事項を記入することを求めるものとする。この場合において、当該保税取締部門は、当該申請に係る許可をしたときは、速やかに「許可・承認等情報登録（保税）」業務を利用して必要事項をシステムに入力し、送信することとする。

（貨物取扱いの許可申請の撤回）

５－５　申請者が、この節５－２の規定により行われた貨物取扱許可申請後、許可前に当該申請の撤回を行おうとする場合は、あらかじめ当該申請者から保税取締部門に申し出た上で、次により行うことを求めるものとする。

(1) 申請者は、「貨物取扱取消」業務を利用して必要事項をシステムに入力し、送信することを求めるものとする。

(2) 上記(1)により撤回が行われた場合には、保税取締部門に「貨物取扱許可取消通知情報」が配信されるので、当該情報により撤回されたことを確認するものとする。なお、当該申請者が改めて申請しようとするときは、この節５－２の規定により再申請することを求めるものとする。

（貨物取扱いの許可の取消し）

５－６　申請者が、この節５－２の規定により行われた貨物取扱許可申請に係る許可後に、当該許可の取消しを行いたいとする場合は、当該申請者は「NACCS登録情報変更申出」をシステムに入力、送信することを求め、保税取締部門においてこれを認めた場合には、「貨物取扱取消」業務を利用して必要事項をシステムに入力し、送信するものとする。なお、当該「NACCS登録情報変更申出」について、書面による提出が行われた場合は、「貨物取扱許可通知情報」又は「貨物取扱許可通知書」を添付することを求めるものとする。

　また、当該申請者が改めて申請しようとするときは、この節5－2の規定により再申請することを求めるものとする。

（貨物取扱いの確認）
5－7　この節5－3又は5－4の規定により貨物取扱いの許可がされた場合に行う倉主等の貨物取扱いの確認は、当該貨物と当該貨物に係る貨物取扱許可書又はこの節5－3の規定により出力された「貨物取扱許可貨物情報」等を対査確認することにより行うことを求めるものとする。

第3章　保税運送関係

第1節　保税運送申告等

（保税運送の申告）
1－1　保税運送申告を行う者（以下この節及び次節において「申告者」という。）が、システムを使用して当該申告を行う場合は、海上貨物にあっては「保税運送申告」業務を、航空貨物にあっては「保税運送申告（一般）」業務を利用して必要事項をシステムに入力し、送信することにより行うことを求めるものとする。

（システム処理対象外貨物）
1－2　次に掲げる貨物の保税運送申告は、システムによることなく、それぞれ「外国貨物運送申告書（目録兼用）」（税関様式C－4000号）により行うことを求めるものとする。
(1) 担保の提供を要する海上貨物
(2) 航空貨物
　イ　検疫を要する貨物
　　　関税法基本通達30－5(2)イのただし書に規定する検疫を必要とする生きている動物の運送又は一時持出しされる要検疫貨物の指定検疫場所若しくは空港検疫所への運送
　ロ　入国旅客等の別送貨物
　　　関税法基本通達63－25に規定する別送貨物の税関旅具検査場への運送
　ハ　検査又は担保の提供を要する貨物
　　　保税運送のための担保の提供に規定されている貨物の検査又は担保の提供を必要とする場合の運送

（審査区分選定及び関係書類の提出等）
1－3　システムにおいては、この節1－1の規定により保税運送申告が行われた場合、当該申告について審査区分の選定等の処理が行われ、当該処理の結果が申告者に配信されることとなるが、この場合の取扱いについては、次によるものとする。

　なお、申告控等関係書類の税関への提出に当たっては、便宜、システムの「添付ファイル登録」業務によることを認めるものとする。

(1) 簡易審査扱い(区分1)となった場合

　　当該申告が簡易審査扱いに選定されたときは、直ちに承認となり、申告者に「保税運送承認通知情報」が配信されるので、当該申告者は、「保税運送承認通知書」(海上貨物に係る申告にあっては別紙様式M-300号、航空貨物に係る申告にあっては別紙様式M-301号、M-302号、M-303号及びM-304号)を出力することができる。

　　なお、必要に応じて当該申告に係る関係書類の提出を求めるものとする。

(2) 書類審査扱い(区分2)となった場合

　　当該申告が書類審査扱いに選定されたときは、保税取締部門及び申告者に「保税運送申告控情報」が配信されるので、当該申告に係る審査においては、当該申告控情報を書面出力する等により審査するものとし、必要に応じて「保税運送申告控」(海上貨物に係る申告にあっては別紙様式M-305号、航空貨物に係る申告にあってはM-306号、M-307号及びM-308号)等関係書類の提出を求めるものとする。

　　なお、保税取締部門において、当該申告に係る承認をする場合は、「保税運送申告審査終了」業務を利用して必要事項を入力し、送信するものとする。この場合において、申告者に次の情報が配信される。

イ　承認した場合

　　「保税運送承認通知情報」が配信されるので、当該申告者は、「保税運送承認通知書」を出力することができる。

　　なお、航空貨物であって、発送確認又は施封が必要と認められる貨物については、当該申告者に対し、「要確認扱い」又は「要施封扱い」である旨を伝え、「保税運送承認通知書」の提出を求め、当該通知書に「要確認扱い」又は「要施封扱い」である旨を記載するものとする。

ロ　承認しなかった場合

　　当該申告者に「保税運送不承認通知情報」が配信される。

(書面申告に係る取扱い)

1-4　申告者が、システムに貨物情報が登録されている貨物について、書面により保税運送申告を行おうとする場合は、「外国貨物運送申告書(目録兼用)」(税関様式C-4000号)を保税取締部門に提出することにより行うこととし、当該申告書の備考欄に当該貨物の貨物管理番号又はAWB番号、当該貨物が置かれている保税地域のコード及び運送先の保税地域のコード等必要な事項を記入することを求めるものとする。この場合において、当該保税取締部門は、当該申請に係る承認をしたときは、速やかに「許可・承認等情報登録(保税)」業務を利用して必要事項をシステムに入力し、送信することとする。

（保税運送の承認申告の訂正又は撤回）

1－5　申告者が、この節1－1の規定により行われた保税運送申告後、承認前に当該申告事項の訂正又は申告の撤回を行いたいとする場合は、あらかじめ保税取締部門に申し出た上で、次により行うことを求めるものとする。

（1）申告者は、「保税運送申告（承認）変更呼出し」業務により申告時の内容を呼び出した後、「保税運送申告（承認）変更」業務を利用して必要事項をシステムに入力し、送信するものとする。ただし、申告官署コード、申告者コード、申告者名、発送地コード及び発送地名の訂正はできないため、当該申告の撤回を行うこととなるので、留意する。

（2）上記（1）により申告事項の訂正の内容又は申告の撤回の旨がシステムに送信された場合は、保税取締部門及び申告者に、訂正の場合にあっては「保税運送申告控情報」が、撤回の場合にあっては「保税運送申告取消通知情報」が配信されるので、当該保税取締部門は、これらの情報を書面出力する等により審査し、これを認める場合には、「保税運送申告審査終了」業務を利用して必要事項を入力し、送信するものとする。なお、必要に応じて、当該申告者から申告控等関係書類の提出を求めるものとする。

（保税運送の承認の訂正又は取消し）

1－6　申告者が、この節1－1の規定により行われた保税運送申告に係る承認後に、当該承認事項の訂正又は承認の取消しを行いたいとする場合には、あらかじめ保税取締部門に申し出た上で、次により行うことを求めるものとする。

（1）申告者は、「保税運送申告（承認）変更呼出し」業務により申告時の内容を呼び出した後、「保税運送申告（承認）変更」業務を利用して必要事項をシステムに入力し、送信するものとする。

（2）上記（1）により承認事項の訂正の内容又は承認の取消しの旨がシステムに送信された場合は、保税取締部門及び申告者に「保税運送承認訂正・取消控情報」が配信されるので、当該保税取締部門は、当該情報を書面出力する等により審査し、これを認める場合には、「保税運送申告審査終了」業務を利用して必要事項を入力し、送信するものとする。なお、必要に応じて、当該申告者から申告控等関係書類の提出を求めるものとする。また、承認事項の訂正又は承認の取消しを認めた場合には、申告者は「保税運送承認訂正・取消控情報」（海上貨物に係る申告の訂正にあっては別紙様式M-309号、航空貨物に係る申告の訂正にあっては別紙様式M-310号、別紙様式M-311号及び別紙様式M-312号）を出力することができる。

（保税運送承認後における運送期間の延長）

1－7　申告者が、この節1－1の規定により行われた保税運送申告に係る承認後に、運送期間の延長を行いたいとする場合には、運送期間内に限り、あらかじめ保税取締部門に申し出た上で、次により行うことを求めるものとする。

（1）申告者は、「保税運送申告（承認）変更呼出し」業務によりシステムを使用して申告時の内容を呼び出した後、「保税運送申告（承認）変更」業務を利用して必要事項

をシステムに入力し、送信するものとする。

(2) 上記(1)により運送期間延長申請を行った場合には、保税取締部門及び申告者に「運送期間延長申請控情報」が配信されるので、当該保税取締部門は、当該情報を書面出力する等により審査し、これを承認する場合には、「保税運送申告審査終了」業務を利用して必要事項を入力し、送信するものとする。なお、必要に応じて、当該申告者から申告控等関係書類の提出を求めるものとする。また、当該承認がされた場合には、申告者は、海上貨物に係る申請の場合は「運送期間延長申請控情報」(別紙様式M-313号)、航空貨物に係る申請の場合は「運送期間延長申請控」別紙様式M-314号、別紙様式M-315号及び別紙様式M-316号)を出力することができる。

第2節　保税運送申告等に係る貨物の発送手続及び到着確認

(保税運送貨物の発送手続)

2-1　システムにより保税運送の承認がされた貨物を発送する場合の手続は、保税運送の承認を受けた者等に対し、次により行うことを求めるものとする。

(1) 発送地及び到着地がシステム参加保税地域等である場合

「保税運送承認通知書」に「要確認」若しくは「要施封」の表示があった場合又は申告者が保税取締部門からその旨の記載を受けた場合には、貨物を発送する際に、保税取締部門に当該貨物と「保税運送承認通知書」を提出することとし、その貨物について発送の確認又は施封を受けるものとする。

なお、海上貨物のうち、上記以外の貨物を運送する場合には、税関が特に指示した場合を除き、当該通知書の携行を要しないものとする。

また、貨物を発送する際に発送地の倉主等が行う搬出手続は、前章第3節3-1(2)の規定により行うものとする。

(2) その他の場合

貨物を運送する場合には、「保税運送承認通知書」(関税法基本通達34の2-1(4)に規定するファクシミリ送信された書類を含む。)」を携行することを求めるものとする。

なお、「保税運送承認通知書」に「要確認」又は「要施封」の表示がある貨物の発送に当たっては、上記(1)の規定に準じて取扱うものとする。

また、貨物を発送する際に発送地の倉主等が行う搬出手続は、関税法基本通達34の2-1の(1)ロの規定に準じて行うことを求めるものとする。

(保税運送貨物の到着確認)

2-2　システムにより保税運送の承認がされた貨物が到着した場合の倉主等の確認は、次により行うことを求めるものとする。

(1) 到着地がシステム参加保税地域等である場合

貨物が運送先に到着したときに倉主等が行う搬入手続は、前章第3節3-1(1)の規定により行うことを求めるものとする。

(2) 到着地がシステム不参加保税地域等である場合

　　貨物が運送先に到着したときの倉主等が行う搬入手続及び税関が行う到着確認は、関税法基本通達63-13の規定に準じて取扱うものとする。この場合において、「保税運送承認通知書」の提出に関しては、同通達63-14の規定にかかわらず、到着地税関に提出するものとし、発送地税関への提出は要しないこととする。また、到着地の保税地域を管轄する税関官署の保税取締部門は、申告者から提出された「保税運送承認通知書」に基づき、システムに保税運送申告番号等必要事項を入力し、送信することにより到着確認情報の登録を行うものとする。ただし、到着地税関において到着確認情報の登録ができない場合には、運送申告者に、当該到着地税関において到着確認を受けた上で、発送地税関に提出することを求めるものとする。

第3節　包括保税運送申告等

(包括保税運送の申告)

3-1　包括保税運送申告を行う者(以下この節において「申告者」という。)が、システムを使用して当該申告を行う場合は、「包括保税運送申告」業務を利用して必要事項をシステムに入力し、送信することにより行うことを求めるものとする。また、現在承認されている包括保税運送申告について継続申告を行う場合は、承認期間内に限り行うことができる。

(審査区分の選定及び関係書類の提出等)

3-2　システムにおいて、前項の規定により包括保税運送申告が行われた場合は、当該申告について審査区分の選定等の処理が行われ、当該処理の結果が申告者に配信されることとなるが、この場合の取扱いについては、次によるものとする。

(1) 簡易審査扱い(区分1)となった場合

　　当該申告が簡易審査扱いに選定されたときは、直ちに承認となり、申告者に「包括保税運送承認通知情報」(別紙様式M-317号)が配信されるので、当該申告者は、「包括保税運送承認通知書」を出力することができる。

　　なお、必要に応じて当該申告に係る関係書類の提出を求めるものとする。

(2) 書類審査扱い(区分2)となった場合

　　当該申告が書類審査扱いに選定されたときは、保税取締部門及び申告者に「包括保税運送申告控情報」が配信されるので、当該申告に係る審査においては、当該申告控情報を書面出力する等により審査するものとし、必要に応じて「包括保税運送申告控」(別紙様式M-318号)等関係書類の提出を求めるものとする。

　　保税取締部門において、当該申告を承認する場合は、「包括保税運送承認審査終了」業務を利用して必要事項を入力し、送信するものとする。この場合において、申告者に「包括保税運送承認通知情報」が配信され、当該申告者は、「包括保税運送承認通知書」を出力することができる。

（包括保税運送申告の撤回及び承認の取消し）

3－3　申告者が、この節3－1の規定により行われた包括保税運送申告後、承認前に当該申請の撤回を行いたいとする場合又は当該申告に係る承認後に承認の取消しを行いたいとする場合は、当該申告者は「NACCS登録情報変更申出」をシステムに入力、送信することを求め、保税取締部門において、これを認める場合には、「包括保税運送承認審査終了」業務を利用して必要事項をシステムに入力し、送信するものとする。なお、当該「NACCS登録情報変更申出」について、書面で提出が行われた場合は、「包括保税運送申告控」又は「包括保税運送承認通知書」を添付することを求めるものとする。

　なお、包括保税運送申告後の申告内容の訂正はできないので、申告内容の訂正が必要となった場合は、申告の撤回又は承認の取消しを行い、当該申告者が改めて申告をしようとするときは、この節3－1の規定により再申告することを求めるものとする。

（個別運送の登録）

3－4　申告者が、システムを使用して行われた包括保税運送承認に基づく貨物の運送(以下この節及び次節において「個別運送」という。)を行う場合は、「保税運送申告」業務を利用して必要事項をシステムに入力し、送信することにより個別運送の登録を行うことを求めるものとする。

（個別運送の受付通知）

3－5　前項の規定により登録された個別運送が、システムにより受け付けられた場合、申告者及び倉主等に、海上貨物に係る個別運送にあっては「個別運送受付情報」が配信され、航空貨物に係る個別運送にあっては「SFT（SLIP FOR TRANSPORTATION）情報」が配信されるので、これらの者は、それぞれ「個別運送受付情報」(別紙様式M-319号)、「SLIP FOR TRANSPORTATION」(別紙様式M-320号及びM-321号)を出力することができる。

（個別運送の訂正又は取消し）

3－6　申告者が、前項の規定により個別運送が受け付けられた後、当該運送に係る事項について訂正又は取消しを行いたいとする場合には、次により行うことを求めるものとする。

(1) 申告者は、「保税運送申告（承認）変更呼出し」業務により個別運送の内容を呼び出した後、「保税運送申告（承認）変更呼出し」業務を利用して必要事項をシステムに入力し、送信するものとする。

(2) 上記(1)により訂正を行った場合、申告者及び倉主等に、海上貨物に係る個別運送にあっては「個別運送訂正受付情報」が配信され、航空貨物に係る個別運送にあっては「SFT（SLIP FOR TRANSPORTATION）情報」が配信される。

　また、上記(1)により取消しを行った場合には、申告者及び倉主等に、海上貨物に係る申告にあっては、「個別運送取消通知情報」が配信され、航空貨物に係る

申告にあっては、「SFT（SLIP FOR TRANSPORTATION）情報」が配信される。

第4節　個別運送に係る貨物の発送手続及び到着確認

（個別運送貨物の発送手続）

4−1　システムを使用して個別運送が行われる場合の発送手続等については、個別運送を行う者等に対し、次により行うよう求めるものとする。

(1) 到着地がシステム参加保税地域等である場合

　貨物を運送する場合にあっては、税関が特に指示をした場合を除き、「個別運送受付情報（関税法基本通達34の2−1(4)に規定するファクシミリ送信された書類を含む。以下この項において同じ。）」等の携行を要しないものとする。ただし、航空貨物を運送する場合にあっては、「SLIP FOR TRANSPORTATION」の携行を要することとなるので留意する。

　なお、貨物を発送する際に発送地の倉主等が行う搬出手続は、前章第3節3−1(2)の規定により行うことを求めるものとする。

(2) 到着地がシステム参加保税地域等でない場合

　貨物を運送する場合には、「個別運送受付情報」等を携行することを求めるものとする。

　なお、貨物を発送する際に発送地の倉主等が行う搬出手続は、関税法基本通達63−24の規定に準じて行うことを求めるものとする。

（個別運送貨物の到着確認）

4−2　システムを使用して個別運送が行われた場合の倉主等の確認は、次により行うことを求めるものとする。

(1) 到着地がシステム参加保税地域等である場合

　貨物が到着した際に到着地の倉主等が行う搬入手続は、前章第3節3−1(1)の規定により行うことを求めるものとする。

(2) 到着地がシステム参加保税地域等でない場合

　貨物が到着した際に到着地の倉主等が行う搬入手続は、関税法基本通達63−24の規定に準じて取扱うものとする。なお、到着地がシステムに参加していない場合は、この節3−6の規定より出力された「個別運送受付情報」等又は送り状（関税法基本通達63−24に規定する送り状をいう。）の税関への提出後、到着地の保税地域を管轄する税関官署の保税取締部門が当該貨物の到着確認に係る保税運送申告番号等必要な事項をシステムに入力し、送信するものとする。

第5節　特定保税運送の登録等

（特定保税運送の登録）

5−1　特定保税運送者（法第63条の2第1項に規定する「特定保税運送者」をいう。以下同じ。）が、システムを使用して特定保税運送（同項に規定する「特定保税運送」

をいう。以下この節及び次節において同じ。）を行う場合は、「保税運送申告」業務を利用して必要事項をシステムに入力し、送信することにより特定保税運送の登録を行うことを求めるものとする。

（特定保税運送の受付通知）

5－2　前項の規定により登録された特定保税運送が、システムにより受け付けられた場合には、特定保税運送者及び倉主等に「特定保税運送受付情報」が配信されるので、これらの者は、海上貨物に係る運送にあっては「特定保税運送受付情報」（別紙様式M‐322号）、航空貨物に係る運送にあっては「特定保税運送受付書」（別紙様式M‐323号、別紙様式M‐324号及び別紙様式M‐325号）を出力することができる。

（特定保税運送の訂正又は取消し）

5－3　特定保税運送者が、前項の規定により特定保税運送が受け付けられた後、当該運送に係る事項について訂正又は登録の取消しを行う場合には、次により行うことを求めるものとする。

(1) 特定保税運送者は、「保税運送申告（承認）変更呼出し」業務によりシステムを使用して受け付けられた特定保税運送の内容を呼び出した後、「保税運送申告（承認）変更」業務を利用して必要事項システムに入力し、送信するものとする。

(2) 上記(1)により訂正を行った場合には、特定保税運送者及び倉主等に、海上貨物に係る運送の訂正の場合にあっては「特定保税運送訂正受付情報」が、航空貨物に係る運送の訂正の場合にあっては「特定保税運送受付情報」が配信される。

　　また、上記(1)により取消しを行った場合には、特定保税運送者及び倉主等に「個別運送取消通知情報」が配信される。

第6節　特定保税運送の個別運送に係る貨物の発送手続及び到着確認

（特定保税運送貨物の発送手続）

6－1　システムを使用して特定保税運送が行われる場合の発送手続等については、税関が特に指示をした場合を除き、「特定保税運送受付情報（関税法基本通達34の2－1に規定するファクシミリ送信された書類を含む。以下この項において同じ。）」の携行を要しないものとする。ただし、航空貨物を運送する場合にあっては、「特定保税運送受付書」の携行を要することとなるので留意する。

　　なお、貨物を発送する際に発送地の倉主等が行う搬出手続は、前章第3節3－1(2)の規定により行うことを求めるものとする。

（特定保税運送貨物の到着確認）

6－2　システムを使用して特定保税運送が行われた場合の到着確認として貨物が到着した際に到着地の倉主等が行う搬入手続は、前章第3節3－1(1)の規定により行うことを求めるものとする。

第7章　汎用申請関係

（汎用申請による申請）
1－1　汎用申請を行おうとする者（以下この章及び次章において「申請者」という。）
がシステムにより別表「汎用申請対象手続一覧」に掲げる税関関連手続きを行う場合
には、システムの掲示板から該当する様式をダウンロードし、当該様式に住所、氏
名等の必要事項を入力し、「汎用申請」業務により送信することにより行うことを求
めるものとする。
　この場合において、関係資料の提出を求める必要があると判断した場合には、申
請者に対してFAX又は「添付ファイル」等適宜の手段により提示又は提出を求める
ものとする。

（申請内容の訂正等）
1－2　申請者が、前項の規定により提出した申告、届出等の訂正又は取消しを行う
場合には、次により取り扱うものとする。
(1)「汎用申請変更」業務により訂正又は取消しの申し出があった場合には、国際観
　光旅客税の納付申出の場合を除き、申請を受理した部門（以下この章及び次章に
　おいて「受理部門」という。）において、訂正又は取消内容をシステムに入力し、送
　信するものとする。
(2) 次に掲げる場合には、上記(1)による「汎用申請変更」業務では申請内容の訂正
　が行えないことから、当該申請の取消し理由等を「NACCS登録情報変更申出」（別
　紙様式M-700号）に入力し、「汎用申請」業務にて送信することにより行うことを
　求めることとする。なお、当該変更申出は書面により申し出ることとして差し支
　えないものとする。
　イ　申請先の税関官署を誤って入力した場合
　ロ　申請先の部門を誤っていた場合
　ハ　申請手続種別コードを誤っていた場合

（申請内容の許可等の通知）
1－3　受理部門は、申請内容の審査を行い、許可又は承認等が必要な手続きの場合
においては、その旨をシステムに入力し、送信するものとする。

第8章　汎用申請手数料等納付申請

（汎用申請手数料等納付による申請）
1－1　申請者が別表「汎用申請対象手続一覧」に掲げる税関関連手続きのうち、手数
料又は国際観光旅客税（以下この章において「手数料等」という。）の納付の必要があ
る手続きを行う場合は、「汎用申請」業務により申請を行った後、「汎用申請手数料等

納付申請」業務において「汎用申請」業務で払出された汎用申請受理番号及び、手数料等の額等を入力し、送信することにより行うことを求めるものとする。

（申請内容の許可等の通知）
1－2　受理部門は、申請内容の審査及び手数料の額の確認を行い、許可又は承認等が必要な手続きの場合においては、その旨をシステムに入力し、送信することとし、この場合、申請者に「納付番号通知情報」又は「許可・承認等通知情報」が配信される。

（手数料の納付）
1－3　手数料の納付については、「汎用申請手数料等納付申請」業務により申請者に配信される「納付番号通知情報」を基に、MPN利用方式に対応したインターネットバンキングやATM（現金自動預払い機）等の金融機関が提供する納付手続きの方法により、納付情報（収納機関番号、納付番号及び確認番号）を入力して行うことを求めるものものとする。手数料納付がシステムで確認されると「許可・承認通知情報」が申請者に配信される。

（国際観光旅客税の納付）
1－4　国際観光旅客税の納付については、税関様式C第1010号によるほか、「汎用申請手数料等納付申請」業務により申請者に配信される「納付番号通知情報」を基に、MPN利用方式に対応したインターネットバンキングやATM（現金自動預払い機）等の金融機関が提供する納付手続の方法により、納付情報（収納機関番号、納付番号及び確認番号）を入力して行うことを求めるものとする。

（申請内容の訂正等）
1－5　申請者が、前二項の規定により提出した申告、届出等の訂正又は取消しを行う場合には、次により取り扱うものとする。
(1)「汎用申請変更」業務により訂正又は取消しの申し出があった場合には、受理部門において、訂正又は取消内容をシステムに入力し、送信するものとする。
(2) 次に掲げる場合には、上記（1）による「汎用申請変更」業務では申請内容の訂正が行えないことから、当該申請の取消し理由等を「NACCS登録情報変更申出」に入力し、「汎用申請」業務にて送信することにより行うことを求めることとする。なお、当該変更申出は書面により申し出ることとして差し支えないものとする。
　イ　申請先の税関官署を誤って入力した場合
　ロ　申請先の部門を誤っていた場合
　ハ　申請手続種別コードを誤っていた場合
　ニ　国際観光旅客税納付申出が誤っていた場合
(3) 手数料の額の訂正を行う場合は、次による。
　イ　受理部門において「汎用申請手数料納付番号通知」業務を行う前
　　　訂正は申請者が行うこととし、申請者は事前に受理部門へ連絡の上、「汎用申

請手数料等納付申請変更」業務を行うこと。

ロ　受理部門において「汎用申請手数料納付番号通知」業務を行った後

　　訂正は税関が行うこととし、受理部門は申請者に対し書面による手数料の額の変更申請を求めた上で、「汎用申請手数料納付番号通知変更」業務を行うこと。

保税ハンドブック（改訂 9 版）

1996年8月20日　初版発行
2022年10月4日　改訂9版発行
ISBN：978－4－88895－491－4

発行所　公益財団法人 日本関税協会
〒101-0062 東京都千代田区神田駿河台3－4－2
日専連朝日生命ビル6F
https://www.kanzei.or.jp/